Nomos Universitätsschriften

Recht

Band 1011

Juyoung Lee

Die kartellrechtliche Beurteilung selektiver Vertriebssysteme für Kosmetika und sonstige Luxusprodukte

Nomos

Onlineversion
Nomos eLibrary

Die Deutsche Nationalbibliothek verzeichnet diese Publikation in der Deutschen Nationalbibliografie; detaillierte bibliografische Daten sind im Internet über http://dnb.d-nb.de abrufbar.

Zugl.: Marburg, Univ., Diss., 2022

ISBN 978-3-7560-0480-5 (Print)
ISBN 978-3-7489-3976-4 (ePDF)

1. Auflage 2023

Für meine Großmutter und meine Eltern

Vorwort

Die vorliegende Arbeit wurde von dem Fachbereich Rechtswissenschaften der Philipps-Universität Marburg im November 2022 als Dissertation angenommen. Rechtsprechung und Literatur sind bis April 2022 berücksichtigt. Obwohl die Arbeit bzgl. der Kritik über die Reform der Vertikal-GVO beschränkt auf den Entwurf der Vertikal-GVO 2022/720 verfasst wurde, kann deren Gültigkeit auch für die endgültige Fassung der Vertikal-GVO 2022/720 ausgeweitet werden. Denn auch die neuen Regelungen für selektive Vertriebssysteme im Online-Bereich erscheinen in Anbetracht der gegenwärtigen Marktentwicklung weiterhin unangemessen streng.

Die Erstellung der Dissertation war für mich eine wissenschaftliche Herausforderung. Dank zahlreicher Personen, die mich während der Promotionszeit begleitet und unterstützt haben, konnte ich diese Herausforderung bewältigen und meine Dissertation erfolgreich abschließen. An dieser Stelle möchte ich allen Beteiligten herzlich dafür danken.

Mein besonderer Dank gilt meinem Doktorvater, Herrn Prof. Dr. *Michael Kling* für seine weitgehende intellektuelle und konstruktive Unterstützung. Seine wertvollen Anmerkungen und viele gemeinsame Gespräche auf wissenschaftlicher und persönlicher Ebene haben zum Gelingen dieser Arbeit beigetragen. Herrn Prof. Dr. Dr. h. c. mult. *Gilbert Gornig* möchte ich ebenfalls für die freundliche Übernahme des Zweitgutachtens und seine wissenschaftliche Betreuung danken.

Eine besondere Unterstützung erfuhr ich durch meine lieben Kolleginnen und Kollegen des Instituts für Bürgerliches Recht, Handels- und Wirtschaftsrecht, Europarecht sowie Gewerblichen Rechtsschutz. Insbesondere danke ich Frau *Sabine Bodenbender*, Herrn *Kevin Boland* und Herrn Dr. *Johannes Rein* für vielseitige Anregungen und das ausführliche Korrekturlesen. Darüber hinaus gilt mein herzlicher Dank Herrn Prof. Dr. *Bong-Eui Lee*, Herrn Prof. Dr. *Taehi Hwang* und Herrn Dr. *Young Gug You* für die wissenschaftliche sowie persönliche Unterstützung und ihre Hilfsbereitschaft.

Außerdem danke ich auch der Konrad-Adenauer-Stiftung, die mich durch sowohl ideelle als auch finanzielle Förderung während meiner Promotionszeit unterstützte. Besonders möchte ich Herrn Dr. *Kerim Kudo* und

Frau *Maike Ender* danken, die mich als Ansprechpartner persönlich betreut und unterstützt haben.

Mein persönlicher Dank gilt Herrn *Cornelius Schmidt*, Frau *Annette Eibach*, Herrn *Andreas Hansch* und Frau *Eun Joo Hansch-Seoung* dafür, dass sie mir Aufmunterung, Motivation, Mut und Kraft bis zum Abschluss meiner Arbeit gegeben haben.

Gewidmet ist diese Arbeit meiner Großmutter und meinen Eltern, denen ich für ihre bedingungslose und liebevolle Unterstützung danken möchte.

Marburg, im Februar 2023 *Juyoung Lee*

Inhaltsverzeichnis

Abkürzungsverzeichnis

a. A.	andere(r) Ansicht
a. a. O.	am angegebenen Ort
a. F.	alte Fassung
ABl. EG	Amtsblatt der Europäischen Gemeinschaften, Ausgabe C: Mitteilungen und Bekanntmachungen, Ausgabe L: Rechtsvorschriften
ABl. EU	Amtsblatt der Europäischen Union, Ausgabe C: Mitteilungen und Bekanntmachungen, Ausgabe L: Rechtsvorschriften
Abs.	Absatz
AEUV	Vertrag über die Arbeitsweise der Europäischen Union
Art.	Artikel (Singular)
Artt.	Artikel (Plural)
Aufl.	Auflage
BB	Betriebs-Berater
Bd.	Band
BEVH	Bundesverband E-Commerce und Versandhandel Deutschland
BGB	Bürgerliches Gesetzbuch
BGH	Bundesgerichtshof
BKartA	Bundeskartellamt
BMWi	Bundesministerium für Wirtschaft und Energie (jetzt Bundesministerium für Wirtschaft und Klimaschutz)
bspw.	beispielsweise
BT-Drucks.	Bundestags-Drucksache
bzgl.	bezüglich
ders.	derselbe
dies.	dieselbe(n)
e. A.	eine Ansicht
Ed.	Edition
EG	Europäische Gemeinschaft
EL	Ergänzungslieferung
Entsch.	Entscheidung

EU	Europäische Union; Vertrag über die Europäische Union in der Fassung des Vertrags von Amsterdam
EuG	Europäisches Gericht erster Instanz
EuGH	Europäischer Gerichtshof
EUR	Euro
EUV	Vertrag über die Europäische Union in der Fassung des Vertrags von Maastrich
EuZW	Zeitschrift für europäisches Wirtschaftsrecht
EWG	Europäische Wirtschaftsgemeinschaft (später EG)
EWGV	Vertrag über die Europäische Wirtschaftsgemeinschaft
f.	folgende
ff.	folgende (Plural)
FKVO	Fusionskontrollverordnung
Fn.	Fußnote
FS	Festschrift
gem.	gemäß
ggf.	gegebenenfalls
GmbH	Gesellschaft mit beschränkter Haftung
grds.	grundsätzlich
GRUR Int.	Gewerblicher Rechtsschutz und Urheberrecht Internationaler Teil
GRUR	Gewerblicher Rechtsschutz und Urheberrecht
GRUR-Prax	Gewerblicher Rechtsschutz und Urheberrecht in der Praxis
GRUR-RR	Gewerblicher Rechtsschutz und Urheberrecht Rechtsprechungs-Report
GWB	Gesetz gegen Wettbewerbsbeschränkungen
h. M.	herrschende Meinung
Hrsg.	Herausgeber
i. R. d.	im Rahmen der/des
i. d. F.	in der Fassung
i. d. R.	in der Regel
i. H. v.	in Höhe von
i. S. d.	im Sinne der/des
i. S. v.	im Sinne von
i. V. m.	in Verbindung mit

KartR	Kartellrecht
KFTC	Korea Fair Trade Commission
KG	Kommanditgesellschaft; Kammergericht Berlin
KMU	kleine und mittlere Unternehmen
KVZ	Nichtzulassungsbeschwerden in Kartellverwaltungssachen
KZR	Revisionen, Beschwerden gegen die Nichtzulassung der Revision und Aufträge auf Zulassung der Sprungrevision in bürgerlichen Rechtsstreitigkeiten in Kartellsachen vor dem BGH
LG	Landgericht
lit.	littera (lat. Buchstabe)
m. w. N.	mit weiteren Nachweisen
MarkenG	Markengesetz
MRFTA	Monopoly Regulation and Fair Trade Act
NJW	Neue Juristische Wochenschrift
Nr.	Nummer
NZKart	Neue Zeitschrift für Kartellrecht
o. g.	oben genannte(r)
OLG	Oberlandesgericht
RabelsZ	Rabels Zeitschrift für ausländisches und internationales Privatrecht
Rn.	Randnummer
Rs.	Rechtssache
s. a.	siehe auch
S.	Satz, Seite, Siehe
s.	siehe
Slg.	Sammlung
TMG	Telemediengesetz
u. a.	unter anderem
u. U.	unter Umständen
UrhG	Urheberrechtsgesetz
Urt.	Urteil
UWG	Gesetz gegen den unlauteren Wettbewerb
v.	von, versus
v. a.	vor allem

verb.	verbundene
Vertikal-GVO	Verordnung 330/2010 der Kommission über die Anwendung von Artikel 101 Absatz 3 AEUV auf Gruppen von vertikalen Vereinbarungen und abgestimmten Verhaltensweisen, ABl. 2010 Nr. L 102/1
vgl.	vergleiche
VO	Verordnung
WRP	Wettbewerb in Recht und Praxis
WuW	Wirtschaft und Wettbewerb
WZG	Warenzeichengesetz
z. T.	zum Teil
ZEuP	Zeitschrift für Europäisches Privatrecht
Ziff.	Ziffer
ZUM	Zeitschrift für Urheber- und Medienrecht
ZVertriebsR	Zeitschrift für Vertriebsrecht

§ 1. Einleitung

A. *Die Entwicklung des Online-Handels*

Im Internetzeitalter gewinnt die digitale Ökonomie durch die rasche Entwicklung des Internets und der auf dem Internet basierten Technologien weltweit immer mehr an Bedeutung. Diese Tendenz spiegelt sich auch beim Wettbewerb wider. Um einen Weg zur Umsatzerhöhung bzw. zum wirtschaftlichen Überleben in der digitalen Wirtschaft zu finden, dehnen Unternehmer die Geschäfte in die virtuelle Welt aus. Der Online-Handel ist damit unvermeidbar für alle Interessenten. Laut einer Statistik betrug der weltweite Umsatz des Online-Handels im Jahr 2020 ca. 2 Bio. EUR und 2025 wird mit Umsätzen in Höhe von ca. 3 Bio. EUR gerechnet.[1] Diese Tendenz gilt auch für den Online-Handel in Deutschland. Die Marktvolumen des Online-Handels 2019 bzw. 2020 in Deutschland lagen laut der Statistik der BEVH (Bundesverband E-Commerce und Versandhandel Deutschland) jeweils bei 72,6 Mrd. EUR bzw. 83,3 Mrd. EUR und stiegen 2021 auf 94 Mrd. EUR.[2] Im Vergleich zum Jahr 2007, in dem der Umsatz des E-Commerce in Deutschland bei ca. 10,9 Mrd. EUR lag,[3] hat sich der Umsatz im Jahr 2020 fast verachtfacht. Der Online-Handel wächst also rasant; ein Ende dieser Tendenz ist derzeit nicht absehbar.

Diese Tendenz ist seit dem Beginn der Covid-19-Pandemie noch stärker geworden. Laut dem statistischen Bundesamt lag das reale Umsatzplus der Online-Händler in der Pandemiezeit von März 2020 bis Ende Januar 2021

---

1 *Statista,* Umsätze im E-Commerce in der Welt im Jahr 2017 sowie eine Prognose bis 2025, 2020, abrufbar unter: https://de.statista.com/prognosen/484763/prognose-der-umsaetze-im-e-commerce-markt-in-der-welt (Stand. v. 05.02.2022)

2 BEVH, Marktvolumen des E-Commerce in den Jahren 2006 bis 2020 sowie eine Prognose für 2021, 2021, abrufbar unter: https://de.statista.com/statistik/daten/studie/202905/umfrage/prognostiziertes-marktvolumen-des-deutschen-versandhandels/ (Stand v. 05.02.2022).

3 BEVH, Marktvolumen des E-Commerce in den Jahren 2006 bis 2020 sowie eine Prognose für 2021, 2021, abrufbar unter: https://de.statista.com/statistik/daten/studie/202905/umfrage/prognostiziertes-marktvolumen-des-deutschen-versandhandels/ (Stand v. 05.02.2022).

bei 27,8 % gegenüber dem Vorjahreszeitraum.[4] Während des Lockdowns im Winter 2020 sind die realen Umsätze aufgrund der Schließung der physischen Geschäfte sogar überdurchschnittlich gestiegen, so dass die Umsätze im Dezember 2020 und im Januar 2021 bei jeweils 32,3 % und 31,8 % lagen.[5] Ähnliche Entwicklungen zeigen sich auch weltweit.

Nicht anders als in Europa ist der Online-Handel auch in der koreanischen Wirtschaft von großer Bedeutung. Im Vergleich zum Vorjahr hat sich der Umsatz des Online-Handels 2020 nach Angabe des koreanischen Statistikamtes um 30 % erhöht.[6] Der Umsatz des Mobile-Handels im gesamten Online-Handel lag im Jahr 2020 bei ca. 70 %, wobei dieser sich im Vergleich zum Vorjahr auch um ca. 30 % erhöht hat.[7] Das ohnehin starke Wachstum des Online-Handels wurde durch die Covid19-Pandemie noch beschleunigt.

Insgesamt ist der Online-Handel für die gesamte Weltwirtschaft von höchstem Belang.

B. Die Bedeutung des Online-Handels auf dem Luxusgütermarkt

In der vorliegenden Arbeit liegt der Fokus u. a. auf den Online-Handel von Luxuskosmetika und sonstigen Luxusprodukten, welche i. d. R. durch ein Selektivvertriebssystem vertrieben werden.

---

4 Statistisches Bundesamt, Pressemitteilung v. 31.03.2021, Die Folgen der Corona-Pandemie in 10 Zahlen, abrufbar unter: https://www.destatis.de/DE/Presse/Pressemitteilungen/2021/03/PD21_N023_p001.html (Stand v. 05.02.2022).

5 Statistisches Bundesamt, Pressemitteilung v. 31.03.2021, Die Folgen der Corona-Pandemie in 10 Zahlen, abrufbar unter: https://www.destatis.de/DE/Presse/Pressemitteilungen/2021/03/PD21_N023_p001.html (Stand v. 05.02.2022).

6 Statistisches Amt Korea (Statistics Korea), die Tendenz des Online-Handels im Jahr 2020, 2021, S. 1, abrufbar unter: https://www.kostat.go.kr/portal/korea/kor_nw/1/12/1/index.board?bmode=read&bSeq=&aSeq=391169&pageNo=1&rowNum=10&navCount=10&currPg=&searchInfo=&sTarget=title&sTxt= (Stand v. 23.08.2021).

7 Statistisches Amt Korea (Statistics Korea), die Tendenz des Online-Handels im Jahr 2020, 2021, S. 1, abrufbar unter: https://www.kostat.go.kr/portal/korea/kor_nw/1/12/1/index.board?bmode=read&bSeq=&aSeq=391169&pageNo=1&rowNum=10&navCount=10&currPg=&searchInfo=&sTarget=title&sTxt= (Stand v. 23.08.2021).

In diesem System verpflichtet sich der Hersteller, die Vertragswaren oder -dienstleistungen nur an die im Vertriebsnetz zugelassenen Händler zu verkaufen. Die Händler ihrerseits müssen bestimmte Selektionskriterien erfüllen. Der Online-Handel auf diesen Märkten wächst aufgrund der Wirtschaftsdigitalisierung jährlich[8] und die Pandemie hat auch auf dem Luxusgütermarkt zu einem Wachstum des Internetvertriebs geführt.[9] Es ist deshalb wichtig zu verstehen, welche Bedeutung der Online-Handel für die Hersteller dieser Artikel hat.

Der Online-Handel gilt als ambivalenter Vertriebsweg für Hersteller von Luxusartikeln. Zum einen fungiert der Online-Handel als ein essenzieller Absatzweg, da sie auf diesem Weg eine vergrößerte Reichweite zu Endkunden erhalten und so ihren gesamten Umsatz erhöhen können. Zum anderen können negative Auswirkungen vom Online-Handel verursacht werden, da die Qualität der Waren bzw. Dienstleistungen und die Bereitstellung der Informationen zum richtigen Gebrauch u.U. nicht gewährleistet werden können. Darüber hinaus besteht die Gefahr von Trittbrettfahrern. Aus diesen Gründen setzen Hersteller von Markenartikeln unterschiedliche Beschränkungen für den Online-Handel im Rahmen der Selektionskriterien ein, um die materielle bzw. immaterielle Qualität ihrer Waren zu gewährleisten. Nach Auffassung solcher Hersteller sei die Auferlegung der Selektionskriterien eine Reaktion auf die zunehmende Bedeutung des Online-Handels.[10] Des Weiteren bestätigte die Kommission in der Sektoruntersuchung zum elektronischen Handel, dass die Gesamtzahl der Vereinbarungen für den Selektivvertrieb sowie die Verwendung der Selektionskriterien für die bessere Vertriebsnetzkontrolle vielfach gestiegen ist.[11] Dies zeigt, dass dem zunehmenden Wachstum des Online-Handels auch auf dem Luxusgütermarkt Rechnung getragen wird.

Auch im koreanischen Binnenmarkt sind Hersteller von Luxusmarken gezwungen, auf die zunehmende Bedeutung des Online-Handels beim Luxusgütervertrieb zu reagieren. Seit dem Beginn der Pandemie steht das

---

8 Mckinsey&Company, The age of digital Darwinism, 2018, S. 3.

9 *René Bocksch*, Pandemie verlagert Luxus-Shopping ins Netz, 23.06.2021, abrufbar unter: https://de.statista.com/infografik/25147/anteil-der-befragten-die-mehr-oder-weniger-luxusartikel-gekauft-haben/ (Stand v. 05.02.2022).

10 Kommission, Abschlussbericht über die Sektoruntersuchung zum elektronischen Handel, COM (2017) 229 final, Rn. 15.

11 Kommission, Abschlussbericht über die Sektoruntersuchung zum elektronischen Handel, COM (2017) 229 final, Rn. 15.

Wort „Untact“[12] im Mittelpunkt der koreanischen Wirtschaft, welches den Online-Handel intensiv fördert. Die neue „Untact“-Konsumtendenz hat die übliche Marketingstrategie und das Konsumdenken auch auf dem Luxusgütermarkt beeinflusst und verändert. In Korea ist die MZ-Generation[13], die gerade beruflich sehr aktiv ist und technisch bzw. modisch auf den neusten Stand bleiben will, Hauptkundin von Luxusgütern. Laut Statistik erwerben mehr als 50 % der MZ-Generation Luxusgüter online.[14] Daher versuchen Hersteller von Luxusmarken in Korea mit unterschiedlichen großen Online-Händlern zusammenzuarbeiten. Seit Jahren existieren darüber hinaus unterschiedliche mobile Plattformen, die ausschließlich mit Luxusprodukten handeln. Ferner ist der Einkauf eines Luxusprodukts über die Messenger-App „Kakao-Talk“ üblich und verbreitet.

Außerdem haben koreanische Luxusgüterkonsumenten eine andere Einstellung zum Einkauf von Luxusprodukten. Nach einer Statistik haben mehr als 70 % der Befragten geantwortet, dass Luxusprodukte aufgrund der Demokratisierung heutzutage nicht mehr rar seien und dass man überall auf Menschen treffe, die ein Luxusprodukt besäßen.[15] Ca. 67 % der Befragten haben geantwortet, dass heutzutage jeder mindestens ein Luxusprodukt besitze.[16] Koreanische Konsumenten sind der Ansicht, dass es mittlerweile nichts Besonderes mehr sei, Luxuswaren zu besitzen.

C. Aktueller Diskussionsstand über Selektivvertriebssysteme

Infolge der voneinander divergierenden bisherigen Rechtsprechung, Entscheidungen der Kartellbehörden und dem Stand wissenschaftlicher Forschung sind die kartellrechtliche Zulässigkeit der wettbewerbsbeschränken-

12 Das Wort „Untact“ ist eine Wortzusammensetzung aus dem englischen „Contact“ und dem negativen Präfix „Un“ und bedeutet „kein Kontakt“.

13 MZ-Generation kommt aus einer Zusammensetzung aus M(Millennials)- und Z-Generation, die jeweils in den Zeitraum von 1980 bis 1995 und von 1996 bis Anfang 2000 geboren sind. Da die beiden Generationen ähnlich auf die neue technische Entwicklung und auf die neue Mode ansprechen, werden diese beiden Generationen zur MZ-Generation zusammengefasst.

14 *Juhyun Nam*, Naver, Kakao, SSG.com, Mushinsa – Luxusgütervertrieb im E-Commerce, etoday, abrufbar unter: https://www.etoday.co.kr/news/view/2051943 (Stand v. 23.08.2021).

15 Macromill Embrain, Die Bewertung der Erkenntnisse über den Standard und die Demokratisierung der Luxusprodukte, Research Report, 2016, S. 13.

16 Macromill Embrain, Die Bewertung der Erkenntnisse über den Standard und die Demokratisierung der Luxusprodukte, Research Report, 2016, S. 13.

den Vertriebsvorgaben bzgl. des lokalen Handels und v. a. des Online-Handels im Selektivvertriebssystem sowohl in Deutschland als auch in den anderen EU-Ländern immer noch nicht eindeutig geklärt. Daher ist fraglich, in welchem Umfang Hersteller von Markenartikeln den Händlern im Rahmen eines Selektivvertriebssystems Beschränkungen auferlegen dürfen. Das gilt nicht nur im stationären, sondern auch im virtuellen Handel. Fraglich ist weiter, in welchen Konstellationen wettbewerbsbeschränkende Selektionskriterien ggf. gem. Art. 2 Abs. 1 Vertikal-GVO und Art. 101 Abs. 3 AEUV sowie § 2 GWB freigestellt werden können, wenn solche Wettbewerbsbeschränkungen aufgrund ihres Inhalts und ihrer Auswirkungen auf den Wettbewerb unter das Kartellverbot des Art. 101 Abs. 1 AEUV bzw. § 1 GWB fallen.

Die Beschränkungen, die im Rahmen der Selektionskriterien bzgl. des Online-Handels auferlegt wurden, lassen sich grob in Totalverbote und Teilverbote des Online-Handels einteilen. Während Literatur und Rechtsprechung sich in Bezug auf das absolute Verbot des Online-Handels für die kartellrechtliche Unzulässigkeit einig sind, bestehen Meinungsverschiedenheiten über das Teilverbot des Online-Handels, da ein Teilverbot trotz des im Vergleich zum Totalverbot milderen Charakters eine Wettbewerbsbeschränkung darstellen und unter das Kartellverbot fallen kann. Um die kartellrechtliche Zulässigkeit eines im Rahmen der Selektionskriterien auferlegten Teilverbotes besser zu beurteilen, werden die vom Hersteller häufig als Teilverbot auferlegten Beschränkungen bzgl. der Preise, der Absatzkanäle und des Gebiets[17] untersucht.

Während Selektivvertriebssysteme für Kosmetika und sonstige Luxusprodukte in Bezug auf den Online-Handel und auch den Offline-Handel in Europa kontrovers diskutiert werden, findet in Korea keine vergleichbare Debatte darüber statt. Bspw. werden Verkaufsverbote von Luxusgütern im Internet in Korea weniger thematisiert als in Europa. Das zeigt sich unter anderem daran, dass es bisher nur eine einzige Gerichtsentscheidung über selektive Vertriebssysteme bzgl. des Online-Handels gibt.[18]

17 Vgl. Kommission, Abschlussbericht über die Sektoruntersuchung zum elektronischen Handel, COM (2017) 229 final, Rn. 15, 28ff.

18 Supreme Court of Korea, Decision of 19 June 2017, 2013Du17435 – Philips Korea.

D. Ziel, Methode und Ablauf der Untersuchung

Das Ziel der vorliegenden Arbeit besteht darin, den Selektivvertrieb von Kosmetika und sonstigen Luxusprodukten sowohl im deutschen Markt bzw. im EU-Binnenmarkt als auch am koreanischen Binnenmarkt kartellrechtlich zu beurteilen. Dazu werden unter anderem rechtsvergleichende Überlegungen angestellt. Die Untersuchung greift u. a. Unterschiede in folgenden Punkten auf: Der Rechtslage bzw. der Regulierung selektiver Vertriebssysteme nach dem deutschen bzw. europäischen und koreanischen Kartellrecht, den Beurteilungsmaßstab für die Kartellrechtswidrigkeit selektiver Vertriebssysteme, die Regelung über die Freistellungsmöglichkeit selektiver Vertriebssysteme und auch die Lage des Online-Handels beim Selektivvertrieb in Deutschland sowie anderen EU-Ländern und Korea. Die Arbeit besteht aus zwei Teilen.

Der erste Teil beschäftigt sich mit der Beurteilung selektiver Vertriebssysteme für Kosmetika und sonstige Luxusprodukte nach dem deutschen und europäischen Kartellrecht. Dieser Teil besteht aus fünf Kapiteln: Im Kapitel § 2 werden die rechtliche sowie wirtschaftliche Grundlage selektiver Vertriebssysteme im konventionellen Handel dargestellt. Hierbei wird analysiert, welche Rechte und Pflichten der ins Selektivvertriebsnetz zugelassene Händler als Vertragshändler bzw. Fachhändler hat und welche Besonderheiten bzw. Auswirkungen selektive Vertriebssysteme haben. Darüber hinaus werden die sog. Metro-Kriterien, welche seit der Metro-Rechtsprechung des EuGH[19] als Standardkriterien für die Überprüfung der Vereinbarkeit der Selektionskriterien mit Art. 101 Abs. 1 AEUV bzw. § 1 GWB angewendet werden, und deren Grenzen untersucht.

Im Fokus des Kapitels § 3 steht die Beziehung zwischen Online-Handel und Wettbewerb. Hierbei werden die Eigenschaften des Online-Handels, die durch die Entwicklung des Online-Handels entstandenen unterschiedlichen Vertriebskanäle und deren Auswirkungen auf den Wettbewerb und den Selektivvertrieb dargestellt. Des Weiteren werden die (kartell-)rechtlichen Probleme bzgl. der unterschiedlichen Plattformen im Selektivvertrieb beleuchtet.

Das Kapitel § 4 behandelt die kartellrechtliche Zulässigkeit selektiver Vertriebssysteme. Die grundlegenden rechtlichen Fragen, wann eine Vereinbarung oder eine abgestimmte Verhaltensweise über einen Selektivvertrieb unter das Kartellverbot des Art. 101 Abs. 1 AEUV bzw. § 1 GWB fallen

19 EuGH, Urt. v. 25.10.1977 – Rs. 26/76, Slg. 1977, 1875 Rn. 20 ff. – Metro/Kommission.

kann und welche Rechtsfolge eintritt, werden in diesem Kapitel beantwortet. Danach werden Fallgruppen von kartellrechtlich besonders problematischen Wettbewerbsbeschränkungen im Online-Selektivvertrieb wie beispielsweise Doppelpreissysteme bzw. Drittplattformverbote und deren Freistellungsmöglichkeiten beschrieben. Darüber hinaus werden die Gruppenfreistellungsmöglichkeit nach der Vertikal-Gruppenfreistellungsverordnung und die Einzelfreistellungsmöglichkeit nach Art. 101 Abs. 3 AEUV bzw. § 2 GWB erörtert. Außerdem werden die Grenzen der Vertikal-GVO (VO 330/2010) diskutiert.

Das Kapitel § 5 befasst sich besonders mit dem Selektivvertrieb für Luxusgüter und sonstige Markenprodukte. In diesem Kapitel wird v. a. untersucht, wie man eine Luxusmarke oder ein Marken- bzw. Luxusimage definieren kann, da Unklarheiten bei der Definition zu einer Irreführung bei der rechtlichen Beurteilung selektiver Vertriebssysteme für Kosmetika und sonstige Luxusprodukte führen können. Dazu wird untersucht, ob eine Definitionsunterscheidung zwischen Marke, Masstige-Marke und Luxusmarke für die kartellrechtliche Zulässigkeit selektiver Vertriebssysteme erforderlich ist. Darüber hinaus wird geprüft, ob die Anwendung selektiver Vertriebssysteme auch bei Nicht-Luxusprodukten erforderlich ist. Weiterhin werden Märkte für Kosmetika und sonstige Luxusprodukte dargestellt und analysiert.

Das Kapitel § 6 gibt einen Ausblick über die Zukunft selektiver Vertriebssysteme im Vertriebskartellrecht. Hierbei wird analysiert und kritisiert, wie Selektivvertriebssysteme unter der neuen Vertikal-GVO und den dazugehörigen Leitlinien geregelt werden. Abschließend wird eine Entwicklungsprognose selektiver Vertriebssysteme unter der neuen Vertikal-GVO versucht.

Der zweite Teil widmet sich der Beurteilung selektiver Vertriebssysteme für Kosmetika und sonstige Luxusprodukte nach dem koreanischen Kartellrecht. Dieser Teil besteht aus zwei Kapiteln: das Kapitel § 7 behandelt die allgemeine Rechtlage vertikaler Beschränkungen nach dem koreanischen Kartellrecht „Monopoly Regulation and Fair Trade Act (MRFTA)". Allerdings beschränkt sich die Diskussion dabei auf Preisbindungen beim Weiterverkauf (Resale Price Maintenance) und Drittplattformverbote (bzgl. der Gebiets- und Kundenbeschränkungen), welche wichtige Rechtsproblematiken in Bezug auf selektive Vertriebssysteme in Europa sind.

Das Kapitel § 8 setzt sich mit der Rechtslage selektiver Vertriebssysteme für Kosmetika und sonstige Luxusprodukte in Korea auseinander. Hierbei wird der bislang einzige entschiedene Fall über ein Selektivvertriebssystem im Online-Handel ausführlich diskutiert, in dem die Preisbindung beim

Weiterverkauf und die Gebiets- bzw. Vertragspartnerbeschränkungen als unangemessene Selektionskriterien eingestuft wurden. Ferner werden Märkte für Kosmetika und sonstige Luxusprodukte analysiert.

Die vorliegende Arbeit endet mit einer Zusammenfassung der wesentlichen Untersuchungsergebnisse und wirft einen abschließenden Blick auf die unterschiedliche kartellrechtliche Beurteilung selektiver Vertriebssysteme für Kosmetika und sonstige Luxusprodukte in Deutschland bzw. den anderen EU-Ländern und Korea.

Erster Teil: Beurteilung selektiver Vertriebssysteme nach europäischem und deutschem Kartellrecht

§ 2. Selektive Vertriebssysteme in Deutschland und Europa

A. Etablierung selektiver Vertriebssysteme

I. Selektivvertrieb in Vertragshändlerverträgen

1. Begriffsbestimmung des Vertragshändlervertrags

Ein Kaufmann, welcher in einem auf Dauer ausgerichteten Vertragsverhältnis zu einem Hersteller steht und dessen Waren und Dienstleistungen ankauft und im eigenen Namen sowie auf eigene Rechnung verkauft, ist laut dem BGH ein Vertragshändler oder ein Eigenhändler.[20] Außer dieser Definition vom BGH kann ein Vertragshändler auch folgendermaßen definiert werden. „*Vertragshändler ist ein Kaufmann, dessen Unternehmen in die Vertriebsorganisation eines Herstellers von Markenwaren in der Weise eingegliedert ist, dass er es durch Vertrag mit dem Hersteller oder einem von diesem eingesetzten Zwischenhändler ständig übernimmt, im eigenen Namen und auf eigene Rechnung die Vertragswaren im Vertragsgebiet zu vertreiben und ihren Absatz zu fördern, die Funktionen und Risiken seiner Handelstätigkeit hieran auszurichten und im Geschäftsverkehr das Herstellerzeichen neben der eigenen Firma herauszustellen.*“[21] Zusammengefasst ist ein Vertragshändler zwar ein Eigenhändler, aber er gilt gleichzeitig auch als Dienstleister, da er ein Mitglied des Vertriebssystems des Herstellers ist.[22] Infolge dieser Eigenschaften unterscheiden sich Vertragshändler-

---

20 BGH, Urt. v. 21.10.1970 – VIII ZR 255/68, NJW 1971, 29 – Eigenhändlervertrag; *Hopt*, in: Baumbach/Hopt, Handelsgesetzbuch, 37. Aufl. 2016, § 84 Rn. 10.

21 *Ulmer*, Der Vertragshändler, 1969, S. 206.

22 *Schmidt*, Handelsrecht, 6. Aufl. 2014, § 28 II Rn. 11.

verträge von Handelsvertreterverträgen sowie von Kommissionsverträgen. Händler, die aufgrund von Handelsvertreterverträgen tätig werden, können nicht im eigenen Namen und auf eigene Rechnung wirtschaftlich tätig sein.[23] Bei Kommissionsverträgen üben Händler im eigenen Namen und auf fremde Rechnung wirtschaftliche Tätigkeiten aus. Beim selektiven Vertrieb von Markenprodukten kann ein Händler als Vertragshändler die Vertragserzeugnisse im eigenen Namen, auf eigene Rechnung sowie auf eigenes Risiko in seinem Vertragsgebiet vertreiben und den Absatz fördern. Laut *Peter Ulmer* ist allerdings ein autorisierter Händler in einem Selektivvertriebssystem vom Vertragshändler zu unterscheiden, da ein autorisierter Händler mehr selbstbestimmten Charakter als ein Vertragshändler hat.[24] Die Eigenschaften des Vertragshändlervertrags und des Selektivvertriebsvertrags ähneln sich nach der Definition des BGH. Deswegen kann der Vertragshändlervertrag als eine grundlegende Vertragsform für das Selektivvertriebssystem angesehen werden. In Leitlinien für vertikale Beschränkung (Vertikal-LL) qualifiziert die Kommission darüber hinaus autorisierte Händler in einem Selektivvertriebssystem als Vertragshändler.[25]

2. Rechte und Pflichten der Vertragsparteien bei Vertragshändlerverträgen

Nach dem Grundsatz von Treu und Glauben (§ 242 BGB) haben Hersteller und Vertragshändler gegenseitige Rechte und Pflichten zur Rücksichtnahme auf den geschlossenen Vertragshändlervertrag innerhalb einer Vertragsbeziehung. Um die gemeinsamen Interessen wie Umsatzerhöhung, positive Entwicklung der betreffenden Marke bzw. Vertragserzeugnisse und Markterfolg zu wahren, ist die enge Zusammenarbeit der beiden Vertragsparteien erforderlich. Für das vertrauensvolle Vertragsverhältnis kann eine gegenseitige Treuepflicht bestehen.[26] Aus dieser Pflicht wird sich ergeben, dass die Hersteller alle ihre Vertragshändler diskriminierungsfrei und gleichberechtigt behandeln müssen.[27]

---

23 Vgl. auch die Definition des Handelsvertreters im deutschen Handelsrecht. § 84 Abs. 1 Satz 1 HGB bestimmt: „Handelsvertreter ist, wer als selbständiger Gewerbetreibender ständig damit betraut ist, für einen anderen Unternehmer (Unternehmer) Geschäfte zu vermitteln oder in dessen Namen abzuschließen."

24 *Ulmer*, a. a. O., S. 205.

25 Kommission, Leitlinien für vertikale Beschränkung, ABl. 2010 C 130/1, Rn. 174.

26 *Manderla*, in: Martinek/Semler/Flohr, Handbuch des Vertriebsrechts, 4. Aufl. 2016, § 25 Rn. 16.

27 *Manderla*, in: Martinek/Semler/Flohr, a. a. O., § 25 Rn. 17.

a) Absatzförderung

Vertragshändler sind verpflichtet, zur Absatzförderung der Vertragserzeugnisse beizutragen. Im Zuge der Absatzförderungspflicht müssen Vertragshändler die Vertragserzeugnisse in eigenem Namen vertreiben[28] und bspw. ausreichende und passende Werbetätigkeiten anstrengen. Hersteller verpflichten sich auch, ihre Vertragshändler durch die Ausgabe klarer Werbemaßnahmen bzw. -materialien zu fördern. Außerdem können Hersteller eine Mindestabnahmemenge oder einen Mindestumsatz verlangen, welche unter Umständen kartellrechtlich problematisch sein können. Deshalb müssen die Anforderungen des Mindestumsatzes bzw. der Mindestabnahmemenge realistisch und verhältnismäßig gerechnet und auferlegt werden.[29] Solche Absatzförderungen der Vertragshändler beruhen auf der Eingliederung der Vertragshändler in das Vertriebsnetz des Herstellers.[30]

b) Wahrnehmung der Interessen des Herstellers

Vertragshändler sind verpflichtet, die Interessen des Herstellers wahrzunehmen. Allerdings hat jeder Vertragshändler die Befugnis dazu, auch eigene Interesse zu verfolgen. Deshalb hat ein Vertragshändlervertrag sowohl fremdnützige als auch eigennützige Eigenschaften.[31] Als Interessenwahrnehmungspflicht können bspw. Teilnahme an Werbetätigkeiten, Angebot des Kundenservices, richtige Haltung des Güterlagers,[32] Warenausstellung und Verkaufsablehnung an Außenseiter des Vertriebsnetzes aufgezählt werden. Darüber hinaus kann grds. ein Konkurrenzverbot des Vertragshändlers gefordert werden, so dass Vertragshändler Erzeugnisse von Konkurrenten nicht vertreiben dürfen,[33] soweit dies nicht gegen kartellrechtliche Vorschriften verstößt. Überdies kann der Hersteller durch ein Weisungsrecht seine Wünsche sowohl zum allgemeinen Geschäftsverkehr als auch zur Strategie für den Kundenservice konkretisieren.[34] Mit diesem Weisungsrecht darf der Hersteller jedoch nicht in die Kaufverträge zwi-

---

28 *Franke*, in: Flohr/Wauschkuhn, Vertriebsrecht, 2014, § 86 Rn. 134.
29 *Franke*, in: Flohr/Wauschkuhn, a. a. O., § 86 Rn. 134.
30 Vgl. BGH, Urt. v. 21.10.1970 – VIII ZR 255/68, NJW 1971, 29 (30).
31 *Canaris*, Handelsrecht, 24. Aufl., 2006, § 17 III Rn. 42.
32 *Canaris*, a. a. O., § 17 III Rn. 43.
33 *Ulmer*, a. a. O., S. 422 f.; *Schmidt*, a. a. O., § 28 II Rn. 14.
34 *Canaris*, a. a. O., § 17 III Rn. 44.

schen Vertragshändlern und Kunden eingreifen.[35] Dies gilt insbesondere für die Preisgestaltung, da diese das Schlüsselmerkmal der eigenhändlerischen Tätigkeit des Vertragshändlers darstellt.[36]

c) Verpflichtung der Belieferung

Vertragshändler haben gegen den Hersteller einen Anspruch auf die Lieferung der vereinbarten Waren. In der Regel darf der Hersteller die Bestellung bzw. die Lieferung des Vertragshändlers nicht willkürlich verweigern.[37] Aus sachlichen und nachvollziehbaren Gründen kann der Hersteller allerdings die Bestellung bzw. die Lieferung der Waren ablehnen.[38] Wenn bspw. ein Vertragshändler kurz vor dem Vertragsablauf eine überschießende Menge der Vertragswaren bestellt (sog. Übermaßbestellung), wird dies als ein sachlicher und nachvollziehbarer Grund zur Lieferverweigerung angesehen.[39] Darüber hinaus können Bestellungen eines Auslaufmodells[40] bzw. Waren- oder Lieferengpässe der Vorlieferanten des Herstellers als gerechtfertigte Gründe für die Lieferverweigerung gelten.[41] Die aus oben genannten Gründen resultierte Lieferverweigerung des Herstellers muss für alle seine Vertragshändler gleichermaßen gelten, es sei denn, dass die Ungleichbehandlung gerechtfertigt ist.[42]

II. Selektivvertrieb in Fachhändlerverträgen

Der Fachhändlervertrag ist ein Vertrag, in dem eine Eingliederungsbeschränkung der Abnehmer in die Vertriebsorganisation eines Herstellers besteht. In einer solchen Vertriebsform nimmt ein Hersteller nicht alle

35 *Canaris,* a. a. O., § 17 III Rn. 44; *Franke,* in: Flohr/Wauschkuhn, a. a. O., § 86 Rn. 137.

36 *Canaris,* a. a. O., § 17 III Rn. 44; *Franke,* in: Flohr/Wauschkuhn, a. a. O., § 86 Rn. 137.

37 BGH, Urt. v. 29.04.1958 – VIII ZR 189/57, NJW 1958, 1138; BGH Urt. v. 19.01.1972 – VIII ZR 86/71, BB 1972, 193.

38 Vgl. OLG Karlsruhe, Urt. v. 25.11.2009 – 6 U 47/08 Kart, GRUR-RR 2010, 109 – Schulranzen und Schulrucksäcke.

39 *Dau,* in: Flohr/Wauschkuhn, Vertriebsrecht, 2014, § 86a Rn. 61; *Emde,* Vertriebsrecht, 3. Aufl. 2014, § 86a Rn. 63.

40 *Canaris,* a. a. O., § 17 III Rn. 36.

41 *Genzow,* Vertragshändlervertrag, 1996, Rn. 83; *Dau,* in: Flohr/Wauschkuhn, a. a. O., § 86a Rn. 61; *Manderla,* in: Martinek/Semler/Habermeier/Flohr, Handbuch des Vertriebsrechts, 4. Aufl. 2016, § 22 Rn. 15.

42 *Manderla,* in: Martinek/Semler/Flohr, a. a. O., § 25 Rn. 17.

an seinen Produkten interessierten Händler auf. Er nimmt nur diejenigen Händler auf, die die von ihm bestimmten Voraussetzungen erfüllen. Diese Vertriebsform wird daher auch als Selektivvertrieb bezeichnet.

Der Begriff des Selektivvertriebssystems wird in Art. 1 Abs. 1 lit. e Vertikal-GVO wie folgt legaldefiniert: Ein Selektivvertriebssystem ist ein Vertriebssystem, in dem der Hersteller verpflichtet ist, die Vertragserzeugnisse oder -dienstleistungen unmittelbar oder mittelbar nur an die anhand festgelegter Merkmale autorisierten Händler zu verkaufen und in dem die ausgewählten Händler verpflichtet sind, die betreffenden Vertragserzeugnisse oder -dienstleistungen nicht an Außenseiter des Vertriebsnetzes zu verkaufen.

Selektivvertriebssysteme haben eine wichtige Bedeutung auf Märkten der begehrten Markenartikel, da Hersteller solcher Artikel durch die Vertriebssysteme den Schutz der Qualität bzw. des Markenimages, womit sich Markenprodukte von anderen Produkten unterscheiden können, kontrollieren können. In Fachhändlerverträgen bestehen einfache und qualifizierte Fachhandelsbindungen.[43]

Bei der einfachen Fachhandelsbindung müssen die Händler u. a. die folgenden Qualitätsmerkmale (qualitative Selektionskriterien) erfüllen: Die Merkmale werden anhand objektiver Kriterien qualitativer Art vom Hersteller festgelegt. Überdies ist eine solche einfache Fachhandelsbindung in der bisherigen Rechtsprechung als mit Art. 101 Abs. 1 AEUV vereinbar angesehen worden, da hierbei keine spürbaren Wettbewerbsbeschränkungen vorliegen.[44] Dagegen kann eine spürbare Wettbewerbsbeschränkung durch die qualifizierte Fachhandelsbindung verursacht werden, denn strengere Absatzförderungspflichten als die Abnahme der Mindestmenge oder die Erreichung des Mindestumsatzes können die gewerbliche Freiheit der autorisierten Händler erheblich beschränken.[45] Die qualifizierte Fachhandelsbindung ist allerdings nach der grundlegenden Metro-Rechtsprechung des EuGH grundsätzlich nicht kartellrechtswidrig, soweit sie zur Wahrung der Qualität und zur Gewährleistung des richtigen Gebrauchs der Erzeugnisse notwendig ist.[46]

---

43 *Weiß*, in Calliess/Ruffert, EUV/AEUV, 5. Aufl. 2016, Art. 101 AEUV Rn. 210 ff.

44 EuGH, Urt. v. 25.10.1977 – Rs. 26/76, Slg. 1977, 1875 – Metro/Kommission; EuG, Urt. v. 12.12.1996 – Rs. T-19/92, Slg. 1996, II-1851, GRUR Int. 1998, 149 – Leclerc/Kommission (Yves Saint Laurent).

45 *Weiß*, in Calliess/Ruffert, a. a. O., Art. 101 AEUV Rn. 213.

46 EuGH, Urt. v. 25.10.1977 – Rs. 26/76, Slg. 1977, 1875 Rn. 20 – Metro/Kommission; EuGH, Urt. v. 11.12.1980 – Rs. 31/80, Slg. 1980, 3775 Rn. 16 – L´Oréal; EuGH, Urt. v.

B. Besonderheiten selektiver Vertriebssysteme

In einem Universalvertrieb könnte ein Hersteller theoretisch mehr Verkaufschancen als im Selektivvertrieb haben, da er die Vertragserzeugnisse über zahlreiche und unterschiedliche Händler vertreiben kann. Trotzdem wird die Einrichtung eines Selektivvertriebssystem von vielen Herstellern von Markenartikel bevorzugt, da sie durch das Vertriebssystem wirtschaftlich noch besser und effizienter ihre Waren oder Dienstleistungen vertreiben können.

I. Das Ziel selektiver Vertriebssysteme

1. Schutz der materiellen und immateriellen Wertfaktoren der Markenprodukte

Markenprodukte bieten im Allgemeinen eine hohe Qualität, die sowohl auf materiellen als auch auf immateriellen Eigenschaften der Produkte beruht, an.[47] Für die Sicherstellung der Qualität ist ein selektives Vertriebssystem eine geeignete Vertriebsweise. Ein Hersteller eines Markenartikels legt Kriterien im Rahmen eines Selektivvertriebssystems fest. In der Regel werden die oben genannten Qualitätsmerkmale als Kriterien festgelegt. Durch Selektionskriterien werden materielle und immaterielle Eigenschaften der Markenartikel geschützt.

Außerdem kann der Hersteller den autorisierten Fachhändlern abverlangen, dass sie die Vertragserzeugnisse nicht an Außenseiter[48] weiterverkaufen, denn solche Außenseiter stehen nicht unter der Aufsicht des Herstellers, sodass die Qualität oder das Image des Markenartikels nicht garantiert werden kann. Das Verbot des Weiterverkaufs an nicht autorisierte Händler im Selektivvertrieb wird nach Art. 4 lit. b iii Vertikal-GVO als ausnahmsweise zulässig angesehen.

13.10.2011 – Rs. C-439/09, Slg. 2011, I-9419 Rn. 41 – Pierre Fabre Dermo-Cosmétique; EuGH, Urt. v. 06.12.2017 – Rs. C-230/16, ECLI:EU:C:2017:941 Rn. 24 – Coty Germany.

47 EuGH, Urt. v. 04.11.1997 – Rs. C-337/95, Slg. 1997, I-6013 Rn. 45 – Parfums Christian Dior; EuG, Urt. v. 23.04.2009 – Rs. C-59/08, Slg. 2009, I-3421, Rn. 24 – Copad; EuGH, Urt. v. 06.12.2017 – Rs. C-230/16, ECLI:EU:C:2017:941 – Coty Germany.

48 Ein Außenseiter ist ein Händler, der nicht in das selektive Vertriebssystem zugelassen ist.

2. Vergrößerung der Verbraucherzufriedenheit

Obwohl die Förderung der Konsumentenwohlfahrt außerhalb der kartellrechtlichen Vorschriften vorliegt und der Förderungs- bzw. Schutzumfang der Konsumentenwohlfahrt immer noch kontrovers diskutiert wird, ist die Konsumentenwohlfahrt als ein wichtiges Ziel der deutschen und europäischen Wettbewerbspolitik anzusehen,[49] welches im Wettbewerbsprozess immer berücksichtigt werden sollte.

Selektive Vertriebssysteme fördern die Wohlfahrt der Kunden, da die autorisierten Händler i. d. R. einen adäquaten Kundenservice zur Gewährung der richtigen Handhabung der Vertragswaren anbieten sollen. Zu dem adäquaten Kundenservice gehören u. a. Beratungs-, Betreuungs- und Reparaturleistungen. Dieser Kundenservice soll abhängig von den persönlichen Bedürfnissen[50] und der gefährlichen[51], der langlebigen, der hochwertigen bzw. der hochtechnischen[52] Beschaffenheit der betreffenden Waren gewährleistet werden.

Neben dem direkten Kundenservice können die anderen Geschäftsmaßnahmen, welche dem Händler zur Gewährleistung der Qualität und zur Sicherstellung des Markenimages auferlegt werden, mittelbar zur Zufriedenheit der Kunden beitragen, da die Erwartungen der Verbraucher an Markenartikel dadurch erfüllt werden können.

Außerdem müssen sich Unternehmer laut dem BGH auf die Befindlichkeit der Kundschaft bei deren Geschäftstätigkeiten fokussieren, obwohl es hierbei bloß um den emotionalen und persönlichen Geschmack von Kunden geht.[53] Durch kundenfreundliche Geschäftsmaßnahmen können Hersteller überdies einen guten Ruf bzw. eine verstärkte Wettbewerbsposition auf dem betreffenden Markt erhalten.[54]

---

49 Vgl. *Wissing*, Konsumentenwohlfahrt als Ziel der Wettbewerbspolitik, WuW 2020, 593.

50 OLG Hamburg, Urt. v. 22.3.2018 – 3 U 250/16, WRP 2018, 724, Rn. 4 – Forever Living.

51 *Schlimpert*, STIHL: Autorité de la concurrence zu Internetvertriebs- und Drittplattformverbot außerhalb des Luxussegments – Das Coty-Urteil zieht weitere Kreise, NZKart 2018, 566; vgl. Autorité, Entsch. v. 24.10.2018 – Nr. 18-D-23 – STIHL.

52 EuGH, Urt. v. 25.10.1977 – Rs. 26/76, Slg. 1977, 1875 Rn. 20 – Metro/Kommission; EuGH, Urt. v. 25.10.1983 – Rs. 107/82, Slg. 1983, 3151 Rn. 33 – AEG/Kommission.

53 BGH, Urt. v. 06.10.2015 – KZR 87/13, NZKart 2015, 535 (537) – Porsche-Tuning.

54 *Mathé*, Der selektive Vertrieb nach europäischem Wettbewerbsrecht am Beispiel der Automobilbranche, RabelsZ 48, 721 (722).

II. Typen von anderen Vertriebssystemen

1. Typen von Alleinvertriebssystemen

Im Gegensatz zum Begriff des selektiven Vertriebssystems ist der Begriff des Alleinvertriebssystems nicht in der Vertikal-GVO legaldefiniert. Die Definition eines Alleinvertriebssystems wurde in den Vertikal-Leitlinien ergänzt. Bei einem Alleinvertriebssystem ist ein Hersteller verpflichtet, seine Vertragserzeugnisse zum Weiterverkaufszweck ausschließlich an einen autorisierten Händler in einem bestimmten Gebiet anzubieten.[55] Spiegelbildlich darf ein Alleinvertriebshändler auch keinen aktiven Verkauf an Kunden tätigen, die nicht aus seinem Vertriebsgebiet stammen.[56] Ein Alleinvertriebssystem, welches in der Praxis auch häufig Exklusivvertriebssystem[57] genannt wird, kann im Vergleich zu einem Selektivvertriebssystem als strengere und ggf. mehr wettbewerbsbeschränkende Vertriebsform bezeichnet werden, da die Anzahl der Händler im Alleinvertrieb durch die Gebiets- bzw. Kundenkreisbeschränkung stärker reduziert wird als im Selektivvertrieb.

Solange der Abschluss einer Gebiets- und Kundenkreisschutzvereinbarung auf dem betroffenen Markt üblich[58] bzw. sinnvoll ist und für die Vertragsparteien wirtschaftlich bedeutsam bleibt, sind solche Beschränkungen nicht kartellrechtswidrig.[59]

Gebiets- und Kundenkreisschutzvereinbarungen können sowohl auf der Großhandelsstufe als auch auf der Einzelhandelsstufe abgeschlossen werden, und laut der Kommission können je nach Handelsstufe unterschiedliche negative Auswirkungen eintreten.[60] Gebietsbeschränkungen auf Einzel-

55 Kommission, Leitlinien für vertikale Beschränkung, ABl. 2010 C 130/1, Rn. 151.

56 Kommission, Leitlinien für vertikale Beschränkung, ABl. 2010 C 130/1, Rn. 151.

57 Mit dem Terminus „Exklusivvertrieb" oder „Exklusivität" können sowohl die Art der Exklusivbindungen als auch die gebundenen Vertragsparteien wegen der Ungenauigkeit des Terminus nicht erkannt werden, weshalb ein Missverstand in der Vertragspraxis geführt werden kann: *Seeliger*, in: Wiedemann, Handbuch des Kartellrechts, 3. Aufl. 2016, Rn. 289.

58 Eine Verabredung über den Gebietsschutz wird auf dem Kfz-Markt als konventionell angesehen: *Bayreuther*, Absoluter Gebietsschutz und quantitativ-selektiver Vertrieb im Kfz-Handel, WuW 1998, 820.

59 Siehe dazu unten, 1. Teil, § 4 B I 3 a).

60 Für die Gebietsbeschränkungen auf der Großhandelsstufe wird im Allgemeinen ein ganzer Mitgliedstaat als Vertragsgebiet gegeben und dies kann spürbar wettbewerbsbeschränkend auswirken, sofern das Verkauf an Einzelhändler auf nachgelagerten

handelsebene haben eine höhere Wahrscheinlichkeit, den markeninternen Wettbewerb zu verhindern, wenn es sich um ein großes Gebiet handelt, da der Endverbraucher hierbei fast keine Möglichkeit zur Händlerauswahl beim Einkauf des Produkts hat.[61] Je größer die Zahl der Hersteller mit solchen Vertriebssystemen auf dem einschlägigen Markt ist, desto stärker verringert sich der markeninterne Wettbewerb.[62]

Außerdem gab es in der bisherigen Rechtsprechung Fälle, in denen Hersteller den Händlern ein Vertriebsverbot für gewisse Gebiete auferlegten. Hierbei sollten die Händler dort weder aktiv noch passiv vertreiben dürfen (sog. absolute Gebietsschutzvereinbarung).[63] Dazu kommt noch eine Vereinbarung über das Exportverbot, wobei der Alleinvertriebshändler die Vertragserzeugnisse und -dienstleistungen außerhalb seines Gebiets in nicht andere Länder ausführen darf.[64] Hierbei ist eine trennscharfe Unterscheidung zwischen der absoluten Gebietsschutzbeschränkung und einem Exportverbot nicht einfach, da die beiden Maßnahmen letztendlich den Schutz des konkreten Vertragsgebiets des Vertragshändlers als Ziel haben.[65] In der bisherigen Rechtsprechung sah der EuGH absolute Gebietsschutzvereinbarungen sowie das Exportverbot als kartellrechtlich unzulässig an, denn sie bezwecken eine erhebliche Wettbewerbsbeschränkung und widersprechen den integrationspolitischen Ansichten der Europäischen Union.[66] Solche Vereinbarungen stellen eine Kernbeschränkung nach Art. 4 lit. b Vertikal-GVO dar.

Nichtsdestoweniger geben Alleinvertriebssysteme einem Hersteller, vor allen Dingen kleinen und mittelständischen Unternehmen, die Chance neue Märkte zu erschließen und eine individuelle Vertriebsorganisation aufzubauen.[67] Die Markterschließung eines neuen Herstellers könnte da-

---

Märkten verboten wird: Kommission, Leitlinien für vertikale Beschränkung, ABl. 2010 C 130/1, Rn. 159 f.

61 Kommission, Leitlinien für vertikale Beschränkung, ABl. 2010 C 130/1, Rn. 159.

62 Kommission, Leitlinien für vertikale Beschränkung, ABl. 2010 C 130/1, Rn. 154.

63 EuGH, Urt. v. 13.07.1966, verb. Rs. 56 und 58/64, Slg. 1966, 322 – Grundig und Consten/Kommission.

64 EuGH, Urt. v. 13.07.1966, verb. Rs. 56 und 58/64, Slg. 1966, 322 – Grundig und Consten/Kommission; EuGH, Urt. v. 1.2.1978, Rs. 19/77, Slg. 1978, 131 – Miller/Kommission.

65 *Zimmer*, in: Immenga/Mestmäcker, Wettbewerbsrecht, Bd. 1 EU/Teil 1, 5. Aufl. 2012, Art. 101 Abs. 1 AEUV Rn. 289.

66 *Zimmer*, in: Immenga/Mestmäcker, Wettbewerbsrecht, Bd. 2 GWB/Teil 1, 6. Aufl. 2020, § 1 GWB Rn. 208 m. w. N.

67 EuGH, Urt. v. 30.06.1966, Rs. 56/65, Slg. 1966, 282 – Maschinenbau Ulm.

rüber hinaus den Wettbewerb zwischen den neuen und vorhandenen Herstellern homogener Waren verstärken. Heben die wettbewerbsfördernden Auswirkungen des Alleinvertriebs die wettbewerbsbeschränkenden Auswirkungen (überwiegend) auf, sollten die Freistellungsmöglichkeiten nach Art. 101 Abs. 3 AEUV bzw. § 2 GWB und nach der Vertikal-GVO geprüft und beachtet werden.

Ein Alleinvertriebssystem kann nach Art. 2 Abs. 1 Vertikal-GVO freigestellt werden, solange der Marktanteil der beiden Vertragsparteien nicht mehr als 30 % überschreitet. Laut den Vertikal-LL gilt dies selbst dann, wenn Vertikalvereinbarungen noch andere vertikale Beschränkungen wie auf fünf Jahre befristete Wettbewerbsverbote, Mengenvorgaben oder Alleinbezugsverpflichtungen enthalten.[68]

Wie oben erwähnt, haben Allein- und Selektivvertriebssysteme einerseits einige Gemeinsamkeiten. Bspw. vertreiben Händler von beiden Vertriebssystemen die Vertragserzeugnisse im eigenen Namen, auf eigene Rechnung sowie auf eigenes Risiko. Darüber hinaus ist die Zahl der Händler in beiden Vertriebssystemen beschränkt, weshalb die Begrenzung des Intrabrand-Wettbewerbs als Folge geführt werden kann. Überdies können die beiden Vertriebssysteme üblicherweise Gebiets- und Kundenkreisbeschränkungen verursachen und eine Kernbeschränkung nach Art. 4 lit. b Vertikal-GVO darstellen. Allerdings können sie trotz der wettbewerbsbeschränkenden Auswirkungen ggf. nach der Interessenabwägung doch mit Art. 101 Abs. 1 AEUV bzw. § 1 GWB vereinbar sein. Ferner spielt die Marktanteilsschwelle von 30 % der Beteiligten auch eine wichtige Rolle bei beiden Vertriebssystemen.

Andererseits erscheinen Alleinvertriebsvereinbarungen noch strenger als Selektivvertriebsvereinbarungen, da der Hersteller seine Produkte beim Alleinvertrieb lediglich einem Händler anbietet, wogegen beim Selektivvertrieb mehrere Händler vom Hersteller als Vertragspartner ausgewählt werden. D. h., die Anzahl der Händler wird beim Alleinvertrieb auf die Zahl der Gebiete beschränkt, während die Beschränkung der Händleranzahl beim Selektivvertrieb von Selektionskriterien abhängt.[69] Überdies ist das Verbot des aktiven Verkaufs der Händler im Alleinvertrieb möglich. Im Selektivvertrieb hingegen dürfen Hersteller den aktiven Verkauf nicht

68 Kommission, Leitlinien für vertikale Beschränkung, ABl. 2010 C 130/1, Rn. 152.
69 Kommission, Leitlinien für vertikale Beschränkung, ABl. 2010 C 130/1, Rn. 174.

verbieten.[70] Aus diesen Gründen kann sich ein Selektivvertrieb von einem Alleinvertrieb unterscheiden.[71]

2. Typen von Franchisevertriebssystemen

Nach dem Außerkrafttreten der sog. Franchise-GVO[72] hat die Vertikal-GVO deren Funktion vollständig übernommen.[73] Seitdem existiert keine Definition des Franchise[74] mehr. Allerdings beschreibt die Kommission in den Vertikal-Leitlinien, dass Franchisevereinbarungen Lizenzen zur Nutzung von geistigen Eigentumsrechten an Marken- oder sonstigen Zeichen und von Know-how zwecks der Nutzung und des Vertriebs von Waren bzw. der Erbringung von Dienstleistungen enthalten.[75]

Ein Franchisevertriebssystem ist ein reines Vertikalvertriebssystem, da hierbei eine vertikale Bindung zwischen einem Franchisegeber und einem Franchisenehmer, welcher auf niedrigerer Handelsstufe als der Franchise-

---

70 Alleinvertriebsvereinbarungen, welche mit einem Selektivvertriebssystem verknüpft sind, sind dann nur freistellbar, wenn aktive Verkäufe in anderen Gebieten nicht beschränkt sind: Kommission, Leitlinien für vertikale Beschränkung, ABl. 2010 C 130/1, Rn. 152, 174.

71 Nach einer Auffassung seien Alleinvertriebssysteme keine selbständige Vertriebsform. Sie werden vielmehr als strengere Selektivvertriebssysteme angesehen: *Beutelmann*, Selektive Vertriebssysteme im europäischen Kartellrecht 2003, S. 40; s. auch *Kaeding*, Ungeschriebene Ausnahmen vom Verbot wettbewerbsbeschränkender Verhaltenskoordinierungen? – Ein rechtsdogmatisches Plädoyer zur Beachtung des Regel-Ausnahme-Verhältnisses in Art. 101 AEUV, 2017, S. 308. Dagegen: *Meier*, Der selektive Vertrieb im EWG-Kartellrecht, Bd. 1, 1979, S. 174 f.; *Kirchhoff*, Die kartellrechtliche Beurteilung vertikaler Vertriebsverträge, 1990, S. 157.

72 Kommission, Verordnung (EWG) Nr. 4087/88 der Kommission vom 28. Dezember 1988 über die Anwendung von Artikel 85 Absatz 3 des Vertrags auf Gruppen von Franchisevereinbarungen, ABl. EG 1988 L 359/46.

73 *Flohr*, in: Liebscher/Flohr/Petsche, Handbuch der EU-Gruppenfreistellungsverordnungen 2. Aufl. 2012, Rn. 239 m. w. N.

74 Gem. Art. 1 Abs. 3 lit. a Franchise-GVO bedeutet „Franchise“ *eine Gesamtheit von Rechten an gewerblichem oder geistigem Eigentum wie Warenzeichen, Handelsnamen, Ladenschilder, Gebrauchsmuster, Geschmacksmuster, Urheberrechte, Know-how oder Patente, die zum Zweck des Weiterverkaufs von Waren oder der Erbringung von Dienstleistungen an Endverbraucher genutzt wird*: Kommission, Verordnung (EWG) Nr. 4087/88 der Kommission vom 28. Dezember 1988 über die Anwendung von Artikel 85 Absatz 3 des Vertrags auf Gruppen von Franchisevereinbarungen, ABl. EG 1988 L 359/46.

75 Kommission, Leitlinien für vertikale Beschränkung, ABl. 2010 C 130/1, Rn. 43, 189 f.

geber tätig ist, besteht.[76] Ein Franchisenehmer vertreibt die Vertragserzeugnisse im eigenen Namen, auf eigene Rechnung und auf eigenes Absatzrisiko.[77] In Franchisevertriebssystemen besteht in der Regel eine wechselseitige Ausschließlichkeitsverpflichtung zwischen dem Franchisegeber und dem Franchisenehmer, da der Franchisegeber im Vertragsgebiet außer dem Franchisenehmer an Niemanden liefern darf und der Franchisenehmer nur von dem Franchisegeber oder dem von ihm zugelassenen bestimmten Lieferanten einkaufen muss.[78]

Obwohl Franchisevertriebssysteme wettbewerbsbeschränkende Eigenschaften umfassen, sind sie nicht kartellrechtswidrig, da sie nach dem „Pronuptia"-Fall des EuGH *„an sich nicht den Wettbewerb beeinträchtigen"*.[79] Die Vereinbarkeit der Franchisevertriebssysteme mit Art. 101 Abs. 1 AEUV ist abhängig von den einzelnen Vertragsklauseln und von dem wirtschaftlichen Zusammenhang.[80] Hierbei stellen Bestimmungen, welche zum Schutz des vermittelten Know-hows oder zur Gewährleistung der für die Anwendung des Know-hows erforderlichen Unterstützung des Franchisegebers unerlässlich sind, keine Wettbewerbsbeschränkung i. S. v. Art. 101 Abs. 1 AEUV bzw. § 1 GWB dar.[81] Darüber hinaus fallen Bestimmungen, die zum Schutz der Identität und zur Wahrung des Ansehens der durch die Geschäftsbezeichnung symbolisierten Vertriebsorganisation notwendig sind, nicht unter das Kartellverbot.[82] Ferner sind Bestimmungen mit Art. 101 Abs. 1 AEUV bzw. § 1 GWB vereinbar, wenn sie zum Erhalt der Einheitlichkeit und des (guten) Rufs der Franchisevertriebssysteme erforderlich sind.[83]

Franchisevertriebssysteme enthalten i. d. R. ähnliche Aspekte wie selektive Vertriebssysteme.[84] Erstens sind Franchisevertriebsvereinbarungen auch Vertikalvereinbarungen für den Bezug, Verkauf und Weiterverkauf von Waren bzw. Dienstleistungen.[85] Zweitens werden Franchisenehmer in ge-

76 *Martinek*, in: Martinek/Semler/Flohr, a. a. O., § 31 Rn. 2.
77 EuGH, Urt. v. 28.01.1986, Rs. 161/84, Slg. 1986, 353 Rn. 10 – Pronuptia.
78 EuGH, Urt. v. 28.01.1986, Rs. 161/84, Slg. 1986, 353 Rn. 7 – Pronuptia.
79 EuGH, Urt. v. 28.01.1986, Rs. 161/84, Slg. 1986, 353 Rn. 15 – Pronuptia.
80 EuGH, Urt. v. 28.01.1986, Rs. 161/84, Slg. 1986, 353 Rn. 14, 27 – Pronuptia.
81 EuGH, Urt. v. 28.01.1986, Rs. 161/84, Slg. 1986, 353 Rn. 16, 27 – Pronuptia.
82 EuGH, Urt. v. 28.01.1986, Rs. 161/84, Slg. 1986, 353 Rn. 17 ff., 27 – Pronuptia.
83 Kommission, Leitlinien für vertikale Beschränkung, ABl. 2010 C 130/1, Rn. 190 lit. b.
84 Außerdem können Franchisevertriebssysteme auch die Voraussetzungen der Wettbewerbsverbote und/oder der Alleinvertriebssysteme erfüllen: Kommission, Leitlinien für vertikale Beschränkung, ABl. 2010 C 130/1, Rn. 189.
85 Kommission, Leitlinien für vertikale Beschränkung, ABl. 2010 C 130/1, Rn. 190.

wissem Sinne durch die vom Franchisegeber verlangten qualitativen selektiven Auswahlkriterien zugelassen.[86] Drittens sind Franchisenehmer und Händler im Selektivvertrieb als selbständige Dritte keine echten Handelsvertreter. Viertens möchten Franchisegeber und Hersteller im selektiven Vertrieb durch die Vertriebssysteme eine gewisse Qualität in Bezug auf den Verkauf und den Weiterverkauf der Waren und Dienstleistungen sichern. Fünftens können sie nach Art. 2 Vertikal-GVO freigestellt werden, wenn Franchisevertriebssysteme eine Wettbewerbsbeschränkung i. S. d. Art. 101 Abs. 1 AEUV bzw. § 1 GWB bezwecken oder bewirken, es sei denn, dass der Marktanteil mehr als 30 % beträgt.[87] Wenn sie nicht nach Vertikal-GVO freigestellt werden können, besteht noch eine einzelne Freistellungsmöglichkeit nach Art. 101 Abs. 3 AEUV bzw. § 2 GWB. Letztlich besteht eine teleologische Reduktion des Kartellverbots (sog. Immanenzgedanke) in beiden Vertriebssystemen. In der Literatur wurden aus diesen Gründen Franchisevertriebsverträge sogar als besonders gestaltete Selektivvertriebsverträge angesehen.[88]

Laut dem EuGH sind Franchisevertriebsverträge von Selektivvertriebsverträgen zu unterscheiden, da Händler in selektiven Vertriebssystemen weder dieselbe Geschäftsbezeichnung noch einheitliche Geschäftsmethoden wie der Anbieter benutzen.[89] Darüber hinaus bezahlen Händler im Rahmen selektiver Vertriebssysteme keine Gebühr als Gegenleistung für die vom Anbieter erbrachten Leistungen.[90] Überdies ist der Hauptzweck der beiden Vertriebssysteme anders, da Selektivvertriebssysteme zum Schutz der Qualität und zum guten Ruf der Waren oder Dienstleistungen eingeführt werden, während Franchisevertriebssysteme zum Schutz des Knowhows bzw. der Einheitlichkeit des Ansehens und zum Ruf der Vertriebssysteme an sich angewendet werden,[91] obwohl dies letztendlich zur besseren Produktqualität beiträgt.[92]

86 Obwohl selektive Auswahlkriterien für die Zulassung der Franchisenehmer angewendet werden, wird ein Franchisevertriebsvertrag nicht direkt als Selektivvertriebsvertrag angesehen. Dies sollte einzeln überprüft werden: *Schultze/Pautke/Wagener*, Vertikal-GVO, 4. Aufl. 2019, Rn. 812.

87 Kommission, Leitlinien für vertikale Beschränkung, ABl. 2010 C 130/1, Rn. 190.

88 *Martinek*, in: Martinek/Semler/Flohr, a. a. O., § 31 Rn. 6 m. w. N.

89 EuGH, Urt. v. 28.01.1986, Rs. 161/84, Slg. 1986, 353 Rn. 15 – Pronuptia.

90 EuGH, Urt. v. 28.01.1986, Rs. 161/84, Slg. 1986, 353 Rn. 15 – Pronuptia.

91 *Schultze/Pautke/Wagener*, Vertikal-GVO, 4. Aufl. 2019, Rn. 798 f.

92 *Wolf-Posch/Samek*, Aktuelle kartellrechtliche Fragen beim Internetvertrieb von Franchise-Produkten, ZVertriebsR 2018, 302 (303 f.) m. w. N.

3. Fazit

Selektiv-, Allein- und Franchisevertriebsvereinbarungen sind vertikale Vereinbarungen, die nach der Vertikal-GVO geregelt werden können. Bei Selektiv-, Allein- und Franchisevertriebssystemen üben die durch gewisse selektive Auswahlkriterien zugelassenen Händler wirtschaftliche Tätigkeiten als unechte Handelsvertreter im eigenen Namen, auf eigene Rechnung und auf eigenes Risiko aus. Verträge, die im Rahmen der o. g. drei Vertriebssysteme abgeschlossen werden, können als Vertragshändlerverträge angesehen werden,[93] da Anbieter solche Verträge mit selbständigen Eigenhändlern abschließen. Hierbei können wettbewerbsbeschränkende Vertikalvereinbarungen unter den Anwendungsbereich des Art. 101 Abs. 1 AEUV bzw. § 1 GWB fallen, da das Handelsvertreterprivileg fehlt.[94] Darüber hinaus können alle drei Vertriebssysteme wettbewerbsbeschränkend bzgl. der Gebietsbegrenzung sein.[95]

Trotz der Gemeinsamkeiten sind die drei Vertriebssysteme voneinander zu unterscheiden. Zunächst können Selektiv- und Alleinvertriebssysteme von Franchisevertriebssystemen anhand der Intensität der Verhaltenshomogenität zwischen Anbietern und Händlern unterschieden werden, da Franchisegeber und Franchisenehmer nach der gleichen Qualität der Waren und Dienstleistungen und dem identischen Ansehen der Vertriebsorganisation streben.[96] Selektivvertriebssysteme können sich grob nach der Intensität der Wettbewerbsbeschränkung von Alleinvertriebssystemen unterscheiden.

III. Selektionskriterien

Um die ordentlichen und sicheren Vertriebswege im Rahmen eines selektiven Vertriebssystems zu gewährleisten, vertreibt ein Hersteller seine Vertragserzeugnisse lediglich durch die ausgewählten Händler, die die be-

---

93 Nach e. A. ist fraglich, ob ein Franchisevertrag auch als ein Vertragshändlervertrag angesehen werden kann. Laut dieser Auffassung gehören Allein- und Selektivvertriebsverträge zu Vertragshändlerverträgen und Franchiseverträge werden davon separiert: *Ahlert*, in: Ahlert, Vertragliche Vertriebssysteme zwischen Industrie und Handel, 1981, S. 85 ff.

94 *Kling/Thomas*, Kartellrecht 2. Aufl. 2016, § 19 Rn. 82.

95 Ein Gebietsschutz ist für das Funktionieren der Franchisevertriebssystemen erforderlich: *Martinek*, in: Martinek/Semler/Flohr, a. a. O., § 31 Rn. 4 m. w. N.

96 Vgl. EuGH, Urt. v. 28.01.1986, Rs. 161/84, Slg. 1986, 353 Rn. 21 – Pronuptia.

stimmten Auswahlkriterien von ihm erfüllen. Ein Selektivvertriebssystem kann allerdings ggf. kartellrechtlich bedenklich sein. Ob ein Selektivvertriebssystem unter das Kartellverbot des Art. 101 Abs. 1 AEUV bzw. § 1 GWB fällt, hängt grundsätzlich von Selektionskriterien ab. Wenn Selektionskriterien rein qualitative Eigenschaften innehaben, sind sie i. d. R. mit Art. 101 Abs. 1 AEUV bzw. § 1 GWB vereinbar. Besitzen Selektionskriterien hingegen quantitative Eigenschaften, gelten sie im Allgemeinen als kartellrechtswidrig. In diesem Fall muss überprüft werden, ob es nach einer Interessenabwägung eine Freistellungsmöglichkeit gibt.

1. Qualitative Selektionskriterien

Beim (rein) qualitativen Selektivvertrieb können Hersteller ihre Händler allein nach objektiven qualitativen Selektionskriterien auswählen.[97] Qualitative Selektionskriterien sind Kriterien, welche für den Vertrieb der betreffenden Waren notwendig und erforderlich sind.[98] Aufgrund der Notwendigkeit bzw. Erforderlichkeit ist die Auferlegung qualitativer Selektionskriterien kartellrechtlich unbedenklich. Qualitative Selektionskriterien sind die Folgenden: fachorientierte Verkäuferschulungen, die Lage bzw. das geschäftliche Umfeld der Verkaufsstätte, allgemeine Bedingungen betreffend die Ladengeschäfte (Schaufenster, Verkaufsfläche, Sauberkeit bzw. Ladengestaltung), allgemeine Geschäftsleistungen (die Art der Warenpräsentation, Werbematerial und Lagerbedingungen, Sortimentsbreite und -tiefe, professioneller Kundenservice, Beratungen durch ein geschultes Personal und Reparaturleistungen) etc.[99]

Die oben genannten qualitativen Selektionskriterien sind v. a. geeignet für den traditionellen Vertrieb. Qualitative Selektionskriterien für den Online-Vertrieb müssen äquivalent festgelegt werden.[100]

---

97 Kommission, Leitlinien für vertikale Beschränkung, ABl. 2010 C 130/1, Rn. 175.

98 *Beutelmann*, Selektive Vertriebssysteme im europäischen Kartellrecht, 2003, S. 44.

99 EuG, Urt. v. 12.12.1996 – Rs. T-19/92, Slg. 1996, II-1851, GRUR Int. 1998, 149 – Leclerc/Kommission (Yves Saint Laurent); EuG, Urt. v. 12.12.1996 -Rs. T-88/92, Slg. 1996, II-1961 – Leclerc/Kommission (Givenchy); s. a. *Lübbert/Schöner*, in: Wiedemann, Handbuch des Kartellrechts, 4. Aufl. 2020, § 23 Rn. 99.

100 Kommission, Leitlinien für vertikale Beschränkung, ABl. 2010 C 130/1, Rn. 54.

2. Quantitative Selektionskriterien

Im Gegensatz zu qualitativen Selektionskriterien ist die Gefahr von Wettbewerbsschäden bei quantitativen Selektionskriterien größer, denn hierbei können bspw. Mindest- oder Höchstabsatzvolumen oder ausdrückliche Begrenzungen der Händlerzahl als Kriterien auferlegt werden.[101] Die Anforderung des Warenverkaufs durch (über)qualifiziertes Personal[102] ist auch ein quantitatives Kriterium. Solche Kriterien beschränken unmittelbar die Anzahl der (potenziell) zugelassenen Händler[103] und können sogar die gewerbliche Freiheit der Händler verletzen.

Trotz wettbewerbsbeschränkender Auswirkungen sind die quantitativen Selektionskriterien nicht per se als kartellrechtlich unzulässig anzusehen. Laut den Vertikal-LL der Kommission besteht theoretisch keine wettbewerbsschädliche Auswirkung in den folgenden Fällen:[104] Zunächst gibt es keine wettbewerbsschädlichen Auswirkungen, wenn lediglich ein Hersteller den Vertrieb auf dem betroffenen Markt anwendet. Weiterhin fehlt es an solchen Auswirkungen, wenn die Anwendung quantitativer Selektionskriterien aufgrund der Beschaffenheit der Vertragserzeugnisse notwendig ist. Letztlich gibt es keine wettbewerbsschädlichen Auswirkungen, wenn eine solche Maßnahme für die Gewährleistung des wirksamen Wettbewerbs erforderlich ist, wobei dies in der Praxis als unrealistisch gilt. Außerdem besteht eine Freistellungsmöglichkeit nach Vertikal-GVO beim quantitativen Selektivvertrieb, solange der Marktanteil der Beteiligten nicht 30 % überschreitet.

3. Metro-Kriterien und deren Grenzen

Um mit Art. 101 Abs. 1 AEUV bzw. § 1 GWB vereinbar zu sein, müssen Selektionskriterien die folgenden Voraussetzungen[105] erfüllen: Erstens muss die Anwendung des Vertriebs für die betreffenden Waren notwendig sein.

101 Kommission, Leitlinien für vertikale Beschränkung, ABl. 2010 C 130/1, Rn. 175.

102 Kommission, Entsch. v. 11.1.1991 – IV/31.624, ABl. EG 1991, 91/153/EWG, Rn. 18 – Vichy; Als Beispiel diene die Anforderung, Kosmetikprodukte allein durch physisch anwesende Pharmazeuten zu verkaufen: EuGH, Urt. v. 13.10.2011 – Rs. C-439/09, Slg. 2011, I-9419 (I-9453 f.) – Pierre Fabre Dermo-Cosmétique.

103 Kommission, Leitlinien für vertikale Beschränkung, ABl. 2010 C 130/1, Rn. 175.

104 Die Zahl der Selektivvertriebsnetze auf einem Markt ist ein wichtiger Bestandteil, um die Zulässigkeit quantitativer Selektivvertriebssysteme beurteilen zu können: Kommission, Leitlinien für vertikale Beschränkung, ABl. 2010 C 130/1, Rn. 177.

105 EuGH, Urt. v. 25.10.1977 – Rs. 26/76, Slg. 1977, 1875 Rn. 20 ff. – Metro/Kommission.

Zweitens muss die Händlerauswahl nach objektiven qualitativen Selektionskriterien erfolgen. Drittens muss die Anwendung der Kriterien für alle (potenziellen) Händler im Vertriebsnetz diskriminierungsfrei erfolgen. Zuletzt dürfen solche Kriterien nicht über das erforderliche Maß hinausgehen, sondern sie müssen verhältnismäßig bleiben.

Die oben genannten vier Voraussetzungen werden als die sog. Metro-Kriterien bezeichnet, welche seit dem Urteil des EuGH über den Metro SA-BA-Fall als festgestellte Bedingungen für die Anwendung qualitativer Selektionskriterien gelten. Qualitative Selektionskriterien, die die Metro-Kriterien nicht erfüllen, bezwecken und bewirken eine Wettbewerbsbeschränkung und erfüllen den Tatbestand des Art. 101 Abs. 1 AEUV bzw. § 1 GWB.[106] D. h., die Metro-Kriterien fungieren als Tatbestandsausnahme vom Kartellverbot für selektive Vertriebssysteme. Methodisch betrachtet handelt es sich dabei um eine teleologische Reduktion des Verbotstatbestands in Art. 101 Abs. 1 AEUV. Da der EuGH weder die teleologische Reduktion noch die Analogie kennt, spricht er von „Auslegung".[107]

Obwohl die Metro-Kriterien als die in den Vertikal-Leitlinien stehenden Standardkriterien für die Überprüfung der Vereinbarkeit eines Selektivvertriebssystems mit Art. 101 Abs. 1 AEUV bzw. § 1 GWB eine sehr wichtige Rolle spielen, sind die Kriterien aufgrund des unbestimmten Qualitätsbegriffs der Kritik ausgesetzt worden.[108] Laut dieser Ansicht ist der Begriff der Qualität zu weit und unbestimmt, denn dieser Begriff bezieht sich nicht nur auf die Qualität der Produkte an sich, sondern auch auf die Qualität der Vertriebsformen.[109] Nach dieser Auffassung macht der Pierre Fabre-Fall des EuGH die Problematik des unbestimmten Qualitätsbegriffs im Zusammenhang mit einem totalen Vertriebsverbot über das Internet deutlich.[110] Das Urteil des EuGH, dass der Schutz des Luxusimages kein legitimes Ziel zur Wettbewerbsbeschränkung sei und nicht zur Rechtfertigung eines Selektivvertriebssystems akzeptiert werden könne, wurde nicht nach der Qualität der Produkte an sich, sondern nach der Qualität der Vertriebsform ent-

---

106 Kommission, Entsch. v. 11.1.1991, IV/31.624, ABl. EG 1991, 91/153/EWG, Rn. 18 – Vichy.

107 *Kling/Thomas*, Kartellrecht 2. Aufl. 2016, § 5 Rn. 227.

108 *Thyri*, Zum unbestimmten Qualitätsbegriff bei der Bewertung von Marktplatzverboten im Binnenmarkt, EuZW 2017, 424.

109 *Thyri*, EuZW 2017, 424 (427 f.).

110 *Thyri*, EuZW 2017, 424 (427 f.).

schieden, da ein absolutes Internetverbot keine objektiv qualitative Vertriebsbeschränkung ist.[111]

Außerdem muss darauf geachtet werden, dass die Metro-Kriterien vor ca. 45 Jahren eigentlich für Selektivvertriebssysteme im stationären Handel geschaffen wurden. Hierbei ist fraglich, ob die Metro-Kriterien für den Online-Handel genau gleich oder ggf. modifiziert angewendet werden können. Darüber hinaus ist die Frage noch offen, ob es eine Verbesserung der Metro-Kriterien für den Online-Handel bräuchte, wenn die Kriterien hierbei nicht anwendbar sind.

Nach hier vertretener Auffassung können die Metro-Kriterien modernisiert bzw. modifiziert werden. Erstens sollten Online- und Offline-Handel in Zukunft gleichbehandelt werden. Jedenfalls sollte keine Benachteiligung des Online-Handels zugunsten des Offline-Handels mehr stattfinden. Zweitens sollte die Konsumentenwohlfahrt als eigenständiges Kriterium eingeführt werden. Mit dem zweiten Kriterium kann besser beurteilt werden, ob eine Beschränkung bzgl. des Internetvertriebs über das Erforderliche hinausgeht.

IV. Auswirkungen selektiver Vertriebssysteme

1. Positive Auswirkungen selektiver Vertriebssysteme

Trotz ihrer wettbewerbsbeschränkenden Eigenschaften werden Selektivvertriebssysteme aufgrund ihrer positiven Auswirkungen immer beliebter, namentlich bei Markenherstellern. Zu den wichtigsten positiven Auswirkungen gehören die Qualitätsgarantie und die Abschirmung des Markenimages und das Kundenwohl, welche mit den Zielen der Selektivvertriebssysteme übereinstimmen. Außer den oben genannten drei positiven Auswirkungen bestehen weitere positive Effekte bei Selektivvertriebssystemen.

a) Förderung des Leistungswettbewerbs

Neben dem Preiswettbewerb besteht der Leistungswettbewerb als wichtiger Wettbewerbsparameter. Wichtige Elemente des Leistungswettbewerbs sind die Qualität, die Warenpräsentation, der Kundenservice, die Werbetätigkei-

111 *Thyri*, EuZW 2017, 424 (427 f.).

ten, die Innovation bzw. die Kreativität. In selektiven Vertriebssystemen wird der Leistungswettbewerb durch die strikte Anwendung der Selektionskriterien gefördert, da die Hersteller der Markenartikel viele Leistungen zur Erhöhung des Absatzes, zum Schutz der materiellen und immateriellen Eigenschaften der Waren und zur Optimierung des Kundendienstes als Kriterien von ihren Wiederverkäufern einfordern. Solche Anforderungen des Herstellers bzgl. des Leistungswettbewerbs können zu einer Förderung des markeninternen Wettbewerbs führen.

b) Schnelles Feedback zwischen Hersteller und Kunden

Hersteller im Selektivvertrieb können ihre Händler besser kontrollieren als Hersteller im Universalvertrieb, da die Händleranzahl im Selektivvertrieb durch den Selektionsprozess von vornherein begrenzt ist und die Vertriebsstrategie der Händler i. d. R. seitens der Hersteller überschaubar ist. Aus diesen Gründen können Hersteller im Selektivvertrieb über die ausgewählten Händler auf Feedbacks und Beschwerden von Endverbrauchern schnell reagieren und dadurch die Servicequalität verbessern. So können sich Hersteller das Vertrauen der Verbraucher und einen besseren Ruf erwerben und schließlich ihre Marktposition auf dem betreffenden Markt verstärken.[112]

c) Erleichterung der Markterschließung

Selektive Vertriebssysteme erleichtern einem neuen Hersteller, welcher ein innovatives und bahnbrechendes Produkt entwickeln und vermarkten möchte, den Zutritt zum Markt.[113] Dies kann durch einen Exklusivvertrieb, der mittels quantitativer Selektionskriterien innerhalb eines Selektivvertriebssystems gewährleistet wird, ermöglicht werden.[114] Der neue Hersteller kann durch den Exklusivvertrieb Händler haben, die die Kosten für die ver-

---

112 *Mathé*, RabelsZ 48, 721 (722).

113 *Ahlert*, Die Bedeutung des vertraglichen Selektivvertriebs für den freien Wettbewerb und die Funktionsfähigkeit von Märkten, WRP 1987, 215 (225).

114 *Ahlert*, WRP 1987, 215 (225), *Ahlert*, a. a. O., 1996, 157 f.

triebsfördernden Tätigkeiten mit ihm teilen.[115] Deswegen gilt der Exklusivvertrieb als entscheidender Schlüssel für die schnelle Markterschließung.[116]

Die Erleichterung der Markterschließung trägt auch zum Kundenwohl bei, da auf dem betreffenden Markt dadurch mehr Wettbewerb besteht. Darüber hinaus können viele bessere und innovative Produkte als vielfältige Angebote für die Kunden zur Verfügung stehen.

2. Negative Auswirkungen selektiver Vertriebssysteme

Laut den Vertikal-Leitlinien der Kommission können selektive Vertriebssysteme den markeninternen Wettbewerb gefährden, bestimmte Gruppen von Händlern ausschließen und wettbewerbsschädliche Kollusionen zwischen den Herstellern oder Händlern erleichtern.[117]

a) Minderung des markeninternen Wettbewerbs

Wegen der durch die Auswahlkriterien begrenzten Anzahl von Händlern bzw. dem Verbot des Wiederverkaufs an Außenseiter kann der Wettbewerb zwischen Händlern derselben Marke im Selektivvertrieb verringert werden. Ähnlich wie im Alleinvertrieb stehen im Selektivvertrieb die Teilnehmerzahl eines selektiven Vertriebs und die Stärke des markeninternen Wettbewerbs im umgekehrten Verhältnis. Wenn Händler, die außerhalb des selektiven Vertriebs sind, eine starke Wettbewerbsfähigkeit haben, wird die Wahrscheinlichkeit des Marktausschlusses der anderen Vertriebshändler verringert.[118]

Wenn ein starker Interbrand-Wettbewerb bereits auf dem Markt besteht, ist die Wahrscheinlichkeit sehr niedrig, dass durch die Minderung des markeninternen Wettbewerbs eine negative Auswirkung auf Endverbraucher verursacht wird.[119] Darüber hinaus kann sogar grundsätzlich eine Beschränkung des markeninternen Wettbewerbs durch den starken Markenwettbewerb kompensiert werden.[120]

---

115 *Simon*, in: Fezer/Büscher/Obergfell, Lauterkeitsrecht, 3. Aufl. 2016, Rn. 24.
116 *Simon*, in: Fezer/Büscher/Obergfell, a. a. O., Rn. 24.
117 Kommission, Leitlinien für vertikale Beschränkung, ABl. 2010 C 130/1, Rn. 175, 178.
118 Kommission, Leitlinien für vertikale Beschränkung, ABl. 2010 C 130/1, Rn. 179.
119 Kommission, Leitlinien für vertikale Beschränkung, ABl. 2010 C 130/1, Rn. 102.
120 Kommission, Leitlinien für vertikale Beschränkung, ABl. 2010 C 130/1, Rn. 178.

b) Erleichterung wettbewerbsschädlicher Vereinbarungen

Ein selektives Vertriebssystem kann Kollusionen auf Hersteller- und Händlerebene erleichtern,[121] da der Zutritt zu dem Vertriebsnetz lediglich für die zugelassenen Händler erlaubt ist. Daher besteht hierbei die Gefahr einer Marktabschottung gegenüber den kompetenten Händlern.[122] Aus einer Kollusion auf Herstellerebene entstehen die Erhöhung der Großhandelspreise, die Verminderung der Auswahl und eine Beeinträchtigung der Qualität bzw. der Innovationsfreudigkeit.[123] Eine Kollusion auf Händlerebene kann die Erhöhung der Einzelhandelspreise, die Verschlechterung der Qualität des Einzelhandelsservice, den Rückgang von Innovation und die Reduzierung der Vertriebsarten bzw. der Händlerauswahl zur Folge haben.[124] Solche Kollusionen sind letztendlich für Verbraucher schädlich.

c) Verhinderung des Preiswettbewerbs

Der Preis gehört sicherlich zu den wichtigsten und bedeutsamsten Wettbewerbsparametern und spielt eine große Rolle für die Marketingstrategien. I. d. R. setzt ein Hersteller – unter den gleichen Qualitätsbedingungen – den Preis seiner Produkte günstiger als seine Konkurrenten, damit er auf einer besseren Position auf dem Markt stehen kann. Allerdings besteht auch die umgekehrte Preisgestaltungsstrategie, wobei der Preis mit Absicht hoch gesetzt wird. Mit dieser Strategie beabsichtigen v. a. Hersteller von Markenartikeln, ihre Kunden zu überzeugen, dass der Preis der hohen Qualität der Waren entspricht.

Einem selektiven Vertriebssystem ist eine Verhinderung des Preiswettbewerbs immanent,[125] da im Selektivvertrieb seitens der autorisierten Händler kein Spielraum für den offensiven Preiswettbewerb aufgrund der begrenzten Anzahl der Händler bzw. der vom Hersteller als Selektionskriterien angeforderten zusätzlichen Leistungen besteht.[126] Überdies werden selektive Vertriebssysteme zwecks Aufrechterhaltung eines bestimmten Preisniveaus

121 Kommission, Leitlinien für vertikale Beschränkung, ABl. 2010 C 130/1, Rn. 178.
122 Kommission, Leitlinien für vertikale Beschränkung, ABl. 2010 C 130/1, Rn. 178.
123 Kommission, Leitlinien für vertikale Beschränkung, ABl. 2010 C 130/1, Rn. 101.
124 Kommission, Leitlinien für vertikale Beschränkung, ABl. 2010 C 130/1, Rn. 101.
125 *Beutelmann*, a. a. O., S. 150.
126 Vgl. *Lubberger*, in: Gloy/Loschelder/Danckwerts, Wettbewerbsrecht 5. Aufl. 2019, § 71 Rn. 8, Fn. 24 m. w. N.

verwendet.[127] Daraus resultiert die Einschränkung des markeninternen Preiswettbewerbs.[128] Ist die Einschränkung des Preiswettbewerbs zu Gunsten der anderen Wettbewerbsfaktoren, welche zur Verbesserung des gesamten Wettbewerbs beitragen können, zu rechtfertigen, kann sie mit Art. 101 Abs. 1 AEUV bzw. § 1 GWB vereinbar sein.[129] D. h., bei der reinen Einschränkung des Preiswettbewerbs, wobei der Verlust des Preiswettbewerbs durch die anderen Wettbewerbsfaktoren nicht kompensiert werden kann, besteht kein Rechtfertigungsgrund.[130]

V. Erforderlichkeit selektiver Vertriebssysteme

Da selektive Vertriebssysteme trotz der vielen Vorteile den markeninternen Wettbewerb ggf. erheblich einschränken können, sollte überprüft werden, ob die Errichtung selektiver Vertriebssysteme für die betreffenden Waren bzw. Dienstleistungen erforderlich sein kann. Im „Metro-SABA"-Urteil machte der EuGH klar, dass die Erforderlichkeit bzw. die Notwendigkeit der Anwendung selektiver Vertriebssysteme zunächst geprüft werden sollte.[131]

1. Objektive Notwendigkeit

Laut der Metro-Kriterien muss sich eine objektive Notwendigkeit bei der Anwendung der Selektivvertriebssysteme ergeben.[132] Ob eine objektive Notwendigkeit vorliegt, muss im Einzelfall überprüft werden. Handelt es sich

127 EuGH, Urt. v. 25.10.1977 - Rs. 26/76, Slg. 1977, 1875 (1905 f.) Rn. 21 - Metro/Kommission; EuGH, Urt. v. 25.10.1983 - Rs. 107/82, Slg. 1983, 3151 (3196) Rn. 40 - AEG/Kommission.

128 *Beutelmann*, a. a. O., S. 48.

129 EuGH, Urt. v. 25.10.1983 - Rs. 107/82, Slg. 1983, 3151 (3194) Rn. 33 - AEG/Kommission.

130 EuGH, Urt. v. 25.10.1983 - Rs. 107/82, Slg. 1983, 3151 (3194) Rn. 34 - AEG/Kommission.

131 EuGH, Urt. v. 25.10.1977 - Rs. 26/76, Slg. 1977, 1875 - Metro/Kommission.

132 EuGH, Urt. v. 25.10.1977 - Rs. 26/76, Slg. 1977, 1875 - Metro/Kommission.

bspw. um langlebige, hochwertige, hochtechnische,[133] hochpreisige[134] bzw. hochgefährliche[135] Produkte oder Dienstleistungen, ist die Anwendung der Selektivvertriebssysteme als objektiv notwendig anzusehen. Da bei Einkäufen solcher Produkte i. d. R. eine finanzielle Belastung oder ein Risiko körperlicher Verletzung für Verbraucher besteht, bräuchten Verbraucher vor der Kaufentscheidung ausführliche Beratungen sowie Erklärungen bspw. zur Gewährleistung der richtigen Handhabung von dem autorisierten sowie geschulten Fachhändler. Im Allgemeinen ist die Einrichtung selektiver Vertriebssysteme nicht besonders problematisch, solange die betreffende Ware eine der oben genannten Beschaffenheiten hat. Besonders problematisch ist aber, wenn eine Klausel eines Selektivvertriebsvertrags über das erforderliche Maß hinausgeht.

2. Erforderliches Maß

Die Anforderung der Selektionskriterien darf nicht über das zur Zielerreichung erforderliche Maß hinausgehen.[136] Trotz des klaren Kriteriums gibt es zahlreiche Fälle, in dem die einzelnen Selektionskriterien gleichwohl das erforderliche Maß überschreiten.

Beispielsweise gab es viele problematische Vertragsklauseln bzgl. des Online-Selektivvertriebs wie ein pauschales Verbot des Online-Handels,[137] ein Verkaufsverbot über Drittplattformen,[138] ein Nutzungsverbot einer Suchmaschine[139] oder die Anwendung der Doppelpreissysteme.[140] All diese Klauseln gingen über das erforderliche Maß hinaus und dienten nicht

---

133 EuGH, Urt. v. 25.10.1977 – Rs. 26/76, Slg. 1977, 1875 (1905) Rn. 20 – Metro/Kommission; EuGH, Urt. v. 25.10.1983 – Rs. 107/82, Slg. 1983, 3151 (3194) Rn. 33 – AEG/Kommission.

134 OLG Hamburg, Urt. v. 22.03.2018 – 3 U 250/16, WRP 2018, 724 (728), Rn. 43 – Forever Living.

135 *Schlimpert*, a. a. O., 566; vgl. Autorité, Entsch. v. 24.10.2018 – Nr. 18-D-23 – STIHL.

136 EuGH, Urt. v. 25.10.1977 – Rs. 26/76, Slg. 1977, 1875 (1908 f.) Rn. 27 – Metro/Kommission.

137 EuGH, Urt. v. 13.10.2011 – Rs. C-439/09, Slg. 2011, I-9419 – Pierre Fabre Dermo-Cosmétique.

138 EuGH, Urt. v. 06.12.2017 – Rs. C-230/16, ECLI:EU:C:2017:941 – Coty Germany.

139 BGH, Urt. v. 12.12.2017 – KVZ 41/17, NZKart 2018, 96 – ASICS-Gruppe.

140 OLG Düsseldorf, Urt. v. 13.11.2013 – VI-U (Kart) 11/13, NZKart 2014, 68 – Dornbracht; BKartA, Entsch. v. 23.12.2013 – B7–11/13 – Bosch Siemens Hausgeräte (BSH); BKartA, Entsch. v. 27.11.2013 – B5–144/13 – GARDENA; BKartA, Entsch. v. 13.12.2011 – B5–100/10 – Dornbracht.

mehr den Zielen eines Selektivvertriebssystems. Manche der oben genannten Beispiele sind unnötig überfordernd.

Als ein konkretes Beispiel kann der Pierre Fabre Dermo Cosmétique-Fall erwähnt werden. In dem Fall verlangte der Hersteller, dass seine Produkte aufgrund der Beschaffenheit bzw. der Fachqualität[141] nur im physischen Laden unter der Anwesenheit der diplomierten Apotheker verkauft werden sollten. Es handelt sich hierbei um den Verkauf von Kosmetika und Körperpflegeprodukten, die als Nicht-Arzneimittelprodukte kategorisiert werden und von einem Fachhändler ohne Apothekerdiplom erfolgen kann. Die Anforderung des Herstellers hatte darüber hinaus *de facto* ein totales Verkaufsverbot über das Internet zur Folge. Zu einem ähnlichen Gesichtspunkt wurde im „Deutscher Apothekerverband"-Urteil des EuGH entschieden, dass sogar der Verkauf der rezeptfreien Arzneimittel über das Internet erfolgen kann.[142] Daraus ergibt sich, dass die von Pierre Fabre Dermo Cosmétique verlangte Fachqualifikation unnötig überhöht ist und über das Erforderliche hinausging.

VI. Fazit

Die Vereinbarungen über die Einrichtung eines selektiven Vertriebssystems beeinflussen den Wettbewerb im gemeinsamen Binnenmarkt automatisch.[143]

Ein selektives Vertriebssystem hat unterschiedliche ambivalente Auswirkungen. Einerseits vermindert das selektive Vertriebssystem den Preiswettbewerb bzw. sogar den markeninternen Wettbewerb und erleichtert Kollusionen sowohl auf Herstellerebene als auch auf Händlerebene, wodurch ggf. ein kompetenter Händler keine Chance zum Marktzutritt haben kann. Andererseits führt das Vertriebssystem die Wahrung der Qualität, die Abschirmung des Markenimages, die Förderung des Leistungswettbewerbs bzw. des Kundenwohls, Erleichterung der Markterschließung und schnelle

141 Es befindet sich in den Art. 1.1 und 1.2 der allgemeinen Handelsbedingungen der Pierre Fabre Dermo-Cosmétique, dass lediglich die Person mit einer in Frankreich ausgestellten oder anerkannten Approbation als Apotheker die Produkte dieser Marke verkaufen darf: EuGH, Urt. v. 13.10.2011 – Rs. C-439/09, Slg. 2011, I-9419 (I-9453 f.) – Pierre Fabre Dermo-Cosmétique.

142 EuGH, Urt. v. 11.12.2003 – Rs. C-322/01, Slg. 2003, I-14887 – Deutscher Apothekerverband.

143 EuGH, Urt. v. 25.10.1983 – Rs. 107/82, Slg. 1983, 3151 (3194) – AEG/Kommission.

Kommunikation bzgl. der Waren und Dienstleistungen zwischen Hersteller und Kunden herbei. Schließlich wird der Interbrand-Wettbewerb durch die positiven Auswirkungen gefördert. Bei diesem Vertriebssystem handelt es sich deshalb wie oben dargelegt um eine teleologische Reduktion des Art. 101 Abs. 1 AEUV u. a. bzgl. des Merkmals „Einschränkung des Wettbewerbs“ in Art. 101 Abs. 1 AEUV.[144]

Aus der Sicht der Volkswirtschaftslehre stellt ein selektives Vertriebssystem ein effizientes Instrument dar, welches einem funktionsfähigen sowie intensiveren Wettbewerb auf einem bestimmten relevanten Markt wie Luxus- bzw. hochwertigen Gütermarkt ermöglicht.[145] Trotz der vorteilhaften Aspekte eines selektiven Vertriebssystems besteht keine unbedingte Zuerkennung wettbewerbspolitischer Legitimation, da selektive Vertriebssysteme für die Stützung der Monopole, die Aufrechterhaltung der marktbeherrschenden Stellung, die Absicherung sowohl der horizontalen als auch der vertikalen Kartelle missbraucht werden können.[146] Ein solcher Missbrauch kann den funktionsfähigen Wettbewerb des Marktes beseitigen.

Aus diesen Gründen sollten legitime Bedürfnisse bei der Anwendung selektiver Vertriebssysteme überprüft werden.[147] Bestehen legitime Bedürfnisse, gilt die Anwendung als notwendig zur Erreichung des Ziels der Beteiligten.

---

144 *Kirchhoff*, in: Wiedemann, Handbuch des Kartellrechts, 3. Aufl. 2016, Rn. 353.

145 *Ahlert*, WRP 1987, 215 (233).

146 *Ahlert*, WRP 1987, 215 (234).

147 Vgl. EuGH, Urt. v. 25.10.1983 – Rs. 107/82, Slg. 1983, 3151 – AEG/Kommission.

§ 3. Online-Handel und Wettbewerb

A. *Einführung*

Durch die Entwicklung des Internets und der auf dem Internet basierten Technologien gewinnt die digitale Ökonomie immer mehr an Bedeutung in unserer Gesellschaft. Dies gilt auch für den Wettbewerb. Unternehmer dehnen anhand der digitalisierten Wirtschaft ihre Geschäfte auch in die virtuelle Welt aus. In der virtuellen Welt konkurrieren Unternehmer – anders als im traditionellen Binnenmarkt – mit dem besseren Zugang zu ihren virtuellen Verkaufsstätte, mit sicherer Datenbearbeitungen sowie mit qualifizierten Digitaldiensten.

Außerdem erhalten kleine und mittlere Unternehmen (KMU) mithilfe der digitalen Ökonomie mehr Chancen, mit dem kleinen Kapital Geschäfte zu führen, da sie bspw. die Miete für ein Ladengeschäft, die i. d. R. ein großer Teil der Ausgaben vom Umsatz ist, sparen können. Darüber hinaus ermöglicht dies den KMU, mit großen Unternehmen in Wettbewerb zu treten. Dies geschieht auf dem traditionellen, analogen Markt nicht in der gleichen Intensität. Dadurch werden Verbraucher auch bevorteilt, da sie eine große und vielfältige Auswahl der Waren bzw. Dienstleistungen durch den Wettbewerb der unterschiedlichen Unternehmen annehmen können.

I. Online-Handel

Beim traditionellen Geschäftsverkehr bestand für Kunden lediglich die Möglichkeit, ein Ladengeschäft zu besuchen. Wegen der zeitlichen bzw. geographischen Beschränkung im analogen Zeitalter hatten Verbraucher nur eine kleine Auswahl von Waren und Dienstleistungen. Im Gegensatz dazu können Verbraucher im Internetzeitalter unabhängig von der Zeit und dem Ort[148] mit einem Klick Waren bestellen. Die Lieferzeit ist mittlerweile so sehr verkürzt worden, dass man mitunter sogar am Tag der Bestel-

148 Durch einen globalen Online-Shop haben Verbraucher internationale Optionen für die Warenauswahl: *Kellerman*, The Internet City. People, Companies, Systems and Vehicles, 2019, S. 48.

lung die Waren geliefert bekommt. Das Internet hat eine entscheidende Rolle für die Entwicklung des Online-Handels gespielt.

1. Geschichte des Internets

Im Jahr 1969 begann die Geschichte des Internets offiziell mit dem ARPANET[149] in den USA, welches ursprünglich für militärische Zwecke benutzt wurde.[150] Dies gilt auch als epochemachende Kommunikationstechnik bzw. Fundament für das weltumfassende Internet.[151] Im Laufe der Zeit wurde 1978 die Netzwerkprotokolle TCP/IP[152] als Datenübertragungsmethode eingesetzt.[153] Danach kam die Umwandlung von ARPANET in TCP/IP.[154] Zu diesem Zeitpunkt wurde das ARPANET einerseits für die zivilen Nutzer unter dem Namen „ARPA-Internet“ und andererseits weiter zu militärischen Zwecken unter dem Namen „MILNET“ zweigeteilt.[155] Außerdem wurde ein Domain Name System (DNS) auch in dieser Zeit eingeführt.[156] Im Jahr 1998 kam die Ära des ARPANET zu Ende und die Ära des World Wide Web (WWW) hob an.[157] Das WWW trug zur Verbreitung des Inter-

---

149 Das „ARPANET“ ist die Abkürzung für „Advanced Research Projects Agency Network“.

150 *Bunz*, Vom Speicher zum Verteiler. Die Geschichte des Internet, 2008, S. 27; *Riehm*, E-Commerce-Begriff, Geschichte, aktueller Stand und Ausblick, 2004, abrufbar unter:
http://www.itas.kit.edu/pub/v/2004/rieh04b.pdf (Stand v. 21.11.2019).

151 *Hafner/Lyon*, ARPA Kadabra oder die Anfänge des Internets, 2. Aufl. 2000, S. 9.

152 „TCP/IP“ ist die Abkürzung für „Transmission Control Protocol/Internet Protocol“. Bei dieser Datenübertragungsmethode werden die Daten in die kleine Größe aufgeteilt, um Übertragungsfehler zu vermeiden. Wenn die Daten in Empfang genommen werden, werden die kleine Datenpakete zurück zur ursprünglichen Größe geändert; der Zeitpunkt der kompletten Umstellung auf TCP/IP innerhalb des ARPANET gilt auch als der Zeitpunkt des Internetbeginns: *Riehm*, a. a. O., abrufbar unter:
http://www.itas.kit.edu/pub/v/2004/rieh04b.pdf (Stand v. 21.11.2019).

153 *Gillies/Cailliau*, Die Wiege des Web. Die spannende Geschichte des WWW, 2002, S. 47; *Dotzler/Roesler-Keilholz*, Mediengeschichte als Historische Techno-Logie, 2017, S. 199.

154 *Hafner/Lyon*, a. a. O., S. 294.

155 Nach der Teilung wurden die 114 Knoten von ARPANET geteilt. 45 Knoten verblieben im ARPA-Internet und MILNET bekam den Rest: *Hafner/Lyon*, a. a. O., S. 295; *Gillies/Cailliau*, a. a. O., S. 47.

156 *Gillies/Cailliau*, a. a. O., S. 48.

157 *Hafner/Lyon*, a. a. O., S. 303; *Gillies/Cailliau*, a. a. O., S. 49; *Dotzler/Roesler-Keilholz*, a. a. O., S. 199.

nets bei, da dies jedem Computernutzer ermöglichte, sowohl Texte, als auch Töne, Videos sowie Bilder zu erhalten.[158] Aufgrund des großen Erfolgs gilt das WWW in den meisten Fällen als identisch mit dem Internet, obwohl das eigentlich nur eine von mehreren Darstellungen des Netzwerks ist.[159] Wegen des rasanten Wachstums wurde ein Browser „Mosaic" für das WWW im Jahr 1993 entwickelt, womit alle Anfänger der Computernutzung leicht in das Web geleitet wurden.[160] Dies spielte eine ausschlaggebende Rolle für das Wachstum des Webs.[161] Außerdem entwickelten sich PCs parallel, wodurch jede private Person leicht einen PC besitzen konnte. Dank des parallelen Wachstums des Internets, Webs und der PCs konnte sich der Online-Handel weiterentwickeln.

2. Entwicklung des Online-Handels

Das explosive Wachstum des Internets führte eine neue Art und Weise des Handels, der einen anderen Charakter als der traditionelle stationäre Handel besitzt, ein. Die Geschichte des Online-Handels begann mit dem ersten Buchversand der Firma Amazon im Jahr 1995.[162] Durch das zum wirtschaftlichen Zweck kommerzialisierte Internet wurden außerdem der Online-Versteigerungsmarkt eBay und die Suchmaschinen wie Altavista, Lycos sowie Yahoo gegründet.[163] Die Entwicklung der unterschiedlichen Websites und der Zahlungs- bzw. Liefermethoden machte Interneteinkäufe noch bequemer. Die vorteilhaften Bestandteile des Online-Handels locken Verbraucher an und die Nutzeranzahl des Online-Handels stieg rasant. Laut einer Statistik lag die Nutzeranzahl des Online-Handels in der Welt 2019 bei ca. 3,85 Milliarden.[164] Nach der Prognose der Statistik wird die

158 *Gillies/Cailliau*, a. a. O., S. 1.

159 Das Internet kann als Autobahn des Netzwerks und die Daten und das WWW als eins von mehreren unterschiedlichen Fahrzeugen beschrieben werden: *Gillies/Cailliau*, a. a. O., S. 1.

160 *Gillies/Cailliau*, a. a. O., S. 272.

161 *Gillies/Cailliau*, a. a. O., S. 272.

162 *Amazon.com*, Annual Report 1997, S. 1.

163 *Riehm*, a. a. O., abrufbar unter: http://www.itas.kit.edu/pub/v/2004/rieh04b.pdf (Stand v. 28.11.2019).

164 *Statista.de*, Prognose zur Anzahl der E-Commerce-Nutzer in der Welt in den Jahren 2017 bis 2023, 2019.

Anzahl 2023 auf ca. 4,68 Milliarden steigen,[165] wobei der Anstieg der Anzahl durch die Covid-19-Pandemie noch beschleunigt werden dürfte.

Infolge des Anstiegs der Anzahl der Online-Handel-Nutzer erreicht der Umsatz im Online-Handel jährlich neue Höhepunkte. Der weltweite Umsatz des Online-Handels im Jahr 2019 betrug ca. 1,4 Bio. EUR und 2023 wird mit Umsätzen in Höhe von ca. 2,4 Bio. EUR gerechnet.[166] Diese Tendenz gilt auch für den E-Commerce Markt in Deutschland. Der Umsatz des Online-Handels 2019 in Deutschland lag bei 65 Mrd. EUR und wird 2023 auf ca. 90 Mrd. EUR steigen.[167] Im Vergleich zum Jahr 2007, der Umsatz des E-Commerce in Deutschland bei ca. 10,4 Mrd. EUR lag,[168] hat sich der Umsatz im Jahr 2019 mehr als sechsfach erhöht. Durch die Statistiken ist es leicht erkennbar, wie kometenhaft der Online-Handel wuchs bzw. wächst. Ein Ende dieser Entwicklung ist derzeit nicht abzusehen.

II. Interessierte Parteien im Online-Handel

Durch die Entwicklung des Online-Handels entstanden mehrere Vertriebskanäle. Die vielfältigen Vertriebskanäle bevorteilten alle Interessenten im Online-Handel. Hersteller können bessere Umsätze machen. Händler können Erzeugnisse an mehrere Endkunden wiederverkaufen. Endkunden können gewünschte Produkte leichter erhalten und haben eine wesentlich größere Auswahl. Anders als im konventionellen Handel spielen im Online-Handel Drittplattformen wie Amazon oder eBay eine große Rolle,[169] denn viele Händler können ihre Erzeugnisse ohne große Kostenbelastung über solche Drittplattformen verkaufen.

Der Online-Vertrieb ist aber nicht immer vorteilhaft. Wegen der unterschiedlichen Interessenlagen kann der Online-Vertrieb für bestimmte Parteien auch Nachteile mit sich bringen.

---

165 *Statista.de*, Prognose zur Anzahl der E-Commerce-Nutzer in der Welt in den Jahren 2017 bis 2023, 2019.

166 *Statista.de*, Umsätze im E-Commerce nach Segmenten in der Welt im Jahr 2017 sowie eine Prognose bis 2023, 2019.

167 *Statista.com*, E-Commerce in Germany, S. 19.

168 *HDE*, Umsatz durch E-Commerce (B2C) in Deutschland in den Jahren 1999 bis 2018 sowie eine Prognose für 2019 (in Milliarden Euro), Statista 2019.

169 Anhand seines Umsatzes stand Amazon auf dem ersten Platz vom Ranking der größten Online-Shops 2018 in Deutschland: *EHI Retail Institute*, Ranking der Top 100 Online-Shops in Deutschland nach Umsatz 2018.

1. Hersteller

Durch den Online-Handel besitzen Hersteller mehr Vertriebskanäle bzw. Kunden als zuvor. Dies bietet den Herstellern die Gelegenheit zur Umsatzsteigerung. Der Online-Handel wird sogar nach und nach als wichtigster Absatzkanal betrachtet, derweil Umsatzbeiträge im Offline-Handel ins Stocken geraten.[170] Trotz der Vorteile wird der Internetvertrieb nicht von allen Herstellern begrüßt. Vor allem stellen Produzenten von Markenartikeln mittels selektiver Vertriebssysteme ihre Vertriebswege sowohl im Online als auch im Offline sicher, um ihren guten Ruf weiter zu beschützen. Laut der bisherigen Rechtsprechung des EuGH wird die Qualität der Markenprodukte nicht allein von den materiellen Eigenschaften, sondern auch von den immateriellen Eigenschaften wie Luxus- und Prestigecharakter der Produkte bestimmt.[171]

Um die materiellen und immateriellen Eigenschaften ihrer Produkte zu wahren, können Hersteller im Rahmen eines Selektivvertriebs einige Anforderungen an ihre Händler aufstellen. So verlangen einige Hersteller ein pauschales[172] oder partielles[173] Verkaufsverbot für den Online-Handel als Selektionskriterium von ihren Händlern. Dies kann teilweise als spürbare Wettbewerbsbeschränkung unter das Kartellverbot des Art. 101 Abs. 1 AEUV bzw. § 1 GWB fallen.

Außerdem legen Hersteller je nach Vertriebsformen ihrer Händler unterschiedliche Abgabepreise als Selektionskriterium für dieselbe Ware fest. Hierbei bekommen Händler im stationären Handel i. d. R. mehr Rabatte als Händler im Online-Handel. Das Bundeskartellamt stellte fest, dass ein

---

170 *Große*, Möglichkeiten und Grenzen einer Beschränkung des Internetvertriebs im Rahmen von Selektivvertriebsvereinbarungen, Newsdienst Compliance 2014, 72020.

171 EuGH, Urt. v. 04.11.1997 – Rs. C-337/95, Slg. 1997, I-6013 (I-6049) Rn. 45 – Parfums Christian Dior; EuG, Urt. v. 23.04.2009 – Rs. C-59/08, Slg. 2009, I-3421 Rn. 24 – Copad; EuGH, Urt. v. 06.12.2017 – Rs. C-230/16, ECLI:EU:C:2017:941 – Coty Germany.

172 EuGH, Urt. v. 13.10.2011 – Rs. C-439/09, Slg. 2011, I-9419 – Pierre Fabre Dermo-Cosmétique.

173 Das Teilverbot des Internetverkaufs wurde den Händlern zum einen großen Teil als Plattformverbote und zum anderen großen Teil als Suchmaschinen- bzw. Preisvergleichsportalverbote auferlegt: EuGH, Urt. v. 06.12.2017 – Rs. C-230/16, ECLI:EU:C:2017:941 – Coty Germany; OLG Karlsruhe, Urt. v. 25.11.2009 – 6 U 47/08 Kart, GRUR-RR 2010, 109 – Schulranzen und Schulrucksäcke; OLG Hamburg, Urt. v. 22.03.2018 – 3 U 250/16, WRP 2018, 724 – Forever Living; OLG Düsseldorf, Urt. v. 06.03.2018 – I-20 U 113/17, WRP 2018, 1102 – Kanebo; BGH, Urt. v. 12.12.2017 – KVZ 41/17, NZKart 2018, 96 – ASICS-Gruppe.

solches Doppelpreissystem als Kernbeschränkung gem. Art. 4 lit. b Vertikal-GVO bewertet werden kann.[174] Die Kommission sieht das Doppelpreissystem auch grundsätzlich gem. Art. 4 lit. b Vertikal-GVO als unzulässig an, es sei denn, dass die Beschränkung zum Zweck der Verhinderung des Trittbrettfahrens angewendet wird. Wenn dies der Fall ist, kann das Doppelpreissystem nach Art. 101 Abs. 3 AEUV freigestellt werden.[175]

Nach alldem geraten Hersteller von Markenartikeln in ein Dilemma beim Online-Handel. Einerseits wollen Hersteller die beliebten neuen Absatzkanäle im Internet ausnutzen, um ihre Umsätze zu steigern. Auf der anderen Seite wollen sie die materiellen und immateriellen Werte ihrer Waren und Dienstleistungen vor Schäden schützen, die durch unterqualifizierte Absatzkanäle verursacht werden können.

2. Händler (Wiederverkäufer)

Der Online-Handel ermöglicht es den Händlern, einen größeren Kundenkreis als zuvor anzusprechen. Darüber hinaus sind die Händler in traditionelle, hybride und rein online-tätige Händler geteilt. Wenn ein Händler gar keine Internetverkäufe tätigt, wird er als traditioneller Händler angesehen. Wenn ein Händler allerdings seine Waren durch den physischen und virtuellen Laden gleichzeitig verkauft, ist der Händler ein Hybrid-Händler. Wenn ein Händler seine Produkte ausschließlich Online anbietet, gehört er zu der Gruppe der reinen Online-Händler. Das unterschiedliche Vertriebsumfeld der Händler kann übrigens unterschiedliche Kartellrechtsprobleme wie z.B. das Trittbrettfahrer-Problem verursachen.

a) Hybrid-Händler

Hybrid-Händler besitzen einen physischen Laden und sind gleichzeitig im Online-Verkauf tätig. Solche Händler können einerseits ideale Händler für die Markenartikelhersteller sein, weil sie durch physische Ausstellung besondere Merkmale der Waren wie Duft, Material sowie Farbe perfekt darstellen und persönliche Kundenberatungen anbieten können. Zugleich

174 BKartA, Entsch. v. 23.12.2013 – B7–11/13 – Bosch Siemens Hausgeräte (BSH); BKartA, Entsch. v. 27.11.2013 – B5–144/13 – GARDENA; BKartA, Entsch. v. 13.12.2011 – B5–100/10 – Dornbracht.

175 *Rohrßen*, Vertriebsvorgaben im E-Commerce 2018: Praxisüberblick und Folgen des „Coty“-Urteils des EuGH, GRUR-Prax 2018, 39 (40).

können sie auch einen Teil des Umsatzes über Internetvertriebskanäle sicherstellen.

Außerdem können Hybrid-Händler dasselbe Trittbrettfahrer-Problem haben wie auch die traditionellen Händler. Hierbei bekommen Kunden zwar eine persönliche Beratung von dem geschulten Personal in einem physischen Laden eines Hybrid-Händlers, aber sie kaufen die Waren von einem anderen (reinen) Online-Händler, weil solche Händler dieselbe Waren noch günstiger anbieten.[176]

b) Online-Händler

Aufgrund der günstigen Betriebskosten und des breiteren Abnehmerkreises ziehen immer mehr Händler einen reinen Internetvertrieb vor. Dieses Phänomen ist im Internetzeitalter zunehmend und unvermeidbar, weshalb der pauschale Handelsausschluss reiner Online-Händler heutzutage nicht vorstellbar ist. Infolge der Tendenz sollten reine Online-Handler auch im Selektivvertrieb akzeptiert werden. Solche Händler sind allerdings für die Markenhersteller nicht attraktiv als Handelspartner, da sie mangels realer Warenpräsentation, ausführlicher bzw. persönlicher Beratung und der Möglichkeit des Warentests die Qualität der Waren sowie die Aura des Luxus nicht richtig darstellen können wie es die Hersteller erwarten.[177] Laut den Vertikal-LL können Hersteller im Selektivvertrieb ihren Wiederverkäufern sogar auferlegen, dass sie zumindest eine oder mehrere stationäre Verkaufsstellen oder Räumlichkeiten für die Ausstellung der Vertragserzeugnisse zur Verfügung stellen sollen.[178] Dies reflektiert aber nicht die Realität der Gesellschaft, in der der Internetvertrieb als wichtigster Absatzweg betrachtet wird.[179]

---

176 *Ellger*, in: Immenga/Mestmäcker, Wettbewerbsrecht, Bd. 1 EU/Teil 1, 6. Aufl. 2019, Art. 4 Vertikal-GVO Rn. 27.

177 OLG München, Urt. v. 06.12.2001 – U (K) 3338/01, GRUR-RR 2002, 207 – Depotkosmetik.

178 Kommission, Leitlinien für vertikale Beschränkung, ABl. 2010 C 130/1, Rn. 54.

179 *Große*, a. a. O.

3. Anbieter der Plattformen

Ein Plattformbetreiber bietet Dienstleistungen aus der Digitalübertragung an.[180] Er vermittelt also eine Online-Geschäftsbindung zwischen Anbietern und Abnehmern. Heutzutage gewinnen solche Plattformen zunehmende Bedeutung in der Welt[181] und bringen einen hohen Ertrag, da Plattformen als ein gut erreichbarer virtueller Marktplatz sowohl für Verkäufer als auch für Käufer agieren. Beispielsweise verdiente Amazon, einer der größten und beliebtesten Online-Marktplätze, im Jahr 2018 ca. 63 Milliarden Euro und war die umsatzstärkste Plattform weltweit.[182] Aufgrund der zunehmenden Nutzung tragen Anbieter der Plattformen immer mehr Verantwortung.

Erstens müssen sich Anbieter solcher Plattformen um die Zustände ihres Marktplatzes kümmern. Hierbei sollte er kontrollieren, ob es Täuschungen oder Fälschungen von Waren auf seiner Plattform gibt. Sobald er von Täuschungen oder von gefälschten Waren Kenntnis erlangt, muss er beispielsweise durch Kontosperrung der betreffenden Nutzer auf diese Umstände aktiv reagieren.[183] Darüber hinaus ist die Fälschung der Produktbewertungen auf Drittplattformen auch ein großes Thema. Im „Amazon"-Fall legte das Bundeskartellamt fest, dass der Betreiber der Plattform gegen sog. Fake-Reviews vorgehen solle.[184] Da viele KMU aufgrund der günstigen Betriebskosten auf Plattformen tätig sind, sollte der Anbieter einer solchen Plattform die Nutzungsrechte der Händler für eine bessere Partizipation anpassen.[185]

Außerdem ist ein Anbieter einer Drittplattform kein direkter Vertragspartner des Herstellers im Selektivvertrieb, weshalb der Hersteller nicht sämtliche Verkäufe seiner Erzeugnisse auf der Plattform kontrollieren

180 *Christmann*, Rechtliche Rahmenbedingungen für Plattformbetreiber – Regulatorische Aspekte beim Plattformbetrieb, ZUM 2009, 7.

181 Laut der Kommission ist die Nutzung der Plattformen allmählich gestiegen und Plattformen spielen sogar in manchen europäischen Ländern wie Deutschland und dem Vereinigten Königsreich eine bedeutsame Rolle.: Kommission, Abschlussbericht über die Sektoruntersuchung zum elektronischen Handel, COM (2017) 229 final, Rn. 39.

182 Nach der Statistik 2018 stand Amazon.com an der Spitze. Amazon.de, Amazon.co.uk und Amazon.co.jp nahmen jeweils den sechsten, achten und neunten Platz ein.: *ecommerceDB*, Top 10 Online-Shops nach E-Commerce-Umsatz weltweit 2018.

183 BGH, Urt. v. 17.08.2011 – I ZR 57/09 = GRUR 2011, 1038; BKartA, Entsch. v. 17.07.2019 – B2 – 88/18, S. 7 – Amazon.

184 BKartA, Entsch. v. 17.07.2019 – B2 – 88/18, S. 7 – Amazon.

185 BKartA, Entsch. v. 17.07.2019 – B2 – 88/18, S. 4 f. – Amazon.

kann. Aus diesem Grund untersagen Hersteller von Markenartikeln, dass autorisierte Händler Vertragserzeugnisse über solche Plattform vertreiben.

Fraglich ist, ob ein pauschales Verkaufsverbot über (Dritt-)Plattformen i. R. d. Selektivvertriebssystems auch als Beschränkung des passiven Verkaufs gem. Art. 4 lit. c Vertikal-GVO angesehen werden kann.

4. Endkunden

Der Online-Handel ermöglicht es den Kunden, ohne zeitliche und räumliche Beschränkung Waren über das virtuelle Schaufenster anzuschauen und anschließend zu bestellen. Dadurch sind Einkäufe seitens der Kunden viel bequemer und leichter geworden. Vor allem können Verbraucher dank der unterschiedlichen Funktionen der Online-Plattformen ihre gewünschten Waren mit anderen Waren, die mit den gewünschten Waren im Wettbewerb stehen, leicht vergleichen.[186] Beispielsweise bietet Amazon.de eine Funktion an, womit Kunden bei einer Hersteller-Suche auch die Produkte von Mitbewerbern als Suchergebnisse sehen und gleich miteinander vergleichen können.[187] Dies kann für ein Unternehmern auch schädlich sein, da dieser Hersteller seine (potenziellen) Kunden durch die Anzeige der Produkte seiner Mitbewerber ebenso gut verlieren kann.[188] In dem Fall stellte sich das OLG München auf Amazons Seite, weil die Funktion eine positive Auswirkung auf das Kundenwohl habe.[189]

III. Marktabgrenzung des Online-Handels

Um den Wettbewerbszustand eines Marktes präzise darstellen und analysieren zu können, ist die Abgrenzung des relevanten Marktes erforderlich.[190] Die Abgrenzung des relevanten Marktes erfolgt in sachlicher, räum-

186 OLG München, Urt. v. 06.06.2019 – 29 U 3500/15, GRUR-RS 2019, 19565 – Ortlieb.
187 OLG München, Urt. v. 06.06.2019 – 29 U 3500/15, GRUR-RS 2019, 19565 – Ortlieb.
188 OLG München, Urt. v. 06.06.2019 – 29 U 3500/15, GRUR-RS 2019, 19565 – Ortlieb.
189 OLG München, Urt. v. 06.06.2019 – 29 U 3500/15, GRUR-RS 2019, 19565 – Ortlieb.
190 Zwischen den Marktabgrenzungen bzgl. des Missbrauchs einer marktbeherrschenden Stellung und bzgl. der Fusionskontrolle bestehen normative Unterschiede. Die Marktabgrenzung bzgl. des Missbrauchs einer marktbeherrschenden Stellung wird abgestellt, um die gegenwärtige Wettbewerbssituation auf dem Markt darzustellen und um zu beurteilen, wer gerade die Marktmacht beherrscht. Hingegen wird ein

licher und ggf. zeitlicher Hinsicht (sog. Bedarfsmarktkonzept).[191] Es ist wichtig, einen relevanten Markt genau abzugrenzen, weil eine falsche Abgrenzung des relevanten Marktes einen Schaden des funktionsfähigen Wettbewerbs verursachen kann. Die Marktabgrenzung – sogar im traditionellen Handel – wird in der Praxis häufig als kein leichter Prozess angesehen, da die Subsumtion eines dynamischen wirtschaftlichen Marktes unter einen normativen kartellrechtlichen Markt aufgrund der zahlreichen Wertungsfragen schwierig ist.[192] Aufgrund des komplexeren Charakters des Online-Handels wird angenommen, dass die Marktabgrenzung im Online-Handel noch komplizierter sein kann.

1. Eigenschaften von Online-Märkten

Der Online-Handel erfolgt in den vielen Fällen auf Plattformen. Plattformen werden häufig als dynamische und mehrseitige Märkte bezeichnet. Wenn eine Plattform als Intermediär ihren Vermittlungsdienst mindestens zwei verschiedenen Konsumentengruppen (Käufer/Verkäufer, Nutzer/Werbetreibende etc.) anbietet, wird das als zwei- oder ggf. mehrseitiger Markt angesehen.[193] Zur Generierung des Nutzens für den Einzelverbraucher müssen hierbei die Vermittlungsdienste der Plattformen von mindestens zwei unterschiedlichen Konsumentengruppen genutzt werden.[194] Daraus ergeben sich indirekte Netzwerkeffekte. Indirekte Netzwerkeffekte entstehen, wenn das Nachfrageverhalten einer Konsumentengruppe von der Größe einer anderen Konsumentengruppe abhängt.[195] D. h., wenn die interdependente Beziehung zwischen den unterschiedlichen Konsumen-

---

Markt im Hinblick auf die Fusionskontrolle abgegrenzt, um die künftigen Ereignisse abzusehen und um den fairen Wettbewerb vor einer Gefahr zu schützen.

191 *Kling/Thomas*, a. a. O., S. 328.

192 *Kling/Thomas*, a. a. O., S. 328.

193 Auf den zwei- oder mehrseitigen Märkten brauchen die unterschiedlichen Kundengruppen einander in gewisser Rücksicht: *Evans*, The Antitrust Economics of Multi-Sided Platform Markets, Yale Journal on Regulation Vol. 20 No. 2, 2003, pp. 325–381; *Rochet/Tirole*, Two-Sided Markets: A Progress Report, RAND Journal of Economics Vol. 37, No. 3, 2006, pp. 645–667; *Filistrucchi/Geradin/van Damme/Affeldt*, Market Definition in Two-Sided Markets: Theory and Practice, Journal of Competition Law and Economics Vol. 10 No. 2, 2014, p. 296; s. a. BKartA, Arbeitspapier – Marktmacht von Plattformen und Netzwerken, Juni 2016, S. 14.

194 *Evans*, a. a. O., p. 328; s. a. *Haucap/Hamelmann*, Kartellrecht und Wettbewerbspolitik Für Online-Plattformen, DICE Ordnungspolitische Perspektiven No. 78, 2015, S. 3.

195 *Evans*, a. a. O., p.332.

tengruppen auf einer Plattform stark ist, hat die betroffene Plattform einen Nutzwert für die einzelnen Konsumenten.

Als Paradebeispiel indirekter Netzwerkeffekte können Suchmaschinen wie Google, Bing oder Online-Marktplätze wie Amazon oder eBay genannt werden. Wenn auf einem Online-Marktplatz sowohl viele Verkäufer als auch Käufer tätig sind, können Käufer auf diesem Online-Marktplatz auf ein größeres und vielfältigeres Sortiment von Waren oder Dienstleistungen zurückgreifen als Käufer, die auf kleineren Online-Marktplätzen einkaufen. Dieses größere Sortiment ist werbewirksam.[196] Umgekehrt haben Verkäufer mehr Anreize, ihre Produkte oder Dienstleistungen auf diesem Marktplatz zu vertreiben, weil sie ihre Produkte möglichst vielen (potenziellen) Käufern anbieten können und die Verkaufschance erhöht wird. Hierbei entsteht das sog. Chicken and Eggs Problem.[197] Fraglich ist, welche Konsumentengruppe erst die andere Konsumentengruppe anlockt. Um (potenzielle) Käufer anzulocken, muss es viele Verkäufer auf der betroffenen Plattform geben, aber die Anzahl von den registrierten Verkäufern wird wiederum davon beeinflusst, wie viele Käufer auf der Plattform registriert sind.[198]

Indirekte Netzwerkeffekte können überdies eine Marktkonzentration verursachen, weshalb viele Online-Plattformen eine hohe Marktkonzentration besitzen.[199] Eine hohe Marktkonzentration ist zweigleisig. Einerseits schadet sie aufgrund der Möglichkeit der Monopolisierung dem Wettbewerb des betreffenden Marktes. Andererseits bringt sie auch ökonomische Effizienz. Außerdem unterscheiden sich indirekte Netzwerkeffekte aufgrund der Entstehungsweise von direkten Netzwerkeffekten, weil die Anzahl der Konsumenten bei direkten Netzwerkeffekte unmittelbar den Nutzenwert beeinflusst.[200] Direkte Netzwerkeffekte sind vor allem bei Telekommunikationsdiensten wie WhatsApp und Facebook-Messenger auffindbar. Direkte Netzwerkeffekte werden sich erhöhen und der Einzelkunde wird profitieren, wenn möglichst viele Kunden solche Dienste nutzen.[201] Da hierbei auch zwei unterschiedliche Gruppen (Sender- und

196 *Haucap/Kehder*, Suchmaschinen zwischen Wettbewerb und Monopol: Der Fall Google, DICE Ordnungspolitische Perspektiven No. 44, 2013, S. 4.

197 *Caillaud/Jullien*, Chicken & egg, competition among intermediation service providers, RAND Journal of Economics Vol. 34, No. 2, Summer 2003, pp. 309–338.

198 *Caillaud/Jullien*, a. a. O., p. 310.

199 *Caillaud/Jullien*, a. a. O., p. 310; *Haucap/Hamelmann*, a. a. O., S. 5.

200 *Evans*, a. a. O., p 332.

201 *Evans*, a. a. O., p 332.

Empfängergruppe) bestehen, werden direkte Netzwerkeffekte oftmals als indirekte Netzwerkeffekte interpretiert.[202]

Ansonsten befinden sich Rückkopplungen zwischen den unterschiedlichen Marktseiten auf Plattformen.[203] D. h., die Größe oder die Betriebssituation einer Marktseite entscheidet die Strategie für Preisstufen und Investitionen der anderen Marktseite oder ggf. der ganzen Plattform. Daher muss bei der Marktabgrenzung eines relevanten Marktes ausführlich überprüft werden, wie stark die Rückkopplungseffekte zwischen den unterschiedlichen Marktseiten auf dem betroffenen Markt sind.

2. Der sachlich relevante Markt

Um den sachlich relevanten Markt korrekt abzugrenzen, muss in erster Linie das Bedarfsmarktkonzept verstanden werden, da die sachlich relevante Marktabgrenzung nach diesem Konzept vollzogen wird. Unter dem Bedarfsmarktkonzept wird die Prüfung der Frage verstanden, welche Waren oder Dienstleistungen aus der Sicht der Marktgegenseitige funktionell substituierbar und austauschbar sind.[204] Um die Austauschbarkeit für die sachlich relevante Marktabgrenzung zu prüfen, wenden die Kartellbehörden einen hypothetischen Monopolistentest (sog. SSNIP Test) an. Dabei wird geprüft, ob Nachfrager eines bestimmten Produkts auf andere vergleichbare Produkte ausweichen können, wenn sich der Preis von dem Produkt gering, aber erheblich bzw. nicht vorübergehend erhöht.[205] Hierbei liegt der Preiserhöhungsbereich zwischen 5–10 %.[206] Übrigens ist der SSNIP-Test nicht vollständig valide, da die Anwendung dieses Tests auf einem be-

---

202 *Evans*, a. a. O., p 332.

203 *Haucap/Hamelmann*, a. a. O., S. 4.

204 *„Der sachlich relevante Produktmarkt umfasst sämtliche Erzeugnisse und/oder Dienstleistungen, die von den Verbrauchern hinsichtlich ihrer Eigenschaften, Preise und ihres vorgesehenen Verwendungszwecks als austauschbar oder substituierbar angesehen werden.“*: Kommission, Bekanntmachung der Kommission über die Definition des relevanten Marktes im Sinne des Wettbewerbsrechts der Gemeinschaft, ABl. EG 1997 Nr. C 372, S. 2 Rn. 7.

205 Vgl. U.S. Supreme Court, Urt. v. 11.06.1956, United States v. E.I. du Pont de Nemours & Co., 351 U.S. 377.

206 Kommission, Bekanntmachung der Kommission über die Definition des relevanten Marktes im Sinne des Wettbewerbsrechts der Gemeinschaft, ABl. EG 1997 Nr. C 372, S. 2 Rn. 17.

reits monopolisierten Markt ein falsches Ergebnis herbeiführen kann.[207] Ob der SSNIP-Test auch zur Abgrenzung des sachlich relevanten Online-Markts angewendet werden kann, ist fraglich, da ein Online-Markt oftmals zweiseitig bzw. auch mehrseitig ist. Hierbei kommt in Frage, ob die Preise von beiden oder mehreren Marktseiten gleichzeitig hypothetisch 5–10 % erhöht werden sollen oder nur von einer Marktseite erhöht werden sollen.[208] Sollte sich beispielsweise der Preis nur von einer Marktseite erhöhen, ist unklar, von welcher Marktseite der Preis hypothetisch angehoben werden soll.

Wenn die Konsumentengruppe einer Marktseite keine direkten Kosten für die Nutzung einer Plattform bezahlt, sondern nur mit identifizierbaren Daten indirekt bezahlt, ist fraglich, ob der Preis für die persönlichen Daten überhaupt angesetzt werden kann und wenn ja, wie der Preis für die persönlichen Daten berechnet werden soll.[209] Wenn die Preisbestimmung für identifizierbare Informationen nicht erfolgen kann, ist die hypothetische Preiserhöhung um 5–10 % ebenfalls unmöglich.

Außerdem ist es bei der Marktabgrenzung auf zwei- oder mehrseitigen Märkten wirtschaftswissenschaftlich umstritten, ob sich bei solchen Plattformen ein einziger relevanter Markt mit zwei- bzw. mehr Seiten oder zwei bzw. mehreren getrennten relevanten Märkten ergeben kann.[210] Bei solchen Plattformen besteht eine interaktive und enge Relevanz zwischen den unterschiedlichen Seiten. Wenn eine solche Plattform als ein Markt angesehen werden, kann der sachlich relevante Markt zu groß abgegrenzt werden. In dem Fall wird die präzise Wettbewerbssituation eines Marktes nicht erfolgreich dargestellt. Wenn eine Plattform umgekehrt als zwei oder mehrere getrennten Märkte abgegrenzt werden, kann die sachlich relevante Marktabgrenzung zu eng sein. Aufgrund der hohen Komplexität bei der Abgrenzung der sachlich relevanten Online-Märkte besteht für diese bisher keine einheitliche Methode.

---

207 U.S. Supreme Court, Urt. v. 11.06.1956, United States v. E.I. du Pont de Nemours & Co., 351 U.S. 377.

208 *Haucap/Hamelmann*, a. a. O., S. 9.

209 *Haucap/Hamelmann*, a. a. O., S. 9.

210 *Filistrucchi/Geradin/van Damme/Affeldt*, a. a. O., pp. 293–339.

3. Der räumlich relevante Markt

Um einen räumlich relevanten Markt auf traditionellen Märkten abzugrenzen, kommt, wie bei der sachlich relevanten Marktabgrenzung, das Bedarfsmarktkonzept in Betracht. Hierbei ist entscheidend, welche grundsätzlich funktionell äquivalenten Produkte oder Dienstleistungen an unterschiedlichen Orten transportiert werden können. Daher kommen u. a. Transportkosten bzw. Transportschwierigkeiten bei der räumlich relevanten Marktabgrenzung in Frage.[211] Die Prüfung zur räumlich relevanten Marktabgrenzung auf den traditionellen Märkten ist zwar kompliziert, aber zumindest besteht eine bestimmte begrenzte geographische Reichweite für Nachfrage- bzw. Angebotsmärkte. Auf den traditionellen Märkten existiert allerdings auch ein sog. Weltmarkt, wenn es weltweit keine Schranken zum Marktzutritt gibt.[212] Es ist indes sehr selten, dass Märkte von der Kommission als Weltmärkte anerkannt werden. Die bisher als Weltmärkte anerkannten Märkte sind namentlich der Explorationsmarkt, der Naturgummimarkt, der PC-Betriebsmarkt, der Mediaplayermarkt, der Schiffbaumarkt, der Bleiglasmarkt und der Platinmetallmarkt. Die Kriterien für die Anerkennung waren der globale Charakter der Produkte,[213] die digitalen bzw. hochtechnischen Eigenschaften[214] und die hochkomplexe Ingenieurarbeit und die geringen Transportkosten.[215]

---

211 Kommission, Bekanntmachung der Kommission über die Definition des relevanten Marktes im Sinne des Wettbewerbsrechts der Gemeinschaft, ABl. EG 1997 Nr. C 372, S. 2 Rn. 50.

212 *Körber*, in: Immenga/Mestmäcker, Wettbewerbsrecht Bd. 1 EU/Teil 1, 5. Aufl. 2012, Art. 2 FKVO, Rn. 173.

213 Ein Explorationsmarkt wie Rohölmarkt besitzt einen globalen Charakter.: Kommission, Entsch. v. 29.09.1999 zur Erklärung der Vereinbarkeit eines Zusammenschlusses mit dem gemeinsamen Markt und dem EWR-Abkommen, Nr. IV/M.1383 – Exxon/Mobil. S. auch Kommission, Entsch. v. 13.06.1991, Nr. IV/M.85 – Elf/Occidental; Kommission, Entsch. v. 15.06.1998, Nr. IV/M.1200 – Arco/Union Texas; Kommission, Entsch. v. 28/02/2001, Nr. COMP/M.2208 – Chevron/Texaco. Der Markt des festen Naturgummis gehört auch zum internationalen Markt.: Kommission, Entsch. v. 08.11.1991, Nr. IV/M.146, Rn. 19 – Metallgesellschaft/Safic Alcan; Kommission, Entsch. v. 21.11.1996, Nr. IV/M.834 – Metallgesellschaft/Safic Alcan (II).

214 Der räumlich relevante Markt für das Computer-Betriebssystem bzw. den Mediaplayer ist weltweit: Kommission, Entsch. v. 24.03.2004, C (2004)900 final, Rn. 427.

215 Der Bau-, Reparatur- und Umbaumarkt für alle Arten von Handelsschiffen hat globalen Umfang, da die Transportkosten für die Handelsschiffe verhältnismäßig niedrig ist und es keine signifikante Handelsbarriere gibt: Kommission, Entsch. v. 25.04.2002, Nr. COMP/M.2772, Rn. 39 – HDW/Ferrostaal/Helenic Shipyard. Da-

Im Zeitalter des Internets können Käufer und Verkäufer unabhängig von dem ansässigen lokalen Orten Waren und Dienstleistungen anbieten und auch abnehmen. Durch die Entwicklung des Internets expandierte die Tragweite des Online-Handels immer weiter und anders als auf den traditionellen Märkten können die meisten Waren heutzutage unabhängig von ihren Beschaffenheiten sogar im globalen Wirtschaftsraum gehandelt werden. Eine räumlich relevante Marktabgrenzung von Online-Märkten zu vollziehen ist eine herausfordernde Aufgabe.

Auf Online-Märkten werden Produkte in hybride und (reine) digitale Produkte geteilt.[216] Wenn ein Produkt bloß über eine Website bestellt wird und ein physischer Transport für die Lieferung des Produktes notwendig ist, wird es als hybrides Produkt angesehen.[217] Wenn ein Produkt über das Internet bestellt und durch das Herunterladen gleichzeitig geliefert wird, gehört das Produkt zu digitalen bzw. Online-Produkten.[218] Den räumlich relevanten Markt abzugrenzen ist beim Handel der digitalen Produkte meistens nicht sinnvoll, da die meisten solcher Waren aufgrund ihres digitalen Charakters bspw. durch das Herunterladen grenzenlos gehandelt werden.[219] Beim Handel mit Online-Produkten gibt es also keine ortsbedingte Beschränkung. Hierbei spielen bspw. die Transportkosten überhaupt keine Rolle. Bisher bestehen keine einheitlichen Kriterien für die Abgrenzung des räumlich relevanten Marktes auf Online-Märkte von Gerichten und Kartellbehörden. Allerdings kann ein räumlich relevanter Markt für hybride bzw. digitale Produkte grob nach Landes- bzw. Sprachgrenzen[220] anhand

rüber hinaus ist der räumlich relevante Markt der Schiffsmotoren auch weltweit: Kommission, Entsch. v. 05.05.2008, Nr. COMP/M.4956, Rn. 33 ff. – STX/Aker Yards.

216 *Müller/Meyer*, Wettbewerb und Regulierung in der globalen Internetökonomie – Ein rechtsvergleichende Studie zwischen europäischem und US-amerikanischem Recht, Internetökonomie und Hybridität No. 45, 2007, S. 44.

217 *Müller/Meyer*, a. a. O., S. 44.

218 *Müller/Meyer*, a. a. O., S. 44.

219 *Müller/Meyer*, a. a. O., S. 44.

220 Vor allem ist der räumlich relevante Markt der Online-Dating-Plattformen aufgrund der (wohn- oder arbeits-) ortbedingten Partnersuche und Sprachbarriere mindestens regional bzw. höchstens nationalweit abgegrenzt: BKartA, Entsch. v. 22.10.2015 – B 6 – 57/15, Rn. 126 – Parship/ElitePartner. Auf Online-Werbung-Märkte wird die räumlich relevante Marktabgrenzung auch nach unterschiedlichen Sprachen, rechtlichen Anforderungen und Gewohnheiten der Kunden nationalweit vollgezogen: Kommission, Entsch. v. 04.09.2012 – Nr. COMP/M.6314, Rn. 226 ff. – Telefónica UK/Vodafone UK/Everything Everywhere/JV; s. a. Kommission, Entsch. v. 03.10.2014 – Nr. COMP/M.7217, Rn. 81 f. – Facebook/WhatsApp; Kommission,

nationaler Rechts- und Verwaltungsinstrumente,[221] anhand nationaler Präferenzen und kultureller Besonderheiten[222] abgegrenzt werden. Anhand der Komplexität der räumlich relevanten Marktabgrenzung auf Online-Märkten muss trotz der groben Auswahl der Kriterien weiter im Einzelfall überprüft werden, inwiefern und mit welchem Kriterium der räumlich relevante Markt abgegrenzt werden kann.

IV. Besondere Auswirkungen des Online-Handels auf den Wettbewerb

1. Besondere Auswirkungen des Online-Handels seitens der Kunden

a) Flexibilität

Eine von vielen Besonderheiten des Online-Handels ist dessen Flexibilität. Diese Flexibilität ermöglicht es den Kunden, dass sie unabhängig von Zeit und Ort ihre gewünschten Waren bestellen können. Es existiert mithin zeitliche und örtliche Flexibilität.

Im stationären Handel müssen Kunden auf die Öffnungszeiten der Läden achten, um die Waren anzuschauen und einzukaufen. Hierbei haben Kunden weniger zeitliche Flexibilität. Im Gegensatz dazu können Online-

Entsch. v. 18.02.2010 – Nr. COMP/M.5727, Rn. 88 ff. – Microsoft/Yahoo! Search Business; Kommission, Entsch. v. 11.03.2008 – Nr. COMP/M.4731, Rn. 82 ff. – Google/DoubleClick.

221 Für die räumlich relevante Marktabgrenzung des elektronischen Kommunikationsmarkts schlägt die Kommission zwei ausschlaggebenden Kriterien vor. Laut der Kommission kann der räumlich relevante elektronische Kommunikationsmarkt erstens nach dem von einem Netz erfassten Gebiet und zweitens nach den bestehenden Rechts- und anderen Verwaltungsinstrumenten bestimmt werden. Die eigentlich für elektronische Kommunikationsmärkte ausgedachten Kriterien können aber auch für andere elektronische Märkte angewendet werden: Kommission, Leitlinien der Kommission zur Marktanalyse und Ermittlung beträchtlicher Marktmacht nach dem gemeinsamen Rechtsrahmen für elektronische Kommunikationsnetze und -dienste, ABl. 2002 Nr. C 165/03, Rn. 59ff; Vgl. *Müller/Meyer*, a. a. O., S. 41 ff. Um den räumlich relevanten Dienstleistungsmarkt für die elektronischen öffentlichen Verwaltungen abzugrenzen, sollen die Verwaltungsabläufe und die Behördensprachen der einzelnen regionalen Behörden berücksichtigt werden: Kommission, Entsch. v. 02.10.2000 – COMP/M. 2138, Rn. 14 f. – SAP/Siemens/JV. Durch das nationale Gesetz können der Zugang bzw. die Nutzung einer bestimmten Plattform oder sogar die Nutzung des Internets verboten werden: *Ott*, Urheber- und Wettbewerbsrechtliche Probleme von Linking und Framing, 2004, S. 219 ff.

222 Kommission, Entsch. v. 11.03.2008 – Nr. COMP/M.4731, Rn. 83 – Google/DoubleClick.

Kunden ohne zeitliche Beschränkungen rund um die Uhr über das virtuelle Schaufenster Waren anschauen und bestellen.

Bei traditionellen Einkäufen ist die Räumlichkeit begrenzt, da die meisten Geschäfte wegen der besseren Zugänglichkeit in der Stadtmitte oder in großen Einkaufszentren liegen. Daher gibt es im Allgemeinen nur eine beschränkte Ladenauswahl auf dem Land. Außerdem wäre es für Kunden anstrengend, wenn sie zum Einkaufen in andere ferne Städte oder sogar in andere Länder fahren müssten. Bei Online-Einkäufen sind Kunden räumlich nicht beschränkt. Sie können die Waren mit einem Klick über die Websites unabhängig von ihren Wohnorten und ansässigen Geschäftsorten der Anbieter bestellen und liefern lassen.

b) Mannigfaltigkeit der Angebote

Die räumliche Flexibilität des Online-Handels ermöglicht Anbietern, ihre Waren außerhalb der Reichweite des lokalen Geschäfts zu verkaufen. Die traditionellen örtlichen Märkte werden im Online-Handel durch zahlreiche unterschiedliche Plattformen ersetzt. Im Online-Handel bieten unzählige Anbieter unterschiedliche Waren und Dienstleistungen über verschiedene Plattformen an. Überdies sind Sortimentsbreite und -tiefe im Online-Handel größer, da es beispielsweise keine Beschränkung der Flächengröße wie im physischen Laden gibt. Dadurch können die Kunden des Online-Handels mehr Optionen und mehr Vorteile nutzen. Die Vielfältigkeit der Angebote hat letztendlich die Verstärkung der Wettbewerbsfähigkeit und die Steigerung der Konsumentenwohlfahrt zur Folge.[223]

c) Bequemlichkeit

Das Angebot verschiedener Zahlungsmethoden und Lieferservices bietet Kunden ein bequemes Einkaufsumfeld. Heute existieren verschiedene bargeldlose Zahlungssysteme wie (Kredit-) Kartenzahlung, Lastschrift, Sofort-

223 Kommission, Online-Plattformen im digitalen Binnenmarkt Chancen und Herausforderungen für Europa, COM (2016) 288 final, S. 3.

überweisung und PayPal etc.[224] Die unterschiedlichen vereinfachten Zahlungsmethoden tragen zum Erfolg des Online-Handels bei.

Außerdem gewährleistet die Entfaltung des Lieferdienstes den schnellen Versand. Mittlerweile verkürzt sich die Versandzeit deutlich. Die Kunden erwarten es, die bestellte Ware innerhalb von drei Tagen zu bekommen.[225] Darüber hinaus ist es möglich, dass die Kunden die Waren bestellen und noch am selben Tag erhalten.[226] In dem Fall hat der Einkauf die gleiche Wirkung wie ein Einkauf im physischen Laden. Die gelieferten Waren können aufgrund eines Qualitätsmangels, der Nichterfüllung der eigentlichen Erwartung oder der Entbehrlichkeit der Waren wieder getauscht oder zurückgegeben werden.[227] Die Kunden können durch den Retoure-Service die betroffenen Waren einfach zurücksenden.[228] Aus genannten Gründen bleiben Online-Einkäufe für die Kunden weiter attraktiv.

---

224 Die häufigste Zahlungsmethode in Deutschland 2018 war PayPal. Auf dem 2. und 3. Platz standen (Kredit-)Kartenzahlungen mit Mastercard und Visa. Sofortüberweisung war die vierthäufigste Zahlungsmethode und der Nächste war Lastschrift: *ecommerceDB.com*, Top 5 Zahlungsmethoden nach Anzahl der nutzenden Online Händler in Deutschland 2018.

225 *Statista.de*, Umfrage zum erwarteten Lieferzeitpunkt bei kostenfreiem Versand in Deutschland 2017, Umfrage Online Shopping 2017: 66 % der Befragten erwarteten, die Waren spätestens nach drei Werktagen geliefert zu werden; nach einer anderen Statistik erwarten die meisten Befragten, dass die Waren innerhalb von 3 bis 5 Tagen ankommen und die zweitmeisten Befragten wollen die bestellten Waren innerhalb von 1 bis 2 Tagen geliefert bekommen: *PostNord*, E-Commerce in Europe 2019, S. 52.

226 Amazon bietet den „Same-Day" Lieferservice für die Amazon Prime-Mitglied an, damit die Waren am selben Tag, indem die Kunden sie bestellt haben, ankommen. In diesem Fall wird der Liefertermin von Amazon garantiert, abrufbar unter: https://www.amazon.de/gp/help/customer/display.html?nodeId=201911030 (Stand v. 21.12.2019).
Anders als Amazon Same-Day garantiert bspw. DHL nicht den Liefertermin, aber sie bemüht sich, die Waren in einem bestimmten Zeitfenster zu liefern.: *DHL*, Allgemeine Geschäftsbedingungen DHL Paket/Express (National) 2017.

227 Laut dieser Statistik wurden die Waren in Deutschland zurückgesendet, da die Waren erstens die Erwartung der Kunden nicht entsprachen und zweitens beschädigt waren. Drittens kauften die Kunden mit Absicht viele Alternativen und schickten die nach der Entscheidung übrigen unnötigen Waren zurück. Letztens kam der Impulskauf bei einer Werbeaktion als Retoure-Grund: *Centiro*, Umfrage zu Gründen für Retouren beim Online-Einkauf in Deutschland 2017, abrufbar unter: https://de.statista.com/statistik/daten/studie/720780/umfrage/gruende-fuer-retouren-beim-online-shopping-in-deutschland/ (Stand v. 21.12.2019).

228 In Deutschland sendeten 53 % der befragten Online-Besteller ihre Waren zurück: *PostNord*, E-Commerce in Europe 2019, S. 52.

d) Kundenautonome Beratungen

Bei analogen Einkäufen wurden Beratungen einseitig von Verkäufern an die Kunden gegeben. Selbstverständlich werden auch im Online-Handel einseitige Beratungen angeboten. Diese erfolgen aber nicht mehr von Angesicht zu Angesicht, sondern über Hotlines oder Online-Chats. Außerdem finden im Online-Handel beidseitige Beratungen zwischen Kunden statt. Dies wird durch die Rezensionen von anderen verifizierten Kunden, die schon dieselbe Waren bzw. Dienstleistungen kauften, erfolgen. Anders als beim traditionellen Handel erfahren Online-Kunden also auch von positiven oder negativen Erfahrungen anderer Kunden. Dies hilft den Kunden, klügere Entscheidung bei der Produktauswahl zu treffen.

2. Besondere Auswirkungen des Online-Handels auf Unternehmerseite

a) Einfache Geschäftsgründung

Das Startkapital ist das Fundament der Geschäftsgründung. Ohne genügend Startkapital wird also die Gründung eines Geschäfts schwierig.[229] Ein Online-Shop kann allerdings mit verhältnismäßig kleinem Kapital gegründet werden, da beim Internetverkauf bspw. ein lokaler Ausstellungsraum kein Muss ist und dadurch zumindest die Belastung der Mietkosten für einen lokalen Laden gemindert wird. Aufgrund der reduzierten finanziellen Belastung sind die Hürden für die Gründung eines Online-Geschäfts niedrig. Deshalb kann fast unabhängig von der Größe des Kapitals ein Online-Shop gegründet werden. Laut einer Statistik wurde das meiste Geld bei Start-ups in den Jahren 2017 und 2018 in Deutschland in den E-Commerce-Bereich investiert.[230]

b) Stärkere Wettbewerbsfähigkeit der kleinen und mittleren Geschäfte

Online-Handel ist effizient für alle Unternehmer, aber dies ist vor allem für kleine und mittlere Unternehmen noch effizienter und vorteilhafter. Wie oben erwähnt, zeichnet sich der Online-Handel im Vergleich zum

---

229 71 % der Befragten empfanden nicht genügend Startkapital als eine Hürde für eine Geschäftsgründung: *Amway*, Selbständigkeit in Deutschland – Hürden 2010.

230 *EY*, Investitionskapital bei Start-ups in Deutschland nach Sektoren bis 2018.

stationären Handel durch niedrige Investitionskosten aus, da bspw. die Miet- und Personalkosten für den lokalen Laden gespart werden können. Wenn kleine und mittlere Unternehmen mit gesparten Investitionskosten entweder in die Qualität bzw. Innovation ihrer Waren weiter investieren oder die Waren mit herabsetzenden Preisen anbieten, können sie ihre Angebote attraktiver machen, mehr Kunden anlocken und darüber hinaus mit großen Unternehmen in Konkurrenz treten. Selbst wenn es keine Markenwahrnehmung für kleine und mittlere Unternehmen auf den Märkten gäbe, könnten diese Unternehmen ihre Geschäfte auf den großen und bekannten Plattformen, wie beispielsweise Amazon, betreiben. Außerdem können sie durch Vergleichsportale oder Suchmaschinen einen intensiven Wettbewerb eröffnen und Vorteile erlangen, wenn sie bessere Angebote als ihre Mitbewerber machen.

B. Unterschiedliche Drittplattformen und deren Rechtsprobleme

Online-Plattformen Dritter erscheinen in unterschiedlichen Arten bzw. Größe und daraus ergeben sich unterschiedliche kartellrechtliche Probleme. Es handelt sich um die meistgenutzten Formen der Drittplattformen mit den meisten kartellrechtlichen Problemen in Bezug auf Selektivvertriebssysteme.

I. Klassische offene Marktplätze

Ein Online-Marktplatz bietet einen digitalen Marktplatz für Dritte an, auf dem sie Waren verkaufen und einkaufen können. Online-Marktplätze können je nach ihren Eigenschaften in offene oder in geschlossene Marktplätze unterteilt werden.

1. Eigenschaften von klassischen offenen Marktplätzen

In einem offenen Marktplatz können Nutzer ohne Eintrittsbarriere ihre Waren frei vertreiben. Aufgrund des offenen Charakters des offenen Marktplatzes gibt es zahlreiche Verkäufer und unterschiedliche Arten von Produkten. Die Mannigfaltigkeit der Produktauswahl lockt Käufer an. Im Allgemeinen müssen nur die Verkäufer eine Nutzungsgebühr für solche

Marktplätze zahlen. Käufer können stattdessen gebührenfrei einkaufen. So müssen bspw. Verkäufer von Amazon, sofern sie von Amazon als sogenannte „Seller" geführt werden, eine Provision pro Verkauf zahlen.[231]

2. Rechtliche Probleme bzgl. selektiver Vertriebssysteme auf klassischen offenen Marktplätzen

a) Keine Vertragsbeziehung zwischen Herstellern und Betreibern der offenen Marktplätze

Im Selektivvertrieb bestehen Vertragsbeziehungen zwischen dem Hersteller und seinen Händlern, wodurch gegenseitige Rechte und Pflichten hinsichtlich des Vertriebs begründet werden. Dagegen haben Betreiber der Plattformen Dritter keine unmittelbare Vertragsbeziehung mit den Herstellern.[232] Betreiber der Plattformen Dritter haben damit nicht mit rechtlichen Konsequenzen zu rechnen, sofern es zu einem Markenschaden durch den Verkauf über ihre Plattform kommt. Im Zusammenhang damit haben Hersteller im Selektivvertrieb keine Aufsichts- und Kontrollmöglichkeiten bzgl. der Gewährleistung der Qualität der Waren gegenüber Drittplattformen. Laut bisheriger Rechtsprechung gibt es vor allen Dingen Schäden für das Produktimage, sofern auf der Plattform keine angemessene Warenpräsentation durchgeführt wird.[233] Auch gibt es Probleme hinsichtlich Produktfälschungen.[234]

b) Keine Übernahme der Störerhaftung der offenen Marktplätze

Jeder kann also, auch ohne eine Lizenz, Waren auf offenen Marktplätzen vertreiben. Dies kann zu Rechtsverletzungen im Hinblick auf den Markenschutz führen. Hierbei ist fraglich, ob der Betreiber des offenen Marktplat-

---

231 *Stummeyer/Köber*, Amazon für Entscheider: Strategieentwicklung, Implementierung und Fallstudien für Hersteller und Händler, 2020, S. 8.

232 EuGH, Urt. v. 06.12.2017 – Rs. C-230/16, ECLI:EU:C:2017:941 Rn. 48 – Coty Germany.

233 EuGH, Urt. v. 06.12.2017 – Rs. C-230/16, ECLI:EU:C:2017:941 Rn. 49 – Coty Germany.

234 LG München I, Urt. v. 24.06.2008 – 33 O 22144/07, BeckRS 2009, 7108 – Sportartikel; KG Berlin, Urt. v. 19.09.2013 – 2 U 8/09 Kart, WRP 2013, 1517 – Schulranzen und -rucksäcke.

zes die Täuschung bzw. die Fälschung der Waren überwachen muss und für solche Rechtsverletzungen haftet. Dazu stellte der BGH fest, dass Betreiber des offenen Marktplatzes (in diesem Fall eBay) grundsätzlich keine Pflicht und Verantwortung für die Überwachung der übermittelten Informationen bzw. die Untersuchung jeglicher Rechtsverletzungen, die auf ihren Plattformen passieren, haben, solange sie bloß als neutrale Vermittler agieren.[235] Offene Marktplätze tragen als neutrale Vermittler damit grundsätzlich keine Haftung für Täuschungen auf ihren Plattformen oder für Produktfälschungen durch Einzelhändler.[236] Soweit ein Betreiber eines offenen Marktplatzes allerdings seine neutrale Vermittler-Position verlässt, besteht kein Haftungsprivileg gem. Art. 14 Abs. 1 bzw. Art. 15 Abs. 1 der Richtlinie 2000/31/EG und § 7 Abs. 2 Telemediengesetz (TMG) für den Betreiber.[237]

Außerdem sollten laut dem Bundeskartellamt solche Marktplatzbetreiber bewusst und aktiv gegen den Missbrauch, die Manipulation oder die Fälschung der Kundenbewertungen vorgehen.[238]

II. Hybrid-Plattformen Dritter

Hybrid-Plattformen sind Plattformen, welche einerseits als Vermittler zwischen Einzelhändlern und Kunden und andererseits selbst als autorisierte Händler für Waren, die auch von anderen Einzelhändlern verkauft werden, agieren.[239] Laut der Kommission spielen ein Drittel der Online-Marktplätze eine solche Doppelrolle.[240]

1. Eigenschaften von Hybrid-Plattformen

Wie oben erwähnt, spielen Hybrid-Plattformen eine sog. Doppelrolle, wodurch sie nicht nur vertikale, sondern auch horizontale Wettbewerbsver-

---

235 BGH, Urt. v. 17.08.2011 – I ZR 57/09, Rn. 20 ff. = GRUR 2011, 1038 (1039 f.).

236 BGH, Urt. v. 17.08.2011 – I ZR 57/09, Rn. 21 = GRUR 2011, 1038 (1039 f.).

237 BGH, Urt. v. 17.08.2011 – I ZR 57/09, Rn. 23 m. w. N. = GRUR 2011, 1038 (1039 f.).

238 BKartA, Entsch. v. 17.07.2019 – B2 – 88/18, S. 7 – Amazon.

239 BKartA, Wettbewerbsbeschränkungen im Internetvertrieb nach Coty und Asics – wie geht es weiter?, 2018, S. 6.

240 Kommission, Commission Staff Working Document – Final report on the E-Commerce Sector Inquiry, SWD (2017) 154 final, Rn. 131.

hältnisse mit Einzelhändlern begründen.[241] Darüber hinaus können solche Plattformen aufgrund ihrer doppelseitigen Tätigkeit verstärkte Netzwerkeffekte hervorrufen, wodurch eine Verstärkung der Marktstellung für sie einhergehen kann.[242]

2. Rechtliche Probleme bzgl. selektiver Vertriebssysteme auf Hybrid-Plattformen

Hybrid-Plattformen können aufgrund ihrer speziellen Eigenschaften bzw. der besonderen Marktsituationen unterschiedliche kartellrechtliche Probleme verursachen. In diesem Teil werden allerdings nur Probleme, welche mit selektiven Vertriebssystemen zusammenhängen können, behandelt.

a) Irreführung der Verbraucher

Werden Produkte, die dem selektiven Vertrieb unterliegen, auf Hybrid-Plattformen verkauft, kann dies zu irrigen Vorstellungen auf Käuferseite führen.[243] Verbraucher stellen sich fälschlicherweise vor, sie hätten einen Kaufvertrag mit dem Betreiber der Hybrid-Plattform geschlossen. Dieser Irrtum kommt unter anderem daher, dass die Hybrid-Plattform ein eigenes Logo hat und die oben angesprochene Doppelrolle ausfüllt.[244] Allerdings tritt der Irrtum i. d. R. nicht auf, wenn Plattformen als reine Intermediäre agieren.[245]

Ist der Irrtum der Verbraucher mit einer Hybrid-Plattform, welche ein negatives Image hat, verbunden, könnte es theoretisch sowohl für Hersteller als auch für ihre Wiederverkäufer in selektiven Vertriebssysteme schädlich sein, da Verbraucher die betreffenden Markenerzeugnisse mit

241 *Naumann/Rodenhausen*, Die P2B-Verordnung aus Unternehmenssicht: Herausforderungen für europäische Plattformen am Beispiel einer Hybrid-Online-Plattform, ZEuP 2020, 768 (781).

242 BKartA, Wettbewerbsbeschränkungen im Internetvertrieb nach Coty und Asics – wie geht es weiter?, 2018, S. 6.

243 *Janal*, Die Plattform-Ökonomie vor dem EuGH, EuZW 2017, 844 (847).

244 *Janal*, EuZW 2017, 844 (847).

245 Heutzutage können Verbraucher die Vermittler-Plattform und den Einzelhändler auf der betreffenden Plattform voneinander unterscheiden: *Ezrachi*, Online Marketplace Bans and Consumer Welfare – A Table of Quality and Long Term Investment, or a Story of Limited Choice and Higher Price?, 09.06.2017, abrufbar unter: https://ssrn.com/abstract=2983670 (Stand v. 28.11.2020).

dem negativen Image der Plattform assoziieren könnten. Um Schäden an der Marke und derer Qualität zu vermeiden, können die Hersteller ein Verkaufsverbot für gewisse Plattformen verhängen. Dies kann beispielsweise erfolgen, wenn eine Plattform ihren Kunden wichtige Informationen vorenthält, was letztlich zu Irrtümern führt.

b) Benachteiligung für Händler auf Einzelhandelsebene

Hybrid-Plattformen stehen i. d. R. im Wettbewerb mit Händlern, die auf ihren Plattformen vertriebstätig sind. Durch dieses Mitbewerberverhältnis kann es zu Interessenkonflikten kommen. Ein Betreiber einer Hybrid-Plattform kann beispielsweise auf die Transaktionsdaten von Händlern zugreifen und diese auswerten.[246] Er kann mit diesen Daten beispielsweise Verbraucherpräferenz oder Markttrends eruieren.[247] Überdies kann der Betreiber einer Hybrid-Plattform mittels Algorithmen das Suchergebnis manipulieren, so dass sich sein Angebot besser als das Angebot von anderen Einzelhändler darstellt.[248] Dadurch können Händler, die sich in selektiven Vertriebsnetzen befinden und die Vertragserzeugnisse auf Drittplattformen verkaufen dürfen, benachteiligt werden.

III. Suchmaschinen (Preisvergleichsmaschinen)

Eine Suchmaschine ist ein Softwaresystem, welches der Informationssuche dient.[249] Sie sammelt Informationen mit Hilfe von raffinierten Algorithmen und bietet diese Informationen als Suchergebnisse an.[250] Suchmaschinen können aufgrund ihrer Eigenschaften als Informationsvermittler bezeichnet werden.[251]

246 *Busch*, Mehr Fairness und Transparenz in der Plattformökonomie?, GRUR 2019, 788 (793).
247 *Busch*, GRUR 2019, 788 (793).
248 Vgl. Kommission, Entsch. v. 27.06.2017, AT.39740 – Google Search (Shopping).
249 Australian Competition and Consumer Commission, Digital Platforms Inquiry, 2019, p. 41.
250 Australian Competition and Consumer Commission, a. a. O., p. 41.
251 *Paal*, Internet-Suchmaschinen im Kartellrecht, GRUR Int. 2015, 997.

Das Marketing mit Suchmaschinen hat in den letzten Jahren zunehmende Bedeutung bekommen.[252] Laut einer Studie haben fast die Hälfte der Befragten über Suchmaschinen einen neuen Online-Shop gefunden.[253] Dies zeigt, dass kleine Einzelhändler, die nicht über eine Suchmaschine gefunden werden können, geringere oder kaum Chancen haben, sich neue Kunden zu erschließen. Das hat sich insbesondere während der Corona-Pandemie bemerkbar gemacht.

1. Eigenschaften von Suchmaschinen (Preisvergleichsmaschinen)

Anders als andere Drittplattformen haben normale Suchmaschinen keine Verkaufsfunktion und leiten die Kunden auf Online-Shops von Einzelhändlern um.[254] Bei manchen Preissuchmaschinen wie idealo.de kann man allerdings auch direkt über die Website Produkte kaufen, die vom Suchmaschinenbetreiber selbst angeboten werden.

Durch die Nutzung der Suchmaschinen können Einzelhändler die Auffindbarkeit ihrer Website bzw. ihrer Angebote erhöhen.[255] Davon können Verbraucher profitieren, da vielfältige Angebote von unterschiedlichen Anbietern den Verbrauchern zur Auswahl gestellt werden. Darüber hinaus werden Suchkosten für die Verbraucher reduziert.[256] Vor allem wird sich die Preistransparenz durch Preissuchmaschinen typischerweise erhöhen.[257] Dadurch kann schließlich die Verstärkung des Preiswettbewerbs zwischen Einzelhändlern herbeigeführt werden,[258] so dass die Verbraucher davon weiter profitieren können. Die Nutzung von Preissuchmaschinen kann allerdings auch zu einer Preisangleichung durch die Händler – ohne eine verbotene Abstimmung zwischen den Händlern – führen. Der Geheimwettbewerb wird also auf legale Art und Weise reduziert. Nichtdestotrotz

252 *Lammenett*, Praxiswissen Online-Marketing 5. Aufl. 2015, S. 121.

253 *Lammenett*, a. a. O., S. 121.

254 Kommission, Commission Staff Working Document – Final report on the E-Commerce Sector Inquiry, SWD (2017) 154 final, Rn. 544 ff.

255 Kommission, Commission Staff Working Document – Final report on the E-Commerce Sector Inquiry, SWD (2017) 154 final, Rn. 545.

256 Kommission, Commission Staff Working Document – Final report on the E-Commerce Sector Inquiry, SWD (2017) 154 final, Rn. 987.

257 Kommission, Commission Staff Working Document – Final report on the E-Commerce Sector Inquiry, SWD (2017) 154 final, Rn. 987.

258 Kommission, Commission Staff Working Document – Final report on the E-Commerce Sector Inquiry, SWD (2017) 154 final, Rn. 147.

sind solche (Preis-)Suchmaschinen aufgrund ihrer positiven Auswirkungen als sehr bedeutsamer Vertriebskanal anzusehen.[259]

2. Rechtliche Probleme von Suchmaschinen bzgl. selektiver Vertriebssysteme

Suchmaschinen werden grundsätzlich in zwei Kategorien eingeteilt. Es gibt reine Preissuchmaschinen, die lediglich Preise vergleichen und allgemeine Suchmaschinen, die neben der Suchfunktion auch Werbeanzeigen für den Nutzer schalten.[260] Aufgrund der zunehmenden hohen Nutzungsquote von Suchmaschinen kann gesagt werden, dass die von Suchmaschinen unauffindbaren Angebote praktisch als im Internet inexistente Angebote gelten können.[261] Trotzdem versuchen Hersteller von Markenartikeln in selektiven Vertriebssystemen, die Unterstützung der Nutzung solcher Suchdienste zu verbieten. Der Hauptgrund dafür ist der Schutz der Funktionen der Marke, welche in Verbindung mit Kommunikation, Investition bzw. Werbeaktionen stehen und zur Gewährleistung der Herkunft bzw. der Qualität der Waren oder Dienstleistungen dienen.[262]

a) Das Verbot der tatsächlichen und praktischen Nutzung des Internets

Laut dem BGH wäre die sinnvolle Nutzung der Informationsfülle im Internet ohne Suchdienste und deren Hyperlinkeinsatz praktisch unmöglich.[263] In der Sektoruntersuchung der Kommission wird dazu ausgeführt, dass (Preis-)Suchmaschinen innerhalb eines selektiven Vertriebssystems die Verbraucher unterstützen, um Online-Angebote von autorisierten Händlern leicht zu finden.[264]

---

259 BKartA, Entsch. v. 26.08.2015 – B2–98/11, S. 5 – ASICS.

260 *Lammenett*, a. a. O., S. 122.

261 *Introna/Nissenbaum*, Shaping the Web: Why the Politics of Search Engines Matters, The Information Society Vol. 16, 2000, 169 (171), abrufbar unter: https://doi.org/10.1080/01972240050133634 (Stand v. 15.12.2020).

262 EuG, Urt. v. 18.06.2009, C-487/07, Slg. 2009, I-5185 Rn. 58 m. w. N. – L'Oréal; EuGH, Urt. v. 23.03.2010, C-236/08 bis C-238/08, Slg. 2010, I-2417 Rn. 77 – Google France und Google.

263 BGH, Urt. v. 17.07.2003 – I ZR 259/00, NJW 2003, 3406 (3410) – Paperboy.

264 Kommission, Commission Staff Working Document – Final report on the E-Commerce Sector Inquiry, SWD (2017) 154 final, Rn. 547.

Das Nutzungsverbot von Preissuchmaschinen, welches nicht nach den qualitativen Kriterien adäquat auferlegt wird, kann potenziell die effektive Nutzung des Internets als Vertriebskanal beschränken, weshalb dies aufgrund der Beschränkung des passiven Verkaufs als Kernbeschränkung nach Art. 4 lit. b und lit. c Vertikal-GVO unter das Kartellverbot fallen kann.[265]

b) Das pauschale Verwendungsverbot von Markenzeichen für Suchmaschinenwerbungen

Manche Hersteller von Markenartikeln in selektiven Vertriebssystemen beschränkten die Nutzung des Markenzeichens als Schlüsselwort für Werbungen auf Suchmaschinen, wodurch sich die Auffindbarkeit der Online-Angebote bzw. die Kundenerreichbarkeit der autorisierten Händler deutlich verschlechterte.[266] Da die Nutzungsintensität solcher Suchmaschinen von Verbrauchern sehr stark ist, können sich solche Maßnahmen *de facto* wie ein totales Online-Werbeverbot auswirken. Darüber hinaus führt die Verwendung des Markenzeichens für Suchmaschinenwerbungen laut dem EuGH nicht automatisch zu einer Markenverletzung, sofern dies die Funktionen der Marke nicht beeinträchtigt.[267] Ein pauschales Nutzungsverbot von Markenzeichen in Suchmaschinen verringert die positiven Auswirkungen wie die Reduzierung der Werbekosten und die Erhöhung der Werbemöglichkeiten. Dies etabliert als wesentliche Wettbewerbsbeschränkung eine Kernbeschränkung nach Art. 4 lit. c Vertikal-GVO und ist mit Art. 101 Abs. 1 AEUV bzw. § 1 GWB nicht vereinbar.[268]

IV. SNS-Märkte

Nach Aussagen der Kommission existiert keine Definition sozialer Netzwerke, da die Geschäftsmodelle und Funktionsweise solcher Netzwerke

265 Kommission, Commission Staff Working Document – Final report on the E-Commerce Sector Inquiry, SWD (2017) 154 final, Rn. 552.

266 Vgl. BKartA, Entsch. v. 26.08.2015 – B2–98/11, S. 6 – ASICS.

267 EuGH, Urt. v. 12.11.2002, C-206/01, Slg. 2002, I-10273 (I-10317 f.) Rn. 54 – Arsenal Football Club; EuG, Urt. v. 18.06.2009, C-487/07, Slg. 2009, I-5185 Rn. 60 – L'Oréal; EuGH, Urt. v. 23.03.2010, C-236/08 bis C-238/08, Slg. 2010, I-2417 Rn. 76 – Google France und Google.

268 Vgl. BKartA, Entsch. v. 26.08.2015 – B2–98/11 – ASICS.

sehr unterschiedlich seien.[269] Die Kommission hat aber bestätigt, dass soziale Netzwerke trotz ihrer Unterschiedlichkeit im Allgemeinen als Dienste beschrieben werden können, welche den Nutzern ermöglichen, sich online oder durch eine mobile App auszudrücken, zu verbinden, Dinge zu teilen und zu kommunizieren.[270] Daraus ergibt sich, dass soziale Netzwerke i. d. R. als Kommunikationsplattformen fungieren. Anbieter sozialer Netzwerkdienste versuchen, durch die Erweiterung ihrer Funktionen und Dienste ihre Netzwerkplattformen attraktiver zu machen.[271] Daher überschreiten manche sozialen Netzwerkdienste ihre konventionelle Rolle als Kommunikationsplattformen und entwickeln sich zu Vertriebskanälen. Bspw. bieten einflussreiche soziale Netzwerkdienste wie Instagram und Facebook Shopping-Funktionen an.

Instagram bietet einen „Checkout"-Service in den USA an, durch den Kunden in der App – ohne auf die Website des Verkäufers weitergeleitet zu werden – Produkte bzw. deren Preise anschauen, die ausgewählten Produkte im Warenkorb speichern, bestellen und anschließend mit PayPal oder einer registrierten Geldkarte zahlen können.[272] Viele (Luxus-)Markenhersteller wie Burberry, Prada oder Dior etc. stellen ihre Waren bereits auf diesem Wege zur Verfügung.[273] Zur einfachen und einheitlichen Zahlungsabwicklung auf Facebook, Messenger, Instagram und WhatsApp hat Facebook sogar ein eigenes Zahlungssystem „Facebook Pay" eingeführt.[274] Außerhalb von den USA bieten Facebook und Instagram auch einen ähnlichen Shopping-Service an, mit dem sich Kunden über die Facebook-Seite

269 Kommission, Entsch. v. 03.10.2014, Nr. COMP/M.7217, Rn. 45 – Facebook/WhatsApp.

270 Kommission, Entsch. v. 03.10.2014, Nr. COMP/M.7217, Rn. 45 – Facebook/WhatsApp; S. auch Monopolkommission, Sondergutachten 68: Wettbewerbspolitik: Herausforderung digitale Märkte, 01.06.2015, S. 105, Rn. 288; BKartA, Digitale Ökonomie – Internetplattformen zwischen Wettbewerbsrecht, Privatsphäre und Verbraucherschutz, 01.10.2015, S. 9.

271 Monopolkommission, Sondergutachten 68: Wettbewerbspolitik: Herausforderung digitale Märkte, 01.06.2015, S. 112, Rn. 312.

272 Instagram, Neu bei Instagram Shopping: Checkout, abrufbar unter: https://business.instagram.com/blog/new-to-instagram-shopping-checkout?locale=de_DE (Stand v. 19.02.2022).

273 Instagram, Introducing Checkout on Instagram, abrufbar unter: https://about.instagram.com/blog/announcements/introducing-instagram-checkout (Stand v. 19.02.2022).

274 Meta, Einfache zahlen mit Facebook, abrufbar unter: https://about.fb.com/de/news/2019/11/einfacher-zahlen-mit-facebook-pay/ (Stand v. 19.02.2022).

bzw. den Instagram-Account der Verkäufer die Waren und gleichzeitig die Preise anschauen und an die Website des Verkäufers weitergeleitet werden können.[275]

Die Transformation von sozialen Netzwerken in Marktplätze ist relativ neu. Im Vergleich zu anderen klassischen Marktplätzen sind SNS-Märkte aktuell weniger bedeutend, da die Handelsfunktion solcher sozialen Netzwerke noch nicht stark ausgeprägt ist. Nichtdestotrotz ist dieses Phänomen kartellrechtlich bedeutsam, da sich dieses in näherer Zukunft auch in Europa verbreiten könnte. In Korea und den USA ist es bereits handelsüblich. Aus diesem Grund werden die Eigenschaften und die potenziellen kartellrechtlichen Probleme von SNS-Märkten nachfolgend dargestellt und analysiert.

1. Eigenschaften von SNS-Märkten

a) Soziale Netzwerke als einseitige Plattformen

Aus ökonomischer Perspektive handeln soziale Netzwerke als einseitige Plattformen, auf denen Netzwerkmitglieder eine Nutzergruppe bilden.[276] Sie werden hier als einseitig bezeichnet, weil sie ursprünglich auf das Angebot sozialer Mediendienstleistungen i. S. einer Ermöglichung von Kommunikationskanälen abzielten. Der sachlich relevante Markt ist hierbei beschränkt auf Kommunikationsdienstleistungen. Soziale Netzwerke zeigen eine Tendenz zur Marktkonzentration durch starke direkte Netzwerkeffekte. Diese ermöglichen manchen sozialen Netzwerkdiensten, einen sehr hohen Nutzeranteil zu akquirieren. Bspw. hat Facebook in Deutschland täglich 23 Mio. aktive Nutzer.[277] Darüber hinaus verstärkt die mangelnde Interoperabilität zwischen unterschiedlichen sozialen Netzwerk-

---

275 Facebook, Newsroom, Einführung von Facebook Shops: Wir helfen kleinen Unternehmen beim Online-Verkauf, abrufbar unter: https://about.fb.com/de/news/2020/05/einfuehrung-von-facebook-shops/ (Stand v. 18.08.2020).

276 Monopolkommission, Sondergutachten 68: Wettbewerbspolitik: Herausforderung digitale Märkte, 01.06.2015, S. 106, Rn. 293.

277 Laut dem Bundeskartellamt bestanden 2018 bspw. 23 Mio. der täglich aktiven Nutzer bzw. 32 Mio. der monatlich aktiven Nutzer bei Facebook in Deutschland: BKartA, Entsch. v. 06.02.2019 – B6–22/16, S. 2 – Facebook.

diensten die Marktkonzentrationstendenz.[278] Starke direkte Netzwerkeffekte und der Mangel an Interoperabilität reduzieren die Möglichkeit der Informationsübertragung für Kunden, so dass sich die Kosten beim (Netzwerk-)Plattformwechsel erhöhen und ein Lock-in-Effekt verstärkt wird.[279] Diese Kosten bestehen für die Nutzer der Netzwerke insbesondere in einem Abbruch der Kontinuität. Verknüpfungen mit anderen Nutzern müssen, falls möglich, auf anderen Plattformen wiederhergestellt und sämtliche geteilte Medien (Bilder, Videos etc.) wieder hochgeladen werden.

Hierbei kann ein Anbieter eines sozialen Netzwerkdienstes, der einen sehr hohen Nutzeranteil besitzt, als Marktzutrittsschranke gegen neue Anbieter fungieren.

b) Soziale Netzwerke mit Shopping-Funktionen als mehrseitige Plattformen

Inzwischen bilden soziale Netzwerke mehrseitige Plattformen und führen zum einen die Nutzer eines Netzwerkdienstes und zum anderen Businesskunden zusammen. Mit der Einführung von Werbung stellten sich die Netzwerke zu zweiseitigen Plattformen um.[280] Damit agierten die Plattformen fortan auf zwei sachlich relevanten Märkten, nämlich dem Angebot von Kommunikations- und Werbedienstleistungen (Marketing). Indem später die Shopping-Funktion hinzugefügt wurde, treten einige soziale Netzwerkdienste nun auf einem zusätzlichen sachlich relevanten Markt – nämlich als Handelsplattform – auf. Deshalb werden sie hier als mehrseitige Plattformen bezeichnet. Das Bündeln mehrerer sachlich relevanter Märkte in einer Plattform führt in dieser Hinsicht zu einer Marktkonzentration. Daneben hat durch die hohe Anzahl der aktiven Nutzer, welche nur wenige soziale Netzwerkdienste gleichzeitig nutzen, auch eine Marktkonzentration auf dem Markt sozialer Netzwerke stattgefunden und zu einer marktbeherrschenden Stellung der populärsten Netzwerke geführt. Dazu gehören unter anderem Facebook, Instagram und WhatsApp. Dies ermöglicht den sozialen Netzwerkdiensten ein wirksames virales Marketing

278 Monopolkommission, Sondergutachten 68: Wettbewerbspolitik: Herausforderung digitale Märkte, 01.06.2015, S. 109, Rn. 301.

279 Monopolkommission, Sondergutachten 68: Wettbewerbspolitik: Herausforderung digitale Märkte, 01.06.2015, S. 109, Rn. 302.

280 Vgl. Monopolkommission, Sondergutachten 68: Wettbewerbspolitik: Herausforderung digitale Märkte, 01.06.2015, S. 106, Rn. 293.

und bietet die Chance, in kurzer Zeit als Handelsplattform erfolgreich zu werden. Hierbei werden zahlreiche (potenzielle) Verkäufer durch indirekte Netzwerkeffekte angelockt werden. Infolgedessen kann die marktbeherrschende Stellung des sozialen Netzwerkdienstes in Verbindung mit starken indirekten Netzwerkeffekten im sozialen Netzwerk-Bereich zementiert und weiter in den Handelsbereich übertragen werden.

c) Soziale Netzwerke als beliebter Werbekanal für (Luxus-)Markenhersteller

Soziale Netzwerke werden im Allgemeinen als effektiver und wichtiger Werbekanal angesehen, da sie Werbekunden (Unternehmen) besonders gute Chancen geben, ihren bestehenden und potenziellen Kunden durch die Veröffentlichung von Bildern oder Videos eine tiefe Einsicht in die Markenwelt zu verschaffen.[281] Dies äußert sich auch darin, dass die Ausgaben für und Investitionen in Werbung über soziale Netzwerkdienste jährlich zunehmen.[282] Auch für Hersteller von (Luxus-)Markenartikeln haben solche soziale Netzwerke eine sehr hohe Relevanz.[283]

2. (Mögliche) Rechtliche Probleme von SNS-Märkten bzgl. selektiver Vertriebssysteme

Obwohl soziale Netzwerke andere Funktionsweisen als Online-Marktplätze haben, werden sie nach der P2B-Verordnung gemeinsam mit Online-Marktplätzen als Online-Vermittlungsdienste eingestuft.[284] Darüber hinaus

281 *Thieme*, Luxusmarkenmanagement – Grundlagen, Strategien und praktische Umsetzung, 2017, S. 117.

282 Statista, Online-Werbung, S. 43 f., abrufbar unter: https://de.statista.com/statistik/studie/id/6872/dokument/online-werbung-statista-dossier/ (Stand v. 21.02.2022).

283 *Thieme*, a. a. O., S. 117; S. auch Instagram, Luxuriöse Erlebnisse auf Instagram, 2017, abrufbar unter: https://scontent-dus1-1.xx.fbcdn.net/v/t39.2365-6/10000000_1033353803469229_4831401311041748992_n.pdf?_nc_cat=109&ccb=1-5&_nc_sid=ad8a9d&_nc_ohc=30eYipwvWToAX_QbQWf&_nc_ht=scontent-dus1-1.xx&oh=00_AT_-EVKMr1hwjptrcydcIBnIYg34nJztRhHQKtqRqu2rXw&oe=6219149A (Stand v. 21.02.2022).

284 Kommission, Verordnung (EU) 2019/1150 des europäischen Parlaments und des Rates vom 20. Juni 2019 zur Förderung von Fairness und Transparenz für gewerbliche Nutzer von Online-Vermittlungsdiensten, Erwägungsgrund Nr. 11.

können SNS-Märkte als nach außen hin erkennbare Drittplattform angesehen werden, da die meisten sozialen Netzwerkdienste das eigene Logo auf deren Plattformen nach außen hin erkennbar zeigen. Die Anwendung einer Logo-Klausel[285] kann also auch in dieser Fallgruppe problematisiert werden. Viele Hersteller von (Luxus-)Markenartikeln haben ihren Händlern nämlich ein Verkaufs- bzw. Nutzungsverbot solcher nach außen hin erkennbaren Drittplattformen auferlegt, um ihr (Luxus-)Markenimage im Rahmen eines Selektivvertriebssystems zu schützen.

In dieser Hinsicht ist fraglich, ob Hersteller solcher Artikel auch zwecks des Imageschutzes ein Verkaufsverbot über SNS-Märkte auferlegen können, da soziale Netzwerkdienste im Vergleich zu anderen Drittplattformen eine besondere Position innehaben. Wie oben bereits erwähnt, werden sie von Herstellern bzw. Händlern solcher Artikel als beliebter Werbekanal genutzt, obwohl sie nicht besonders für (Luxus-)Markenprodukte ausgestaltet sind. Eine weitere Frage ist, ob Hersteller hierbei ein Verkaufsverbot über andere Drittplattformen zu demselben Zweck auferlegen dürfen.

Nach hier vertretener Ansicht kann ein Hersteller von (Luxus-)Markenartikeln seinen Händlern kein Verkaufsverbot über SNS-Märkte auferlegen, wenn er bereits Werbung für seine Produkte in sozialen Netzwerkdiensten macht. Jedoch kann ein Verkaufsverbot über andere Drittplattformen zulässig sein, wenn die betreffenden Drittplattformen i. d. R. einen negativen Eindruck vermitteln. Eine solche Beschränkung muss im Einzelfall deshalb ausführlich begründet werden.

C. Selektivvertriebssysteme und Online-Handel

Im digitalen Zeitalter ist der Online-Handel unvermeidbar für alle Interessenten. Für selektive Vertriebssysteme gibt es keine Ausnahme. Um die Qualität bzw. das Image ihrer Marken zu gewährleisten, setzen Hersteller von Markenartikeln unterschiedliche Beschränkungen für den Online-Handel im Rahmen der Selektionskriterien ein. Je nach Inhalt bzw. Grad der Wettbewerbsbeschränkung können Selektionskriterien unter das Kartellverbot des Art. 101 Abs. 1 AEUV bzw. § 1 GWB fallen. Solche wettbewerbsbeschränkenden Selektionskriterien können allerdings ggf. gem.

285 Laut der Kommission kann das allgemeine Nutzungsverbot von Drittplattformen, welche den Namen oder das Logo der Plattformen tragen, im Rahmen eines Selektivvertriebs von Herstellern untersagt werden: Kommission, Leitlinien für vertikale Beschränkung, ABl. 2010 C 130/1, Rn. 54.

Art. 101 Abs. 3 AEUV sowie § 2 GWB und Art. 2 Abs. 1 Vertikal-GVO freigestellt werden, es sei denn, dass die Kriterien Kernbeschränkungen gem. Art. 4 Vertikal-GVO darstellen.

Hersteller im Selektivvertrieb müssen erstens bei der Aufstellung der Selektionskriterien darauf achten, dass die Kriterien für den Online-Handel äquivalent zu den Kriterien für den Offline-Handel auferlegt werden.[286] Zweitens müssen sie die Metro-Kriterien befolgen.[287] Werden die Metro-Kriterien im Selektivvertrieb nicht erfüllt, ist die betreffende Klausel nicht mit Art. 101 Abs. 1 AEUV bzw. § 1 GWB vereinbar.

I. Bedeutung des Online-Handels im Selektivvertrieb

Im Selektivvertrieb gilt der Online-Vertrieb als ambivalenter Vertriebsweg. Einerseits ist der Online-Handel aufgrund des rasanten Wachstums bzw. der zunehmenden Bedeutung ein essenzieller Absatzweg für Hersteller und Händler. Darüber hinaus können sie eine vergrößerte Reichweite der Endverbraucher erhalten und den gesamten Umsatz erhöhen. Andererseits gibt es auch negative Erfahrungen mit dem Online-Handel. Die Qualität der Waren bzw. Dienstleistungen sowie die Bereitstellung von Informationen zum richtigen Gebrauch können unter Umständen nicht gewahrt bzw. zur Verfügung gestellt werden. Daraus können Schäden für das Image eines Herstellers bzw. seiner Marke resultieren und ggf. Gefahren für die Verbraucher entstehen.[288] Aus diesen Gründen wollen Hersteller ihre autorisierten Händler im Online-Handel durch die Auferlegung von Selektionskriterien besser kontrollieren. Hersteller behaupten, dass die Anforderung der Selektionskriterien eine Reaktion auf das zunehmende Wachstum des Online-Handels sei.[289] Laut dem Ergebnis der Sektoruntersuchung zum elektronischen Handel von der Kommission sind die Gesamtzahl der Selektivvertriebsvereinbarungen sowie die Verwendung der Selektionskriteri-

286 Kommission, Leitlinien für vertikale Beschränkung, ABl. 2010 C 130/1, Rn. 175.

287 EuGH, Urt. v. 25.10.1977 – Rs. 26/76, Slg. 1977, 1875 – Metro/Kommission.

288 *Schlimpert*, a. a. O., 566; vgl. Autorité, Entscheidung v. 24.10.2018 – Nr. 18-D-23 – STIHL; *Schlimpert*, STIHL: Cour d'appel bestätigt Kartellrechtswidrigkeit des Erfordernisses einer „personalisierten Lieferung", NZKart 2020, 20.

289 Kommission, Abschlussbericht über die Sektoruntersuchung zum elektronischen Handel, COM (2017) 229 final, Rn. 15.

en aufgrund der besseren Vertriebsnetzkontrolle vielfach gestiegen.[290] Hierbei ist allerdings fraglich, in welchem Umfang Beschränkungen im Rahmen eines selektiven Vertriebssystems auferlegt werden können.

II. Umfang der Beschränkungen im Online-Selektivvertrieb

Beschränkungen, welche im Rahmen des Selektivvertriebs als Selektionskriterien auferlegt werden, werden als einseitige Maßnahmen von vertikalen Vereinbarungen betrachtet, da die Anforderungen zwischen Unternehmern auf unterschiedlichen Marktstufen gestellt werden.[291] Rein einseitige Maßnahmen sind nicht als Vereinbarung oder abgestimmte Verhaltensweise anzusehen, weshalb sie keine solche Beschränkung darstellen können.[292] Solche Beschränkungen dürfen nicht das notwendige Maß überschreiten.[293] Laut der bisherigen Rechtsprechung wurden die Kriterien für den Online-Selektivvertrieb allerdings nicht immer in angemessener Weise aufgestellt.

Die bisher im Rahmen der Selektionskriterien auferlegten Beschränkungen bzgl. des Online-Handels lassen sich grob in Totalverbote und Teilverbote des Internetverkaufs einteilen.

1. Totalverbot des Online-Handels

a) Pierre Fabre Dermo-Cosmétique-Fall

Als Paradebeispiel für das Totalverbot des Internetverkaufs kann der Pierre Fabre Dermo-Cosmétique-Fall des EuGH genannt werden. Eine französische Firma „Pierre Fabre Dermo-Cosmétique" stellt Kosmetika und Körperpflegeprodukte her und vertreibt sie. In dem Fall verlangte sie von ihren Vertriebshändlern im Rahmen eines Selektivvertriebssystems, dass die betroffenen Produkte während der Öffnungszeiten des physischen Verkaufs-

---

290 Kommission, Abschlussbericht über die Sektoruntersuchung zum elektronischen Handel, COM (2017) 229 final, Rn. 15.

291 *Baron*, in: Loewenheim/Meessen/Riesenkampff/Kersting/Meyer-Lindemann, Kartellrecht 4. Aufl. 2020, Art. 4 Vertikal-GVO, Rn. 195; *Ellger*, in: Immenga/Mestmäcker, Wettbewerbsrecht EU/Teil 1, 6. Aufl. 2019, Art. 4 Vertikal-GVO, Rn. 7.

292 *Ellger*, in: Immenga/Mestmäcker, a. a. O., Rn. 7.

293 EuGH, Urt. v. 25.10.1977 – Rs. 26/76, Slg. 1977, 1875 – Metro/Kommission.

orts unter der Anwesenheit der diplomierten Apotheker vertrieben werden sollen, obwohl die betroffenen Produkte keine Arzneimittel waren.[294] Laut dem Hersteller war die Vertragsklausel erforderlich, um eine bessere Kundenberatung anzubieten, da die Kunden ihre Haar- und Hauttypen sowie Hautprobleme von einem qualifizierten Fachmann direkt am Verkaufsort untersuchen lassen und sich nach der direkten Untersuchung ein für ihre Haare bzw. Haut geeignetes Produkt empfehlen lassen können.[295] Die Klausel wirkte sich allerdings aufgrund des ausschließlichen Verkaufs am physischen Geschäftsladen wie ein Totalverbot des Internetvertriebs aus. Hierbei ist fraglich, ob der Umfang der Beschränkungen adäquat auferlegt ist. Um dies überprüfen zu können, müssen die Metro Kriterien des EuGH beachtet werden.

Zunächst muss analysiert werden, auf welche Produkte es in dem Problemfall ankommt. Es handelt sich hierbei um Kosmetika und Körperpflegewaren, die nicht als Arzneimittel klassifiziert sind, weshalb sie nicht im französischen Gesetzbuch über das öffentliche Gesundheitswesen vorgesehen sind.[296] Die Wettbewerbsbehörde fügte hinzu, dass die Befugnis zur Diagnose der Haut- bzw. Haarprobleme nicht bei Apothekern, sondern bei Ärzten liegt.[297] Daraus ergibt sich, dass die Beschränkung über die Anwesenheitspflicht von diplomierten Pharmazeuten bei Produktverkäufen über das erforderliche Maß hinausging.

Selbst wenn die Auswahl der Wiederverkäufer anhand qualitativer objektiver Gesichtspunkte getroffen wurde und die Anwendung der Selektionskriterien diskriminierungsfrei erfolgt, hält der EuGH die auferlegte Beschränkung für nicht angemessen und unverhältnismäßig.[298] Die französische Wettbewerbsbehörde verglich darüber hinaus den Fall mit dem Deutschen Apothekerverband-Fall und äußerte sich dahingehend, dass bloße Kosmetika und Körperpflegeprodukte, die keine Arzneimittel darstellen, ohne physische Anwesenheitspflicht eines Apothekers über das Internet

294 EuGH, Urt. v. 13.10.2011 – Rs. C-439/09, Slg. 2011, I-9419 – Pierre Fabre Dermo-Cosmétique.

295 EuGH, Urt. v. 13.10.2011 – Rs. C-439/09, Slg. 2011, I-9419 – Pierre Fabre Dermo-Cosmétique.

296 EuGH, Urt. v. 13.10.2011 – Rs. C-439/09, Slg. 2011, I-9419 – Pierre Fabre Dermo-Cosmétique.

297 EuGH, Urt. v. 13.10.2011 – Rs. C-439/09, Slg. 2011, I-9419 – Pierre Fabre Dermo-Cosmétique.

298 EuGH, Urt. v. 13.10.2011 – Rs. C-439/09, Slg. 2011, I-9419 Rn 41 ff. – Pierre Fabre Dermo-Cosmétique.

verkauft werden dürfen. Dies erfolgt aus dem Grund, weil auch rezeptfreie Arzneimittel über das Internet verkauft werden dürfen.[299] Laut dem Hersteller sei die Beschränkung zum Zweck des Kundenwohls erforderlich. Diese Aussage wurde allerdings aus den oben genannten Gründen von der französischen Wettbewerbsbehörde nicht als Rechtfertigungsgrund akzeptiert.

Das Totalverbot des Internethandels beschränkt außerdem erheblich die Handelsauswahl der Endverbraucher, die außerhalb der Handelsgebiete der zugelassenen Wiederverkäufer wohnen oder aufgrund der begrenzten Öffnungszeiten den physischen Verkaufsort nicht erreichen können. Außerdem behauptete der Hersteller in dem konkreten Fall, dass die Beschränkung zum Schutzzweck des Prestigecharakters der betroffenen Produkte legitim sei. Nach Ansicht des EuGH war allerdings der Schutz des Prestigecharakters nicht als legitimes Ziel zur Wettbewerbsbeschränkung – in dem Fall zum *de facto*-Verbot des sämtlichen Internetvertriebs – anzuerkennen und die Argumentation des Herstellers wurde zurückgewiesen.[300] Ferner bildet das Pauschalverbot des Internetvertriebs eine Beschränkung des aktiven und passiven Verkaufs, welche als Kernbeschränkung unter Art. 4 lit. c Vertikal-GVO fällt und nicht freigestellt werden kann. Schließlich waren sowohl der EuGH als auch die Wettbewerbsbehörde der Meinung, dass die Klausel eine bezweckte Wettbewerbsbeschränkung darstellt.[301]

b) Bang & Olufsen-Fall

Nach dem Pierre Fabre Dermo-Cosmétique-Fall des EuGH kam noch ein weiteres Urteil über das Totalverbot des Internetverkaufs vom Cour d'appel de Paris. Es handelt sich in dem Fall um Stereoanlagen sowie HiFi-Komponenten für das Heimkino-System des HiFi-Herstellers „Bang & Olufsen“. Der Hersteller hat aufgrund der hochtechnischen Eigenschaft der

299 EuGH, Urt. v. 11.12.2003 – Rs. C-322/01, Slg. 2003, I-14887- Deutscher Apothekerverband; EuGH, Urt. v. 13.10.2011 – Rs. C-439/09, Slg. 2011, I-9419 Rn. 24 – Pierre Fabre Dermo-Cosmétique.

300 EuGH, Urt. v. 13.10.2011 – Rs. C-439/09, Slg. 2011, I-9419 Rn. 45 ff. – Pierre Fabre Dermo-Cosmétique.

301 EuGH, Urt. v. 13.10.2011 – Rs. C-439/09, Slg. 2011, I-9419 – Pierre Fabre Dermo-Cosmétique.

Erzeugnisse ein selektives Vertriebssystem angewendet.[302] Hierbei verlangte der Hersteller von seinen ausgewählten Händlern keinen Versandhandel durchzuführen, wodurch die Handelsmöglichkeit im Online absolut ausgeschlossen wurde.[303] In dem Fall wurde die Beschränkung durch den alten Vertrag unmittelbar verursacht. Daher geht es hierbei um ein indirektes Verbot des Online-Vertriebs.[304] Die ist anders als im Pierre Fabre Dermo-Cosmétique-Fall, weil das Online-Verkaufsverbot hierbei aktiv in der Vertragsklausel eingefügt war.[305] Aufgrund der Beschränkung der Handlungsfreiheit des Wiederverkäufers, der Auswahlmöglichkeit des Verbrauchers und des Intrabrand-Wettbewerbs sah die französische Wettbewerbsbehörde die Klausel von „Bang & Olufsen“ als bezweckte Wettbewerbsbeschränkung an.[306] Der Hersteller äußerte sich dahingehend, dass die Beschränkung zwecks der Effizienzvorteile erforderlich gewesen sei und nach Art. 101 Abs. 3 AEUV freigestellt werden kann. Aber die französische Wettbewerbsbehörde akzeptierte die Aussage des Herstellers nicht. Sie war der Auffassung, dass die Beschränkung eine Kernbeschränkung gem. Art. 4 lit. c Vertikal-GVO darstellt.[307]

c) Fazit

Aus den beiden Fällen lässt sich folgendes Fazit ableiten: Beschränkungen wie ein Totalverbot des Online-Vertriebs, egal ob es direkt oder indirekt erfolgt, überschreiten das kartellrechtlich erlaubte Maß im Zeitalter des In-

---

302 *Nicolas-Vullierme*, Bang & Olufsen (Frankreich) – Absolutes Verbot des Online-Handels, WuW 2014, 705. Vgl. auch Autorité, Entsch. v. 12.12.2012 – Nr. 12-D-23, Rn. 27 – Bang & Olufsen; Cour d'appel de Paris, Urt. v. 13.03.2014, 2013/00714 – Bang & Olufsen.

303 *Nicolas-Vullierme*, a. a. O., 707; Autorité, Entsch. v. 12.12.2012 – Nr. 12-D-23, Rn. 54 f. – Bang & Olufsen; Cour d'appel de Paris, Urt. v. 13.03.2014, 2013/00714 – Bang & Olufsen.

304 *Nicolas-Vullierme*, a. a. O., 706; Cour d'appel de Paris, Urt. v. 13.03.2014, 2013/00714 – Bang & Olufsen.

305 *Nicolas-Vullierme*, a. a. O., 706; Cour d'appel de Paris, Urt. v. 13.03.2014, 2013/00714 – Bang & Olufsen.

306 *Nicolas-Vullierme*, a. a. O., 706; Autorité, Entsch. v. 12.12.2012 – Nr. 12-D-23, Rn. 70 ff. – Bang & Olufsen; Cour d'appel de Paris, Urt. v. 13.03.2014, 2013/00714 – Bang & Olufsen.

307 *Nicolas-Vullierme*, a. a. O., 706; Autorité, Entsch. v. 12.12.2012 – Nr. 12-D-23, Rn. 100 – Bang & Olufsen; Cour d'appel de Paris, Urt. v. 13.03.2014, 2013/00714 – Bang & Olufsen.

ternets deutlich und sind deshalb zu missbilligen. Darüber hinaus kann eine solche Beschränkung aufgrund der Möglichkeit des aktiven oder passiven Verkaufsverbots die Handelsfreiheit sowohl des Händlers als auch des Endverbrauchers spürbar beeinträchtigen. Ferner ist geklärt, dass die gewöhnlichen Aussagen des Herstellers über die wettbewerbsbeschränkenden Selektionskriterien nicht als Rechtfertigungsgrund akzeptiert werden können, wenn die Beschränkung über das erforderliche Maß bzw. den kartellrechtlich zulässigen Umfang hinausgeht. Ein absolutes Verbot des Internetverkaufs wird also im digitalen Zeitalter ohne Zweckmäßigkeitserwägung bzw. Interessenabwägung im Sinne der Effizienzvorteile zweifellos als Verstoß gegen das Kartellverbot angesehen und fällt unter Art. 101 Abs. 1 AEUV bzw. § 1 GWB. In dem Fall kommt die Freistellungsmöglichkeit nach Art. 101 Abs. 3 AEUV, § 2 GWB bzw. Vertikal-GVO nicht in Frage, da das Totalverbot des Internethandels als Kernbeschränkung bezweckte Wettbewerbsbeschränkung etabliert. Das Totalverbot des Online-Handels ist daher per se kartellrechtlich unzulässig.

2. Teilverbot des Online-Handels

Im Vergleich zu einem Totalverbot gilt ein Teilverbot des Internetverkaufs als eine mildere Beschränkung. Ein Teilverbot kann sich unbeschadet seiner milderen Tendenz als eine Wettbewerbsbeschränkung darstellen und unter das Kartellverbot fallen. Trotz der wettbewerbsbeschränkenden Auswirkung wird dies allerdings nicht per se als kartellrechtswidrig angesehen, sondern kann durch die Überprüfung der Effizienzgewinne je nach Umständen freigestellt werden. Das Teilverbot des Online-Handels erscheint in unterschiedlichen Arten. Die häufig vom Hersteller als Teilverbot auferlegten Beschränkungen können laut der EU-Kommission grob in Beschränkungen bzgl. der Preise, der Absatzkanäle und des Gebiets geteilt werden.[308]

---

308 Vgl. Kommission, Abschlussbericht über die Sektoruntersuchung zum elektronischen Handel, COM (2017) 229 final, Rn. 15, 28 ff.

a) Preisbezogene Beschränkungen

aa) Klassische preisbezogene vertikale Beschränkungen

Laut dem Abschlussbericht über die Sektoruntersuchung zum elektronischen Handel der EU-Kommission sind preisbezogene Beschränkungen die von Herstellern am meisten verwendete Beschränkungsart im Online-Handel.[309] Preisbezogene Beschränkungen erscheinen in unterschiedlichen Formen. Als Beispiele preisbezogener Beschränkungen können eine Verpflichtung zur Absatzförderung[310] und Preisbeeinflussungen oder -bindungen der Wiederverkaufspreise genannt werden.[311] Diese Beschränkungen können ggf. kartellrechtlich bedenklich sein.[312]

Vertikale Preisbindungen sind eine klassische Beschränkung des Preiswettbewerbs. Sie tauchen mittlerweile auch im Online-Handel auf und sind, genauso wie im traditionellen Handel, kartellrechtlich problematisch.[313] Nach Angaben des Bundeskartellamts werden vertikale Preisbindungen angewendet, um den Wettbewerbsdruck, der durch den Online-Handel auf Wiederverkäuferebene entsteht, abzuschwächen, damit die Endverkaufspreise am betroffenen Markt nicht sinken.[314] Überdies werden sie auch als Strategie für die Verschließung des Online-Absatzkanals angewendet, obwohl die wirtschaftliche Wohlfahrt seitens der Verbraucher bzw. Händler spürbar beschädigt werden kann.[315]

Beispielsweise verlangte ein Naturkosmetikhersteller, die „WALA Heilmittel GmbH“, von seinen Händlern, eine Preisempfehlung für alle Produkte der Marke „Dr. Hauschka“ im Rahmen eines Selektivvertriebssystems zu befolgen.[316] Hierbei drohte der Hersteller mit der Nichtbelieferung mit den Produkten an die Händler, Apotheken, Parfümerien sowie Kosme-

---

309 Kommission, Abschlussbericht über die Sektoruntersuchung zum elektronischen Handel, COM (2017) 229 final, Rn. 28.

310 EuGH, Urt. v. 11.12.1980 – Rs. 31/80, Slg. 1980, 3775 (3791) Rn. 16 – L'Oréal.

311 EuGH, Urt. v. 25.10.1983 – Rs. 107/82, Slg. 1983, 3151 (3212) Rn. 107 ff. – AEG/Kommission.

312 *Weiß*, in Calliess/Ruffert, EUV/AEUV 5. Aufl. 2016, Art. 101 AEUV Rn. 212.

313 *Mäger/von Schreitter*, Vertikale Wettbewerbsbeschränkungen und das Internet: Schutz des Verbrauchers oder Behinderung effizienter Vertriebsstrukturen?, NZKart 2015, 62 (63).

314 BKartA, Tätigkeitsbericht 2011/2012, BT-Drucks. 17–13675, S. 36.

315 BKartA, Tätigkeitsbericht 2011/2012, BT-Drucks. 17–13675, S. 36.

316 BKartA, Tätigkeitsbericht 2011/2012, BT-Drucks. 17–13675, S. 62; BKartA, Pressemitteilung v. 31.07.2013.

tikstudios etc.[317] Darüber hinaus wurde die Beschränkung des Internetvertriebs als Vertragsklausel ebenfalls auferlegt, wodurch die Durchsetzung vertikaler Preisbindung noch unterstützt wurde.[318]

Außerdem versuchte der Hersteller „Alessi", der hochwertige Design- bzw. Haushaltsprodukte herstellt und vertreibt, nur seine Online-Händler vertraglich zur Befolgung der unverbindlichen Preisempfehlung (UVP) zu verpflichten, während seine Händler im stationären Handel keinen Bindungen unterlagen.[319] Der Hörgeräte-Hersteller „Phonak GmbH"[320] und der Kontaktlinsen-Hersteller „CIBA Vision GmbH"[321] übten Druck mittels der Anhebung der Weiterverkaufspreise auf ihre preisaktiven Internethändler aus. Über die beiden Hersteller wurden aufgrund ihrer kartellrechtswidrigen Preisbindungen jeweils eine Geldbuße vom Bundeskartellamt verhängt.

Die Frage ist, ob die Anwendung solcher Preisbindungen per se eine unzulässige Wettbewerbsbeschränkung darstellt. Nach Art. 4 lit. a Vertikal-GVO ist z.B. eine einseitig vorgegebene UVP grundsätzlich zulässig, sofern die UVP nicht als Druckmittel auf die Wiederverkäufer ausgeübt wird. Die UVP ohne Druckausübung hat wettbewerblich eine ähnliche Auswirkung wie eine Höchstpreisbindung[322] und benötigt ein Nachweis einer wettbewerbsschädlichen Wirkung in jedem Einzelfall.[323] Im Gegensatz wirkt sich die UVP als Druckmittel auf Mindest- bzw. Festverkaufspreise aus, die als spürbare Wettbewerbsbeschränkungen gem. Art. 101 Abs. 1 AEUV kartellrechtswidrig sind und als Kernbeschränkungen gem. Art. 4 lit. a Vertikal-GVO nicht freigestellt werden können. Die Preisbindungen der zweiten Hand im Online-Vertrieb wurden in den bisherigen Fällen angewendet, um auf die Händler Druck mittels Mindest- bzw. Festverkaufspreise auszuüben.[324]

---

317 BKartA, Tätigkeitsbericht 2011/2012, BT-Drucks. 17–13675, S. 62; BKartA, Pressemitteilung v. 31.07.2013.

318 BKartA, Pressemitteilung v. 31.07.2013.

319 BKartA, Tätigkeitsbericht 2011/2012; BT- Drucks. 17–13675, S. 74.

320 BKartA, Pressemitteilung v. 15.10.2009.

321 BKartA, Pressemitteilung v. 25.09.2009; BKartA, Bußgeldbescheid v. 25.09.2009, B 3 – 123/08.

322 *Schuhmacher/Holzweber*, in: Grabitz/Hilf/Nettesheim, Das Recht der Europäischen Union, 68. EL Oktober 2019, Art. 101 AEUV Rn. 889.

323 *Schuhmacher/Holzweber*, in: Grabitz/Hilf/Nettesheim, a. a. O., Art. 101 AEUV Rn. 889.

324 BKartA, Tätigkeitsbericht 2009/2010, S. 104 f.; BKartA, Bußgeldbescheid v. 25.09.2009, B 3 – 123/08.

bb) Doppelpreissysteme

Obwohl ein Doppelpreissystem als eine spezifische indirekte Maßnahme zur Beschränkung des Online-Handels zu absatzkanalbezogenen Beschränkungen gehören kann, werden solche Systeme nach hier vertretener Ansicht als eine atypische preisbezogene Beschränkung kategorisiert, da diese Beschränkung in erster Linie mittels Preisunterschieden auferlegt wird. Dies ist, anders als klassische preisbezogene Beschränkungen, eine bloß gegen den Online-Vertrieb gezielte Preisbeschränkung.[325] Das Doppelpreissystem kann als eine unmittelbare Vereinbarung über die unterschiedlichen Abgabepreise oder als eine mittelbare Vertragsklausel über differente Rabattsätze auferlegt werden.[326] Unterschiedliche Abgabepreise bzw. Rabatte werden je nach Vertriebsformen der Wiederverkäufer – Vertrieb über einen stationären Handel oder über einen Online-Handel – differenziert gegeben.[327] Ein Hersteller im Selektivvertrieb setzt somit unterschiedliche Preise für dasselbe Produkt abhängig davon fest, ob seine ausgewählten Wiederverkäufer das Produkt im lokalen Laden oder über das Internet vertreiben.[328] Die Besonderheiten des Doppelpreissystems werden in Kapitel § 4 ausführlich beschrieben.

b) Absatzkanalbezogene Beschränkungen

aa) Verkaufsverbot über Drittplattformen

Der Handel über Drittplattformen ist u. a. aufgrund hoher Nutzeranzahl ein wirtschaftlich sehr attraktiver Absatzweg für Wiederverkäufer. Trotzdem wollen Hersteller bestimmter Artikel aus unterschiedlichen Gründen

---

325 BKartA, Vertikale Beschränkungen in der Internetökonomie, 10.10.2013, S. 21.

326 *Baron*, in: Loewenheim/Meessen/Riesenkampff/Kersting/Meyer-Lindemann, Kartellrecht 3. Aufl. 2016, Rn. 254.

327 OLG Düsseldorf, Urt. v. 13.11.2013 – VI-U (Kart) 11/13, NZKart 2014, 68 – Dornbracht; BKartA, Entsch. v. 23.12.2013 – B7–11/13 – Bosch Siemens Hausgeräte (BSH); BKartA, Entsch. v. 27.11.2013 – B5–144/13 – GARDENA; BKartA, Entsch. v. 13.12.2011 – B5–100/10 – Dornbracht.

328 Kommission, Leitlinien für vertikale Beschränkung, ABl. 2010 C 130/1, Rn. 52; Kommission, Abschlussbericht über die Sektoruntersuchung zum elektronischen Handel, COM (2017) 229 final, Rn. 34 ff.

den Absatzweg über Drittplattformen verhindern.[329] Daher legen sie ihren Händlern ein Verkaufsverbot über Drittplattformen als Vertragsklausel im Rahmen des Selektivvertriebssystems auf. Während das Totalverbot des Internethandels per se eine Kernbeschränkung darstellt, kann ein Teilverbot des Internetvertriebs ggf. trotz der wettbewerbsbeschränkenden Auswirkung freigestellt werden. D. h., ein Verkaufsverbot über Drittplattformen kann zwar eine wettbewerbsbeschränkende Auswirkung haben, aber dennoch wird dies nicht per se als unzulässig angesehen. Wenn die Maßnahme für die vertriebenen Produkte unerlässlich ist und einheitlich sowie diskriminierungsfrei auf alle Händler angewendet wird, so kann ein solches Verkaufsverbot in Anbetracht des angestrebten Ziels verhältnismäßig sein.[330] Das Nähere wird in Kapitel § 4 weiter diskutiert.

bb) Nutzungsverbot der Preisvergleichs- und Suchmaschinen

Die Auffindbarkeit der Produktangebote ist ein wesentliches Element für jeden Online-Verkäufer, da sich unzählbare Verkäufer im Online-Handel mit den gleichen oder ähnlichen Waren um den Erfolg am Markt tüchtig mitbewerben. Um von Kunden aufgefunden werden zu können, sind Preisvergleichs- und Suchmaschinen prädestinierte Mittel und Wege für Händler, weil sie ohne große Mühe – mit kleinen Investitionskosten – ihre Angebote den Kunden unterbreiten können. Laut der Kommission benutzten mehr als ein Drittel der Online-Händler in der EU solche Maschinen.[331]

Aus Sicht der Verbraucher sind solche Maschinen ebenfalls sehr vorteilhaft, denn sie reduzieren die Suchkosten für den Verbraucher.[332] Darüber hinaus stoßen Nutzer von Suchmaschinen auch auf andere Angebote von Mitbewerbern. Das gibt ihnen die Möglichkeit, schnell und bequem ver-

329 *Lettl*, Art. 101 Abs. 1 AEUV (sowie § 1 GWB) und Verkaufsverbote auf (digitalen) Drittplattformen, WuW 2018, 114.

330 EuGH, Urt. v. 06.12.2017 – Rs. C-230/16, ECLI:EU:C:2017:941 – Coty Germany.

331 Kommission, Staff Working Document – Final report on the E-Commerce Sector Inquiry, SWD (2017) 154 final, Rn. 520.

332 Normalerweise verlangen Betreiber der Preissuchmaschinen Endverbraucher keine Gebühren zum Zugang ihrer Suchmaschinen oder zum Serviceangebot: Kommission, Staff Working Document – Final report on the E-Commerce Sector Inquiry, SWD (2017) 154 final, Rn. 116.

schiedenste Angebote zu vergleichen.[333] Trotz dieser großen Vorzüge wird die Nutzung solcher Maschinen von Markenanbietern verboten.

c) Gebietsbezogene Beschränkungen

Die Beschränkung des grenzüberschreitenden Verkaufs ist laut der Kommission eine häufig den Online-Händler treffende vertikale Beschränkung, obwohl der grenzüberschreitende Online-Handel potenziell zur EU-Binnenmarktintegration beitragen kann.[334] Die Einkäufe von Kunden auf internationaler Ebene können durch die folgenden Maßnahmen (sog. Geoblocking-Maßnahmen) scheitern: Blockierung des Websitezugangs, Weiterleitung der Verbraucher auf die auf andere Mitgliedstaaten abgezielten Websites und Verweigerung der Lieferung an Kunden bzw. der Zahlungsannahmen.[335] Solche Geoblocking-Maßnahmen können mit einem Selektivvertriebssystem kombiniert werden, wobei dies in der Regel als sog. „schwarze Klausel" eine Kernbeschränkung darstellt. Manche Anbieter, die in mehreren EU-Mitgliedstaaten Selektivvertriebssysteme betreiben, haben ihre zugelassenen Einzelhändler beim grenzüberschreitenden Verkauf eingeschränkt, damit die Händler nur an Endkunden innerhalb ihres Gebietes verkaufen konnten.[336]

Gegen einen Anbieter, der seine ins Selektivvertriebsnetz zugelassenen Händler eine geografische Beschränkung auferlegte, verhängte die EU-Kommission eine Geldbuße i. H. v. ca. 40 Millionen Euro. In dem Fall betrieb die Bekleidungsfirma „Guess" ein selektives Vertriebssystem in insgesamt 27 EU-Mitgliedstaaten.[337] Guess verlangte von ihren autorisierten

---

333 BKartA, Entsch. v. 26.08.2015 – B2-98/11, Rn. 17 – ASICS; Kommission, Staff Working Document – Final report on the E-Commerce Sector Inquiry, SWD (2017) 154 final, Rn. 116.

334 Laut der Kommission wurde 11 % der befragten Einzelhändler aufgrund des vertikalen Vertrages beim grenzüberschreitenden Verkauf beschränkt: Kommission, Abschlussbericht über die Sektoruntersuchung zum elektronischen Handel, COM (2017) 229 final, Rn. 28, 44.

335 Kommission, Abschlussbericht über die Sektoruntersuchung zum elektronischen Handel, COM (2017) 229 final, Rn. 45 ff.

336 Kommission, Abschlussbericht über die Sektoruntersuchung zum elektronischen Handel, COM (2017) 229 final, Rn. 53.

337 Kommission, Entsch. v. 17.12.2018 – COMP/AT.40428, Rn. 12, 64 f. – Guess.

Händlern u. a.[338] eine geografische Beschränkung betreffend die Endverbraucher, damit die Händler die Vertragserzeugnisse nur in ihrem eigenen Gebiet vertreiben durften.[339] Darüber hinaus durften die autorisierten Händler Promotion-Angebote bzw. Werbemaßnahmen nur in ihrem Gebiet durchführen. Dabei handelte es sich nicht nur für Händler, sondern auch für Kunden um eine belästigende Beschränkung, da die Verkaufspreise der Produkte je nach Gebiet variierten, sodass Endverbraucher in manchen Mitgliedstaaten für das gleiche Produkt mehr bezahlen mussten als andere Endverbraucher.[340] Aufgrund des grenzüberschreitenden Verkaufsverbots war es allerdings nicht möglich, dass die Endverbraucher die Produkte von Guess auf der Website eines Händlers, welcher die Produkte mit günstigerem Preis in einem anderen Mitgliedstaaten vertreibt, zu bestellen.[341] Die Kommission gelangte in ihrer Entscheidung zu dem Schluss, dass die Beschränkung des grenzüberschreitenden Verkaufs zwecks Aufteilung des Marktes auferlegt wurde und gem. Art. 4 lit. c Vertikal-GVO nicht den Rechtsvorteil der Gruppenfreistellung hat.[342] Hierbei ist fraglich, weshalb die Kommission die geografische Beschränkung nicht gem. Art. 4 lit. b

338 Guess hat außer der geografischen Beschränkung noch die folgenden Wettbewerbsbeschränkungen seinen autorisierten Händlern auferlegt: 1) Das Nutzungsverbot des Guess-Markennamens bzw. des Warenzeichens für die Werbung auf Online-Suchmaschine (inkl. Google AdWords), 2) das Verbot des Internetverkaufs ohne vorherige ausdrückliche Genehmigung von Guess, 3) das Verbot des Querlieferung und -vertrieb zwischen ins Selektivvertriebsnetz zugelassenen Groß- und Einzelhändler und 4) keine Freiheit selbständiger Festsetzung der Verkaufspreise für Händler: Kommission, Entsch. v. 17.12.2018 – COMP/AT.40428 – Guess; Aufgrund seiner unterschiedlichen Verstöße gegen Art. 4 Vertikal-GVO (Verstoß gegen Art. 4 lit. a, b, c und d Vertikal-GVO) sind die Maßnahmen des Guess auch als die ABC verbotener Vertriebsvorgaben genannt: *Rohrßen*, Internetvertrieb 2019/20 – Vertriebsvorgaben, (Best-)Preise & Platform-to-Business-Verordnung, ZVertriebsR 2019, 341. Allerdings sah die Kommission nicht an, dass das Verbot des grenzüberschreitenden Verkaufs unter Art. 4 lit. b Vertikal-GVO fällt (sondern unter Art. 4 lit. c Vertikal-GVO).

339 Guess Europe setzt einen Großhändler für ein bestimmtes Gebiet fest. Dieses kann ein Mitgliedstaat oder manchmal 2 bis 3 Nachbarmitgliedstaaten sein: Kommission, Entsch. v. 17.12.2018 – COMP/AT.40428, Rn. 79 ff. – Guess.

340 Guess führte unterschiedliche Preispolitik je nach Mitgliedstaaten. Vor allem sind die Preise in osteuropäischen Ländern höher als in westeuropäischen Ländern. Die Differenz des durchschnittlichen Preises liegt bei 5–10 %: Kommission, Entsch. v. 17.12.2018 – COMP/AT.40428, Rn. 88 – Guess.

341 Kommission, Entsch. v. 17.12.2018 – COMP/AT.40428, Rn. 79 ff. – Guess.

342 *„the object of the online sales restrictions was to partition the market ... Pursuant to point (c) of Article 4 of the VBER, the restrictions cannot therefore benefit from the block exemption... the same reasoning applies to the restrictions on cross-border sales*

Vertikal-GVO, sondern gem. Art. 4 lit. c Vertikal-GVO auslegte, obwohl Art. 4 lit. c Vertikal-GVO eigentlich von dem aktiven und passiven Verkauf an Endverbraucher spricht. Darüber hinaus ist auch interessant, wie die Beziehung zwischen der Geoblocking-Verordnung und den kartellrechtlichen Vorgaben von Art. 101 Abs. 1 AEUV bzw. Art. 4 lit. b Vertikal-GVO aussieht. Die oben genannten Punkte werden in Kapitel § 4 ausführlich geklärt.

III. Beschränkungen des Online-Handels außerhalb selektiver Vertriebssysteme

Vertikale Vereinbarungen, die innerhalb selektiver Vertriebssysteme abgeschlossen werden, gelten trotz der wettbewerbsbeschränkenden Auswirkungen nicht per se als kartellrechtswidrig, da hierbei der Immanenzgedanke angewendet werden kann. Außerhalb selektiver Vertriebssysteme werden hingegen solche Vereinbarungen kritischer beurteilt. Dieser Unterschied besteht sowohl im stationären Handel als auch im Online-Handel. Die pauschale Untersagung des Internetvertriebs, welche auch innerhalb selektiver Vertriebssysteme kartellrechtlich unzulässig ist,[343] fällt unter das Kartellverbot des Art. 101 Abs. 1 AEUV bzw. § 1 GWB. Darüber hinaus ist auch die Auferlegung mehrerer unterschiedlicher Teilverbote des Internetvertriebs mit Folge eines *de facto* pauschalen Internetvertriebsverbots kartellrechtswidrig.[344]

Ob Vertikalvereinbarungen über das Teilverbot des Internetvertriebs wie Drittplattformverbote außerhalb selektiver Vertriebssysteme noch kritischer betrachtet werden sollen, ist umstritten.[345] Nach u. a. der Auffassung von *Pautke/Schultze* sind Vereinbarungen außerhalb selektiver Vertriebssysteme über Drittplattformverbote für Luxusprodukte wie im Coty-Urteil des EuGH kartellrechtlich zulässig, solange die Internetkunden-Gruppe

to end users.": Kommission, Entsch. v. 17.12.2018 – COMP/AT.40428, Rn. 157 ff. – Guess.

343 EuGH, Urt. v. 13.10.2011 – Rs. C-439/09, Slg. 2011, I-9419 – Pierre Fabre Dermo-Cosmétique.

344 *Dreyer/Ahlenstiel*, Plattformverbote außerhalb selektiver Vertriebssysteme, NZKart 2019, 130 (135).

345 Eine Anforderung von Drittplattformverbote außerhalb selektiver Vertriebssysteme ist kritischer als innerhalb dieses Systems und stellt bezweckte Wettbewerbsbeschränkung dar: *Ellger*, in: Immenga/Mestmäcker, Wettbewerbsrecht Bd. 1 EU/Teil 1, 6. Aufl. 2019, Art. 101 Abs. 3 AEUV, Rn. 595 f.; dagegen: *Dreyer/Ahlenstiel*, NZKart 2019, 130 (135).

durch solche Vereinbarungen nicht beschränkt wird.[346] Auf solche Vereinbarungen außerhalb selektiver Vertriebssysteme kann Art. 4 lit. b Vertikal-GVO angewendet werden, da Art. 4 lit. b Vertikal-GVO anders als Art. 4 lit. c Vertikal-GVO in allen Formen von vertikalen Vereinbarungen Anwendung findet.[347] Demnach können Vereinbarungen außerhalb selektiver Vertriebssysteme, die keine Kernbeschränkung nach Art. 4 lit. b Vertikal-GVO darstellen, nach der Vertikal-GVO freigestellt werden. Ist eine Gruppenfreistellungsmöglichkeit ausgeschlossen, kann eine Einzelfreistellungsmöglichkeit nach Art. 101 Abs. 3 AEUV bzw. § 2 GWB geprüft werden.

Das generelle Verkaufsverbot über (nach außen hin erkennbare) Drittplattformen, welches als ein zulässiges Selektionskriterium im Coty-Urteil mit Art. 101 Abs. 1 AEUV vereinbar beurteilt wurde, beinhaltet eine Kernbeschränkung i. S. des Art. 4 lit. b Vertikal-GVO und ist nicht freistellbar. Deswegen stellen Vereinbarungen außerhalb selektiver Vertriebssysteme über Drittplattformverbote auch eine bezweckte Wettbewerbsbeschränkung dar und sind nach Art. 4 lit. b Vertikal-GVO als Kernbeschränkung einzustufen. Diese Auffassung geht zum einen davon aus, dass Kunden von Plattformen als eigene Kundengruppe qualifiziert werden können. Zum anderen sind Drittplattformen ein einflussreicher Absatzweg, weshalb der Ausschluss von Drittplattformen für alle Beteiligten (Käufer und Verkäufer) wirtschaftlich nachteilhaft sein kann. Aus diesen Gründen ist die pauschale Untersagung des Verkaufs über Drittplattformen, die inner- und außerhalb von selektiven Vertriebssystemen auferlegt werden, als eine Beschränkung der Plattformkunden i. S. v. Art. 4 lit. b Vertikal-GVO zu bewerten.

IV. Fazit

Der EuGH stellte in seiner Rechtsprechung klar, dass die generelle Untersagung des Online-Handels – keine Ausnahme für den Selektivvertrieb – im digitalen Zeitalter inakzeptabel ist und das Kundenwohl bzw. der Schutz des Prestigecharakters nicht als legitimes Ziel gelten.[348] Seitdem liegt der

346 *Pautke/Schultze*, Wettbewerbsbeschränkungen im Kontext digitaler Plattformen, WuW 2019, 2 (9); s. auch *Dreyer/Ahlenstiel*, NZKart 2019, 130.

347 Kommission, Competition policy brief, EU competition rules and marketplace bans: Where do we stand after the Coty judgement?, April 2018, S. 4.

348 EuGH, Urt. v. 13.10.2011 – Rs. C-439/09, Slg. 2011, I-9419 – Pierre Fabre Dermo-Cosmétique, einschränkend EuGH, Urt. v. 06.12.2017 – Rs. C-230/16, ECLI:EU:C:2017:941 Rn. 35, 36 – Coty Germany.

Schwerpunkt der Rechtsfrage hinsichtlich der Selektivvertriebssysteme im Online-Handel nicht darauf, ob das Totalverbot des Internetverkaufs aus irgendeinem, für ein Luxusimage relevanten Grund, gerechtfertigt werden kann. Der Schwerpunkt liegt eher darauf, in welchem Umfang Beschränkungen hinsichtlich des Internethandels auferlegt werden können und welche Gründe bei wettbewerbsbeschränkenden Maßnahmen von Markenherstellern als Rechtfertigungsgründe herangezogen werden können.

Die von Markenherstellern beliebten Beschränkungen sind laut der Kommission die oben genannten preis-, absatzkanal- und gebietsbezogenen Beschränkungen.[349] Solche Beschränkungen verfolgen u. a. den Zweck der Verhinderung bzw. Verminderung des Online-Handels im Selektivvertrieb. Zwar steht in den Vertikal-Leitlinien der Kommission, dass ein Hersteller im Selektivvertrieb reine Online-Händler verweigern kann,[350] aber das heißt nicht, dass die Rechte der Händler beim Internetvertrieb unbegrenzt eingegriffen werden dürfen. Diese Leitlinien sind zu streng hinsichtlich des Internethandels und passen nicht zum jetzigen Internetzeitalter. Die Leitlinien geben darüber hinaus dem Hersteller bloß den Eindruck, dass er einen großen Spielraum hätte, was den Online-Handel angeht, sodass bspw. das Totalverbot als Selektionskriterium vom Hersteller auferlegt werden konnte, was heutzutage nicht verständlich ist, da der Online-Handel gerade als ein sehr wichtiger Absatzkanal gilt. Daher sollten die Maßnahmen, welche die Möglichkeit des Internethandels für den Händler spürbar beschränken, ausdrücklich geklärt werden, damit der Hersteller im Rahmen des selektiven Vertriebssystems keine übermäßigen Beschränkungen bzgl. des Internetvertriebs als Selektionskriterien auferlegen kann.

Preisbezogene Beschränkungen – vor allem Doppelpreissysteme – können nur weiterhin kartellrechtlich unbedenklich angewendet und nicht per se als unzulässig angesehen werden, sofern die Anwendung solcher Beschränkungen zum Ausgleich unfairer Bedingungsunterschiede zwischen dem stationären und dem Online-Handel oder zur Vorbeugung von Trittbrettfahrern notwendig ist. Sie dürfen allerdings nicht zwecks der Unterdrückung des Internethandels missbraucht werden.

Die absatzkanalbezogenen Beschränkungen sollten auch vorsichtig zur Anwendung kommen, da sich die Teilbeschränkungen des Online-Handels ggf. auf die faktische Abschottung des Zugangs zum Online-Handel sowohl

349 Vgl. Kommission, Abschlussbericht über die Sektoruntersuchung zum elektronischen Handel, COM (2017) 229 final, Rn. 15, 28 ff.

350 Kommission, Leitlinien für vertikale Beschränkung, ABl. 2010 C 130/1, Rn. 54.

seitens der Händler als auch der Endkunden auswirken können. Bspw. ist die generelle Untersagung des Verkaufs über (nach außen hin erkennbare) Drittplattformen, denen trotz ihrer wettbewerbsbeschränkenden Auswirkungen die Vereinbarkeit mit Art. 101 Abs. 1 AEUV attestiert wurde,[351] kartellrechtlich sehr bedenklich und die Verhältnismäßigkeit der Anwendung solcher Beschränkung sollte je nach Marktverhältnis der Mitgliedstaaten bzw. dem Nutzeranteil der Plattformen überprüft werden.

Amazon ist zum Beispiel eine der bekanntesten und umsatzstärksten Drittplattformen der Welt.[352] In Deutschland benutzen 82 % der Online-Nutzer Amazon.de, um ihre erwünschten Waren zu kaufen.[353] Solche Plattformen spielen allerdings nicht in allen EU-Ländern eine bedeutsame Rolle.[354] Im Coty-Urteil äußerte der EuGH durch die Zitierung der Statistik vom Ergebnis der Sektoruntersuchung zum elektronischen Handel der Kommission, dass eigene Websites der Einzelhändler in der EU der wichtigste Vertriebskanal seien, da über 90 % der befragten Einzelhändler Produkte über ihre eigenen Online-Shops vertrieben.[355] Daraus ergibt sich, dass das Verkaufsverbot über (nach außen hin erkennbare) Drittplattformen in manchen EU-Mitgliedstaaten, wo solche Plattformen keine große Rolle spielen, als kartellrechtlich zulässig angesehen werden kann. Aber in Deutschland oder in Großbritannien gelten Plattformen (Marktplätze) als wichtiger Vertriebskanal.[356] Vor allem ist Amazon, das im Coty-Fall als luxusimageschädlich beurteilt wurde, die meistbenutze bzw. umsatzstärkste Plattform in den beiden Ländern. Daher könnte das Drittplattformverbot zumindest in solchen Ländern eine Kernbeschränkung gem. Art. 4 lit. c

351 EuGH, Urt. v. 06.12.2017 – Rs. C-230/16, ECLI:EU:C:2017:941 – Coty Germany.

352 Amazon.com war 2018 der umsatzstärkste Marktplatz der Welt. Außerdem gehörten Amazon.de, Amazon.co.uk und Amazon.co.jp zu den zehn Umsatzstärksten in der Weltrangliste: eCommerceDB.com, Umsatzstärkste Online-Shops weltweit 2018, 10.03.2020.

353 Statista Global Consumer Survey, eCommerceDB.com, eCommerce: amazon.de (Deutschland) customers, Brand Report 2019, S. 7.

354 Laut der Kommission führten nur 4 % der Einzelhändler in Belgien und 13 % der Einzelhändler in Österreich bzw. in Italien ihren Vertrieb über Plattformen (Marktplätze): Kommission, Abschlussbericht über die Sektoruntersuchung zum elektronischen Handel, COM (2017) 229 final, Rn. 39.

355 EuGH, Urt. v. 06.12.2017 – Rs. C-230/16, ECLI:EU:C:2017:941 Rn. 54 – Coty Germany.

356 Jeweils 62 % und 43 % der befragten Einzelhändler nutzen Marktplätze als Vertriebskanal in Deutschland und im Vereinigten Königsreich: Kommission, Abschlussbericht über die Sektoruntersuchung zum elektronischen Handel, COM (2017) 229 final, Rn. 39.

Vertikal-GVO darstellen, weil dieses Verbot aufgrund des hohen Nutzeranteils der Plattform den passiven Verkauf beschränken kann.

Es gibt auch kritische gegensätzliche Meinungen zur Unterstützung der Funktionalität von Drittplattformen wie Amazon. Laut dem OLG Frankfurt können hochwertige Markenprodukte aufgrund der dort einheitlichen Darstellung aller Waren bzw. des überlagerten Amazon-Logo bei Amazon nicht differenziert von anderen (Nichtmarken-)Produkten ausgestellt werden, sodass die Darstellung des Markenimages auf der Plattform nicht möglich ist.[357]

Trotz der nachteilhaften Eigenschaften solcher Plattformen sollte allerdings die Vertriebsmöglichkeit der Händler über (nach außen hin erkennbare) Drittplattformen mittels der Auferlegung von milderen Bedingungen ermöglicht werden. Markenhersteller können den Vertrieb über solche Plattformen erst dann erlauben, wenn ihre Händler die Vertragserzeugnisse unter einer Premium-Kategorie auf der Plattform vertreiben. Bspw. werden viele bekannte Markenprodukte wie Burberry, welche eine zu Coty gehörende Marke ist,[358] bereits unter der Premium-Kategorie bei Amazon vertrieben. Als weiteres milderes Mittel könnte eine Teilverkaufsstrategie von Markenherstellern eingeführt werden. Bspw. haben manche Marken unterschiedliche Labels, welche abhängig von der Hochwertigkeit, der Exklusivität und dem hohen Preis voneinander klassifiziert sind. In dem Fall könnten Markenhersteller ihre autorisierten Händler nur die Produkte des populären bzw. unterkategorisierten Labels über Drittplattformen vertreiben lassen. Falls einige Markenhersteller kein solches Labelsystem haben, können sie die Produkte, die am häufigsten verkauft werden und populär sind, über die Drittplattformen anbieten, weil solche Produkte relativ weniger exklusiv sind.

Neben den Drittplattformen spielen Preisvergleichs- und Suchmaschinen eine sehr wichtige Rolle. Solche Maschinen können als ein Basisinstrument des Internetvertriebs angesehen werden. Um eine erwünschte Ware im Internet aufzufinden, geben Endkunden zunächst den allgemeinen Namen der Ware je nach Funktionen wie Laufschuhe, Wanderschuhe oder Turnschuhe in der Suchmaschine ein. In dem Fall können die Kunden, ohne den exakten Produkt- oder Markennamen einzugeben, die Informa-

357 OLG Frankfurt, Urt. v. 22.12.2015 – 11 U 84/14 (Kart), NZKart 2016, 84 – Funktionsrucksäcke

358 Abrufbar unter: https://www.coty.com/our-story/luxury-brands (Stand v. 21.02.2022).

tionen relevanter Produkte wie Bilder, Preise und Funktionen von unterschiedlichen Mitbewerbern als Suchergebnisse bekommen. Aber wenn die Händler bspw. solche Maschinen nicht benutzen dürfen und die Vertragserzeugnisse nur über ihre eigenen Online-Shops vertreiben dürfen, wird eine spürbare Beschränkung sowohl für Händler als auch für Kunden herbeigeführt. Die Endkunden müssen in dem Fall genau wissen, wie das erwünschte Produkt heißt und von welchem Markenhersteller es produziert wird, um den genauen Händlershop zu finden. Darüber hinaus können sie nicht leicht die Preise oder Funktionen des erwünschten Produkts mit anderen im Wettbewerb stehenden Produkten vergleichen. Daraus ergeben sich hohe Suchkosten für Kunden. Überdies verlieren Händler die Chance, dass ihre Angebote aufgefunden werden. Auf die Möglichkeit des Imageschadens durch die Preisvergleichs- und Suchmaschinen antwortete das Bundeskartellamt im ASICS-Fall, dass die Erscheinung der Markenprodukte mittels solcher Suchmaschinen nicht per se zu einer imageschädlichen Verschleuderung („Verramschung") führt.[359] Es wäre möglich, dass der EuGH aus solchen Gedanken in seinem Coty-Urteil die generelle Untersagung des Verkaufs über (nach außen hin erkennbare) Drittplattformen als gerechtfertigt ansah,[360] da die Händler das Basisinstrument wie Suchmaschinen noch benutzen durften. Die Nutzung der Preisvergleichs- und Suchmaschinen sollte aus oben genannten Gründen weiterhin unterstützt und nicht untersagt werden. Wenn eine Suchmaschine vor allem einen bemerkenswert großen Nutzeranteil wie Google[361] hat, sollten die Kunden solche Maschinen weiter benutzen dürfen. Falls dies untersagt wird, kann eine Beschränkung des passiven Verkaufs herbeigeführt werden.

Darüber hinaus kann der Missbrauch der marktbeherrschenden Stellung anschließend in Frage kommen, wenn die Nutzung der großen Drittplattformen, Preisvergleichs- und Suchmaschinen wie Amazon oder Google weiterhin unterstützt werden sollen. Eine marktbeherrschende Stellung verursacht allerdings nicht automatisch einen Missbrauch im Wettbewerb. Falls ein Missbrauch der marktbeherrschenden Stellung bewirkt wird, kann dies nach geltenden kartellrechtlichen Vorgaben streng überprüft werden.

---

359 BKartA, Entsch. v. 26.08.2015 – B2–98/11, Rn. 454 – ASICS.

360 EuGH, Urt. v. 06.12.2017 – Rs. C-230/16, ECLI:EU:C:2017:941 – Coty Germany.

361 Google hat als Suchmaschine weltweit einen mit Abstand absolut größten Nutzeranteil. In Deutschland ist Google der Marktführer bei der Desktop- und mobilen Suche: Statista, Marktanteil der meistgenutzten Suchmaschinen mobil und stationär weltweit 2020.

Außerdem kann die Auferlegung der geografischen Beschränkungen kartellrechtlich unbedenklich sein. Das ist der Fall, wenn ein Hersteller einen Selektivvertriebsvertrag mit all seinen autorisierten Händlern unter vergleichbaren Vertragsbedingungen schließt. Regionale Unterschiede sind zulässig. Allerdings muss die Auswahl- sowie Kaufmöglichkeit der Kunden trotz geografischer Beschränkung gewährleistet sein. Darüber hinaus sollten solche Beschränkungen innerhalb des erforderlichen Maßes auferlegt werden, damit die Integration des EU-Binnenmarktes nicht beschädigt wird.

Die Freiheit der Geschäftstätigkeit der Händler im Online-Handel sollte trotz eines selektiven Vertriebssystems im Internetzeitalter umfangreich gewährleistet werden. Die jetzigen Vorschriften über den Online-Handel im Rahmen des Selektivvertriebs sind zu restriktiv, sodass effektiver Wettbewerb im Internet beeinträchtigt wird. Im nächsten Kapitel wird die kartellrechtliche Zulässigkeit des Selektivvertriebs behandelt. Hierbei werden selektive Vertriebssysteme nach geltenden Rechtsnormen beurteilt und ihre Freistellungsmöglichkeiten werden analysiert.

§ 4. Kartellrechtliche Zulässigkeit selektiver Vertriebssysteme

A. Wettbewerbsbeschränkungen im Selektivvertrieb

Im Rahmen der Marktwirtschaft sind das Privateigentum und die Vertragsfreiheit rechtlich gewährleistet.[362] Diese Privatautonomie garantiert den Unternehmern die unternehmerische Freiheit, damit sie ihre Geschäfte mit verschiedenen Vertriebsformen und -bestimmungen betreiben können. Allerdings wird die unternehmerische Freiheit nur gewährleistet, sofern die angewandten Vertriebsformen und -bestimmungen von Unternehmern keine wettbewerbsbeschränkende Auswirkung haben.

In selektiven Vertriebssystemen sind gewisse Bestimmungen systemimmanent. Daher stellen diese Vertriebssysteme nicht automatisch ein Kartellverbot i. S. des Art. 101 Abs. 1 bzw. § 1 GWB dar. Indes können selektive Auswahlkriterien ggf. die gewerbliche Freiheit der in das Vertriebsnetz zugelassenen Händler verletzen und spürbar wettbewerbsbeschränkend sein.

I. Verbotsnormen des Art. 101 Abs. 1 AEUV bzw. § 1 GWB

1. Allgemeines über die Kartellverbotstatbestände des Art. 101 Abs. 1 AEUV bzw. § 1 GWB

Seit der 7. GWB-Novelle erfasst § 1 GWB nicht nur horizontale, sondern auch vertikale Wettbewerbsbeschränkungen. Darüber hinaus sind die Tatbestandsmerkmale des § 1 GWB im Kern inhaltlich gleich mit dem Kartellverbot des Art. 101 Abs. 1 AEUV.[363] Im Hintergrund der Harmonisierung des deutschen Kartellrechts mit dem europäischen Kartellrecht steht Art. 3 VO Nr. 1/2003 des Rates, wobei der Vorrang des europäischen Kartellrechts vor dem nationalen Kartellrecht des einzelnen Mitgliedstaates festgestellt ist. Nach § 1 GWB bzw. Art. 101 Abs. 1 AEUV sind Vereinbarungen zwischen Unternehmen, Beschlüsse von Unternehmensvereinigungen und aufeinander abgestimmte Verhaltensweisen, die eine Verhinderung, Einschränkung

---

362 *Rittner*, Vertragsfreiheit und Wettbewerbspolitik, in: FS Sölter, 1982, S. 27, 30 ff.
363 *Zimmer*, in: Immenga/Mestmäcker, Wettbewerbsrecht 6. Aufl. 2020, § 1 GWB Rn. 2.

oder Verfälschung des Wettbewerbs bezwecken oder bewirken, verboten. Die Grundtatbestände des Kartellverbots gem. § 1 GWB bzw. Art. 101 Abs. 1 AEUV enthalten eine umfassende Generalklausel.[364]

Allerdings ist die Beeinträchtigung des zwischenstaatlichen Handels (die sog. Zwischenstaatlichkeitsklausel) lediglich in Art. 101 Abs. 1 AEUV vorausgesetzt. Überdies treten hierbei noch fünf ausführliche Regelbeispiele, welche in § 1 GWB nicht beschrieben sind, hinzu. Über die Regelbeispiele besteht Kritik dahingehend, dass diese Beispiele quasi eine Aufzählung der typischen Fälle sind, sodass sie in der bisherigen Rechtsprechung keine wichtige Rolle gespielt haben.[365]

2. Begriffsbestimmung nach Art. 101 Abs. 1 AEUV bzw. § 1 GWB

a) Unternehmen und Unternehmensvereinigung

Eine Legaldefinition des Unternehmens und der Unternehmensvereinigung fehlt sowohl im GWB als auch im AEUV. Laut dem EuGH ist allerdings ein Unternehmen im Rahmen des Wettbewerbsrechts jede eine wirtschaftliche Tätigkeit ausübende Einheit unabhängig von ihrer Rechtsform und der Art ihrer Finanzierung.[366] Der Begriff des Unternehmens i. S. v. § 1 GWB und Art. 101 Abs. 1 AEUV ist nach der Angleichung beider Rechtsnormen identisch.[367] Nach beiden Normen sind Unternehmen bzw. Unternehmensvereinigungen Normadressaten[368] und Handlungssubjekte. Aus dem Anwendungsbereich des § 1 GWB bzw. Art. 101 Abs. 1 AEUV sind private Verbraucher, abhängige Arbeitnehmer und hoheitliches Handeln ausgenommen.[369] Nach h. M. ist ein funktionaler Unternehmensbegriff maßgeblich, wobei der Begriff des Unternehmens durch gewisse Handlungen („wirtschaftliche" bzw. „geschäftliche" Tätigkeiten) begründet wird.[370] Ein institutioneller Unternehmensbegriff steht dem funktionalen Begriff gegen-

---

364 *Dreher/Kulka*, Wettbewerbs- und Kartellrecht, 10. Aufl. 2018, Rn. 840.

365 *Dreher/Kulka*, a. a. O., Rn. 825.

366 EuGH, Urt. v. 23.04.1991 – Rs. C-41/90, Slg. 1991, I-1979 (I-2016) Rn. 21 – Höfner und Elser.

367 *Bechtold/Bosch*, GWB, 9. Aufl. 2018, § 1 GWB Rn. 8.

368 Vgl. *Zimmer*, in: Immenga/Mestmäcker, a. a. O., § 1 GWB Rn. 18.

369 *Dreher/Kulka*, a. a. O., Rn. 693; *Kling/Thomas*, a. a. O., § 5 Rn. 7; *Zimmer*, in: Immenga/Mestmäcker, a. a. O., § 1 GWB Rn. 19.

370 *Dreher/Kulka*, a. a. O., Rn. 694; *Zimmer*, in: Immenga/Mestmäcker, a. a. O., § 1 GWB Rn. 19; *Wiedemann*, Handbuch des Kartellrechts, 4. Aufl. 2020, § 4 Rn. 9.

über.[371] Unter diesem Begriff verfolgen Unternehmen, die sich als eine einheitliche, selbständigen Rechtssubjekten zugeordnete Zusammenfassung der personellen, materiellen und immateriellen Faktoren darstellen, auf Dauer einen bestimmten wirtschaftlichen Zweck.[372]

Wie der Unternehmensbegriff ist ebenso der Begriff der Unternehmensvereinigung weit auszulegen.[373] Unternehmensvereinigungen sind sämtliche Zusammenschlüsse von mehreren Unternehmen, die unabhängig von der Rechtsform und der Art der Gründung den Zweck zur Wahrnehmung wirtschaftlicher Interessen ihrer Mitglieder verfolgen.[374] Nicht nur privatrechtliche Unternehmensverbände, sondern auch öffentlich-rechtliche Unternehmensverbände – Handelskammern, Handwerkskammern etc. – gehören zu den Unternehmensvereinigungen.[375] Unternehmensvereinigungen können, ohne selbst auf den Markt aufzutreten, das Marktverhalten des Mitgliedsunternehmen steuern und den Wettbewerbszustand am Markt kontrollieren.[376] Die Unternehmensvereinigungen, die nicht wirtschaftlich tätig sind, können daher auch Normadressaten des § 1 GWB bzw. Art. 101 Abs. 1 AEUV sein, sofern die Mitgliedsunternehmen durch die Ausübung geschäftlicher und wirtschaftlicher Tätigkeiten die Unternehmensqualität erfüllen.[377] Aus diesen Gründen können Handlungen solcher Unternehmensvereinigungen mit einer wettbewerbsschädlichen Auswirkung unter das Kartellverbot fallen. Dies gilt auch für eine Unternehmensvereinigung der Unternehmensvereinigungen.[378]

---

371 *Dreher/Kulka*, a. a. O., Rn. 694; *Zimmer*, in: Immenga/Mestmäcker, Wettbewerbsrecht 6. Aufl. 2019, Art. 101 Abs. 1 AEUV Rn. 9; *Säcker/Steffens*, in: Münchner Kommentar zum Wettbewerbsrecht, 3. Aufl. 2020, Rn. 5.

372 EuGH, Urt. v. 13.07.1962 – verb. Rs. 17 und 20/61, Slg. 1962, 655 (687) – Klöckner-Werke.

373 *Kling/Thomas*, a. a. O., § 5 Rn. 42 ff.; *Dreher/Kulka*, a. a. O., Rn. 736; *Emmerich*, in: Immenga/Mestmäcker, 5. Aufl. 2012, Art. 101 AEUV Rn. 38.

374 *Kling/Thomas*, a. a. O., § 5 Rn. 42 ff.; *Dreher/Kulka*, a. a. O., Rn. 736; *Emmerich*, in: Immenga/Mestmäcker, a. a. O., Rn. 38.

375 *Dreher/Kulka*, a. a. O., Rn. 737.

376 *Säcker/Steffens*, in: Münchner Kommentar zum Wettbewerbsrecht 3. Aufl. 2020, Rn. 61; Vgl. EuGH, Urt. v. 29.10.1980, Rs. 209 bis 215 und 218/78, Slg. 1980, 3125 (3250), Rn. 88 – Van Landewyck/Kommission.

377 *Kling/Thomas*, a. a. O., § 5 Rn. 45; *Roth/Ackermann*, in: FK-KartR, Art. 81 Abs. 1 EG Grundfragen Rn. 133.

378 EuG, Urt. v. 26.01.2005 – Rs. T-193/02, Slg. 2005, II-209 (II-239) Rn. 72 – Piau/Kommission.

b) Vereinbarungen, Beschlüsse und aufeinander abgestimmte Verhaltensweisen

Das Kartellverbot des § 1 GWB bzw. Art. 101 Abs. 1 AEUV erfasst unternehmerische Abstimmungen durch Vereinbarungen, Beschlüsse und abgestimmte Verhaltensweisen. Solche Abstimmungen können zwischen Unternehmen auf gleichen Handelsstufen - horizontale Verhaltenskoordination - und auch auf unterschiedlichen Handelsstufen - vertikale Verhaltenskoordination - abgeschlossen werden.[379] Laut der bisherigen Rechtsprechung des EuGH liegen solche Vereinbarungen vor, wenn die betreffenden Parteien willentlich darüber übereinkommen, sich am Markt in einer gewissen Weise zu verhalten.[380] Die Willensübereinkunft kann schriftlich oder mündlich, konkludent oder ausdrücklich erfolgen.[381] Außerdem erfüllen tatsächliche Vereinbarungen (sog. Gentlemen's Agreements), die keine direkte Rechtsverbindlichkeit, sondern *ipso facto* eine Bindungswirkung haben,[382] die Tatbestandsmerkmale der Vereinbarungen i. S. v. § 1 GWB bzw. Art. 101 Abs. 1 AEUV.[383]

---

379 *„Art. 85 EWGV gilt allgemein für alle den Wettbewerb im Gemeinsamen Markt verfälschenden Vereinbarungen und unterscheidet zwischen diesen Vereinbarungen nicht danach, ob sie von Unternehmern abgeschlossen sind, die auf derselben Wirtschaftsstufe miteinander im Wettbewerb stehen, oder ob ihnen nicht miteinander konkurrierende Unternehmer verschiedener Stufen angehören.*“: EuGH, Urt. v. 13.07.1966 – verb. Rs. 56 und 58/64, Slg. 1966, 322 (386 ff.) – Grundig und Consten/Kommission.

380 EuG, Urt. v. 10.03.1992 – Rs. T-15/89, Slg. 1992, II-1275 (II-1377 f.) Rn. 301 – Chemie Linz/Kommission; EuGH, Urt. v. 15.07.1970 – Rs. 41/69, Slg. 1970, 661 (696) Rn. 110 ff. – ACF Chemiefarma/Kommission; EuGH, Urt. v. 29.10.1980 – Rs. 209 bis 215 und 218/78, Slg. 1980, 3125 (3250) Rn. 86 – Van Landewyck/Kommission; EuG, Urt. 06.04.1995 – Rs. T-141/89, Slg. 1995, II-791 (II-830) Rn. 95 – Tréfileurope/Kommission.

381 *Roth/Ackermann*, in: FK-KartR, Art. 81 Abs. 1 EG Grundfragen Rn. 166; *Stockenhuber*, in: Grabitz/Hilf/Nettesheim, Das Recht der Europäischen Union, 69 EL. Februar 2020, Art. 101 Abs. 1 AEUV Rn. 95.

382 Unter gentlemen's agreements fallen alle Formen der nichtrechtsgeschäftlichen Verhaltenskoordination, wobei Sanktionen mit wirtschaftlichem bzw. moralischem Druck bei der Nichtbefolgung der Vereinbarungen gegeben werden und daraus ergeben sich tatsächliche Bindungswirkungen: *Roth/Ackermann*, in: FK-KartR, Art. 81 Abs. 1 EG Grundfragen Rn. 167.

383 EuGH, Urt. v. 15.07.1970 – Rs-41/69, Slg. 1970, 661 (696) Rn. 110 ff. – ACF Chemiefarma/Kommission; EuG, Urt. 06.04.1995 – Rs. T-141/89, Slg. 1995, II-791 (II-830) Rn. 95 – Tréfileurope/Kommission.

Beschlüsse von Unternehmensvereinigungen werden als verbindliche Entscheidungen für Mitgliedsunternehmen verstanden.[384] Geschäftsordnungen, Gesellschaftsverträge, Satzungen und (mittelbar und unmittelbar) für die betreffenden Mitglieder verbindliche Entscheidungen bzw. Empfehlungen gehören zu Beschlüssen der Unternehmensvereinigungen.[385] Solche Beschlüsse können nicht nur durch satzungsmäßig zuständige Organe der Vereinigung, sondern auch durch die Mitgliedsversammlung von Mitgliedern selbst erfolgen.[386] Hierbei sollen die verbotenen Vereinbarungen zwischen Mitbewerbern nicht durch die Beschlüsse der Unternehmensvereinigung ersetzt werden (sog. Umgehungsverbot).[387]

Der Begriff der abgestimmten Verhaltensweisen erfasst zwischenunternehmerische Absprachen, welche weder die Tatbestandsmerkmale der Vereinbarungen noch die der Beschlüsse erfüllen.[388] Hierbei betreiben die betreffenden Unternehmen bewusst und gewollt eine rein praktische Zusammenarbeit, um das Wettbewerbsrisiko zu reduzieren[389] und es besteht kein synallagmatisches Vertragsverhältnis.[390] Die Tatbestandsmerkmale der aufeinander abgestimmten Verhaltensweisen wirken als Auffangtatbestand, wobei die Kartellbehörden trotz der fehlenden Nachweise der Vereinbarungen oder Beschlüsse weiterhin § 1 GWB bzw. Art. 101 Abs. 1 AEUV über die Annahme der aufeinander abgestimmten Verhaltensweisen anwenden können, sofern eine Nachweismöglichkeit irgendeiner Verhaltensabstimmung zwischen den beteiligten Unternehmen besteht.[391]

c) Wettbewerbsbeschränkung

Gem. § 1 GWB bzw. Art. 101 Abs. 1 AEUV ist jede Form der zwischenunternehmerischen Verhaltenskoordination verboten, wenn sie eine *„Verhinderung, Einschränkung oder Verfälschung“* des Wettbewerbs *„bezweckt oder*

384 *Roth/Ackermann*, in: FK-KartR, Art. 81 Abs. 1 EG Grundfragen Rn. 144.
385 *Roth/Ackermann*, in: FK-KartR, Art. 81 Abs. 1 EG Grundfragen Rn. 144 ff.
386 *Stockenhuber*, in: Grabitz/Hilf/Nettesheim, a. a. O., Rn. 103.
387 *Kling/Thomas*, a. a. O., § 5 Rn. 60.
388 *Roth/Ackermann*, in: FK-KartR, Art. 81 Abs. 1 EG Grundfragen Rn. 183.
389 *Roth/Ackermann*, in: FK-KartR, Art. 81 Abs. 1 EG Grundfragen Rn. 183; *Emmerich*, in: Immenga/Mestmäcker, a. a. O., Art. 101 AEUV Rn. 89; *Kling/Thomas*, a. a. O., § 5 Rn. 70.
390 *Roth/Ackermann*, in: FK-KartR, Art. 81 Abs. 1 EG Grundfragen Rn. 188.
391 *Emmerich*, in: Immenga/Mestmäcker, a. a. O., Art. 101 AEUV Rn. 85.

bewirkt". Die trennscharfe Unterscheidung zwischen den Begriffen der Verhinderung, der Einschränkung oder der Verfälschung ist unmöglich und spielt in der Praxis auch keine bedeutsame Rolle.[392] Hierbei begreift die herrschende Meinung die „Wettbewerbsbeschränkung" als (umfassenden) Oberbegriff der Verhinderung, der Einschränkung und der Verfälschung.[393] Das Verbot der Wettbewerbsbeschränkung i. S. des § 1 GWB bzw. Art. 101 Abs. 1 AEUV gilt für aktuellen und potenziellen Wettbewerb und regelt sowohl horizontale als auch vertikale Wettbewerbsbeschränkung.

Der Begriff des Wettbewerbs ist in § 1 GWB bzw. Art. 101 Abs. 1 AEUV nicht definiert. Aus diesem Grund ist die genaue Begriffsdefinition der Wettbewerbsbeschränkung auch nicht allgemeingültig geklärt. Der EuGH definierte Wettbewerbsbeschränkungen dahingehend, dass eine Wettbewerbsbeschränkung eine Entstehung von anomalen Wettbewerbsbedingungen sei, welche bzgl. der Art der Waren oder erbrachten Dienstleistungen, der Bedeutung und Anzahl der beteiligten Unternehmen sowie des Umfangs des in Frage kommenden Marktes nicht den normalen Wettbewerbsbedingungen des betreffenden Marktes entsprechen.[394] Um dies besser zu verstehen, soll zunächst das kartellrechtliche Selbständigkeitspostulat erfasst werden, wobei die Unternehmen bzgl. ihrer Geschäfte alles autonom entscheiden können, also welche Wettbewerbspolitik sie auf dem betreffenden Markt betreiben und inwiefern sie welche Vertragspartner auswählen.[395] Daraus ergibt sich die wirtschaftliche Handlungsfreiheit des Unternehmens. Die wirtschaftliche Handlungsfreiheit – Freiheit zur Aus-

392 *Krauß*, in: Langen/Bunte, Kommentar zum deutschen und europäischen Kartellrecht, 12. Aufl. 2014, § 1 GWB Rn. 124; *Zimmer*, in: Immenga/Mestmäcker, a. a. O., § 1 GWB Rn. 9; eine inhaltliche Abgrenzung zwischen drei Begriffen ist weder erheblich noch praktikabel: *Roth/Ackermann*, in: FK-KartR, Art. 81 Abs. 1 EG Grundfragen Rn. 235; die Verhinderung und Einschränkung des Wettbewerbs können jeweils als vollkommene und partielle Wettbewerbsbeschränkung bezeichnet werden: *Emmerich*, in: Immenga/Mestmäcker, a. a. O., Art. 101 AEUV Rn. 106.

393 *Emmerich*, in: Immenga/Mestmäcker, a. a. O., Art. 101 Abs. 1 AEUV Rn. 106; *Kling/Thomas*, a. a. O., § 5 Rn. 89; *Brömmelmeyer*, in: FK-EUV, GRC und AEUV, Art. 101 Abs. 1 AEUV Rn. 73; *Grave/Nyberg*, in: Loewenheim/Meessen/Riesenkampff/Kersting/Meyer-Lindemann (LMRKM), Kartellrecht 4. Aufl. 2020, Art. 101 Abs. 1 AEUV Rn. 217.

394 EuGH, Urt. v. 16.12.1975 – Rs. 40 bis 48, 50, 54 bis 56, 111, 113 und 114–73, Slg. 1975, 1663 (1965 f.) Rn. 173 f. – Suiker Unie/Kommission; EuGH, Urt. v. 14.07.1981 – Rs. 172/80, Slg. 1981, 2021 (2031 f.) Rn. 14 – Züchner; *Kling/Thomas*, a. a. O., § 5 Rn. 90.

395 EuGH, Urt. v. 16.12.1975 – Rs. 40 bis 48, 50, 54 bis 56, 111, 113 und 114–73, Slg. 1975, 1663 (1965 f.) Rn. 173 f. – Suiker Unie/Kommission; EuGH, Urt. v. 14.07.1981 –

wahl eines Angebots bzw. eines Vertragspartners, Freiheit zur autonomen Entscheidung der Wettbewerbspolitik, Freiheit zum Marktzutritt – kann durch die in § 1 GWb. bzw. Art. 101 Abs. 1 AEUV stehenden Vereinbarungen, Beschlüsse und aufeinander abgestimmten Verhaltensweisen eingeschränkt werden. Früher kam die Beschränkung der wirtschaftlichen Handlungsfreiheit der beteiligten Unternehmen in Betracht, aber inzwischen müssen auch die Auswirkungen der wettbewerbsbeschränkenden zwischenunternehmerischen Koordination auf die wirtschaftliche Handlungsfreiheit Dritter berücksichtigt werden.[396]

Gem. § 1 GWB bzw. Art. 101 Abs. 1 AEUV wird eine Wettbewerbsbeschränkung durch zwischenunternehmerische Verhaltenskoordinierung entweder „bezweckt" oder „bewirkt". Die Tatbestandsmerkmale müssen nicht kumulativ vorliegen. Es handelt sich um die Alternativen.[397] Hierbei ist die Unterscheidung des Ausdrucks zwischen „bezwecken" und „bewirken" sinnvoll. Laut dem EuGH liegt eine „bezweckte" Wettbewerbsbeschränkung vor, wenn die Verhaltenskoordinierung zwischen Unternehmen ihrer Natur gemäß für den funktionsfähigen und normalen Wettbewerb schädlich ist.[398] Darüber hinaus sollte eine solche Verhaltenskoordinierung zwischen Unternehmen den Wettbewerb hinreichend beeinträchtigen, damit es keine Notwendigkeit über die Prüfung ihrer Auswirkungen geben kann.[399] Eine Prüfung der wettbewerbsbeschränkenden Auswirkungen ist also bei „bezweckten" Verstößen nicht erforderlich.

Rs. 172/80, Slg. 1981, 2021 (2031) Rn. 13 – Züchner; EuGH, Urt. v. 04.07.2009 – Rs. C-8/08, Slg. 2009, I-4529 Rn. 32 – T-Mobile Netherlands.

396 *Kling/Thomas*, a. a. O., § 5 Rn. 92; das Kartellverbot des § 1 GWB bzw. Art. 101 Abs. 1 AEUV schützt keine individuelle wirtschaftliche Handlungsfreiheit der an der wettbewerbsbeschränkenden Verhaltungskoordinierung teilgenommenen Unternehmen: Vgl. *Säcker/Zorn*, in: Münchener Kommentar zum Wettbewerbsrecht 3. Aufl. 2020, Art. 101 AEUV Rn. 202.

397 EuGH, Urt. v. 30.06.1966 – Rs. 56/65, Slg. 1966, 282 (303 f.) – Société Technique Minière/Maschinenbau Ulm (LTM/MBU); vgl. *Säcker/Zorn*, in: Münchener Kommentar zum Wettbewerbsrecht 3. Aufl. 2020, Art. 101 AEUV Rn. 254.

398 EuGH, Urt. v. 20.11.2008 – Rs. C-209/07, Slg. 2008, I-8637 Rn. 17 – Competition Authority/Beef Industry Development Society; EuGH, Urt. v. 14.03.2013 – Rs. C-32/11, ECLI:EU:C:2013:160 Rn. 35 – Allianz Hungária Biztosító; EuGH, Urt. v. 11.09.2014 – Rs. C-67/13 P, ECLI:EU:C:2014:2204 Rn. 50 – Groupement des cartes bancaires/Kommission.

399 "*... den Wettbewerb hinreichend beeinträchtigen, damit davon ausgegangen werden kann, dass die Prüfung ihrer Auswirkungen nicht notwendig ist*"; EuGH, Urt. v. 11.09.2014 – Rs. C-67/13 P, ECLI:EU:C:2014:2204 Rn. 58 – Groupement des cartes bancaires/Kommission.

Liegt kein wettbewerbsbeschränkender Zweck bei einer Verhaltenskoordinierung vor, kann weiter überprüft werden, ob die Koordinierung eine Wettbewerbsbeschränkung „bewirkt" hat.[400] Nach der bisherigen Rechtsprechung des EuGH muss für die Beurteilung des Vorliegens „bewirkter" Wettbewerbsbeschränkung hinterfragt werden, wie die Wettbewerbsverhältnisse ohne die betreffenden (wettbewerbsbeschränkenden) Verhaltenskoordinationen bestünden.[401] Hierbei wird die Kausalität zwischen der zwischenunternehmerischen Verhaltenskoordinierung und der Wettbewerbsbeschränkung anhand eines angenommenen Wettbewerbsverhältnis überprüft.[402]

II. Spürbarkeit wettbewerbsbeschränkender Auswirkungen

Die Spürbarkeit einer Wettbewerbsbeschränkung steht nicht konkret als Tatbestandsmerkmal im Wortlaut des Art. 101 Abs. 1 AEUV bzw. § 1 GWB. Laut dem EuGH sind allerdings die beiden Kartellverbotsnormen anwendbar, wenn eine Form der Verhaltenskoordinierung zwischen Unternehmen den Wettbewerb bzw. den zwischenstaatlichen Handel spürbar beschränkt.[403] Daher ist die Spürbarkeit wettbewerbsbeschränkender Auswirkungen als einschränkendes[404] bzw. ungeschriebenes Tatbestandsmerkmal eine Voraussetzung der Anwendung des Art. 101 Abs. 1 AEUV.[405] Dieses Tatbestandsmerkmal der Spürbarkeit gilt übrigens auch für das Kartellver-

---

400 *Roth/Ackermann*, in: FK-KartR, Art. 81 Abs. 1 EG Grundfragen Rn. 342.

401 EuGH, Urt. v. 30.06.1966 – Rs. 56/65, Slg. 1966, 282 (304) – Société Technique Minière/Maschinenbau Ulm; EuGH, Urt. v. 11.12.1980 – Rs. 31/80, Slg. 1980, 3775 (3792) Rn. 19 – L'Oréal; EuGH, Urt. v. 28.05.1998 – Rs. C-8/95 P, Slg. 1998, I-3175 (I-3222) Rn. 90 – New Holland Ford/Kommission.

402 *Roth/Ackermann*, in: FK-KartR, Art. 81 Abs. 1 EG Grundfragen Rn. 344; *Stockenhuber*, in: Grabitz/Hilf/Nettesheim, a. a. O., Rn. 145.

403 EuGH, Urt. v. 30.06.1966, Rs. 56/65, Slg. 1966, 282 (304) – Société Technique Minière/Maschinenbau Ulm; EuGH, Urt. v. 09.07.1969, Rs. 5/69, Slg. 1969, 295 (300) – Völk/Vervaecke.

404 Laut dem EuGH schränkt das ungeschriebene Tatbestandsmerkmal der Spürbarkeit der Wettbewerbsbeschränkung den Anwendungsbereich des Kartellverbots ein: *Krauß*, in: Langen/Bunte, a. a. O., § 1 GWB Rn. 164.

405 *Roth/Ackermann*, in: FK-KartR, Art. 81 Abs. 1 EG Grundfragen Rn. 397; *Mestmäcker/Schweitzer*, in: Mestmäcker/Schweitzer, Europäisches Wettbewerbsrecht 3. Aufl. 2014, § 11 Rn. 69; *Schröter/Voet van Vormizeele*, in: Schröter/Jakob/Klotz/Mederer, 2. Aufl. 2014, Art. 101 AEUV Rn. 167; *Stockenhuber*, in: Grabitz/Hilf/Nettesheim, a. a. O., Rn. 217.

bot des § 1 GWB.[406] Die Anforderung der Spürbarkeit ist sowohl für bezweckte als auch für bewirkte Wettbewerbsbeschränkung gültig.[407] Bei der Anwendung beider Rechtsnormen ist maßgeblich, ob eine spürbare Auswirkung auf Dritte vorliegt.[408]

Das Tatbestandsmerkmal der Spürbarkeit teilt man bei der Anwendung des Art. 101 Abs. 1 AEUV in die Spürbarkeit zwischenstaatlicher Handelsbeeinträchtigungen und in die Spürbarkeit der Wettbewerbsbeschränkung auf.[409] Laut der Kommission kann der zwischenstaatliche Handel beeinträchtigt werden, obwohl keine spürbare Wettbewerbsbeschränkung vorliegt.[410]

III. Wettbewerbsbeschränkungen im Rahmen eines Selektivvertriebssystems

Selektive Vertriebssysteme erfassen vertikale Vertragsverhältnisse, da es sich hierbei um Verträge zwischen Unternehmen unterschiedlicher Handelsstufen (Hersteller/Lieferant-Wiederverkäufer/Einzelhändler) handelt. Dabei werden vertikale Vertragsverhältnisse zwischen Wettbewerbern strenger reguliert als vertikale Verhältnisse zwischen Nichtwettbewerbern, denn eine Auswirkung horizontaler Wettbewerbsbeschränkungen kann durch die vertikalen Verhältnisse zwischen Wettbewerbern verursacht werden.[411] Im Rahmen vertikaler Vertragsverhältnisse kann eine Abhängigkeit zwischen beteiligten Unternehmen bestehen, da Wiederverkäufer die von den Herstellern verlangten Weisungen oder Beschränkungen als vertragliche Maßnahmen ohne Weiteres akzeptieren, um den möglichen wirtschaftlichen Nachteilen wie einer Lieferverweigerung, einer Rahmenvertragskündigung, etc. auszuweichen.[412] In einem selektiven Vertriebssystem werden nur diejenigen Händler zum Vertriebsnetz zugelassen, die die

406 *Krauß*, in: Langen/Bunte, a. a. O., Rn. 165.

407 *Mestmäcker/Schweitzer*, in: Mestmäcker/Schweitzer, a. a. O., § 11 Rn. 71.

408 *Mestmäcker/Schweitzer*, in: Mestmäcker/Schweitzer, a. a. O., § 11 Rn. 69, *Krauß*, in: Langen/Bunte, a. a. O., Rn. 166.

409 *Roth/Ackermann*, in: FK-KartR, Art. 81 Abs. 1 EG Grundfragen Rn. 397.

410 Kommission, Bekanntmachung über Vereinbarungen von geringer Bedeutung, die im Sinne des Artikels 101 Abs. 1 des Vertrags über die Arbeitsweise der Europäischen Union den Wettbewerb nicht spürbar beschränken (De-minimis-Bekanntmachung), ABl. 2014 Nr. C 291 Rn. 8.

411 *Krauß*, in: Langen/Bunte, a. a. O., Rn. 258.

412 *Roth/Ackermann*, in: FK-KartR, Art. 81 Abs. 1 EG Grundfragen Rn. 174.

auferlegten Kriterien erfüllen. Die hierbei auferlegten einseitigen Kriterien können darüber hinaus als Teil der Vereinbarung angesehen werden, wobei diese Kriterien nicht die kartellrechtlich erlaubte Grenze überschreiten dürfen.[413] Überdies wird die Handlungsfreiheit beteiligter Händler weiterhin eingeschränkt, da sie erstens die auferlegten Selektionskriterien erfüllen müssen, um ihre Geschäfte überhaupt unter dem Selektivvertriebssystem zu betreiben. Zweitens dürfen sie die Vertragserzeugnisse nicht frei an allen Orten verkaufen, da das Vertriebsgebiet in einigen Fällen bereits vom Hersteller bestimmt wurde und der Verkauf an die in das Vertriebsnetz nicht zugelassenen Händler seitens des Herstellers verboten ist. Drittens können Händler im Selektivvertriebssystem ihre Preisstrategien nicht völlig selbständig ausarbeiten, denn die Preisspanne ist teilweise bereits vom Hersteller bestimmt.

Selektive Vertriebssysteme als vertikale Beschränkung können sich auf den sog. Intrabrand-Wettbewerb auswirken. Trotz der wettbewerbsbeschränkenden Eigenschaften fallen selektive Vertriebssysteme nicht unter das Kartellverbot des § 1 GWB bzw. Art. 101 Abs. 1 AEUV, sofern die Metro-Kriterien erfüllt sind. Allerdings kann ein selektives Vertriebssystem freigestellt werden, selbst wenn eine wettbewerbsbeschränkende Auswirkung durch das Vertriebssystem vorliegt. Wenn ein Selektivvertriebssystem spürbar wettbewerbsbeschränkend wird und hierbei keine Effizienzvorteile erwartet werden, fällt dies als Kernbeschränkung unter Art. 4 Vertikal-GVO und erfüllt auch keine Voraussetzung zur Einzelfreistellung, sodass die Freistellung nicht möglich ist.

IV. Rechtsfolgen

Wettbewerbsbeschränkende Vereinbarungen oder Beschlüsse, welche mit § 1 GWB bzw. Art. 101 Abs. 1 AEUV nicht vereinbar sind, sind Grds. nach § 1 GWB i. V. m. § 134 BGB bzw. Art. 101 Abs. 2 AEUV zivilrechtlich nichtig, sofern sie nach § 2 GWB bzw. Art. 101 Abs. 3 AEUV oder nach der Vertikal-GVO nicht freigestellt werden können. Hierbei sind aufeinander abgestimmte Verhaltensweisen von der Nichtigkeitsfolge ausgenommen, da abgestimmte Verhaltensweisen das Koordinierungsverhalten, das nicht der Nichtigkeitssanktion zugänglich ist, erfassen.[414] Die Nichtigkeit begrenzt

413 *Roth/Ackermann*, in: FK-KartR, Art. 81 Abs. 1 EG Grundfragen Rn. 181.
414 *Stockenhuber*, in: Grabitz/Hilf/Nettesheim, a. a. O., Rn. 230.

sich auf die gegen das Kartellverbot des § 1 GWB bzw. Art. 101 Abs. 1 AEUV verstoßenden Klauseln.[415] Die restlichen Teile der betreffenden Verträge werden sodann nach Art. 101 Abs. 2 AEUV nichtig, wenn die restlichen Klauseln von den unter das Kartellverbot gefallenen Klauseln untrennbar sind.[416]

In Deutschland ist nach § 139 BGB im Zweifel der gesamte Vertrag nichtig, es sei denn, dass dieser auch ohne den nichtigen Teil zustande gekommen wäre.[417] In der Praxis werden Verträge gewöhnlich durch salvatorische Klauseln ergänzt, um Zweifel zu vermeiden, so dass die rechtsgeschäftliche Wirkung des ganzen Vertrags trotz der Nichtigkeit der einzelnen Klauseln weiterhin gültig bleibt. Falls eine salvatorische Klausel über einen solchen Inhalt im Vertrag eingefügt ist, kommt die Prüfung nach § 139 BGB nicht in Betracht.[418] Die die Nichtigkeitssanktion betreffenden Vereinbarungen oder Beschlüsse werden von Anfang an als kartellrechtswidrig erfasst. Außerdem können die Betroffenen, die durch die kartellrechtswidrigen Handlungen Wettbewerbsschäden erlitten haben, Ansprüche auf Beseitigung der Beeinträchtigung bzw. Unterlassung auf die Zuwiderhandlung nach § 33 Abs. 1 GWB und Ansprüche auf Schadensersatz nach § 33a Abs. 1 GWB haben. Hierbei bestehen außer der Nichtigkeitsfolge keine direkt auf die zivilrechtlichen Rechtsfolgen anwendbaren Anspruchsgrundlagen im EU-Kartellrecht, weshalb die o. g. nationalen Kartellrechtsvorschriften anzuwenden sind.[419] Um nach § 33 Abs. 1 GWB anspruchsberechtigt zu sein, ist das Betroffensein maßgebend.[420] Die Betroffenen sind gem. § 33 Abs. 3 GWB jene Mitbewerber oder sonstige Marktbeteiligte, die durch den Verstoß beeinträchtig wurden. Für die Geltendmachung des Schadensersatzanspruchs nach § 33a Abs. 1 GWB müssen die Betroffenen allerdings nicht unbedingt aktivlegitimiert sein, sondern es ist ausreichend, wenn die Betroffenen den durch die kartellrechtliche Zuwiderhandlung veranlassten Schaden erlitten

---

415 EuGH, Urt. v. 13.07.1966 – verb. Rs. 56 und 58/64, Slg. 1966, 322 (392) – Grundig und Consten/Kommission; EuGH, Urt. v. 28.02.1991 – Rs. C-234/89, Slg. 1991, I-935 (I-990) Rn. 40 – Delimitis/Henninger Bräu.

416 EuGH, Urt. v. 13.07.1966 – verb. Rs. 56 und 58/64, Slg. 1966, 322 (392) – Grundig und Consten/Kommission; EuGH, Urt. v. 28.02.1991 – Rs. C-234/89, Slg. 1991, I-935 (I-990) Rn. 40 – Delimitis/Henninger Bräu.

417 *Hoffmann*, in: Dauses/Ludwigs, Handbuch des EU-Wirtschaftsrechts 49. EL 2019, Rn. 87.

418 BGH, Urt. v. 24.09.2002 – KZR 10/01, NJW 2003, 347.

419 *Kling/Thomas*, a. a. O., § 9 Rn. 1.

420 *Meessen/Kersting*, in: Loewenheim/Meessen/Riesenkampff/Kersting/Meyer-Lindemann (LMRKM), Einführung in das europäische und deutsche Kartellrecht, Rn. 52.

haben.[421] Laut dem EuGH kann grundsätzlich jedermann Schadensersatz verlangen, sofern der Schaden durch die wettbewerbsbeschränkenden Vereinbarungen und Beschlüsse verursacht wurde.[422]

Neben den zivilrechtlichen Rechtsfolgen bestehen auch verwaltungsrechtliche Rechtsfolgen. Die Kommission und das Bundeskartellamt haben Befugnis für die kartellverwaltungsrechtliche Entscheidung. Die Kommission und das Bundeskartellamt können jeweils nach Art. 7 VO 1/2003 bzw. § 32 GWB Zuwiderhandlungen gegen das Kartellverbot feststellen und die festgestellten Zuwiderhandlungen abstellen. Darüber hinaus können die Kommission und das Bundeskartellamt nach Art. 9 VO 1/2003 bzw. § 32b GWB Verpflichtungszusagen der Unternehmen annehmen, um der Vermeidung der Abstellungsverfügung von Unternehmen oder Unternehmensvereinigungen auszuweichen. Überdies können einstweilige Maßnahmen in dringenden Fällen von Amts wegen nach Art. 8 VO 1/2003 bzw. § 32a GWB erfolgen. Letztere sieht eine Abschöpfung des durch die wettbewerbsbeschränkenden Vereinbarungen oder Beschlüsse erhaltenen Vorteils gem. § 34 GWB vom Bundeskartellamt als verwaltungsrechtliche Rechtsfolge vor, allerdings liegt diese Befugnis nicht bei der Kommission.[423]

Außerdem können die Kartellbehörden auch bußgeldrechtliche Sanktionen verhängen. Die Kommission kann anhand des Art. 103 Abs. 2 lit. a i. V. m. Art. 103 Abs. 1 AEUV Geldbußen oder Zwangsgelder[424] einführen, wenn Verstöße gegen das Kartellverbot vorliegen. Hierbei besteht ein Unterscheid zwischen den beiden Sanktionen dahingehend, dass Geldbußen als Sanktionen für die vergangenen materiellrechtlichen Zuwiderhandlungen oder Verfahrensverstöße fungieren und Zwangsgelder hingegen bei der Durchsetzung formeller Kommissionsentscheidung für gegenwärtige oder zukünftige Verhaltensweisen anzuwenden sind.[425] Die deutsche Kartellbehörde kann bei Verstößen gegen Art. 101 Abs. 1 AEUV bzw. § 1 GWB Geldbußen nach § 81 Abs. 1 Nr. 1 i. V. m. § 81 Abs. 2 Nr. 1 GWB verhängen. Im Falle einer Ordnungswidrigkeit gem. § 81 Abs. 1 und § 81 Abs. 2 Nr. 1 GWB kann eine Geldbuße bis zu einer Million EUR angeordnet werden.

---

421 *Meessen/Kersting*, in: Loewenheim/Meessen/Riesenkampff/Kersting/Meyer-Lindemann (LMRKM), a. a. O., Rn. 52.

422 EuGH, Urt. v. 20.09.2001 – Rs. C-453/99, Slg. 2001, I-6297 (I-6323) Rn. 26 – Courage/Crehan.

423 *Dreher/Kulka*, a. a. O., Rn. 963.

424 Die Kommission verhängt Geldbußen nach Art. 23 VO 1/2003 und Zwangsgelder nach Art. 24 VO 1/2003.

425 *Bechtold/Bosch/Brinker*, EU-Kartellrecht 3. Aufl. 2014, Art. 23 VO 1/2003 Rn. 6.

B. Freistellungsmöglichkeit der Wettbewerbsbeschränkung im Kartellrecht

Wenn Vereinbarungen, Beschlüsse und aufeinander abgestimmte Verhaltensweisen die Tatbestände des Art. 101 Abs. 1 AEUV erfüllen, kann überprüft werden, ob sie vom Kartellverbot freigestellt werden können. Wenn sie die Voraussetzungen der Gruppenfreistellung erfüllen, kann eine Gruppenfreistellung vom Kartellverbot nach der Vertikal-GVO bzw. § 2 Abs. 2 GWB möglich sein. Sind die Voraussetzung der Gruppenfreistellung nicht erfüllt, kann trotzdem eine Einzelfreistellungmöglichkeit nach Art. 101 Abs. 3 AEUV bzw. § 2 Abs. 1 GWB in Betracht kommen.

I. Freistellungsmöglichkeit nach der Vertikal-Gruppenfreistellungsverordnung

1. Anwendungsbereich der Vertikal-GVO

Die Vertikal-GVO ist nur auf vertikale Vereinbarungen und abgestimmten Verhaltensweisen anwendbar, die i. d. R. die Voraussetzungen des Art. 101 Abs. 3 AEUV erfüllen.[426] Nach Art. 1 Abs. 1 lit. a Vertikal-GVO ist eine vertikale Vereinbarung eine Vereinbarung oder eine aufeinander abgestimmte Verhaltensweise, die zwischen mindestens zwei Unternehmen, welche auf unterschiedlichen Handelsstufen (zwischen Nichtwettbewerbern) tätig sind, geschlossen wird. Darüber hinaus betreffen vertikale Vereinbarungen gem. Art. 1 Abs. 1 lit. a Vertikal-GVO die Bedingungen, zu denen die beteiligten Parteien die bestimmten Waren oder Dienstleistungen beziehen, verkaufen oder weiterverkaufen dürfen. Solche Vertikalvereinbarung sollte eine vertikale Wettbewerbsbeschränkung i. S. d. Art. 101 Abs. 1 AEUV darstellen.

Die Vereinbarungen zwischen Wettbewerbern, welche grundsätzlich nach Art. 2 Abs. 4 S. 1 Vertikal-GVO von der Freistellung ausgenommen sind, können allerdings auch hierbei freigestellt werden, sofern sie die Voraussetzungen nach Art. 2 Abs. 4 S. 2 Vertikal-GVO erfüllen. Außerdem ist in Art. 2 Abs. 2 Vertikal-GVO die Freistellung von Vereinbarungen, die zwi-

426 Nach dem Erwägungsgrund der Vertikal-GVO sollte die Gruppenfreistellung nach der VO 330/2010 nur Vertikalvereinbarungen zugutekommen, *„von denen mit hinreichender Sicherheit angenommen werden kann, dass sie die Voraussetzungen des Art. 101 Abs. 3 AEUV erfüllen“*: Erwägungsgrund Nr. 5 Vertikal-GVO.

schen Unternehmensvereinigungen und ihren Mitgliedern bzw. Anbietern geschlossen sind, geregelt. Hierbei sollten alle Mitglieder der Vereinigung Wareneinzelhändler mit Umsätzen von nicht mehr als 50 Mio. EUR[427] sein. Es handelt sich hierbei um vertikale Vereinbarungen von Koordinierungen zwischen kleinen und mittleren Unternehmen auf Einzelhandelsstufen (sog. Verbundgruppen).[428]

Gem. Art. 2 Abs. 3 Vertikal-GVO können vertikale Vereinbarungen zur Übertragung oder Nutzung von geistigen Eigentumsrechten[429] (auf und durch den Abnehmer) freigestellt werden, sofern ein solcher Zweck nicht Hauptgegenstand der Vereinbarungen ist und solche Vereinbarungen sich unmittelbar auf die Nutzung, den Verkauf oder den Weiterverkauf von Waren oder Dienstleistungen durch den Abnehmer oder seine Kunden beziehen. In Art. 2 Abs. 3 Vertikal-GVO ist deutlich ausgedrückt, dass solche Vereinbarungen bzgl. geistiger Eigentumsrechte unter den Anwendungsbereich der Vertikal-GVO – nicht der sog. Technologietransfer-GVO – fallen. Außerdem regelt Art. 2 Abs. 5 Vertikal-GVO als Subsidiaritätsklausel den Vorrang der anderen Gruppenfreistellungsverordnungen bzgl. Anwendungen gegenüber der Vertikal-GVO.[430]

Schließlich wird die Vertikal-GVO als allgemeine Schirm-GVO bezeichnet, da die Vertikal-GVO in ihrem sachlichen Anwendungsbereich prinzipiell alle vertikalen Koordinationen erlaubt, außer wenn sie ausdrücklich verboten sind.[431] Als Schirm-GVO ist die Vertikal-GVO mithin auf sämtliche wettbewerbsbeschränkenden Vertikalverhaltenskoordinationen anzuwenden und darunter fallen auch Selektivvertriebssysteme.

---

427 Die mittelstandspolitisch angedachte zusätzliche Marktanteilsschwelle in Art. 2 Abs. 2 Vertikal-GVO ist eine unwesentliche Regelung, die aufgrund der Angleichung des Inhaltes alter GVO (EG) Nr. 2790/99 weiter geblieben ist: *Dreher/Kulka*, a. a. O., Rn. 1062.

428 Verbundgruppen sind Gemeinschaften, die in Forn von Unternehmensvereinigungen zum gemeinscahftlichen Einkauf oder Vertrieb gebildet sind: *Ellger*, in: Immenga/Mestmäcker, Wettbewerbsrecht Bd. 1 EU/Teil 1, 6. Aufl. 2019, Art. 2 Vertikal-GVO Rn. 58 ff.; *Kling/Thomas*, a. a. O., § 5 Rn. 332.

429 Geistige Eigentumsrechte i. S. des Art. 2 Abs. 3 Vertikal-GVO erfassen Markenzeichen, Urheberrechte und Know-how in Franchisevertriebssystemen: *Dreher/Kulka*, a. a. O., Rn. 1064; vgl. Kommission, Leitlinien für vertikale Beschränkung, ABl. 2010 C 130/1, Rn. 38, 43 ff.

430 Die Technologietransfer-GVO bzw. die Kfz-GVO haben den Vorrang vor der Vertikal-GVO bei der Anwendung: *Kling/Thomas*, a. a. O., § 5 Rn. 340.

431 *Ellger/Fuchs*, in: Immenga/Mestmäcker, Wettbewerbsrecht Bd. 2 GWB, 6. Aufl. 2020, § 2 GWB Rn. 260.

Nach § 2 Abs. 2 GWB ist die Vertikal-GVO auch unmittelbar im deutschen Recht anwendbar, obwohl Vereinbarungen, Beschlüsse und aufeinander abgestimmte Verhaltensweisen keine Beeinträchtigung des Handels zwischen den Mitgliedstaaten der EU veranlassen und nicht im Anwendungsbereich des Art. 101 AEUV liegen. Während § 2 Abs. 1 GWB als Generalklausel, ohne Erfüllung der Zwischenstaatlichkeitsklausel die Tatbestandsmerkmale des Art. 101 Abs. 3 AEUV übernimmt, handelt es sich in § 2 Abs. 2 GWB um eine dynamische Verweisung auf die europäischen Gruppenfreistellungen.[432] Hierbei sind sowohl die derzeit bekannten bzw. geltenden als auch die derzeit unbekannten bzw. ggf. künftig erlassenen Gruppenfreistellungsverordnungen erfasst, sodass es durch die Zeitverzögerung nicht zu einer Spaltung zwischen dem europäischen und deutschen Kartellrecht kommt und beide Rechtsordnungen in Einklang gebracht werden können.[433] Nach § 2 Abs. 2 GWB gelten die europäischen Gruppenfreistellungsverordnungen bei der Anwendung von § 2 Abs. 1 GWB entsprechend. Vertikale Verhaltenskoordinationen, die unter Kernbeschränkungen des Art. 4 Vertikal-GVO fallen oder von den Unternehmen, welche auf dem betroffenen Markt mehr als 30 % Marktanteil haben, geschlossen sind, können nicht nach Vertikal-GVO bzw. § 2 Abs. 2 GWB freigestellt werden.

2. Rechtswirkungen der Gruppenfreistellungsverordnungen

Unter dem System der Legalausnahme, das durch Art. 1 Abs. 2 VO 1/2003 eingeführt wurde, ist umstritten, welche Rechtsnatur bzw. -wirkung Gruppenfreistellungsverordnungen haben,[434] da sich der Anwendungsbereich des Art. 101 Abs. 3 AEUV bzw. des § 2 Abs. 1 GWB und der Gruppenfreistellungsverordnungen seitdem quasi überschneiden. Wenn bspw. eine Vereinbarung Freistellungsvoraussetzungen der Vertikal-GVO erfüllt, ist diese vertikale Vereinbarung trotzdem freistellbar, da sie nicht nur die Freistellungsvoraussetzungen der Vertikal-GVO, sondern auch des Art. 101 Abs. 3 AEUV bzw. des § 2 Abs. 1 GWB erfüllen (sog. Doppelwirkung im Recht).[435]

432 *Kling/Thomas*, a. a. O., § 19 Rn. 13.

433 *Ellger/Fuchs*, in: Immenga/Mestmäcker, a. a. O., Rn. 233.

434 Unter dem alten System der VO 17/62 war nicht umstritten, dass die Gruppenfreistellungsverordnungen konstitutive Wirkung entfalten: *Ellger*, in: Immenga/Mestmäcker, Wettbewerbsrecht EU/Teil 1, 6. Aufl. 2019, Art. 101 Abs. 3 AEUV Rn. 345 ff.

435 *Kling/Thomas*, a. a. O., § 19 Rn. 10.

Aus diesem Grund wird nach e. A. eine rein deklaratorische Wirkung der Gruppenfreistellungsverordnungen entfaltet, da die Gruppenfreistellungsverordnungen bloß die Inhalte feststellen, welche bereits nach Art. 101 Abs. 3 AEUV bzw. § 2 Abs. 1 GWB zulässig sind und dadurch ihre bindende Natur verlören.[436] Nach dieser Auffassung fungieren Gruppenfreistellungsverordnungen nicht mehr als konkretisierte Freistellungstatbestände.[437] In dem Fall kann die Vereinbarung, welche die Freistellungsvoraussetzungen der Gruppenfreistellungsverordnung erfüllt, aber mit Art. 101 Abs. 3 AEUV bzw. § 2 Abs. 1 GWB unvereinbar ist, aufgrund der Unvereinbarkeit auf Art. 101 Abs. 3 AEUV bzw. § 2 Abs. 1 GWB zurückgegriffen werden.[438] Gruppenfreistellungsverordnungen können somit in dem Fall keinen sicheren Hafen (engl. *Safe harbour*) mehr für die beteiligten Unternehmen gewährleisten.[439] Um dies zu vermeiden, wurde eine unwiderlegbare Vermutung für die Voraussetzungen des Art. 101 Abs. 3 AEUV bzw. § 2 Abs. 1 GWB vorgeschlagen, damit keine Auseinandersetzung zwischen der Gruppenfreistellungsverordnungen und Art. 101 Abs. 3 AEUV bzw. § 2 Abs. 1 GWB herbeigeführt wird,[440] wobei kein Anhaltspunkt für die These über die unwiderlegbare Vermutung im positiven Recht besteht.[441]

Nach a. A. entfalten Gruppenfreistellungsverordnungen eine beschränkte konstitutive Wirkung.[442] Hierbei enthalten Gruppenfreistellungsverordnungen abstrakt-generelle Regelungen, bei denen es sich um verbindliche Legislativakte handelt.[443] Gruppenfreistellungsverordnungen entwickeln für die in ihrem Anwendungsbereich liegenden Vereinbarungen eine Sperrwirkung im Verhältnis zu Art. 101 Abs. 3 AEUV bzw. § 2 Abs. 1 GWB, so dass

436 In dem Fall stellen Gruppenfreistellungsverordnungen bloß „Gruppennegativatteste" dar: *Deringer*, Stellungnahme zum Weißbuch der Europäischen Kommission über die Modernisierung der Vorschriften zur Anwendung der Art. 85 und 86 EG-Vertrag (Art. 81 und 82 EG), EuZW 2000, 5 (5 ff.); vgl. *Ellger*, in: Immenga/Mestmäcker, a. a. O., Art. 101 Abs. 3 AEUV Rn. 348.

437 *Geiger*, Das Weißbuch der EG-Kommission zu Art. 81, 82 EG – eine Reform, besser als ihr Ruf, EuZW 2000, 165 (166).

438 *Ellger*, in: Immenga/Mestmäcker, a. a. O., Art. 101 Abs. 3 AEUV Rn. 348.

439 *Ellger*, in: Immenga/Mestmäcker, a. a. O., Art. 101 Abs. 3 AEUV Rn. 348; *Kling/Thomas*, a. a. O., § 19 Rn. 12.

440 *Bechtold/Bosch*, GWB, 9. Aufl. 2018, § 2 GWB Rn. 29.

441 *Ellger*, in: Immenga/Mestmäcker, a. a. O., Art. 101 Abs. 3 AEUV Rn. 348.

442 *Schuhmacher*, in: Grabitz/Hilf/Nettesheim, 69. EL Oktober 2020, Art. 101 AEUV, Rn. 357; *Ellger*, in: Immenga/Mestmäcker, a. a. O., Rn. 349; vgl. *Baron*, in: Loewenheim/Meessen/Riesenkampff/Kersting/Meyer-Lindemann (LMRKM), Kartellrecht 4. Aufl. 2020, Art. 1 Vertikal-GVO Rn. 5 f.

443 *Ellger*, in: Immenga/Mestmäcker, a. a. O., Art. 101 Abs. 3 AEUV Rn. 350.

die Vereinbarkeit mit Art. 101 Abs. 3 AEUV bzw. § 2 Abs. 1 GWB bei den gruppenweise freistellbaren Vereinbarungen nicht überprüft werden soll.[444] Wenn eine Wettbewerbsbeschränkung die Voraussetzungen einer Gruppenfreistellungsverordnung erfüllt, wird sie nach § 2 Abs. 2 GWB vom Kartellverbot des § 1 GWB freigestellt. In dem Fall liegen die beteiligten Parteien in einem *safe harbour*, so dass die positive Freistellungswirkung durch den Rückgriff auf Art. 101 Abs. 3 AEUV bzw. § 2 Abs. 1 GWB nicht entzogen wird.[445]

Falls wettbewerbsbeschränkende Verhaltenskoordinationen aufgrund der Überschreitung der 30 % Marktanteilsschwelle nicht mehr nach Gruppenfreistellungsverordnungen freigestellt werden, kann trotzdem überprüft werden, ob sie im Wege einer Einzelfallprüfung gem. Art. 101 Abs. 3 AEUV bzw. § 2 Abs. 1 GWB eine Freistellungmöglichkeit erhalten. Die unter eine Kernbeschränkung gefallenen Vereinbarungen sind allerdings anhand einer Ausstrahlungswirkung von der Einzelfallprüfung ausgeschlossen.[446]

3. Kernbeschränkungen nach Art. 4 Vertikal-GVO

Wettbewerbsbeschränkende vertikale Vereinbarungen, welche spürbar und schwer dem Wettbewerb schaden, werden als Kernbeschränkungen, schwarze Klauseln oder auf Englisch auch *hardcore restrictions* bezeichnet.[447] Fallen vertikale Vereinbarungen unter die Kernbeschränkungen des Art. 4 Vertikal-GVO, wird der Ausschluss des Rechtsvorteils der Gruppenfreistellung geführt. Für die Freistellbarkeit der wettbewerbsschädlichen Vereinbarungen sind die Spürbarkeit und die Schwere der Wettbewerbsbeschränkung maßgeblich.[448] Die Marktanteilsschwelle der beteiligten Unternehmen spielt keine Rolle, wenn die betroffene Vereinbarung bereits eine Kernbeschränkung darstellt. Die eine Kernbeschränkung enthaltende vertikale Vereinbarung führt also zu einem Entfall der Freistel-

444 *Ellger*, in: Immenga/Mestmäcker, a. a. O., Art. 101 Abs. 3 AEUV Rn. 349.

445 Einzel- und Gruppenfreistellung stehen gleichwertig in der Legalkonkurrenz als sekundärrechtliche Legalausnahme: *Baron*, in: Loewenheim/Meessen/Riesenkampff/Kersting/Meyer-Lindemann (LMRKM), a. a. O., Art. 1 Vertikal-GVO Rn. 6; *Kling/Thomas*, a. a. O., § 19 Rn. 10 f.

446 *Ellger*, in: Immenga/Mestmäcker, a. a. O., Art. 101 Abs. 3 AEUV Rn. 351.

447 *Baron*, in: Loewenheim/Meessen/Riesenkampff/Kersting/Meyer-Lindemann (LMRKM), a. a. O., Art. 4 Vertikal-GVO Rn. 184, Fn. 332.

448 Vgl. *Baron*, in: Loewenheim/Meessen/Riesenkampff/Kersting/Meyer-Lindemann (LMRKM), a. a. O., Art. 4 Vertikal-GVO Rn. 185.

lungsmöglichkeit für die gesamte Vertikalvereinbarung,[449] obwohl der Marktanteil der beteiligten Parteien unterhalb der 30 % liegt. Darüber hinaus wird bei den eine Kernbeschränkung gem. Art. 4 Vertikal-GVO enthaltenden Vereinbarungen normtypisch vermutet, dass sie unter das Kartellverbot des Art. 101 Abs. 1 AEUV bzw. § 1 GWB fallen und die Voraussetzungen des Art. 101 Abs. 3 AEUV bzw. § 2 Abs. 1 GWB nicht erfüllen.[450]

Dieser Teil handelt lediglich von Art. 4 lit. b, lit. c und lit. d Vertikal-GVO, die die meist angewandten Kernbeschränkungen bzgl. der selektiven Vertriebssysteme sind.[451]

a) Gebiets- und Kundenbeschränkungen nach Art. 4 lit. b Vertikal-GVO

Nach Art. 4 lit. b werden Vereinbarungen und aufeinander abgestimmte Verhaltensweisen, welche Beschränkungen des Gebiets und der Kundengruppe enthalten, nicht freigestellt, da solche Verhaltenskoordinationen Märkte nach bestimmten Gebieten und Kundengruppen verteilen[452] und dies die Integration des europäischen Binnenmarktes verhindert. Hierbei dürfen die Abnehmer die Vertragserzeugnisse bzw. -dienstleistungen an eine bestimmte Kundengruppe oder an Kunden an bestimmten Orten nicht verkaufen oder müssen Bestellungen solcher Kundengruppen an einen Händler vor Ort weiterleiten.[453] Diese Beschränkungen beziehen sich sachlich auf Vertragserzeugnisse bzw. -dienstleistungen und räumlich auf die Ansässigkeit der Abnehmer bzw. Kunden (sog. Standortklausel).[454] Da es sich bei Art. 4 lit. b Vertikal-GVO um Beschränkungen zu Lasten der Abnehmer handelt, stellen Gebiets- und Kundengruppenbeschränkungen zu

449 Kommission, Leitlinien für vertikale Beschränkung, ABl. 2010 C 130/1, Rn. 47.

450 Kommission, Leitlinien für vertikale Beschränkung, ABl. 2010 C 130/1, Rn. 47.

451 Art. 4 lit. a Vertikal-GVO ist für Preisbindungen und ggf. Doppelpreissysteme, welche unter einem Selektivvertriebssystem herbeigeführt sind, auch anwendbar. Die Anwendung des Art. 4 lit. a Vertikal-GVO kommt allerdings im Verhältnis zu Art. 4 lit. b, lit. c und lit. d Vertikal-GVO nicht häufig in der Praxis vor: vgl. *Baron*, in: Loewenheim/Meessen/Riesenkampff/Kersting/Meyer-Lindemann (LMRKM), a. a. O., Art. 4 Vertikal-GVO Rn. 202.

452 Kommission, Leitlinien für vertikale Beschränkung, ABl. 2010 C 130/1, Rn. 50.

453 Kommission, Leitlinien für vertikale Beschränkung, ABl. 2010 C 130/1, Rn. 50.

454 Kommission, Leitlinien für vertikale Beschränkung, ABl. 2010 C 130/1, Rn. 50; vgl. *Seeliger*, in: Wiedemann, Handbuch des Kartellrechts, 4. Aufl. 2020, § 11 Rn. 170; *Ellger*, in: Immenga/Mestmäcker, a. a. O., Art. 4 Vertikal-GVO Rn. 42.

Lasten der Anbieter keine Kernbeschränkung nach Art. 4 lit. b Vertikal-GVO dar.[455]

Eine Abgrenzung von aktiven und passiven Verkäufen im Sinne des Art. 4 lit. b Ziff. i Vertikal-GVO erfolgt nach Maßgabe der Vertikal-Leitlinien. Die Unterscheidung ist bzgl. des Internet(selektiv)vertriebs in erster Linie von Belang, da der Umfang der Beschränkungen im Internetvertrieb immer noch nicht eindeutig begrenzt ist und eine solche Unterscheidung etwas dazu beitragen kann, obwohl die beiden Definitionen aufgrund des sich schnell entwickelnden Zustands des Internetvertriebs neu bearbeitet werden sollen.

aa) Unterscheidung zwischen aktiven und passiven Verkäufen bzgl. des Online-Handels

Nach Art. 4 lit. b Ziff. i Vertikal-GVO sind nur Beschränkungen aktiver Verkäufe als Ausnahme akzeptiert. Beschränkungen passiver Verkäufe stellen somit weiter eine Kernbeschränkung dar. Während Beschränkungen aktiver Verkäufe in den meisten Vertriebssystemen (exkl. Selektivvertriebssysteme) als zulässig angesehen werden, ist die Freistellungsmöglichkeit über die Beschränkung passiver Verkäufe in allen Vertriebssystemen ausgeschlossen. In der Beurteilungsphase, in der das Vorliegen einer Kernbeschränkung in Form einer Gebiets- oder Kundenkreisbeschränkung überprüft wird, ist die Unterscheidung zwischen aktiven und passiven Verkäufen nicht von Bedeutung.[456]

(1) Aktive Verkäufe

Aktive Ansprachen des einzelnen Kunden, eines bestimmten Kundenkreises oder von Kunden in einem bestimmten Orten werden laut den Vertikal-LL als aktive Verkäufe angesehen.[457] Dazu zählen Direktwerbung (z.B. Massen-E-Mails) und Online-Werbung (z.B. gebietsspezifische Banner auf Websites Dritter bzw. allgemeine Bemühungen).[458] Darüber hinaus sind

455 *Seeliger*, in: Wiedemann, a. a. O., § 11 Rn. 173.

456 Vgl. *Herrlinger*, Zur Auslegung der „Beschränkung der Kundengruppe“ in Art. 4 lit. b Vertikal-GVO, NZKart 2014, 92 (93).

457 Kommission, Leitlinien für vertikale Beschränkung, ABl. 2010 C 130/1, Rn. 51.

458 Kommission, Leitlinien für vertikale Beschränkung, ABl. 2010 C 130/1, Rn. 51.

Zahlungen an einen Anbieter einer Suchmaschine oder der Online-Werbung auch als aktive Verkäufe zu werten, denn solche Werbemaßnahmen zielen auf Kunden in einem bestimmten Orten oder auf einem bestimmten Kundenkreis ab.[459]

(2) Passive Verkäufe

Aufgrund des rasanten Wachstums des Internetvertriebs sind Vereinbarungen und aufeinander abgestimmte Verhaltensweisen über die grundlegende Nutzungsverhinderung des Internets unzulässig. Daraus ergibt sich, dass Beschränkungen elementarer Verkaufsaktivitäten wie die Kundenerreichung über das Internet als Beschränkungen passiver Verkäufe im Online-Handel angesehen werden können.[460] Weiterverkäufe auf einer eigenen Website sind bspw. eine Form passiver Verkäufe.[461] Das Aufrufen der Websites bzw. die Kontaktaufnahme und die (automatische) Informationsverteilung bspw. durch Newsletter gehören auch zu passiven Verkäufen.[462]

In den Vertikal-LL bestehen ausführliche Beispiele über die Kernbeschränkungen passiver Internetverkäufe. Eine Vereinbarung stellt eine Kernbeschränkung dar, wenn dadurch die Website eines Händlers von den Kunden aus einem anderen Gebiet nicht eingesehen wird. Weiterhin entsteht eine Kernbeschränkung, wenn ein Händler durch die Vereinbarung eine automatische Umleitungsfunktion auf seiner Website einrichten muss, so dass die Kunden automatisch von der Website eines Händlers auf die Website des Herstellers oder anderer Händler umgeleitet werden können.[463] Allerdings ist die Installation zusätzlicher Links auf die Website des Herstellers oder anderer Händler erlaubt.[464] Darüber hinaus fällt eine Vereinbarung unter eine Kernbeschränkung nach Art. 4 lit. b Vertikal-GVO, wenn durch die Vereinbarung die Internet-Transaktion von Kunden aus dem anderen Gebiet unterbrochen wird.[465] Wenn eine Vereinbarung den

459 Kommission, Leitlinien für vertikale Beschränkung, ABl. 2010 C 130/1, Rn. 51, 53.
460 Kommission, Leitlinien für vertikale Beschränkung, ABl. 2010 C 130/1, Rn. 52.
461 Kommission, Leitlinien für vertikale Beschränkung, ABl. 2010 C 130/1, Rn. 52.
462 Kommission, Leitlinien für vertikale Beschränkung, ABl. 2010 C 130/1, Rn. 52; vgl. *Zöttl*, in: Münchener Kommentar zum Wettbewerbsrecht 3. Aufl. 2020, Art. 4 Vertikal-GVO, Rn. 119.
463 Kommission, Leitlinien für vertikale Beschränkung, ABl. 2010 C 130/1, Rn. 52 lit. a.
464 Kommission, Leitlinien für vertikale Beschränkung, ABl. 2010 C 130/1, Rn. 52 lit. a.
465 Kommission, Leitlinien für vertikale Beschränkung, ABl. 2010 C 130/1, Rn. 52 lit. b.

im Online getätigten Teil der Gesamtverkäufe, welche mit Offline-Verkäufen der Händler zusammenhängen, beschränkt, stellt sie auch eine Kernbeschränkung dar.[466] Wenn Händler durch Vereinbarungen für Online-Weiterverkäufe einen höheren Preis als für Offline-Weiterverkäufe bezahlen müssen (Doppelpreissysteme), werden solche Vereinbarungen als Kernbeschränkung klassifiziert.[467]

bb) Internetkunden als Kundengruppe i. S. v. Art. 4 lit. b Vertikal-GVO

Gem. Art. 4 lit. b Vertikal-GVO beziehen sich Gebiets- und Kundengruppenbeschränkungen auf Verkäufe in Gebiete oder an Kundengruppen, welche ein Anbieter sich ausschließlich selbst vorbehalten oder ausschließlich einem anderen Händler zugewiesen hat.[468] Bislang ungeklärt ist, ob Internetkäufer als eigene Kundengruppe i. S. d. Art. 4 lit. b Vertikal-GVO kategorisiert werden können. Nach e. A. können Internetkäufer nicht als Kundengruppe i. S. d. Art. 4 lit. b Vertikal-GVO verstanden werden, da sich ein Anbieter diese Kundengruppe nicht selbst vorbehalten und auch nicht ausschließlich einem anderen Abnehmer zuweisen kann.[469] Aus diesem Grund können Internetkäufer nicht anhand objektiver Kriterien der Kommission als eine Kundengruppe definiert werden.[470] Überdies können alle Personen, welche einen Internetzugang haben und theoretisch in Internet Einkäufe machen können,[471] nicht als eine Kundengruppe angesehen werden, da diese Parameter zu unspezifisch sind, um eine bestimmte Gruppe zu bilden. Darüber hinaus fungiert das Internet bloß als ein Vertriebskanal bzw. eine Verkaufsart.[472]

Nach Auffassung des EuGH bilden Internetkäufer allerdings eine Kundengruppe i. S. d. Art. 4 lit. b VO 330/2010. Im Coty-Urteil stellte der EuGH hinsichtlich der Beschränkung der Kunden von Drittplattformen fest, dass *„innerhalb der Gruppe der Internetkäufer die Kunden von Drittplattformen*

466 Kommission, Leitlinien für vertikale Beschränkung, ABl. 2010 C 130/1, Rn. 52 lit. c.

467 Kommission, Leitlinien für vertikale Beschränkung, ABl. 2010 C 130/1, Rn. 52 lit. d.

468 Kommission, Leitlinien für vertikale Beschränkung, ABl. 2010 C 130/1, Rn. 51.

469 *Schultze/Pautke/Wagener*, Vertikal-GVO 4. Aufl. 2019, Rn. 735 f.; *Lubberger*, Plattformverbote verboten?, WRP 2015, 14 (21).

470 *Schultze/Pautke/Wagener*, a. a. O., Rn. 735.

471 *Leupold*, Onlinebeschränkungen und die anstehende Reform der Vertikal-GVO – Klarstellung dringend erforderlich!, NZKart 2019, 520 (521).

472 Vgl. *Leupold*, NZKart 2019, 520 (521).

nicht abgrenzbar sein dürften“.[473] Hierbei gab der EuGH mittelbar zu, dass Internetkäufer als eine abgrenzbare Kundengruppe angesehen werden können. Überdies hat das Oberlandesgericht München bereits 2009 geklärt, dass *„die Gesamtheit der Käufer auf dem relevanten Markt, welche in der Lage und bereit sind, über das Internet einzukaufen eine Kundengruppe bildet“*, da es sich hierbei *„um eine nach abstrakten, von der Beschränkung selbst eigenständigen Kriterien abgrenzbare Gruppe der Personen handelt“*.[474] Der vollständige Ausschluss oder die spürbare Beschränkung bestimmter Vertriebsarten wie Internetverkäufe sind also nach Art. 4 lit. b Vertikal-GVO unzulässig.[475]

Wie in unterschiedlicher Rechtsprechung und in der Literatur beschrieben ist, können Internetkäufer also als eine eigene abgrenzbare Kundengruppe kategorisiert werden.[476] Das Internet ist zwar ein Verkaufsmittel, welches Verbraucher je nach Präferenz freiwillig benutzen können.[477] Aber in manchen Situationen besteht nur die Möglichkeit zum Internetkauf. In dem Fall bedeutet der Internetvertrieb mehr als bloß ein Verkaufsmittel und solche Kunden sollten auch als Internetkunden klassifiziert werden.

Außerdem ist die ausführliche Kategorisierung der Internetkundengruppen aufgrund der wachsenden wettbewerbspolitischen Bedeutsamkeit des Internetvertriebs und der unterschiedlichen Plattformen unverzichtbar. Die Meinung des EuGH über die abgrenzbare Kundengruppe bzgl. des Internetvertriebs, dass eine einheitliche bzw. zentrale Gruppe der Internetkunden genügend sei, sollte abgeändert werden. Genauso wie das Internet

---

473 EuGH, Urt. v. 06.12.2017 – Rs. C-230/16, ECLI:EU:C:2017:941 Rn. 66 – Coty Germany.

474 OLG München, Urt. v. 02.07.2009 – U (K) 4842/08, GRUR-RR 2009, 394 (395) – Sportartikel; *Veelken*, in: Immenga/Mestmäcker, Wettbewerbsrecht EG/Teil 1, 4. Aufl. 2007, Art. 4 Vertikal-GVO Rn. 207.

475 BGH, Urt. v. 04.11.2003 – KZR 2/02, GRUR 2004, 351 (352) – Depotkosmetik im Internet; OLG München, Urt. v. 02.07.2009 – U (K) 4842/08, GRUR-RR 2009, 394 (395) – Sportartikel; vgl. *Nolte*, in: Langen/Bunte, Kommentar zum deutschen und europäischen Kartellrecht, 12. Aufl. 2014, Art. 101 AEUV, Rn. 779; *Baron*, in: Loewenheim/Meessen/Riesenkampff/Kersting/Meyer-Lindemann (LMRKM), a. a. O., Art. 4 Vertikal-GVO Rn. 248.

476 BGH, Urt. v. 04.11.2003 – KZR 2/02, GRUR 2004, 351 (352) – Depotkosmetik im Internet; OLG München, Urt. v. 02.07.2009 – U (K) 4842/08, GRUR-RR 2009, 394 (395) – Sportartikel; vgl. *Nolte*, in: Langen/Bunte, a. a. O., Art. 101 AEUV, Rn. 779; *Baron*, in: Loewenheim/Meessen/Riesenkampff/Kersting/Meyer-Lindemann (LMRKM), a. a. O., Art. 4 Vertikal-GVO Rn. 248; *Veelken*, in: Immenga/Mestmäcker, a. a. O., Art. 4 Vertikal-GVO Rn. 207.

477 *Leupold*, NZKart 2019, 520 (521).

als ein wichtiger Absatzweg eine Kundengruppe generieren kann, sollten auch Drittplattformen als vergrößernder bzw. beliebter Verkaufsweg auch eine eigene Kundengruppe bilden können.

cc) Ausnahmeregelung zum selektiven Vertrieb nach Art. 4 lit. b Ziff. iii Vertikal-GVO

Eine Verkaufsbeschränkung an eine bestimmte Abnehmergruppe ist nach Art. 4 lit. b unzulässig. Allerdings kann eine Beschränkung sowohl passiver als auch aktiver Verkäufe an Außenseiter im Rahmen eines selektiven Vertriebssystems nach der Ausnahmeregelung des Art. 4 lit. b Ziff. iii in Verbindung mit Art. 1 Abs. 1 lit. e Vertikal-GVO freigestellt werden.[478] Beim Verkaufsverbot an Außenseiter kann die Gefahr einer nationalen Marktabschottung ausgeschlossen sein, wenn Querlieferungen zwischen Vertriebsmitgliedern in unterschiedlichen Mitgliedstaaten zugebilligt sind.[479]

Das Verkaufsverbot an die in das Vertriebsnetz nicht zugelassenen Händler kann erst dann gerechtfertigt werden, wenn das Selektivvertriebssystem schon in dem vom Anbieter festgelegten Gebiet betrieben wird oder Mitglieder des Systems schon nach den Selektionskriterien ausgewählt sind.[480] Art. 4 lit. b Ziff. iii ist somit nicht anwendbar, wenn das Selektivvertriebssystem nicht in der gegenwärtigen Zeit eingerichtet ist, sondern in der Zukunft eingeführt wird.[481] In dem Fall ist das Verkaufsverbot an Außenseiter des selektiven Vertriebssystems kartellrechtlich bedenklich und auch nicht freistellbar.

---

478 Kommission, Leitlinien für vertikale Beschränkung, ABl. 2010 C 130/1, Rn. 55; vgl. *Schultze/Pautke/Wagener*, a. a. O., Rn. 659.

479 BGH, Urt. v. 15.10.2020 – I ZR 147/18, GRUR 2020, 1306 (1309 f.), Rn. 43: „*Von einer Abschottung der nationalen Märkte kann nicht generell ausgegangen werden, wenn bei einem selektiven Vertriebssystem ein Verkauf an Außenseiter verboten ist. Die Gefahr einer Abschottung der nationalen Märkte kann ausgeschlossen sein, wenn der Verkauf an Außenseiter verboten, aber Querlieferungen zwischen Vertriebspartnern in unterschiedlichen Mitgliedstaaten gestattet sind (...)*".

480 Vgl. Kommission, Leitlinien für vertikale Beschränkung, ABl. 2010 C 130/1, Rn. 55; *Ellger*, in: Immenga/Mestmäcker, a. a. O., Art. 4 Vertikal-GVO Rn. 89.

481 *Ellger*, in: Immenga/Mestmäcker, a. a. O., Art. 4 Vertikal-GVO Rn. 89.

dd) Verhältnis zur Geoblocking-VO

Die Geoblocking-VO regelt mittelbare oder unmittelbare Beschränkungen, welche aufgrund der Staatsangehörigkeit, des Wohnsitzes oder des Ortes der Niederlassung der Abnehmer auferlegt werden. Während Art. 4 lit. b Vertikal-GVO wettbewerbsbeschränkende zwischenunternehmerische Verhaltenskoordinationen erfasst, handelt es sich bei der Geoblocking-Verordnung zwar um einseitige Zugriffsbeschränkungen außerhalb des Wettbewerbsrechts.[482] Aber die Geoblocking-VO fungiert als wichtige Ergänzung zu Art. 4 lit. b Vertikal-GVO.[483]

Nach Art. 6 Abs. 1 Geoblocking-VO kann diese Verordnung auf Beschränkungen der sowohl passiven als auch aktiven Verkäufe i. S. der Vertikal-GVO nebeneinander angewendet werden, sofern die Beschränkungen unter die Verbote der Artt. 3, 4 und 5 Geoblocking-VO fallen. Gegen solche Beschränkungen können die Sanktionen aus beiden Regelungen kumulativ verhängt werden.[484] Bei der Anwendung des Art. 6 Abs. 1 Geoblocking-VO ist wettbewerbsrechtlich problematisch, dass die Geoblocking-VO die Beschränkungen passiver Verkäufe weiterhin verbietet, obwohl die Beschränkungen aufgrund der mangelnden Spürbarkeit wettbewerbsbeschränkender Auswirkungen oder der Freistellung nach der Vertikal-GVO nicht mehr kartellrechtlich bedenklich sind.[485] Außerdem besteht bei Beschränkungen passiver Verkäufe an in das System nicht zugelassene Händler im Selektivvertrieb (Art. 4 lit. b Ziff. iii Vertikal-GVO) keine parallele Anwendungsmöglichkeit des Art. 6 Abs. 2 Geoblocking-VO, da die Beschränkungen im Selektivvertrieb unabhängig von der Staatsangehörigkeit, dem Wohnsitz oder dem Ort der Niederlassung für alle Händler auferlegt werden.[486]

---

482 *Bernhard*, Die Geoblocking-Verordnung in der Praxis, NJW 2019, 472; vgl. *Baron*, in: Loewenheim/Meessen/Riesenkampff/Kersting/Meyer-Lindemann (LMRKM), a. a. O., Art. 4 Vertikal-GVO Rn. 316.

483 *Baron*, in: Loewenheim/Meessen/Riesenkampff/Kersting/Meyer-Lindemann (LMRKM), a. a. O., Art. 4 Vertikal-GVO Rn. 305.

484 *Baron*, in: Loewenheim/Meessen/Riesenkampff/Kersting/Meyer-Lindemann (LMRKM), a. a. O., Art. 4 Vertikal-GVO Rn. 316.

485 *Baron*, in: Loewenheim/Meessen/Riesenkampff/Kersting/Meyer-Lindemann (LMRKM), a. a. O., Art. 4 Vertikal-GVO Rn. 317.

486 *Baron*, in: Loewenheim/Meessen/Riesenkampff/Kersting/Meyer-Lindemann (LMRKM), a. a. O., Art. 4 Vertikal-GVO Rn. 317.

b) Verkaufsbeschränkungen an Endverbraucher im selektiven Vertrieb nach Art. 4 lit. c Vertikal-GVO

aa) Allgemeines

Art. 4 lit. c Vertikal-GVO erfasst mittelbare sowie unmittelbare Verkaufsbeschränkungen an alle Endkunden durch die auf der Einzelhandelsebene tätigen Mitglieder eines selektiven Vertriebssystems als Kernbeschränkung. Hierbei dürfen sowohl aktive als auch passive Verkäufe der in das System zugelassenen Mitglieder nicht beschränkt werden. Da ein selektives Vertriebssystem aufgrund der bereits durch die Auswahl beschränkten Mitgliederanzahl bzw. der als Selektionskriterien auferlegten Verkaufsmaßnahmen eine kartellrechtlich grenzwertige Wettbewerbsbeschränkung darstellen könnte, kann eine zusätzliche Verkaufsbeschränkung den markeninternen Wettbewerb gefährden, weshalb Art. 4 lit. c Vertikal-GVO im Verhältnis zu Art. 4 lit. b Ziff. i Vertikal-GVO strenger geregelt ist. Wenn Verkaufsbeschränkungen allerdings dem Schutz des andernorts betriebenen Alleinvertriebssystems dienen, können sie laut der Kommission ausnahmsweise als zulässig angesehen werden.[487]

bb) Begriffsbestimmungen

(1) Umfang des Begriffs der auf der Einzelhandelsstufe tätigen Mitglieder eines Selektivvertriebssystems

Nach Art. 4 lit. c Vertikal-GVO dürfen die auf der Einzelhandelsebene tätigen Mitglieder eines selektiven Vertriebssystems die Vertragserzeugnisse bzw. -dienstleistungen an Endverbraucher frei vertreiben. Hierbei ist fraglich, in welchem Umfang der Begriff eines Mitglieds des Selektivvertriebssystems ausgelegt werden soll.[488] Im traditionellen Vertrieb war die Rolle eines Anbieters bzw. eines Abnehmers einigermaßen zum Ausdruck gebracht. In den Vertikal-Leitlinien ist darüber hinaus ein Mitglied des selektiven Vertriebssystems ausschließlich als ein in das Vertriebsnetz

---

487 Kommission, Leitlinien für vertikale Beschränkung, ABl. 2010 C 130/1, Rn. 56.
488 *Schultze/Pautke/Wagener*, a. a. O., Rn. 905.

zugelassener Händler bezeichnet.[489] Diese Erläuterung der Kommission zum Begriff des Mitglieds des Selektivvertriebs hat die Realität der Selektivvertriebssysteme im Internetzeitalter nicht widergespiegelt, da Hersteller in den letzten Jahren immer mehr versuchen, ihre Erzeugnisse direkt an Endkunden zu verkaufen (sog. Direktvertrieb).[490] Dies zeigt, dass Anbieter selbst als Händler bzw. ein Mitglied des Selektivvertriebs tätig sein können. Maßgebend ist hierbei nicht die Art der Geschäfte oder der Organisationen, sondern die Tätigkeit des Mitglieds als Einzelhändler.[491] Soweit Hersteller durch den Direktvertrieb an Endverbraucher auf der Einzelhandelsstufe tätig sind, gilt die Kernbeschränkung des Art. 4 lit. c Vertikal-GVO für Hersteller als Mitglied des selektiven Vertriebssystems.[492]

Außerdem gilt Art. 4 lit. c Vertikal-GVO grundsätzlich nicht für Großhändler des selektiven Vertriebssystems, da die Kommission Beschränkungen des Verkaufs durch einen Einzelhändler als Kernbeschränkung ansieht[493] und Verkäufe an Endverbraucher durch einen Großhändler nach Art. 4 lit. b Ziff. ii Vertikal-GVO untersagt werden können.[494] Dadurch wird klargestellt, dass Großhändler nur Einzelhändler beliefern dürfen.[495] Ist allerdings die in Art. 4 lit. b Ziff. ii Vertikal-GVO vorgesehene Verkaufsbeschränkung nicht zu verwenden, so dass die auf der Großhandelsstufe tätigen Mitglieder möglicherweise an Endkunden verkaufen können, darf keine Verkaufsbeschränkung auferlegt werden.[496] Da Verkäufe an Endverbraucher durch ein auf der Großhandelsstufe tätiges Mitglied eines selekti-

489 Kommission, Leitlinien für vertikale Beschränkung, ABl. 2010 C 130/1, Rn. 56; vgl. *Schultze/Pautke/Wagener*, a. a. O., Rn. 905.

490 Kommission, Staff Working Document – Final report on the E-Commerce Sector Inquiry, SWD (2017) 154 final, Rn. 178 ff.

491 *Baron*, in: Loewenheim/Meessen/Riesenkampff/Kersting/Meyer-Lindemann (LMRKM), a. a. O., Art. 4 Vertikal-GVO Rn. 325; vgl. *Schultze/Pautke/Wagener*, a. a. O., Rn. 906.

492 *Schultze/Pautke/Wagener*, a. a. O., Rn. 905 ff.; *Baron*, in: Loewenheim/Meessen/Riesenkampff/Kersting/Meyer-Lindemann (LMRKM), a. a. O., Art. 4 Vertikal-GVO Rn. 325.

493 Vgl. *Wegner/Johannsen*, in: Kölner Kommentar zum Kartellrecht, Art. 4 Vertikal-GVO Rn. 125.

494 Kommission, Leitlinien für vertikale Beschränkung, ABl. 2010 C 130/1, Rn. 56; hierbei können sowohl aktive als auch passive Verkäufe an Endkunden untersagt werden: *Schultze/Pautke/Wagener*, a. a. O., Rn. 755 f., 906.

495 *Bechtold/Bosch/Brinker*, EU-Kartellrecht 3. Aufl. 2014, Art. 4 VO 330/2010 Rn. 25; *Baron*, in: Loewenheim/Meessen/Riesenkampff/Kersting/Meyer-Lindemann (LMRKM), a. a. O., Art. 4 Vertikal-GVO Rn. 325.

496 *Bechtold/Bosch/Brinker*, a. a. O., Art. 4 VO 330/2010 Rn. 25.

ven Vertriebssystems entweder ganz frei erlaubt oder pauschal untersagt werden können, gilt hierbei ein sog. Alles-oder-Nichts-Prinzip.[497]

(2) Umfang des Begriffs der Endverbraucher

Nach Art. 4 lit. c Vertikal-GVO müssen Verkäufe durch einen Einzelhändler oder ein auf der Einzelhandelsstufe tätiges Mitglied an Endverbraucher erfolgen. Der Begriff der Endverbraucher umfasst sowohl private Einzelverbraucher als auch gewerbliche bzw. institutionelle Endverbraucher, welche die gekauften Vertragserzeugnisse nicht weiterverarbeiten oder weiterverkaufen.[498] Zu institutionellen Endverbrauchern gehören Schulen, Krankenhäuser sowie Kasernen.[499] Nach e. A. schaffen sich solche öffentlichen Institutionen die Vertragsprodukte zum unternehmerischen Zweck an,[500] aber nach der Rechtsprechung des EuGH sind sie kein Unternehmen im Sinne von Art. 101 Abs. 1 AEUV.[501] Dazu besteht eine a. A. dahingehend, dass solche Institutionen die Vertragsprodukte zum Zweck der Erfüllung ihrer Aufgaben kaufen.[502]

Außerdem sind Einkaufsmittler (Verbrauchervertreter oder *purchasing agent*)[503] laut den Vertikal-Leitlinien auch als Endverbraucher kategorisiert. Einkaufsmittler sind auf Rechnung von Endkunden tätig[504] und sind laut der Kommission vor allem im Kfz-Sektor von Belang.[505] Die Unterscheidung zwischen dem Verkauf an einen Einkaufsmittler und an einen Endverbraucher über einen Einkaufsmittler ist aufgrund der Verkaufsrisikover-

---

497 *Bechtold/Bosch/Brinker*, a. a. O., Art. 4 VO 330/2010 Rn. 25.

498 *Schultze/Pautke/Wagener*, a. a. O., Rn. 907; *Wegner/Johannsen*, in: Kölner Kommentar zum Kartellrecht, Art. 4 Vertikal-GVO Rn. 127 ff.

499 *Schultze/Pautke/Wagener*, a. a. O., Rn. 907.

500 *Schultze/Pautke/Wagener*, a. a. O., Rn. 907; *Wegner/Johannsen*, in: Kölner Kommentar zum Kartellrecht, Art. 4 Vertikal-GVO Rn. 127; *Veelken*, in: Immenga/Mestmäcker, a. a. O., Art. 4 Vertikal-GVO Rn. 89.

501 EuGH, Urt. v. 11.07.2006 – Rs. C-205/03 P, Slg. 2006, I-6295 – FENIN.

502 *Baron*, in: Loewenheim/Meessen/Riesenkampff/Kersting/Meyer-Lindemann (LMRKM), a. a. O., Art. 4 Vertikal-GVO Rn. 326.

503 In der deutschen Fassung steht „*Verkauf an Verbraucher bzw. deren Vertreter*" und „*users to whom they may sell or purchasing agents acting on be half of those users*" in der englischen Fassung: Kommission, Leitlinien für vertikale Beschränkung, ABl. 2010 C 130/1, Rn. 56

504 *Schultze/Pautke/Wagener*, a. a. O., Rn. 907.

505 *Nolte*, in: Langen/Bunte, a. a. O., Art. 101 AEUV Rn. 1006.

antwortung unabdingbar.[506] Fungiert ein Einkaufsmittler als Handelsvertreter eines Endverbrauchers, muss dies nicht unterschieden werden.

cc) Verhältnis zu Art. 4 lit. b Ziff. i Vertikal-GVO

Art. 4 lit. c Vertikal-GVO erfasst Beschränkungen sowohl aktiver als auch passiver Verkäufe in einem Selektivvertriebssystem, während es sich im Art. 4 lit. b Ziff. i um Beschränkungen aktiver Verkäufe in allen anderen Vertriebssystemen handelt. Nach Art. 4 lit. b Ziff. i dürfen aktive Verkäufe bei allen Vertriebsformen (außer dem selektiven Vertriebssystem) zulasten der Abnehmer beschränkt werden,[507] da dieser Artikel als Ausnahmeregelung solche Beschränkungen freistellen lässt. Das Verbot aktiver Verkäufe an Endverbraucher durch ein auf der Einzelhandelsebene tätiges Mitglied eines Selektivvertriebssystems ist allerdings nach Art. 4 lit. c Vertikal-GVO unzulässig.

Passive Verkäufe, die im Zusammenhang mit der Kundenerreichung als fundamentale Geschäfte gelten, dürfen in allen Vertriebsformen nicht beschränkt werden. Die Beschränkung passiver Verkäufe ist sowohl nach Art. 4 lit. c als auch nach Art. 4 lit. b Ziff. i unzulässig. Daher fungiert Art. 4 lit. c gegenüber Art. 4 lit. b Ziff. i als *lex specialis*.[508] Aus dem Verhältnis zu Art. 4 lit. b Ziff. i wird abgeleitet, dass ein selektives Vertriebssystem und ein Alleinvertriebssystem nicht im selben Gebiet und nicht innerhalb einer Kundengruppe verwendet werden dürfen, da die Kombination von Selektivvertrieb und Alleinvertrieb möglicherweise eine absolute Gebiets- bzw. Kundengruppenabschottung herbeiführen kann.[509] Die Kommission sieht solche Kombinationen auch als unzulässig an.[510] Eine Kombination von einem Selektivvertrieb in einem Gebiet und einem Alleinvertrieb in einem anderen Gebiet ist nach Art. 4 lit. b Ziff. i freistellbar und gilt deshalb als zulässig.[511]

---

506 *Wegner/Johannsen*, in: Kölner Kommentar zum Kartellrecht, Art. 4 Vertikal-GVO Rn. 128; vgl. *Nolte*, in: Langen/Bunte, a. a. O., Art. 101 AEUV Rn. 1007.

507 *Schultze/Pautke/Wagener*, a. a. O., Rn. 904.

508 *Schultze/Pautke/Wagener*, a. a. O., Rn. 904; *Nolte*, in: Langen/Bunte, a. a. O., Art. 101 AEUV, Rn. 512.

509 Vgl. Kommission, Leitlinien für vertikale Beschränkung, ABl. 2010 C 130/1, Rn. 57.

510 Kommission, Leitlinien für vertikale Beschränkung, ABl. 2010 C 130/1, Rn. 57.

511 *Schultze/Pautke/Wagener*, a. a. O., Rn. 904.

c) Querlieferungsbeschränkung im Selektivvertrieb nach Art. 4 lit. d Vertikal-GVO

Querlieferungsbeschränkungen im Selektivvertrieb können eine Marktabschottung verursachen. Die Gefahr einer nationalen Marktabschottung befindet sich, wenn ein Hersteller im selektiven Vertrieb durch eine Querlieferungsbeschränkung den grenzüberschreitenden Warenverkehr im Binnenmarkt verhindert.[512] Art. 4 lit. d Vertikal-GVO erfasst die Beschränkung von Querlieferungen zwischen zugelassenen Händlern auf allen Handelsstufen[513] innerhalb eines Selektivvertriebssystems im Sinne des Art. 1 Abs. 1 lit. e Vertikal-GVO. Da es sich hierbei um eine Kernbeschränkung eines Selektivvertriebssystems handelt, fallen sowohl qualitative als auch quantitative selektive Vertriebsformen[514] in den Anwendungsbereich des Art. 4 lit. d Vertikal-GVO. Umstritten ist, ob Art. 4 lit. d auch auf einen Selektivvertrieb in Form einer einfachen Fachhandelsbindung anwendbar ist.[515] Überdies ist Art. 4 lit. d nicht anwendbar, wenn die Lieferbeschränkung gezielt an Außenseiter gerichtet ist, da dies nach der Ausnahmeregelung des Art. 4 lit. b Ziff. iii keine Kernbeschränkung darstellt.

Obwohl ein Hersteller in einem Selektivvertriebssystem als ein auf der Einzelhandelsstufe tätiges Mitglied fungiert, wird er nicht als ein Händler i.

512 BGH, Urt. v. 15.03.2012 – I ZR 52/10, Rn. 31 = GRUR 2012, 626 (629); BGH, Urt. v. 05.05.2015 – I ZB 74/14, GRUR 2015, 1248 (1250), Rn. 27; BGH, Urt. v. 15.10.2020 – I ZR 147/18, GRUR 2020, 1306 (1309), Rn. 40.

513 Zu dem Begriff von Querlieferung gehören sowohl Querlieferungen im engen Sinne (Lieferungen nur zwischen Händlern gleicher Handelsstufe) als auch Rücklieferungen (Lieferungen zwischen Händlern unterschiedlicher Handelsstufen) und Sprunglieferungen (Lieferungen zwischen Händlern unterschiedlicher Handelsstufen mit dem Sprung der nächsten Handelsstufe, wie Lieferung zwischen Importeur und Einzelhändler) im weiten Sinne: *Schultze/Pautke/Wagener*, a. a. O., Rn. 936.

514 *Baron*, in: Loewenheim/Meessen/Riesenkampff/Kersting/Meyer-Lindemann (LMRKM), a. a. O., Art. 4 Vertikal-GVO Rn. 336; vgl. *Ellger*, in: Immenga/Mestmäcker, a. a. O., Art. 4 Vertikal-GVO Rn. 107.

515 Ein Selektivvertriebssystem in Form einfacher Fachhandelsbindung kann auch unter den Anwendungsbereich des Art. 4 lit. d eingeordnet werden: *Baron*, in: Loewenheim/Meessen/Riesenkampff/Kersting/Meyer-Lindemann (LMRKM), a. a. O., Art. 4 Vertikal-GVO Rn. 336; auf allen Formen der selektiven Vertriebssystemen, außer der Form einer einfachen Fachhandelsbindung, kann Art. 4 lit. d anwendbar sein, da eine einfache Fachhandelsbindung nicht unter das Kartellverbot des Art. 101 Abs. 1 AEUV bzw. § 1 GWB fällt: *Ellger*, in: Immenga/Mestmäcker, a. a. O., Art. 4 Vertikal-GVO Rn. 107.

S. d. Art. 4 lit. b erfasst.[516] Darüber hinaus fällt eine (direkte) Lieferungsbeschränkung von dem Anbieter, der gleichzeitig als Einzelhändler tätig ist, an Endverbraucher in den Anwendungsbereich des Art. 4 lit. c Vertikal-GVO. Der Zweck dieser Regelung ist die Gewährleistung eines Austauschs zwischen den zugelassenen Händlern auf allen Handelsebenen, so dass die Integration des europäischen Binnenmarkts gefördert wird.[517]

d) Zwischenzusammenfassung

Art. 4 Vertikal-GVO enthält insgesamt ausdrücklich drei Regelungen zu selektiven Vertriebssystemen i. S. d. Art. 1 Abs. 1 lit. e Vertikal-GVO. In Art. 4 lit. b Ziff. iii handelt es sich um eine Ausnahmeregelung für die Beschränkung passiver und aktiver Verkäufe an Außenseiter im Selektivvertrieb, so dass solche Beschränkungen trotz der wettbewerbsbeschränkenden Auswirkungen aufgrund des speziellen Charakters dieses Vertriebssystems freigestellt werden können. Art. 4 lit. c und Art. 4 lit. d Vertikal-GVO erfassen Beschränkungen, welche bzgl. des Selektivvertriebs zum Ausschluss des Rechtsvorteils der Gruppenfreistellung führen. Außerdem kann Art. 4 lit. a ggf. auf ein Selektivvertriebssystem angewendet werden, falls eine preisbezogene Beschränkung wie ein Doppelpreissystem im Selektivvertrieb als Fest- bzw. Mindestverkaufspreis wirkt.[518] Wird ein Selektivvertriebssystem mit anderen wettbewerbsbeschränkenden Systemen wie Alleinvertriebssystem kombiniert, kann die Kombination wegen der spürbaren Wettbewerbsbeschränkung nicht nach der Vertikal-GVO gruppenweise freigestellt werden.[519] Wenn das Selektivvertriebssystem allerdings die Voraussetzungen des Art. 101 Abs. 3 AEUV bzw. § 2 Abs. 1 GWB kumulativ erfüllt, kann das System nach der Einzelfallprüfung vom Kartellverbot des Art. 101 Abs. 1 AEUV bzw. § 1 GWB freigestellt werden.

---

516 Vgl. *Baron*, in: Loewenheim/Meessen/Riesenkampff/Kersting/Meyer-Lindemann (LMRKM), a. a. O., Art. 4 Vertikal-GVO Rn. 338.

517 *Schultze/Pautke/Wagener*, a. a. O., Rn. 935.

518 *Wolf*, in: Münchener Kommentar zum Wettbewerbsrecht 3. Aufl. 2020, AEUV Art. 101, Rn. 465.

519 Kommission, Leitlinien für vertikale Beschränkung, ABl. 2010 C 130/1, Rn. 57.

4. Rechtsfolge der Kernbeschränkung

Über die Rechtsfolge der Kernbeschränkungen nach Art. 4 Vertikal-GVO bestehen unterschiedliche Meinungen. Nach h. M. haben Vereinbarungen, welche eine Kernbeschränkung nach Art. 4 Vertikal-GVO enthalten, die Gesamtnichtigkeit der betreffenden Vereinbarungen zur Folge.[520] Laut den Vertikal-LL ist die ganze Vertikalvereinbarung vom Anwendungsbereich der Gruppenfreistellungsverordnung ausgeschlossen, selbst wenn nur eine Klausel von der Vereinbarung die Voraussetzungen einer Kernbeschränkung nach Art. 4 Vertikal-GVO erfüllt.[521] Es kommt nicht darauf an, ob die der Kernbeschränkung nach Art. 4 Vertikal-GVO unterfallende Klausel ein wesentlicher Teil der Vertikalvereinbarung ist oder nicht.[522] Da die Existenz einer Kernbeschränkung die Gruppenfreistellungsmöglichkeit der gesamten Vereinbarung nach der Vertikal-GVO verhindert, gilt hierbei das sog. Alles-oder-Nichts-Prinzip.[523] Die Vereinbarungen, welche eine Kernbeschränkung darstellen, fallen vermutlich unter das Kartellverbot des Art. 101 Abs. 1 AEUV bzw. § 1 GWB und erfüllen dann keine Voraussetzungen des Art. 101 Abs. 3 AEUV bzw. § 2 Abs. 1 GWB.[524] Wenn zu erwartende Effizienzgewinne durch die Klauseln, welche eine Kernbeschränkung enthalten, vorliegen und alle Voraussetzungen der Legalausnahme des Art. 101 Abs. 3 AEUV bzw. § 2 Abs. 1 GWB erfüllt sind, können Unternehmen mittels des Nachweises solcher wettbewerbsfördernden Auswirkungen die Einzelfallfreistellungsmöglichkeit der betreffenden Vereinbarung durch die Kommission überprüfen lassen.[525] Nach a. A. wird sich die Nichtigkeit nicht automatisch auf gesamte Vereinbarungen, welche unter Kernbeschränkungen nach Art. 4 Vertikal-GVO fallen, beziehen.[526] Hierbei werden

520 Kommission, Leitlinien für vertikale Beschränkung, ABl. 2010 C 130/1, Rn. 47, 70; *Baron*, in: Loewenheim/Meessen/Riesenkampff/Kersting/Meyer-Lindemann (LM-RKM), a. a. O., Art. 4 Vertikal-GVO Rn. 348; *Kling/Thomas*, a. a. O., § 5 Rn. 389; *Ellger*, in: Immenga/Mestmäcker, a. a. O., Art. 4 Vertikal-GVO Rn. 121; *Nolte*, in: Langen/Bunte, a. a. O., Art. 101 AEUV, Rn. 406.

521 Kommission, Leitlinien für vertikale Beschränkung, ABl. 2010 C 130/1, Rn. 47.

522 *Baron*, in: Loewenheim/Meessen/Riesenkampff/Kersting/Meyer-Lindemann (LM-RKM), a. a. O., Art. 4 Vertikal-GVO Rn. 348.

523 *Kling/Thomas*, a. a. O., § 5 Rn. 389; *Ellger*, in: Immenga/Mestmäcker, a. a. O., Art. 4 Vertikal-GVO Rn. 121.

524 Kommission, Leitlinien für vertikale Beschränkung, ABl. 2010 C 130/1, Rn. 47.

525 Kommission, Leitlinien für vertikale Beschränkung, ABl. 2010 C 130/1, Rn. 47.

526 *Krauß*, in: Langen/Bunte, a. a. O., § 1 GWB, Rn. 320 f. m. w. N.

lediglich Vertragsklauseln, die ein Bestandteil wettbewerbsbeschränkender Vereinbarung sind, nichtig.[527]

II. Die Grenzen der Vertikal-GVO

Als die VO 330/2010 die vormals geltende VO 2790/1999 ablöste, wurden wegen der zunehmenden Bedeutung des Internetvertriebs Regelungen zu Online-Selektivvertriebssystemen bzw. -Alleinvertriebssystemen eingeführt. Diese werden in den Vertikal-Leitlinien ausführlich beschrieben,[528] da die VO 2790/1999 den zunehmenden Internetvertrieb nicht sachgemäß regulieren konnte.

Trotzdem wurde die VO 330/2010 wie ihr Vorgänger ständig kritisiert, weil sie den Zustand des heutigen Online-Handels nicht widerspiegelt.[529] Die Kommission nahm die Reformbedürfnisse der aktuellen Vertikal-GVO zur Kenntnis und begann im Oktober 2018 mit dem Evaluierungsprozess für die neue Vertikal-GVO.

Laut dem Ergebnis der öffentlichen Konsultation, welche zur Überarbeitung der Vertikal-GVO 330/2010 am 4. Februar 2019 eröffnet wurde, war man der Auffassung, dass manche Regelungen betreffend Vertikalvereinbarungen zu restriktiv sind und dies eine Verhinderung der Entwicklung des Online-Vertriebs in Europa herbeiführt.[530] Darüber hinaus ist geklärt, dass die VO 330/2010 und die Vertikal-LL v. a. im Hinblick auf die künftige Marktentwicklung mehr Rechtssicherheit anbieten sollen.[531]

---

527 *Krauß*, in: Langen/Bunte, a. a. O., § 1 GWB, Rn. 320.

528 *Ellger*, in: Immenga/Mestmäcker, a. a. O., Art. 1 Vertikal-GVO, Rn. 10.

529 EU-Kommission, Factual summary of the contributions received in the context of the open public consultation on the evaluation of the Vertical Block Exemption Regulation (EU) No 330/2010, p. 4.

530 EU-Kommission, Factual summary of the contributions received in the context of the open public consultation on the evaluation of the Vertical Block Exemption Regulation (EU) No 330/2010, p. 4.

531 Kommission, Factual summary of the contributions received in the context of the open public consultation on the evaluation of the Vertical Block Exemption Regulation (EU) No 330/2010, p. 5.

1. Schwierigkeiten bei der Anwendung der Vertikal-GVO und der Vertikal-Leitlinien

Die Vertikal-GVO und die Vertikal-Leitlinien zielen erstens darauf ab, sowohl der Kommission als auch den nationalen Wettbewerbsbehörden und Gerichten von den Mitgliedstaaten die Arbeit für die Durchsetzung des Wettbewerbsrechts zu erleichtern.[532] Zweitens sollen sie Unternehmen bei der Selbstprüfung ihrer vertikalen Vereinbarungen unterstützen, damit die Kosten für die rechtliche Beurteilung reduziert werden können.[533] Die Rechtssicherheit sollte durch die Vertikal-GVO und die Vertikal-LL geschaffen werden. Bei der öffentlichen Konsultation ist allerdings die Rechtssicherheit der Vertikal-GVO und der Vertikal-LL zum Gegenstand der Kritik geworden.

Nicht nur Unternehmen, sondern auch die nationalen Wettbewerbsbehörden und Gerichte können bspw. aufgrund der mangelnden Widerspiegelung der veränderten Marktzustände sowie der neuen Vertriebsmodelle kartellrechtlich nicht richtig beurteilen, ob die betreffende Vertikalvereinbarung nach Vertikal-GVO freistellbar ist oder eine Kernbeschränkung darstellt. Daraus resultiert auch die inkonsequente Anwendung der Regelung über den Online-Vertrieb wie die Nutzung der Online-Plattformen.[534]

Des Weiteren erschwert der unklare, unverständliche sowie komplizierte Wortlaut und die z. T. komplizierte Normstruktur (z.B. Ausnahmen von Ausnahmen in Art. 4 Vertikal-GVO) bei einigen Regelungen der Vertikal-GVO bzw. der Vertikal-LL den Unternehmen die Anwendung und die Auslegung der entsprechenden Regelungen.[535] Dies ist auch ein Grund für die Rechtsunsicherheit der Vertikal-GVO und der Vertikal-LL. Unternehmen sind daher auf externe Rechtsberatung angewiesen, um diese Regelungen richtig anzuwenden.[536]

---

532 Kommission, Staff Working Document – Evaluation of the Vertical Block Exemption Regulation, SWD(2020) 173 final, v. 08.09.2020, S. 15.

533 Kommission, Leitlinien für vertikale Beschränkung, ABl. 2010 C 130/1, Rn. 3.

534 Kommission, Factual summary of the contributions received in the context of the open public consultation on the evaluation of the Vertical Block Exemption Regulation (EU) No 330/2010, p. 5.

535 Kommission, Staff Working Document – Evaluation of the Vertical Block Exemption Regulation, SWD(2020) 173 final, v. 08.09.2020, S. 64 f.

536 Kommission, Staff Working Document – Evaluation of the Vertical Block Exemption Regulation, SWD(2020) 173 final, v. 08.09.2020, S. 65.

Außerdem ist in der Kritik angeklungen, dass der unverbindliche Charakter der Vertikal-LL eine inkonsequente Anwendung der Vertikal-Regelung von nationalen Kartellbehörden bzw. Gerichten veranlasst habe, so dass dies zu einer Reduktion der Rechtssicherheit geführt hätte.[537]

2. Rollenänderung des Herstellers

Früher waren die Rollen der Marktteilnehmer relativ eindeutig. Bei der traditionellen Rollenverteilung fungierten Hersteller als Anbieter der Vertragswaren bzw. -dienstleistungen und Händler dienten als Abnehmer und deren Weiterverteiler. Heutzutage ist die Rollengrenze zwischen den Herstellern und Händlern nicht mehr ganz so klar und eindeutig. Hersteller vertreiben ihre Waren und Dienstleistungen also über eigene On- und Offline-Geschäfte unmittelbar an die Endverbraucher (sog. Direktvertrieb). Ein solcher Direktvertrieb ist mittlerweile nicht selten. Allerdings ist die Vertikal-GVO nach Art. 2 Abs. 4 S. 1 Vertikal-GVO grundsätzlich auf Vereinbarungen zwischen Wettbewerbern nicht anwendbar. Nach Art. 2 Abs. 4 S. 2 Vertikal-GVO kann indes die Anwendung der Vertikal-GVO auf einen direkten Vertrieb als Ausnahme stattfinden, wenn der Hersteller nicht nur als Anbieter, sondern auch als Händler fungiert und seine Händler weiterhin auf der Einzelhandelsebene tätig sind. Laut der Kommission wird ein Direktvertrieb als Gegenstand der Leitlinien über horizontale Vereinbarungen angesehen, während vertikale Elemente des Direktvertriebs nach den Vertikal-LL beurteilt werden.[538]

Wie oben erwähnt, wird der Direktvertrieb aufgrund der zunehmenden Bedeutung im Internetzeitalter nicht mehr als Ausnahmevertrieb angesehen. Hierbei ist die Frage aufgekommen, wie und in welchem Umfang ein solcher Vertrieb geregelt werden sollte. Hersteller im Direktvertrieb können i. d. R. zahlreiche Informationen von ihren Händlern durch Feedbacks über Produkte bzw. den Kundenservice und durch die Übersicht über den gesamten Vertrieb sammeln, wobei die in dem vorliegenden Fall ausgetauschten bzw. einseitig gesammelten Informationen umfassender sind

537 Kommission, Factual summary of the contributions received in the context of the open public consultation on the evaluation of the Vertical Block Exemption Regulation (EU) No 330/2010, p. 5.

538 Kommission, Leitlinien für vertikale Beschränkung, ABl. 2010 C 130/1, Rn. 27.

als die zwischen Wettbewerbern ausgetauschten Informationen.[539] Daraus kann sich eine bessere Vertriebsposition der Hersteller im Verhältnis zu deren Händlern ergeben, wobei die Wahrscheinlichkeit der Ausnutzung besserer Vertriebsposition seitens des Herstellers eher gering ist, weil das endgültige Ziel des Herstellers allein der verbesserte Gesamtumsatz ist.

Des Weiteren kann aufgrund der Informationsungleichheit theoretisch eine Vereinbarung zwischen Wettbewerbern im Sinne des Art. 2 Abs. 4 S. 2 Vertikal-GVO im Verhältnis zur Vereinbarung zwischen Wettbewerbern auf der reinen Horizontalebene kartellrechtlich ebenfalls bedenklich sein. Vereinbarungen zwischen einem im Direktvertrieb tätigen Hersteller und seinen Händlern können somit stärkere Kartelle als die Vereinbarungen zwischen den im reinen horizontalen Verhältnis stehenden Wettbewerbern bilden. Allerdings ist noch zu klären, inwiefern die nach vertikalen Regelungen zulässigen Vertikalvereinbarungen wegen eines horizontalen Wettbewerbsverhältnisses den Kartellcharakter erreichen können.[540] Darüber hinaus ist fraglich, ob die Vereinbarungen zwischen einem im Direktvertrieb tätigen Hersteller und seinen Händlern allgemein nach Art. 2 Abs. 4 S. 2 Vertikal-GVO den Rechtsvorteil der Vertikal-GVO erhalten können, ohne einzeln zu prüfen, in welchem Umfang der Hersteller den Direktvertrieb führt.[541]

Außerdem stehen Hersteller von Markenartikeln, welche ihre Geschäfte über ein Selektivvertriebssystem führen, heutzutage mittels sozialer Netzwerke wie Facebook und Instagram mit ihren Händlern intensiv im Wettbewerb. Dazu wird die Ansicht vertreten, dass ein Selektivvertriebssystem durch einen Direktvertrieb vom Rechtsvorteil der Gruppenfreistellung ausgenommen wird, weil Hersteller im Selektivvertrieb nach dem Wortlaut der Definition der selektiven Vertriebssysteme verpflichtet sind, die Vertragswaren oder -dienstleistungen nur an zugelassene Händler zu verkaufen.[542] Darüber hinaus hat die Kommission in den Vertikal-LL ein Mitglied des selektiven Vertriebssystems ausschließlich als ein in das Vertriebsnetz

539 BKartA, Quo vadis Vertikal-GVO – Zeit für eine Anpassung an die Digitalökonomie?, 10.10.2019, S. 10.

540 BKartA, Quo vadis Vertikal-GVO – Zeit für eine Anpassung an die Digitalökonomie?, 10.10.2019, S. 11.

541 BKartA, Quo vadis Vertikal-GVO – Zeit für eine Anpassung an die Digitalökonomie?, 10.10.2019, S. 11.

542 *Beutelmann*, Selektive Vertriebssysteme im europäischen Kartellrecht 2003, S. 133 f. (zur Rechtslage nach VO 2790/1999), *Hülsen*, Ausgewählte praktische Probleme des selektiven Vertriebs aus kartellrechtlicher Sicht, ZVertriebsR 2012, 299 (300 f.).

zugelassenen Händler bezeichnet.[543] Allerdings kann die Erläuterung der Kommission zum Begriff des Mitglieds des Selektivvertriebs nach Art. 4 lit. c Vertikal-GVO als unrealistisch angesehen werden, da die Realität der Selektivvertriebssysteme im Internetzeitalter nicht widergespiegelt wird. Es bleibt unberücksichtigt, dass immer mehr Hersteller den Direktvertrieb betreiben.[544] Daher kann ein Hersteller auch ein Mitglied des Selektivvertriebssystems werden, soweit er auf der Einzelhandelsebene tätig ist.[545] Der Direktvertrieb im Rahmen eines Selektivvertriebssystems kann mithin als kartellrechtlich unbedenklich angesehen werden.[546]

Aus diesen Gründen sollten sich die Nachfolger der VO 330/2010 bzw. der Vertikal-LL die durch den zunehmenden Direktvertrieb geänderte Rolle der Hersteller in allen Vertriebssystemen widerspiegeln und die Definition des Mitglieds eines Selektivvertriebssystems ausführlich ergänzen, so dass es klar wird, dass ein Hersteller im Selektivvertrieb abhängig von seiner Tätigkeit auf der Einzelhandelsstufe als ein Mitglied des Vertriebssystems gilt.

3. Bestpreisklauseln im Online-Vertrieb

Unter einer Bestpreisklausel oder einer Preisparitätsklausel versteht man eine Vereinbarung, in der sich eine Vertragspartei gegenüber einer anderen Vertragspartei verpflichtet, günstigste Preise bzw. Konditionen zu garantieren. Beiden Klauseln sind Unterfälle einer Meistbegünstigungsklausel.[547] Eine Meistbegünstigungsklausel kann abhängig vom jeweiligen Inhalt entweder eine echte oder unechte Meistbegünstigungsklausel darstellen.[548] Wird eine der Vertragsparteien verpflichtet, Dritten keine günstigeren Prei-

543 Kommission, Leitlinien für vertikale Beschränkung, ABl. 2010 C 130/1, Rn. 56.

544 Kommission, Staff Working Document – Final report on the E-Commerce Sector Inquiry, SWD (2017) 154 final, Rn. 178 ff.

545 *Schultze/Pautke/Wagener*, a. a. O., Rn. 905 ff.; *Baron*, in: Loewenheim/Meessen/Riesenkampff/Kersting/Meyer-Lindemann (LMRKM), a. a. O., Art. 4 Vertikal-GVO Rn. 325.

546 *Hülsen*, ZVertriebsR 2012, 299 (301).

547 *Schultze/Pautke/Wagener*, a. a. O., Rn. 641.

548 Echte Meistbegünstigungsklauseln sind auch als „unmittelbare" oder „rechtliche" Meistbegünstigungsklauseln genannt. Unechte Meistbegünstigungsklauseln sind auch als „mittelbare" oder „wirtschaftliche" Meistbegünstigungsklauseln bezeichnet.: *Kling/Thomas*, a. a. O., § 19 Rn. 184; *Schultze/Pautke/Wagener*, a. a. O., Rn. 639; s. auch *Seeliger*, in: Wiedemann, Handbuch des Kartellrechts, 4. Aufl. 2020, § 11 Rn. 166 ff.

se oder bessere Konditionen zu gewährleisten als der anderen Vertragspartei, ist dies sog. echte Meistbegünstigungsklausel (oder sog. Besserstellungsverbot).[549] Unter einer sog. unechten Meistbegünstigungsklausel (oder sog. Gleichstellungsgebot) muss eine der Vertragsparteien gegenüber der anderen Vertragspartei bessere oder zumindest gleiche und keine ungünstigeren Preise und Konditionen, welche bereits Dritte eingeräumt sind, (nachträglich) garantieren.[550]

Bestpreisklauseln unterscheiden sich inhaltlich von Preisparitätsklauseln. Bei Bestpreisklauseln besteht eine Beschränkung der Preissetzungsfreiheit im vertikalen Verhältnis, während Preisparitätsklauseln die Preissetzungsmöglichkeit im horizontalen Verhältnis beschränken.[551] Beispielsweise beschränkte ein Betreiber des Online-Marktplatzes, wer selbst als Händler über seine Plattform Produkte vertreibt, mit der Preisparitätsklausel den mit ihm im Wettbewerb stehenden Händler, dass der Händler keine Preissetzungsfreiheit gegenüber den Endkunden haben konnte.[552]

Außerdem bestehen bei Bestpreisklauseln (auch bei Preisparitätsklauseln) Dreieckverhältnisse, in den Anbieter, Plattformbetreiber und Endkunden miteinander zusammenhängen.[553] In Dreieckverhältnissen tritt eine Besonderheit der Bestpreisklauseln zu Tage, nämlich, dass die Klauseln nicht direkt an die Preise und Kondition der Anbieter gegenüber sich selbst gebunden sind, sondern lediglich gegenüber den Dritten, nämlich Endkunden, wirken.[554] Bestpreisklauseln begünstigen oder belasten also Dritte.[555] Daraus ergibt sich, dass Bestpreisklauseln eine atypische Form von Meistbegünstigungsklauseln sind.[556]

Bestpreisklauseln, welche vor allem in den Verträgen zwischen den Hotelbuchungsplattformen und den Hotels gebräuchlich sind,[557] können in

549 *Kling/Thomas*, a. a. O., § 19 Rn. 184; *Schultze/Pautke/Wagener*, a. a. O., Rn. 639 f.

550 *Kling/Thomas*, a. a. O., § 19 Rn. 184; *Schultze/Pautke/Wagener*, a. a. O., Rn. 639 f.

551 *Schultze/Pautke/Wagener*, a. a. O., Rn. 665 ff.

552 BKartA, Entsch. v. 26.11.2013 – B6–46/12 – Amazon.

553 Hierbei bestehen zwei unterschiedliche Verträge. Der erste Vertrag wird zwischen einem Anbieter und einem Plattformbetreiber und der zweite Vertrag wird zwischen einem Anbieter und seinen Kunden abgeschlossen: *Schultze/Pautke/Wagener*, a. a. O., Rn. 666 f.; *Tamke*, Kartellrechtliche Beurteilung der Bestpreisklauseln von Internetplattformen, WuW 2015, 594 (595).

554 *Tamke*, WuW 2015, 594 (595).

555 *Tamke*, WuW 2015, 594 (595).

556 *Tamke*, WuW 2015, 594 (595).

557 Bestpreisklauseln wurden auch in anderen Branchen wie in dem Energiebereich angewendet. Im „Verivox"-Fall erläuterte der Präsident des Bundeskartellamts *Andreas*

weite und enge Bestpreisklauseln geteilt werden. Unter einer weiten Bestpreisklausel verlangt ein Hotelplattformbetreiber gegenüber den Hotels, die über die Plattform ihre Zimmer anbieten wollen, dass sie ausschließlich dem Plattformbetreiber günstigste Preise und beste Vertragskonditionen einräumen müssen.[558] D. h., die Hotels dürfen nicht nur über andere Plattformen, sondern auch auf ihrer eigenen Website keine günstigeren Preise und Kondition anbieten. Unter einer engen Bestpreisklausel ist bloß das Angebot der günstigeren Preise bzw. sonstigen Vertragskondition auf der eigenen Website von den gebundenen Hotels verboten.[559]

Bestpreisklauseln haben sowohl wettbewerbsbeschränkende als auch wettbewerbsfördernde Auswirkungen. Laut der bisherigen Rechtsprechung bzw. Entscheidungen der Kartellbehörden werden die Preissetzungsfreiheit (i.w.S. das Selbständigkeitspostulat)[560] des Produktanbieters, der Marktzutritt neuer Plattformen, der Wettbewerb zwischen Plattformen und die (Preis- und Produkts-)Auswahl der Kunden durch Bestpreisklauseln beschränkt.[561] Solche wettbewerbsbeschränkende Auswirkungen sind vor allem bei weiten Bestpreisklauseln sehr stark ausgeprägt. Wettbewerbsfördernde Effekte von Bestpreisklauseln sind nämlich mehr Investitionen in den Qualitätswettbewerb, die Vorbeugung des Trittbrettfahrerproblems

---

Mundt, dass Bestpreisklauseln die positive Wettbewerbseffekte von Vergleichsportalen für Strom- und Gaslieferungen herabsetzen können: BKartA, Pressemitteilung v. 03.06.2015.

558 BKartA, Entsch. v. 20.12.2013 – B9–66/10 – HRS; OLG Düsseldorf, Urt. v. 09.01.2015 – VI-Kart 1/14 (V), ZVertriebsR 2015, 182 – HRS.

559 BKartA, Entsch. v. 22.12.2015 – B9–121/13 – Booking; OLG Düsseldorf, Urt. v. 04.05.2016 – VI-Kart 1/16 (V), NZKart 2016, 291 – Booking; OLG Düsseldorf, Urt. v. 04.06.2019 – VI-Kart 2/16 (V), ZVertriebsR 2019, 329 – Booking.

560 Bestpreisklauseln beziehen sich nicht unmittelbar auf bestimmte Festpreise oder Konditionen, sondern auf die bessere oder gleiche Behandlung für den Vertragspartner im Vergleich zu anderen oder eigenen Vertriebskanal von dem Produktanbieter. Allerdings kann sich die dauerhafte Anpassung der Preise und Konditionen zugunsten des Vertragspartners schließlich die Preissetzungsfreiheit des Produktanbieters beeinträchtigen.

561 BKartA, Entsch. v. 20.12.2013 – B9–66/10 – HRS; OLG Düsseldorf, Urt. v. 09.01.2015 – VI-Kart 1/14 (V), ZVertriebsR 2015, 182 – HRS; BKartA, Entsch. v. 22.12.2015 – B9–121/13 – Booking; OLG Düsseldorf, Urt. v. 04.06.2019 – VI-Kart 2/16 (V), ZVertriebsR 2019, 329 – Booking; S. auch *Heyers*, Wettbewerbsrechtliche Bewertung sog. Preisparitätsklauseln – ein juristisch-ökonomischer Ansatz, GRUR Int 2013, 409 (412 f.); Monopolkommission, Sondergutachten 68: Wettbewerbspolitik: Herausforderung digitale Märkte, 01.06.2015, Rn. 411.

und die Reduzierung der Transaktionskosten der Verbraucher durch die Markttransparenz.[562]

Unstreitig ist hierbei, dass weite Bestpreisklauseln spürbar wettbewerbsbeschränkend sind und unter das Kartellverbot gem. Art. 101 Abs. 1 AEUV bzw. § 1 GWB fallen. Im Gegensatz dazu ist es streitig bei engen Bestpreisklauseln. Laut dem Urteil vom OLG Düsseldorf 2019 stellen enge Bestpreisklauseln zwar wettbewerbsbeschränkende Wirkungen dar, aber als kartellrechtsneutraler Leistungsaustauschvertrag sind sie vom Anwendungsbereich des Kartellverbots nach Art. 101 Abs. 1 AEUV bzw. § 1 GWB ausgenommen.[563] Aber in der früheren Rechtsprechung erklärte das OLG Düsseldorf, dass enge Bestpreisklauseln spürbare Wettbewerbsbeschränkungen bewirken und unter das Kartellverbot nach Art. 101 Abs. 1 AEUV bzw. § 1 GWB fallen.[564] Dies hat der Bundesgerichtshof im Mai 2021 bestätigt und das Urteil des OLG Düsseldorf zu engen Bestpreisklauseln aufgehoben.[565] Laut der bisherigen Rechtsprechung und den Entscheidungen des Bundeskartellamtes bewirken Bestpreisklauseln Wettbewerbsbeschränkungen.[566] Allerdings bleibt es noch offen, ob Bestpreisklauseln eine Wettbewerbsbeschränkung bezwecken können.[567]

Falls Bestpreisklauseln unter das Kartellverbot des Art. 101 Abs. 1 AEUV bzw. § 1 GWB fallen, können sie Grds. freigestellt werden. Bezüglich der Freistellungsmöglichkeit nach der Vertikal-GVO bzw. § 2 Abs. 2 GWB bestehen diverse Auffassungen. Zunächst ist aufgrund der Dreiecksverhältnisse der Bestpreisklauseln unklar, ob der Anwendungsbereich der

562 *Tamke*, WuW 2015, 594 (598); *Augenhofer/Schwarzkopf*, Bestpreisklauseln im Spannungsfeld europäischen Kartellrechts und mitgliedstaatlicher Lösungen, NZKart 2017, 446 (407); S. auch OLG Düsseldorf, Urt. v. 09.01.2015 – VI-Kart 1/14 (V), ZVertriebsR 2015, 182 (193), Rn. 124 ff. – HRS.

563 OLG Düsseldorf, Urt. v. 04.06.2019 – VI-Kart 2/16 (V), ZVertriebsR 2019, 329 (331 f.), Rn. 18 f., 31 ff. – Booking.

564 OLG Düsseldorf, Urt. v. 09.01.2015 – VI-Kart 1/14 (V), ZVertriebsR 2015, 182 – HRS; OLG Düsseldorf, Urt. v. 04.05.2016 – VI-Kart 1/16 (V), NZKart 2016, 291 – Booking.

565 BGH, Urt. v. 18.05.2021 – KVR 54/20, NZKart 2021, 499 – Booking.

566 BKartA, Entsch. v. 20.12.2013 – B9–66/10 – HRS; OLG Düsseldorf, Urt. v. 09.01.2015 – VI-Kart 1/14 (V), ZVertriebsR 2015, 182 – HRS; BKartA, Entsch. v. 22.12.2015 – B9–121/13 – Booking; LG Köln, Urt. v. 16.02.2017 – 88 O (Kart) 17/16, ZVertriebsR 2017, 265 – Expedia.

567 Die Bewirkung der Wettbewerbsbeschränkung von Bestpreisklauseln wurde hierbei bejaht, aber die Bezweckung der Wettbewerbsbeschränkung ist noch offengeblieben.: BKartA, Entsch. v. 22.12.2015 – B9–121/13, Rn. 8 – Booking.

Vertikal-GVO für die Klauseln überhaupt eröffnet ist.[568] Ein Vertrag mit einer Bestpreisklausel zwischen einer Hotelbuchungsplattform und einem Hotelunternehmen ist zwar eine Vereinbarung zwischen Parteien, die auf unterschiedlichen Handelsstufen tätig sind. Aber nach Art. 1 Abs. 1 lit. a Vertikal-GVO ist eine vertikale Vereinbarung eine Vereinbarung, die zwischen zwei oder mehr Unternehmen, von denen jedes für die Zwecke der Vereinbarung auf einer anderen Ebene der Produktions- oder Vertriebskette tätig ist, geschlossen wird und die die Bedingungen betrifft, zu denen die beteiligten Unternehmen Waren oder Dienstleistungen beziehen, verkaufen oder weiterverkaufen dürfen. Laut dem OLG Düsseldorf regelt eine Bestpreisklausel allerdings keine Bedingungen bzgl. der Vermittlungsdienstleistungen bzw. des Weiterverkaufs der Dienstleistung durch das gebundene Hotelunternehmen und fällt daher nicht unter den Anwendungsbereich der Vertikal-GVO.[569] Später äußerte das OLG Düsseldorf eine entgegengesetzte Meinung, nämlich dass die Vertikal-GVO doch bei (engen und weiten) Bestpreisklauseln anwendbar sei.[570] Nach dieser Meinung ist die vertikale Vereinbarung zwischen dem Hotelplattformbetreiber und dem Hotelunternehmen ein Teil einer vertikalen Vereinbarung i. S. des Art. 1 Abs. 1 lit. a Vertikal-GVO, da das Hotelunternehmen als Anbieter der Hoteldienstleistungen und der Betreiber der Hotelbuchungsplattformen als Vermittler von Hotelbuchungen gelten.[571] Hierbei wird der Betreiber der Hotelplattform als Abnehmer i. S. v. Art. 1 Abs. 1 lit. h Vertikal-GVO angesehen.[572] Nach Art. 1 Abs. 1 lit. h Vertikal-GVO verkauft ein Abnehmer Waren oder Dienstleistungen für Rechnung eines anderen Unternehmens. Der Be-

568 OLG Düsseldorf, Urt. v. 09.01.2015 – VI-Kart 1/14 (V), ZVertriebsR 2015, 182 (192), Rn. 112 ff. – HRS; OLG Düsseldorf, Urt. v. 04.05.2016 – VI-Kart 1/16 (V), NZKart 2016, 291 (294) – Booking.

569 OLG Düsseldorf, Urt. v. 09.01.2015 – VI-Kart 1/14 (V), ZVertriebsR 2015, 182 (192), Rn. 115 – HRS; OLG Düsseldorf, Urt. v. 04.05.2016 – VI-Kart 1/16 (V), NZKart 2016, 291 (294 f.) – Booking.

570 OLG Düsseldorf, Urt. v. 04.12.2017 – VI-U (Kart) 5/17, NZKart 2018, 54 (54 f.) – Expedia.

571 OLG Düsseldorf, Urt. v. 04.12.2017 – VI-U (Kart) 5/17, NZKart 2018, 54 (55) – Expedia; S. auch *Nolte*, in: Langen/Bunte, a. a. O., Art. 101 AEUV Rn. 801 ff.; *Lohse*, Paritätsklauseln im Internetvertrieb: Verbotene vertikale Wettbewerbsbeschränkungen, FIW Jahrbuch 2014/2015 (Heft 257), S. 31, 58 ff.

572 OLG Düsseldorf, Urt. v. 04.12.2017 – VI-U (Kart) 5/17, NZKart 2018, 54 (55) – Expedia; S. auch *Nolte*, in: Langen/Bunte, a. a. O., Art. 101 AEUV, Rn. 801 ff.; *Lohse*, Paritätsklauseln im Internetvertrieb: Verbotene vertikale Wettbewerbsbeschränkungen, FIW Jahrbuch 2014/2015 (Heft 257), S. 31, 58 ff.

treiber der Hotelbuchungsplattform bietet dem gebundenen Hotelunternehmen eine Vermittlungsdienstleistung der Hotelbuchungen über seine Plattform an und ist von seiner Tätigkeit her als Handelsvertreter anzusehen.[573] Da der Betreiber der Buchungsplattform i. d. R. mit mehreren unterschiedlichen Geschäftsherren tätig ist, gilt er laut dem EuGH als unabhängige Zwischenperson, die selbständig eine Dienstleistungstätigkeit ausübt.[574] Dieses Urteil des OLG Düsseldorf hat eine sinnvolle und klare Ansage für die Anwendbarkeit der Vertikal-GVO auf Bestpreisklauseln getroffen, nämlich, dass Bestpreisklauseln als Vertikalvereinbarung i. S. v. Art. 1 Abs. 1 lit. a Vertikal-GVO nach Art. 2 Abs. 1 Vertikal-GVO bzw. § 2 Abs. 2 GWB freigestellt werden können, es sei denn, dass Bestpreisklauseln eine Kernbeschränkung gem. Art. 4 Vertikal-GVO darstellen.

Ob Bestpreisklauseln eine Kernbeschränkung i. S. v. Art. 4 lit. a Vertikal-GVO darstellen können, ist unklar. Nach Art. 4 Vertikal-GVO können nur bezweckte Wettbewerbsbeschränkungen als Kernbeschränkung angesehen werden. Bestpreisklauseln haben allerdings in der bisherigen Rechtsprechung und in Entscheidungen nur wettbewerbsbeschränkende Wirkungen.[575] Nach dem Wortlaut des Art. 4 lit. a Vertikal-GVO stellen darüber hinaus nur Beschränkungen der Preissetzungsfreiheit des Abnehmers – Preisbindung der zweiten Hand – eine Kernbeschränkung dar.[576] Bestpreisklauseln beschränken indes Preissetzungsfreiheit des Lieferanten (sog. Preisbindung der ersten Hand) und fallen daher nicht unter Art. 4 lit. a Vertikal-GVO.

Wie oben erwähnt, kann die aktuelle Fassung der Vertikal-GVO die neuartige atypische Form von Meistbegünstigungsklauseln nicht zweckmäßig regeln. Anpassungsvorschläge dafür werden im Nachfolgenden besprochen.

---

573 OLG Düsseldorf, Urt. v. 04.12.2017 – VI-U (Kart) 5/17, NZKart 2018, 54 (55) – Expedia.

574 EuGH, Urt. v. 01.10.1987 – Rs. 311/85, Slg. 1987, 3801 (3828) Rn. 20 – Flämische Reisebüros; OLG Düsseldorf, Urt. v. 04.12.2017 – VI-U (Kart) 5/17, NZKart 2018, 54 (55) – Expedia.

575 BKartA, Entsch. v. 20.12.2013 – B9–66/10 – HRS; OLG Düsseldorf, Urt. v. 09.01.2015 – VI – Kart 1/14 (V), ZVertriebsR 2015, 182 – HRS; BKartA, Entsch. v. 22.12.2015 – B9–121/13 – Booking; LG Köln, Urt. v. 16.02.2017 – 88 O (Kart) 17/16, ZVertriebsR 2017, 265 – Expedia.

576 OLG Düsseldorf, Urt. v. 04.12.2017 – VI-U (Kart) 5/17, NZKart 2018, 54 (56) – Expedia; s. auch *Kling/Thomas*, a. a. O., § 19 Rn. 189 f.

4. Harte Regelung bzgl. des Online-Selektivvertriebssystems

Im heutigen Internetzeitalter werden Selektionskriterien, die den freien Online-Vertrieb der Händler verhindern können, vielfach angewendet. Nach hier vertretener Ansicht unterstützen die strengen Regelungen der Kommission zu den Online-Selektivvertriebssystemen solche Wettbewerbsbeschränkungen.

a) Ausschlussmöglichkeit des reinen Online-Selektivvertriebs

Die Vertikal-Leitlinien legen fest, dass ein Hersteller im Rahmen eines selektiven Vertriebssystems seinen Händler auferlegen kann, dass sie mindestens einen stationären Laden zur Verfügung stellen sollen, wenn sie in das System zugelassen werden möchten (sog. Brick-store-Klausel).[577] Dies gibt dem Hersteller die Möglichkeit, den reinen Online-Selektivvertrieb auszuschließen. Die Erläuterung der Kommission über die Ausschlussmöglichkeit des reinen Online-Selektivvertriebs, welche als Qualitätsanforderung gerechtfertigt werden kann, hat den heutigen Vertriebstrend bzw. die zunehmende Bedeutung des Online-Vertriebs nicht widergespiegelt. Die Qualitätsanforderungen, wie markenimagegerechte Warenpräsentation, professionelle Beratungen von geschultem Fachpersonal und Sortimentsbreite- bzw. -tiefe, welche Markenartikelhersteller über stationäre Läden schaffen wollten,[578] können dank der rasanten technischen Entwicklung auch über Online-Geschäfte erfüllt werden. Für die Genehmigung des reinen Online-Selektivvertriebs können die folgenden Voraussetzungen verlangt werden. Für die hochwertige Warenpräsentation können audiovisuelle Medien wie hochauflösende Bilder bzw. 3D verfügbare Bilder oder Videos angefordert werden.[579] Für den qualifizierten Kundenservice kann ein Hotline- oder Chatservice durch geschultes Fachpersonal auferlegt werden. Ein solcher Service sollte in der normalen Geschäftsöffnungszeit erhältlich sein. Weiterhin können mehr Sortimentsbreite bzw. -tiefe im Verhältnis zum stationären Geschäft als Voraussetzung auferlegt werden.

---

577 Kommission, Leitlinien für vertikale Beschränkung, ABl. 2010 C 130/1, Rn. 54.

578 *Große*, Möglichkeiten und Grenzen einer Beschränkung des Internetvertriebs im Rahmen von Selektivvertriebsvereinbarungen, Newsdienst Compliance 2014, 72020.

579 *Haslinger*, Wie weit ist der Ausschluss moderner Vertriebsformen beim selektiven Vertrieb möglich?, WRP 2009, 279; *Rahlmeyer*, Welche Vorgaben eines Herstellers für den Onlinevertrieb seiner Produkte sind kartellrechtlich zulässig?, ZVertriebsR 2015, 144.

In dem Fall sollten keine übermäßigen Anforderungen gestellt werden, die den reinen Online-Selektivvertrieb unmöglich machen würden.

b) Strenge Regelungen über die Nutzung der Plattformen Dritter

Plattformen fungieren als Vermittler zwischen Händlern und Verbrauchern. Über Plattformen können Händler mehr Kunden erreichen als über ihre eigenen Online-Shops. Darüber hinaus sind Plattformen sehr wichtige Vertriebskanäle für kleine und mittlere Händler, obwohl die Nutzung der Plattformen aufgrund der besonderen Vertriebsstrategien der Markenhersteller Konflikte zwischen Markenherstellern und kleinen und mittleren Händler verursachen kann.[580] Kunden profitieren ebenfalls von Plattformen, da sie durch die Vergleichsfunktion der Plattformen neben ihrer gewünschten Ware gleichzeitig andere Waren, welche zu der gewünschten Ware in Konkurrenz stehen, anschauen können.[581] Außerdem klärt die Kommission in den Vertikal-LL, dass das allgemeine Nutzungsverbot von Plattformen Dritter, welche den Namen oder das Logo der Plattformen tragen, im Rahmen der selektiven Vertriebssysteme von Herstellern untersagt werden kann (sog. Logoklausel).[582] Hierbei sieht die Kommission das Nutzungsverbot der Drittplattformen als bloße Qualitätsanforderungen an.[583]

Allerdings passt diese Ansicht der Kommission nicht zu der jetzigen Marktkonstellation, da solche Plattformen heutzutage nicht nur im E-Commerce-Bereich, sondern auch im M-Commerce-Bereich über Apps benutzt werden und sich dadurch eine wichtige Position gesichert haben.[584] Aus diesem Grund können Drittplattformverbote als erhebliche

580 Kommission, Abschlussbericht über die Sektoruntersuchung zum elektronischen Handel COM(2017) 229 final, Rn. 14, 39; Vgl. *Janal*, EuZW 2017, 844; *Brömmelmeyer*, Selektive Vertriebssysteme und Marktplatzverbote für Luxusartikel, NZKart 2018, 62.

581 OLG München, Urt. v. 06.06.2019 – 29 U 3500/15, GRUR-RS 2019, 19565 – Ortlieb.

582 Kommission, Leitlinien für vertikale Beschränkung, ABl. 2010 C 130/1, Rn. 54.

583 Kommission, Leitlinien für vertikale Beschränkung, ABl. 2010 C 130/1, Rn. 54; vgl. *Dieselhorst/Luhn*, Kartellrechtliche Zulässigkeit der Untersagung des Vertriebs über eBay, WRP 2008, 1306 (1308 f.); *Rösner*, Aktuelle Probleme der Zulässigkeit von Selektivvertriebssystemen vor dem Hintergrund der Vertikal-GVO, WRP 2010, 1114 (1121 f.).

584 *ComScore*, These Are Millennials' Must-Have Apps, 2017.

Weiterverkaufsbeschränkungen angesehen werden.[585] Das Bundeskartellamt bestätigte bereits 2014, dass das per se-Verbot der Online-Marktplätze nicht als qualitatives Kriterium gilt, sondern als Mittel zum Ausschluss bestimmter Vertriebskanäle.[586] Die Nutzung der Drittplattformen sollte nicht bloß aufgrund der Logoklausel allgemein untersagt werden, sondern andere Faktoren sollten hierbei berücksichtigt werden. Wenn bspw. die betreffende Drittplattform erstens kein negatives Image weitergibt, eine zum Prestigeimage passende Unterkategorie betreibt und einen großen Nutzeranteil hat, so dass die Plattform als wichtiger Vertriebskanal nicht ignoriert werden kann, sollte die Nutzung der Plattformen trotz der Logoklausel in Erwägung gezogen werden.

5. Inflexibilität der Vertikal-GVO im Digitalzeitalter

Wie oben erwähnt, ist die aktuelle Fassung der Vertikal-GVO nicht optimal auf den jetzigen Vertriebstrend anwendbar. Heutzutage nimmt die Bedeutung des mobilen Internets zu. In Deutschland benutzen sogar mehr als 92 % der Internetnutzer das mobile Internet.[587] Hierbei ist von Bedeutung, dass die Nutzer des mobilen Internets häufig in sozialen Netzwerken aktiv sind. Dort finden sie Informationen, die für den Einkauf wichtig sind.[588] Die einflussreichen sozialen Netzwerke wie Instagram und Facebook bieten seit kurzem Shopping-Funktionen an.[589] Aufgrund des neuen Vertriebstrends entwickeln sich Einkaufsmöglichkeiten im Online-Vertrieb von eigenen Online-Shops über Plattformen bis zur Mischung von sozialen Netzwerken und Plattformen. Die VO 330/2010 ist veraltet und reguliert den Online-Vertrieb sehr konservativ. Daraus entstehen Schwierigkeiten, die sich aufgrund der Vielseitigkeit von Plattformen ergeben. Es entstehen ungeahnte Wettbewerbsbeschränkungen, die in der aktuellen Vertikal-GVO nicht eigens geregelt sind.[590] Hierbei werden solche Beschränkungen unter

585 Vgl. *Mäger/von Schreitter*, NZKart 2015, 62 (71); *Schweda/Rudowicz*, Verkaufsverbote über Online-Handelsplattformen und Kartellrecht, WRP 2013, 590 (597); *Lohse*, Drittplattformverbote: Kernbeschränkungen des Internetvertriebs?, WuW 2014, 120 (127).

586 BKartA, Entsch. v. 27.06.2014 – B3–137/12, S. 3.

587 *Heinemann*, Der neue Online-Handel 11. Aufl. 2020, S. 4.

588 *Heinemann*, a. a. O., S. 1 ff.

589 Siehe dazu oben, 1. Teil, § 3 B IV.

590 *Niemeyer/Fritz*, Problemkreise bei der Novellierung der Vertikal-GVO – Ein Überblick, NZKart 2020, 158 (160).

Art. 4 lit. b oder lit. c Vertikal-GVO subsumiert[591] und nach diesen Rechtsnormen reguliert. Die Vertikal-Leitlinien ergänzen zwar über Beschränkungen im Online-Vertrieb in der Rn. 52 ff.,[592] aber es reicht nicht, um die durch Plattformen verursachten neuartigen Wettbewerbsbeschränkungen zu regulieren. Laut dem Ergebnis der öffentlichen Konsultation über die Vertikal-GVO 330/2010 bzw. die Vertikal-Leitlinien gaben die Befragten überwiegend an, dass eine Anpassung nötig ist.[593] Dabei ist fraglich, inwieweit die VO 330/2010 auf die ganz neuen sozialen Netzwerk-Plattformen angewendet werden kann und in welchem Umfang die Anpassung der VO 330/2010 an die sich rasant verändernde Digital- und Plattformökonomie angelehnt werden sollte.

6. Anpassungsvorschläge im Rahmen der Konsultation zur Überarbeitung der Vertikal-GVO

a) Verbesserte Verständlichkeit für Unternehmen

Die aktuelle Fassung der Vertikal-GVO bzw. der Vertikal-LL erschwert aufgrund der Rechtsunsicherheit den Unternehmen die Anwendung bzw. die Auslegung der Regelung bei der Selbstprüfung ihrer Vertikalvereinbarungen.[594] Die Unklarheit, die Unverständlichkeit und die Komplexität des Wortlauts und der Struktur verursachen Rechtsunsicherheit.[595] Für die Erhöhung der Rechtssicherheit müssen die Vertikal-GVO bzw. die Vertikal-LL sprachlich und strukturell für Unternehmen leichter verständlich sein, damit sie ohne teure externe Rechtsberatung die entsprechenden Vertikalvereinbarungen selbst überprüfen können.

Außerdem müssen die Vertikal-GVO und die Vertikal-LL auch in Bezug auf den Online-Vertrieb inhaltlich konkretisiert werden, um den Unternehmen mehr Rechtssicherheit anzubieten. So muss geklärt werden, unter welche Umstände die Beschränkungen, welche von Herstellern für die Nut-

591 *Niemeyer/Fritz*, NZKart 2020, 158 (160).

592 *Niemeyer/Fritz*, NZKart 2020, 158 (160).

593 Kommission, Factual summary of the contributions received in the context of the open public consultation on the evaluation of the Vertical Block Exemption Regulation (EU) No 330/2010, pp. 14.

594 Kommission, Staff Working Document – Evaluation of the Vertical Block Exemption Regulation, SWD(2020) 173 final, v. 08.09.2020, S. 64 f.

595 Kommission, Staff Working Document – Evaluation of the Vertical Block Exemption Regulation, SWD(2020) 173 final, v. 08.09.2020, S. 64 f.

zung des Internets bzgl. des Vertriebs die Händler auferlegt werden, unter die Kernbeschränkung i. S. v. Art. 4 Vertikal-GVO fallen.

Sobald dies umgesetzt ist, kann das Ziel der Vertikal-GVO bzw. der Vertikal-LL zur Unterstützung der Unternehmen endlich erreicht werden.

b) Einführung neuer Formen von Meistbegünstigungsklauseln

In der Vertikal-GVO besteht keine Regelung für klassische bzw. atypische Meistbegünstigungsklauseln. Angesichts der zunehmenden Anwendung der Meistbegünstigungsklauseln im digitalen Vertrieb sollte eine Regelung für sie geschaffen werden.

In den jetzigen Vertikal-Leitlinien werden Meistbegünstigungsklauseln bislang nur an einer Stelle aufgegriffen.[596] Hierbei fehlen sowohl Definitionen als auch Auswirkungen der klassischen bzw. der neuartigen Meistbegünstigungsklauseln (Bestpreisklauseln und Preisparitätsklauseln). Sie sollten in den Vertikal-LL eingeführt werden. Darüber hinaus sollten enge bzw. weite Bestpreisklauseln auch im Detail nominiert werden. Dazu müssen ökonomische Auswirkungen sowie eine kartellrechtliche Beurteilung der engen und weiten Bestpreisklauseln ergänzt werden.

c) Erweiterung des Anwendungsbereichs der Kernbeschränkung

Art. 4 Vertikal-GVO umfasst nur bezweckte Wettbewerbsbeschränkungen. Hierbei wurde aber nicht betrachtet, dass bewirkte Wettbewerbsbeschränkungen, genauso wie bezweckte Wettbewerbsbeschränkungen, wettbewerbsschädlich sein können. So bewirken weite Bestpreisklauseln spürbare Wettbewerbsbeschränkungen[597] wie die Behinderung des Preiswettbewerbs, die Marktabschottung neuer Plattformen, die Beeinträchtigung der Konsumentenwohlfahrt und die Verletzung der Preisbildungsfreiheit des Produktanbieters. Solche spürbaren Wettbewerbsbeschränkungen sind i. d. R. als Kernbeschränkung i. S. v. Art. 4 Vertikal-GVO anzusehen. Ob eine betreffende Beschränkung unter die Kernbeschränkung nach Art. 4 Verti-

596 Kommission, Leitlinien für vertikale Beschränkung, ABl. 2010 C 130/1, Rn. 48.

597 BKartA, Entsch. v. 20.12.2013 – B9–66/10 – HRS; OLG Düsseldorf, Urt. v. 09.01.2015 – VI-Kart 1/14 (V), ZVertriebsR 2015, 182 – HRS; BKartA, Entsch. v. 22.12.2015 – B9–121/13 – Booking; LG Köln, Urt. v. 16.02.2017 – 88 O (Kart) 17/16, ZVertriebsR 2017, 265 – Expedia.

kal-GVO fällt, sollte daher nicht abhängig von der bezweckten oder bewirkten Wettbewerbsbeschränkung, sondern abhängig von tatsächlichen wettbewerbsschädlichen Auswirkungen der Beschränkung am Markt sein.

Aus diesem Grund sollte Art. 4 Vertikal-GVO nicht nur bezweckte, sondern auch bewirkte Wettbewerbsbeschränkungen umfassen.

d) Neue Regelung zum Direktvertrieb und Dualvertrieb

aa) Begriffsunterscheidung zwischen Direkt- und Dualvertrieb

In der Literatur[598] und sogar im Arbeitspapier des Bundeskartellamts[599] wird der Direktvertrieb auch als Dualvertrieb bezeichnet. Diese doppelte Bezeichnung rührt von dem Ausdruck *„zweigleisiger Vertrieb"* in den Vertikal-Leitlinien der Kommission her.[600] Allerdings sollte der Begriff des Direktvertriebs nur für einen direkten Vertrieb von Herstellern an Endkunden verwendet werden. Der Begriff des Dualvertriebs sollte lediglich für den Vertrieb von Plattformbetreibern an Endkunden angewendet werden. Die beiden Begriffe können nach dem ursprünglichen Vertriebszweck voneinander unterschieden werden.

Hersteller produzieren Waren, um sie weiter zu verkaufen. Vertreiben Hersteller nicht indirekt über Händler, sondern direkt an Endkunden, kann dies als Direktvertrieb gelten. Im Gegensatz dazu vermarkten Plattformbetreiber Online-Marktplätze, um Verkäufer und Käufer miteinander zu vermitteln. Wenn ein Plattformbetreiber aber eigene Waren herstellt und diese an Endkunden vertreibt, sollte dies als Dualvertrieb angesehen werden, da ein solcher Betreiber ursprünglich keinen (indirekten) Weiterverkauf, sondern eine Verkauf- oder Kaufvermittlung bezweckt und daher in diesem Fall zwei unterschiedlichen Betriebsformen nachgeht. Die Differenzierung dieser beiden Begriffen kann ein Auslegungsirrtum verhindern.

---

598 *Baron*, in: Loewenheim/Meessen/Riesenkampff/Kersting/Meyer-Lindemann, a. a. O., Art. 2 Vertikal-GVO Rn. 138 ff.; *Bernhard*, in: Münchener Kommentar zum Wettbewerbsrecht 3. Aufl. 2020, Art. 2 Vertikal-GVO, Rn. 42; *Seeliger*, in: Wiedemann, Handbuch des Kartellrechts, 4. Aufl. 2020, § 11 Rn. 118.

599 BKartA, Quo vadis Vertikal-GVO – Zeit für eine Anpassung an die Digitalökonomie?, 10.10.2019, S. 10 f.

600 Kommission, Leitlinien für vertikale Beschränkung, ABl. 2010 C 130/1, Rn. 28.

bb) Änderung der Regelungen zum Direkt- und Dualvertrieb

Der Direktvertrieb des Herstellers ist heutzutage weit verbreitet. Außerdem haben Online-Plattformen, die früher bloß als Vermittler fungierten, die Verkäuferposition übernommen. Solche Hybrid-Plattformen sind mittlerweile nicht neu. Trotzdem wurde der Dualvertrieb durch Hybrid-Plattformen bislang nicht normiert.

In der neuen Vertikal-GVO und Vertikal-LL sollte der Direktvertrieb des Herstellers nicht mehr als Ausnahme geregelt werden. Eine neue Regelung zum Dualvertrieb der Hybrid-Plattformen ist notwendig. Dazu sollten die kartellrechtliche Beurteilung bzw. Zulässigkeit des Informationsaustauschs zwischen dem Hersteller im Direktvertrieb und seinen Händlern auch hinzugefügt werden.[601]

e) Mehr Klarheit und milde Regelung für Selektivvertriebssysteme

In Bezug auf Selektivvertriebssysteme im Online-Handel muss die Regelung milder und flexibler werden. Neben der sog. Brick-store-Klausel, die das reine Online-Selektivvertriebssystem ausschließen kann, sollte ergänzt werden, dass die Verweigerung des reinen Online-Selektivvertriebssystems u. U. nicht akzeptabel ist. Das reine Online-Selektivvertriebssystem sollte erlaubt sein, wenn Waren oder Dienstleistungen der Natur gemäß dadurch realistisch vertrieben werden können und wenn Händler die zu dem Vertrieb passenden Voraussetzungen vom Hersteller erfüllen. Hierbei dürfen die Voraussetzungen nicht das notwendige Maß überschreiten.

Des Weiteren sollte neben der Logoklausel explizit ergänzt werden, dass das allgemeine Nutzungsverbot von (nach außen hin erkennbaren) Drittplattformen, welches im Rahmen eines Selektivvertriebssystem auferlegt wird, spürbar wettbewerbsbeschränkend und daher kartellrechtlich bedenklich ist.

Außerdem sollte zu der Definition der passiven Verkäufe bzgl. des Online-Selektivvertriebs ergänzt werden, dass nicht nur das Totalverbot, sondern auch das Teilverbot des Internetvertriebs ggf. als Beschränkung passiver Verkäufe angesehen werden kann.

---

601 Vgl. *Niemeyer/Fritz*, NZKart 2020, 158 (163).

Es sollte auch klar festgestellt werden, dass das pauschale Verkaufsverbot über Drittplattformen und Nutzungsverbot der Preisvergleichsmaschinen unter die Kernbeschränkung i. S. v. Art. 4 lit. b und c Vertikal-GVO fallen.

f) Flexibilisierung der Vertikal-GVO und der Vertikal-Leitlinien

Wie oben mehrfach erwähnt, spiegeln die Vertikal-GVO und die Vertikal-LL nicht den heutigen Markttrend wider, genauso wenig wie ihr Vorgänger, die VO 2790/1999. Um dem entgegenzuwirken, müssen die Vertikal-GVO und die Vertikal-LL flexibel werden. Bspw. kann bei der Regelung der Kernbeschränkung hilfreich sein, die einzelnen Begriffe und Regelungen der (Online-)Vertriebsmodelle nicht im Detail zu erläutern.[602] Anstatt dessen könnten allgemein anwendbare Beurteilungsmaßstäbe eingeführt werden. Bspw. können der Nutzeffekt der Plattformen bzgl. der Auffindbarkeit der Produktangebote[603] und die Benutzungsquote der Plattformen zum Maßstab genommen werden.

III. Einzelfreistellungsmöglichkeit nach Art. 101 Abs. 3 AEUV bzw. § 2 GWB

Wenn vertikale Vereinbarungen die Voraussetzungen der Vertikal-GVO nicht erfüllen und nicht unter Art. 4 Vertikal-GVO fallen, kommt eine Einzelfreistellungsmöglichkeit in Betracht. Der Misserfolg der Einzelfreistellung hängt also vom Vorliegen einer Kernbeschränkung gem. Art. 4 Vertikal-GVO ab. Um einzeln freigestellt zu werden, müssen die betreffenden vertikalen Vereinbarungen, Beschlüsse und aufeinander abgestimmten Verhaltensweisen die Voraussetzungen des Art. 101 Abs. 3 AEUV bzw. § 2 GWB erfüllen.

1. Voraussetzungen der Einzelfreistellungen

Art. 101 Abs. 3 AEUV enthält vier Freistellungsvoraussetzungen, welche aus zwei positiven und zwei negativen Elementen zusammengesetzt sind und

602 Vgl. *Niemeyer/Fritz*, NZKart 2020, 158 (163).
603 Vgl. *Niemeyer/Fritz*, NZKart 2020, 158 (163).

kumulativ erfüllt werden müssen.[604] Wenn eine der vier Voraussetzungen des Art. 101 Abs. 3 AEUV nicht erfüllt ist, liegt keine Ausnahme vom Kartellverbot des Art. 101 Abs. 1 AEUV vor.[605] Wie Art. 101 Abs. 3 AEUV hat auch § 2 GWB kumulativen Charakter.[606] Die Inhalte der vier Voraussetzungen des Art. 101 Abs. 3 AEUV bzw. § 2 GWB sind identisch. Bei der Subsumtion unter die Normen gibt es keine feste Prüfreihenfolge der Tatbestandsvoraussetzungen.[607]

a) Wirtschaftliche Vorzüge

Art. 101 Abs. 3 AEUV erfordert als erste positive Freistellungsvoraussetzung, dass die wettbewerbsbeschränkenden Vereinbarungen, Beschlüsse und aufeinander abgestimmten Verhaltensweisen zur Verbesserung der Warenerzeugung oder -verteilung oder zur Förderung des technischen oder wirtschaftlichen Fortschritts beitragen. Dazu gehört auch die Verbesserung von

---

604 EuGH, Urt. v. 13.07.1966 – verb. Rs. 56 und 58/64, Slg. 1966, 322 (399) – Grundig und Consten/Kommission; EuGH, Urt. v. 17.01.1984 – verb. Rs. 43 und 63/82, Slg. 1984, 19 (70) Rn. 61 – VBVB/VBBB; EuG, Urt. v. 09.07.1992 – Rs. T-66/89, Slg. 1992, II-1995 (II-2022) Rn. 69 – Publishers Association/Kommission; EuG, Urt. v. 23.02.1994 – Rs. T-39/92 und T-40/92, Slg. 1994, II-49 (II-90) Rn. 110 – CB und Europay/Kommission; EuG, Urt. v. 15.07.1994 – Rs. T-17/93, Slg. 1994, II-595 (II-631 f.) Rn. 104 – Matra Hachette/Kommission; EuG, Urt. 21.02.1995 – Rs. T-29/92, Slg. 1995, II-289 (II-376 f., II-381) Rn. 267, 286 – SPO u.a./Kommission; EuGH, Urt. v. 25.03.1996 – Rs. C-137/95 P, Slg. 1996, I-1611 (I-1622 f.) Rn. 34 – SPO u.a./Kommission; EuG, Urt. v. 23.10.2003 – Rs. T-65/98, Slg. 2003, II-4653 (II-4712) Rn. 137 – Van den Bergh Foods/Kommission; Kommission, Leitlinien zur Anwendung von Art. 81 Abs. 3 EG, ABl. 2004 C 101/08, Rn. 34, 38, 42; *Hengst*, in: Langen/Bunte, 12. Aufl. 2014, Art. 101 AEUV Rn. 363; *Ellger*, in: Immenga/Mestmäcker, a. a. O., Art. 101 Abs. 3 AEUV Rn. 128.

605 EuGH, Urt. v. 17.01.1984 – verb. Rs. 43 und 63/82, Slg. 1984, 19 (70) Rn. 61 – VBVB/VBBB; EuG, Urt. v. 09.07.1992 – Rs. T-66/89, Slg. 1992, II-1995 (II-2022) Rn. 69 – Publishers Association/Kommission; EuG, Urt. v. 15.07.1994 – Rs. T-17/93, II-595 (II-631 f.) Rn. 104 – Matra Hachette/Kommission; EuG, Urt. 21.02.1995 – Rs. T-29/92, Slg. 1995, II-289 (II-376 f., II-381) Rn. 267, 286 – SPO u.a./Kommission; EuGH, Urt. v. 25.03.1996 – Rs. C-137/95 P, Slg. 1996, I-1611 (I-1622 f.) Rn. 34 – SPO u.a./Kommission; EuG, Urt. v. 23.10.2003 – Rs. T-65/98, Slg. 2003, II-4653 (II-4712) Rn. 137 – Van den Bergh Foods/Kommission.

606 *BegrRegE*, BT- Drucks. 15/3640, S. 25; *Schneider*, in: Langen/Bunte, a. a. O., § 2 GWB Rn. 26; *Ellger/Fuchs*, in: Immenga/Mestmäcker, a. a. O., § 2 GWB Rn. 66.

607 *Schneider*, in: Langen/Bunte, a. a. O., § 2 GWB Rn. 26.

Dienstleistungen.[608] Die wettbewerbsbeschränkenden Vereinbarungen müssen hierbei zu spürbaren, objektiven Vorteilen führen, so dass die mit solchen Vereinbarungen verbundenen Nachteile durch die Vorteile ausgeglichen werden (sog. Effizienzvorteile).[609] Hierbei sollten die Effizienzgewinne nicht für die beteiligten Unternehmen, sondern für die Allgemeinheit wirtschaftlich vorteilhaft sein.[610] Die Substantiierung aller geltend gemachten Effizienzgewinne muss erfolgen, um die objektive Art, die hinreichende Kausalität zwischen der Wettbewerbsbeschränkung und der Effizienzgewinne, den Wert der behaupteten Effizienzgewinne bzw. das Datum der zu erwartenden Effizienzgewinne nachzuprüfen.[611] Unsubstantiierte und bloß behauptete Effizienzgewinne werden zurückgewiesen.[612]

aa) Verbesserung der Warenerzeugung

Nach Ansicht der Kommission können Kosteneinsparungen (quantitative Effizienzgewinne) und qualitative Effizienzgewinne eine Verbesserung der Warenerzeugung herbeiführen. Beispielsweise können Größenvorteile (*economies of scale*) Effizienzgewinne bringen. Größenvorteile können durch eine Kooperation von Unternehmen erreicht werden. Hierbei können die beteiligten Unternehmen durch die wechselseitige Spezialisierung bspw. die Produktionsanlagen besser auslasten.[613] Dadurch wird der Herstellung größerer Produktmengen ermöglicht und dies führt zur Kostensenkung.[614] Unternehmen können Größenvorteile auf allen Phasen der Wertschöpfungskette, nämlich Forschung, Entwicklung, Produktion, Vertrieb und

608 Kommission, Leitlinien zur Anwendung von Art. 81 Abs. 3 EG, ABl. 2004 C 101/08, Rn. 48.

609 *Ellger*, in: Immenga/Mestmäcker, a. a. O., Art. 101 Abs. 3 AEUV Rn. 134; *Schuhmacher*, in: Grabitz/Hilf/Nettesheim, Das Recht der Europäischen Union, 70 EL. Mai 2020, Art. 101 AEUV Rn. 283 m. w. N.

610 EuGH, Urt. v. 13.07.1966 – verb. Rs. 56 und 58/64, Slg. 1966, 322 (344, 368) – Grundig und Consten/Kommission.

611 Kommission, Leitlinien zur Anwendung von Art. 81 Abs. 3 EG, ABl. 2004 C 101/08, Rn. 51 ff.

612 Kommission, Leitlinien zur Anwendung von Art. 81 Abs. 3 EG, ABl. 2004 C 101/08, Rn. 55.

613 *Ellger*, in: Immenga/Mestmäcker, a. a. O., Art. 101 Abs. 3 AEUV Rn. 146, m. w. N.

614 *Ellger*, in: Immenga/Mestmäcker, a. a. O., Art. 101 Abs. 3 AEUV Rn. 146. Wenn eine Bewirkung einer überproportionalen Erhöhung aller Output-Komponente durch eine proportionale Erhöhung aller Inputfaktoren herbeigeführt, liegen Größenvorteile vor: *Knieps*, Wettbewerbsökonomie 3. Aufl. 2008, S. 24.

Marketing, erlangen.[615] Aus Lernprozessen (*learning economies*), die eine Steigerung der Produktivität fördern, können sich Kosteneinsparungen ergeben.[616] Weiterhin können Verbundvorteile (*economies of scope*) zu Kosteneinsparungen führen. Hierbei stellen Unternehmen unterschiedliche Waren mit den gleichen Einsatzfaktoren her.[617] Außerdem können die bessere Planung der Produktion, die Verringerung der teuren Lagerhaltung und eine bessere Kapazitätsauslastung Effizienzgewinne in Form von Kostenreduzierungen erzielen.[618]

Qualitätsverbesserungen oder andere qualitative Effizienzgewinne können sich in der Herstellung bzw. Vermarktung neuer Waren,[619] der Entwicklung neuer[620] oder besserer[621] Waren wiederfinden. Darüber hinaus

615 Kommission, Leitlinien zur Anwendung von Art. 81 Abs. 3 EG, ABl. 2004 C 101/08, Rn. 66.

616 Kommission, Leitlinien zur Anwendung von Art. 81 Abs. 3 EG, ABl. 2004 C 101/08, Rn. 66.

617 Kommission, Leitlinien zur Anwendung von Art. 81 Abs. 3 EG, ABl. 2004 C 101/08, Rn. 67; vgl. *Knieps*, a. a. O., S. 25 f.

618 Kommission, Leitlinien zur Anwendung von Art. 81 Abs. 3 EG, ABl. 2004 C 101/08, Rn. 68.

619 Kommission, Entsch. v. 12.08.1968 – IV/26045, ABl. EG 1968 Nr. L 201/7 (9) – ACEC-Berliet; Kommission, Entsch. v. 23.12.1975 – IV/26.940/b, ABl. EG 1975 Nr. L 51/15 (19) – KEWA; Kommission, Entsch. v. 26.02.1976 – IV/26.940/a, ABl. EG 1976 Nr. L 51/7 (11) – United Reprocessors GmbH; Kommission, Entsch. v. 26.02.1976 – IV/26.940/b, ABl. EG 1976 Nr. L 51/15 (18f.) – KEWA; Kommission, Entsch. v. 20.10.1977 – IV/27.442, ABl. EG 1977 Nr. L 48/32 (37f.) – Vacuum Interrupters Ltd; Kommission, Entsch. v. 23.11.1977 – IV/29.428, ABl. EG 1977 Nr. L 327/26 (35) – GEC-Weir Natriumumwälzpumpen; Kommission, Entsch. v. 05.12.1983 – IV/29.329, ABl. EG 1983 Nr. L 376/11, Rn. 25 – VW-MAN; Kommission, Entsch. v. 15.10.1990 – IV/32.681, ABl. EG 1990 Nr. L 299/64, Rn. 44 – CEKACAN; Kommission, Entsch. v. 12.12.1990 – IV/32.363, ABl. EG 1990 Nr. L 19/25, Rn. 26 – KSB/Goulds/Lowara/ITT; Kommission, Entsch. v. 06.10.1994 – IV/34.776, ABl. EG 1994 Nr. L 309/1, Rn. 82 ff. – Pasteur Mérieux-Merck; Kommission, Entsch. v. 12.12.1994 – IV/34.891, ABl. EG 1994 Nr. L 341/66, Rn. 41 – Fujitsu AMD Semiconductor; Kommission, Entsch. v. 24.06.1996 – IV/34.607, ABl. EG 1996 Nr. L 188/37, Rn. 18 – Banque Nationale de Paris und Dresdner Bank.

620 Kommission, Entsch. v. 16.12.1994 – IV/33.863, ABl. EG 1994 Nr. L 354/87, Rn. 24f. – Asahi/Saint-Gobain.

621 Kommission, Entsch. v. 11.10.1988 – IV/32.173, ABl. EG 1988 Nr. L 305/33, Rn. 23 ff. – Continental/Michelin; Kommission, Entsch. v. 24.06.1996 – IV/34.607, ABl. EG 1996 Nr. L 188/37, Rn. 18 – Banque Nationale de Paris und Dresdner Bank; Kommission, Entsch. v. 30.04.2003 – COMP/38.370, ABl. EU L200/59, Rn. 137 ff. – O2 UK Limited/T-Mobile UK Limited.

kann die Vergrößerung des Angebotsspektrums auch zu qualitativen Effizienzgewinnen führen.[622]

Außerdem kann eine Koordinierung über den Abbau von Überkapazitäten als Sonderfall zur Verbesserung der Warenerzeugung beitragen.[623] Eine solche Koordinierung, die Kapazitäten der Produktion beschränkt, fällt Grds. aufgrund der wettbewerbsschädlichen Eigenschaft unter das Kartellverbot des Art. 101 Abs. 1 AEUV und bringt logischerweise keinen Beitrag zur Verbesserung der Warenerzeugung.[624] Es handelt sich hierbei um die Sektoren, die nicht mehr wettbewerbsfähig sind. In dem Fall ist die Reduzierung der Kapazitäten sinnvoll für die Schaffung der besseren Kapazität für das Auslastungsmaß[625] und für die Minimalisierung der Einbußen.[626] Dafür muss nachgewiesen werden, dass die Herbeiführung eines wirksamen Wettbewerbs aufgrund der mangelnden Marktkräfte nicht möglich ist.[627]

bb) Verbesserung der Warenverteilung

Vereinbarungen zwischen Unternehmen über den Vertrieb von Waren führen zu einer Verbesserung der Warenverteilung. Auch bei der Verbesserung der Warenverteilung spielen quantitative und qualitative Effizienzgewinne objektiver Art eine große Rolle. Quantitative Effizienzgewinne erscheinen hierbei in Form von Reduktionen der Transaktions- bzw. Distributionskosten.[628] Solche Kosteneinsparungen können bspw. durch den gemeinsamen Einkauf der Unternehmer als Reduktion der Transportkosten erschei-

622 *Schröter/Voet van Vormizeele*, in: Schröter/Jakob/Klotz/Mederer, Europäisches Wettbewerbsrecht 2. Aufl. 2014, Art. 101 AEUV Rn. 302 m. w. N.

623 *Ellger*, in: Immenga/Mestmäcker, a. a. O., Art. 101 Abs. 3 AEUV Rn. 157, *Schröter/Voet van Vormizeele*, in: Schröter/Jakob/Klotz/Mederer, a. a. O., Art. 101 AEUV Rn. 303; *Schuhmacher*, in: Grabitz/Hilf/Nettesheim, a. a. O., Art. 101 AEUV Rn. 295; vgl. Kommission, Leitlinien zur Anwendung von Art. 81 Abs. 3 EG, ABl. 2004 C 101/08, Rn. 68.

624 Kommission, Entsch. v. 19.12.1990 – IV/33.016, ABl. EG 1991 Nr. L152/54, Rn. 23 – ANSAC.

625 *Schuhmacher*, in: Grabitz/Hilf/Nettesheim, a. a. O., Art. 101 AEUV Rn. 295.

626 *Schröter/Voet van Vormizeele*, in: Schröter/Jakob/Klotz/Mederer, a. a. O., Art. 101 AEUV Rn. 303.

627 *Ellger*, in: Immenga/Mestmäcker, a. a. O., Art. 101 Abs. 3 AEUV Rn. 161; *Schuhmacher*, in: Grabitz/Hilf/Nettesheim, a. a. O., Art. 101 AEUV Rn. 295.

628 *Ellger*, in: Immenga/Mestmäcker, a. a. O., Art. 101 Abs. 3 AEUV Rn. 167.

nen.[629] Um qualitative Effizienzgewinne zu generieren, können Unternehmen gemeinsam neue Märkte erschließen. Dies kann beispielsweise durch eine Messe oder Ausstellung geschehen, wo die Unternehmen ihr umfangreiches Warensortiment präsentieren können.[630] Darüber hinaus können kundenfreundliche Vertriebsvereinbarungen wie das Angebot schneller Auslieferung oder eine bessere Qualitätssicherung in allen Vertriebsstufen zu qualitativen Effizienzvorteilen beitragen.[631]

Außerdem können Vertikalvereinbarungen mit effizienzsteigernder Wirkung zur Verbesserung der Warenverteilung führen, wenn sie nicht aufgrund der Darstellung der Kernbeschränkungen nach Art. 4 Vertikal-GVO unter das Kartellverbot des Art. 101 Abs. 1 AEUV fallen und wenn der horizontale Wettbewerb auf dem betreffenden Markt genügend stark bleibt und keine erhebliche Beschränkung zum Marktzutritt besteht.[632]

cc) Förderung des technischen Fortschritts

Unternehmen können Effizienzgewinne durch Forschungs- und Entwicklungsvereinbarungen erreichen. In dem Fall sollten Effizienzgewinne ohne Zusammenarbeit der Unternehmen nicht möglich sein, erheblich verzögert sein oder nur mit höheren Kosten möglich sein.[633] Unabdingbare und dynamische Fortentwicklungen der Technologien leisten einen Beitrag zur Verbesserung der Warenerzeugung.[634] Darüber hinaus hat technologischer Fortschritt i. d. R. wirtschaftlichen Fortschritt zur Folge.[635] Die Produktivität und der Bedürfnisbefriedigungsgrad beim gegebenen Mitteleinsatz wer-

---

629 *Schuhmacher*, in: Grabitz/Hilf/Nettesheim, a. a. O., Art. 101 AEUV Rn. 302.

630 *Ellger*, in: Immenga/Mestmäcker, a. a. O., Art. 101 Abs. 3 AEUV Rn. 167.

631 Kommission, Leitlinien zur Anwendung von Art. 81 Abs. 3 EG, ABl. 2004 C 101/08, Rn. 72; Kommission, Entsch. v. 31.03.1999 – ABl. EG 1999 Nr. L 88, S. 26 – Cégtétel + 4.

632 Die effizienzsteigernde Wirkung der Vertikalvereinbarungen ist abhängig von der Struktur des betreffenden Markts und der Art der betreffenden Waren: *Schuhmacher*, in: Grabitz/Hilf/Nettesheim, a. a. O., Art. 101 AEUV Rn. 299.

633 *Schröter/Voet van Vormizeele*, in: Schröter/Jakob/Klotz/Mederer, a. a. O., Art. 101 AEUV, Rn. 309.

634 Kommission, Leitlinien zur Anwendung von Art. 81 Abs. 3 EG, ABl. 2004 C 101/08, Rn. 70.

635 Technischer und wirtschaftlicher Fortschritt erscheinen häufig zusammen, so dass die Trennung beider Vorteile schwer vorstellbar ist: *Schuhmacher*, in: Grabitz/Hilf/Nettesheim, a. a. O., Art. 101 AEUV Rn. 306.

den durch technische Innovation verbessert und dies führt zur wirtschaftlichen Wohlfahrt in der gesamten Gesellschaft.[636] Die in der ersten Voraussetzung des Art. 101 Abs. 3 AEUV genannten Vorteile können sich somit überschneiden.

dd) Förderung des wirtschaftlichen Fortschritts

Das Tatbestandsmerkmal der Förderung des wirtschaftlichen Fortschritts kann durch die oben genannten wirtschaftlichen Vorteile, nämlich die Verbesserung der Warenerzeugung bzw. -verteilung und die Förderung des technischen Fortschritts, erfolgen. In der Regel wird der wirtschaftliche Fortschritt mit den o. g. Vorteilen Hand in Hand gehen.[637]

b) Angemessene Beteiligung der Verbraucher

Die zweite Freistellungsvoraussetzung des Art. 101 Abs. 3 AEUV ist, dass die Verbraucher eine angemessene Beteiligung an den entstehenden Effizienzgewinne erhalten müssen. Hierbei sollte konkret festgestellt werden, dass die durch die Vereinbarung entstehenden Vorteile bereits auf dem betreffenden Markt für Verbraucher vorliegen oder mit hoher Wahrscheinlichkeit in Zukunft vorliegen werden.[638] Unter dem Begriff „Verbraucher“ versteht man alle Nutzer der nach der Vereinbarung in Frage stehenden Waren, nämlich Großhändler, Einzelhändler, Endkunden bzw. Produzenten.[639] Allerdings sind die an der wettbewerbsbeschränkenden Vereinbarung beteiligten Unternehmen, welche selbst die Ware als Vorprodukt abnehmen, nicht als Verbraucher einzustufen.[640] Außerdem besteht eine variable Skala in der zweiten Voraussetzung.[641] Hierbei stehen die Effizienz-

---

636 *Ellger*, in: Immenga/Mestmäcker, a. a. O., Art. 101 Abs. 3 AEUV Rn. 210.

637 *Schröter/Voet van Vormizeele*, in: Schröter/Jakob/Klotz/Mederer, a. a. O., Art. 101 AEUV, Rn. 311.

638 *Schuhmacher*, in: Grabitz/Hilf/Nettesheim, a. a. O., Art. 101 AEUV Rn. 313.

639 Kommission, Leitlinien zur Anwendung von Art. 81 Abs. 3 EG, ABl. 2004 C 101/08, Rn. 84.

640 *Ellger*, in: Immenga/Mestmäcker, a. a. O., Art. 101 Abs. 3 AEUV Rn. 232; *Schuhmacher*, in: Grabitz/Hilf/Nettesheim, a. a. O., Art. 101 AEUV Rn. 314.

641 Kommission, Leitlinien zur Anwendung von Art. 81 Abs. 3 EG, ABl. 2004 C 101/08, Rn. 90.

gewinne in umgekehrter Proportion zu der Wettbewerbsbeschränkung. Je größer also die Wettbewerbsbeschränkung ist, desto bedeutender müssen die Effizienzgewinne und deren Weitergabe an die Verbraucher sein.[642] Der Begriff „angemessene Beteiligung“ umfasst wenigstens, dass die Weitergabe der Effizienzvorteile die durch eine wettbewerbsbeschränkende Vereinbarung entstehenden Nachteile ausgleicht.[643] Die ausgeglichene Nettoauswirkung der Vereinbarungen muss an der Stelle der Verbraucher zumindest neutral sein.[644] Ob die Vorteile die Nachteile bloß ausgleichen müssen oder überwiegen müssen, ist allerdings umstritten.[645]

c) Unerlässlichkeit der Wettbewerbsbeschränkungen

Die dritte Freistellungsvoraussetzung des Art. 101 Abs. 3 AEUV verlangt als negatives Element, dass Unternehmen durch Koordinierungen keine zur Erzielung der Effizienzgewinne entbehrliche Wettbewerbsbeschränkung auferlegen dürfen. Laut der Kommission sollte die dritte Voraussetzung aus dem inhaltlichen Grund vor der zweiten Voraussetzung überprüft werden, weil bei der Beurteilung der Weitergabe der Vorteile auf die Verbraucher eine Abwägung der positiven und negativen Vorteile erforderlich ist und hierbei sollten nur die als unerlässlich festgestellten Auswirkungen untersucht werden.[646] Um das Vorliegen der zweiten Voraussetzung festzustellen, sollte auf zwei Ebenen überprüft werden, ob die Vereinbarung selbst überhaupt zur Erzielung der Effizienzgewinne notwendig ist und ob die durch die Vereinbarung auferlegte Wettbewerbsbeschränkung zur Zielerreichung unter allen Umständen als erforderlich angesehen werden

642 Kommission, Leitlinien zur Anwendung von Art. 81 Abs. 3 EG, ABl. 2004 C 101/08, Rn. 90.

643 Kommission, Leitlinien zur Anwendung von Art. 81 Abs. 3 EG, ABl. 2004 C 101/08, Rn. 85.

644 Kommission, Leitlinien zur Anwendung von Art. 81 Abs. 3 EG, ABl. 2004 C 101/08, Rn. 85.

645 Ein Ausgleich der durch eine wettbewerbsbeschränkende Vereinbarung entstehenden Vor- und Nachteile ist ausreichend: *Schuhmacher*, in: Grabitz/Hilf/Nettesheim, a. a. O., Art. 101 AEUV Rn. 327; *Ellger*, in: Immenga/Mestmäcker, a. a. O., Art. 101 Abs. 3 AEUV Rn. 254; Die Vorteile sollten die Nachteile übertreffen: *Schröter/Voet van Vormizeele*, in: Schröter/Jakob/Klotz/Mederer, a. a. O., Art. 101 AEUV Rn. 316.

646 Kommission, Leitlinien zur Anwendung von Art. 81 Abs. 3 EG, ABl. 2004 C 101/08, Rn. 39.

kann.[647] Führt die Beurteilung der Unerlässlichkeit auf beiden Ebenen zu positive Ergebnissen, dann erfüllen die wettbewerbsbeschränkenden Vereinbarungen die dritte Freistellungsvoraussetzung des Art. 101 Abs. 3 AEUV.[648] Bei der Überprüfung der Notwendigkeit der Vereinbarung muss geklärt werden, ob keine Alternativen bestehen, die ökonomisch machbar und weniger wettbewerbsbeschränkend sind.[649] Allerdings wird Unternehmen nicht abverlangt, die Existenz anderer hypothetischer oder theoretischer Alternativen zu erwägen, es sei denn, dass realistische und machbare Alternativen hinreichend klar bestehen.[650] Wenn Unternehmen trotz besserer Alternativen eine mehr wettbewerbsbeschränkende Vereinbarung abgeschlossen haben, müssen sie erklären und beweisen, weshalb diese Alternative im Verhältnis zu der abgeschlossenen Vereinbarung deutlich weniger Effizienzgewinne mit sich gebracht hätte.[651] Danach sollte überprüft werden, ob die angewandte Art der Wettbewerbsbeschränkung unerlässlich war und ob die Unternehmen eine andere Art der Wettbewerbsbeschränkung, welche weniger wettbewerbsschädlich ist, zur Erzielung der Effizienzgewinne hätten in Betracht ziehen müssen.[652]

d) Keine Ausschaltungsmöglichkeit des Wettbewerbs

Die vierte Freistellungsvoraussetzung des Art. 101 Abs. 3 AEUV betrifft den Schutz des Wettbewerbs und die Prioritätensetzung des Wettbewerbsprozesses im Hinblick auf die potenziellen Effizienzgewinne, welche sich aus einer wettbewerbsbeschränkenden Vereinbarung ergeben.[653] Hierbei dür-

---

647 Kommission, Leitlinien zur Anwendung von Art. 81 Abs. 3 EG, ABl. 2004 C 101/08, Rn. 73 ff.

648 Die betreffenden Unternehmen müssen die durch die Vereinbarung entstandenen Effizienzgewinne in Hinsicht auf der Art und des Ausmaßes der Wettbewerbsbeschränkung substantiieren: Kommission, Leitlinien zur Anwendung von Art. 81 Abs. 3 EG, ABl. 2004 C 101/08, Rn. 78.

649 Kommission, Leitlinien zur Anwendung von Art. 81 Abs. 3 EG, ABl. 2004 C 101/08, Rn. 75.

650 Kommission, Leitlinien zur Anwendung von Art. 81 Abs. 3 EG, ABl. 2004 C 101/08, Rn. 75.

651 Kommission, Leitlinien zur Anwendung von Art. 81 Abs. 3 EG, ABl. 2004 C 101/08, Rn. 75.

652 Kommission, Leitlinien zur Anwendung von Art. 81 Abs. 3 EG, ABl. 2004 C 101/08, Rn. 76.

653 Kommission, Leitlinien zur Anwendung von Art. 81 Abs. 3 EG, ABl. 2004 C 101/08, Rn. 105.

fen die beteiligten Parteien durch die Vereinbarung keine Ausschaltungsmöglichkeit des Wettbewerbs für einen wesentlichen Teil der betreffenden Produkte eröffnen. Der Wettbewerbsgrad vor dem Vereinbarungsabschluss und die Auswirkungen der wettbewerbsbeschränkenden Vereinbarung auf den Wettbewerb sind entscheidende Elemente, um die Ausschaltung des Wettbewerbs für einen wesentlichen Teil der betreffenden Waren festzustellen.[654] Bei der Anwendung dieser Freistellungsvoraussetzung ist erforderlich, die verschiedenen Wettbewerbsquellen auf dem betreffenden Markt, das Ausmaß des Wettbewerbsdrucks und die Auswirkungen der Vereinbarung auf den Wettbewerbsdruck, wobei der tatsächliche und potenzielle Wettbewerb zu berücksichtigen sind, realistisch zu untersuchen.[655] Um die durch die Vereinbarung verursachten Auswirkungen zu beurteilen, ist der Einfluss der Auswirkungen auf die unterschiedlichen Wettbewerbsparameter zu prüfen.[656] Wenn wesentliche Wettbewerbsparameter wie Preise, Mengen, F&E, Innovationen, Marktstruktur bzw. -konditionen sowie Marktzutritt durch die Vereinbarung der beteiligten Unternehmen beschränkt werden, kommt keine Freistellungsmöglichkeit gem. Art. 101 Abs. 3 lit. b AEUV in Betracht.[657] Bei der Untersuchung, ob die beteiligten Unternehmen durch die Vereinbarung die Wettbewerbsausschlussmöglichkeit eröffnen, sind sowohl Innenwettbewerb als auch Außenwettbewerb zu berücksichtigen, d. h., der Wettbewerb, der nach dem Abschluss der Vereinbarung sowohl zwischen den beteiligen Unternehmen als auch zwischen beteiligten Unternehmen und dritten Wettbewerbern stattfindet, sollte erfasst werden.[658] Daraus ergibt sich, dass die Berücksichtigung der Marktverhältnisse für die Beurteilung der Ausschaltungsmöglichkeit des Wettbewerbs maßgebend ist. Für die Untersuchung sind außerdem Marktanteile der beteiligten Unternehmen von Bedeutung, wobei in den Leitlinien der Kommission keine absoluten Marktanteilsschwellenwerte genannt sind.[659] In der Praxis haben Vereinbarungen

654 Kommission, Leitlinien zur Anwendung von Art. 81 Abs. 3 EG, ABl. 2004 C 101/08, Rn. 107.

655 Kommission, Leitlinien zur Anwendung von Art. 81 Abs. 3 EG, ABl. 2004 C 101/08, Rn. 108.

656 Kommission, Leitlinien zur Anwendung von Art. 81 Abs. 3 EG, ABl. 2004 C 101/08, Rn. 110.

657 Vlg. *Schuhmacher*, in: Grabitz/Hilf/Nettesheim, a. a. O., Art. 101 AEUV Rn. 351.

658 *Schuhmacher*, in: Grabitz/Hilf/Nettesheim, a. a. O., Art. 101 AEUV Rn. 347.

659 Kommission, Leitlinien zur Anwendung von Art. 81 Abs. 3 EG, ABl. 2004 C 101/08, Rn. 109, 116.

von beteiligten Unternehmen mit weniger als 30 % Marktanteil i. d. R. keine Ausschaltung des Wettbewerbs zur Folge.[660] Laut den Leitlinien zur Anwendung von Art. 81 Abs. 3 EG [Scil. der Vorgängerbestimmung von Art. 101 Abs. 3 AEUV] wird der Wettbewerb beseitigt, wenn die beteiligten Unternehmen Anteile von über 70 % an dem relevanten Markt halten.[661]

2. Verteilung der Beweislast

Die VO Nr. 1/2003 regelt die Beweislast für Artt. 101 und 102 AEUV zur wirksamen Durchsetzung der Wettbewerbsvorschriften und zur Gewährleistung der grundlegenden Verteidigungsrechte.[662] Laut dem Erwägungsgrund der VO Nr. 1/2003 sollten die den Vorwurf der Zuwiderhandlung gegen Artt. 101 und 102 AEUV erhebenden Parteien oder Behörden die Zuwiderhandlung nachweisen.[663] Gem. Art 2 VO Nr. 1/2003 obliegt der Beweis dafür, dass die Freistellungsvoraussetzungen des Art. 101 Abs. 3 AEUV vorliegen, den Unternehmen oder Unternehmensverbänden, welche sich auf diese Bestimmung berufen. In der bisherigen Rechtsprechung wurde klargestellt, dass die Vorlage des Beweismaterials für das Vorliegen aller vier Freistellungsvoraussetzungen des Art. 101 Abs. 3 AEUV die Unternehmen und Unternehmensvereinigungen trifft.[664] Die Beweislastregel der VO Nr. 1/2003 steht im Einklang mit mitgliedstaatlichen Regeln[665] und gilt für alle Gerichte, die Art. 101 AEUV anwenden und für die Wettbewerbsbehörden der Mitgliedstaaten.[666]

---

660 Kommission, Entsch. v. 15.12.1975 – IV/ 27.073, Nr. L 30/13 (20) – Bayer/GistBrocades; *Schröter/Voet van Vormizeele*, in: Schröter/Jakob/Klotz/Mederer, a. a. O., Art. 101 AEUV Rn. 339.

661 Kommission, Leitlinien zur Anwendung von Art. 81 Abs. 3 EG, ABl. 2004 C 101/08, Rn. 116.

662 Erwägungsgrund Nr. 5 VO Nr. 1/2003.

663 Erwägungsgrund Nr. 5 VO Nr. 1/2003.

664 EuG, Urt. v. 27.10.1994 – Rs. T-35/92, Slg. 1994, II-957 – Deere/Kommission; EuGH, Urt. v. 25.03.1996 – Rs. C-137/95 P, Slg. 1996, I-1611 – SPO u.a./Kommission.

665 Die VO Nr. 1/2003 berührt weder die mitgliedstaatlichen Rechtsvorschriften über das Beweismaß noch die Verpflichtung der Kartellbehörden und Gerichte der Mitgliedstaaten zur Aufklärung rechtsbeträchtlicher Sachverhalte beizutragen, soweit die mitgliedstaatlichen Rechtsvorschriften und Anforderungen mit den allgemeinen Grundsätzen des Gemeinschaftsrechts übereinstimmen: Erwägungsgrund Nr. 5 VO Nr. 1/2003.

666 *Hengst*, in: Langen/Bunte, a. a. O., Art. 101 AEUV Rn. 362.

IV. Stellungnahme

Freistellungsmöglichkeiten, egal ob gruppenweise oder einzeln, sind wichtige Chancen für Unternehmen, da die Unternehmen dadurch trotz der wettbewerbsbeschränkenden Vereinbarung problemlos weiter unter gleichen Bedingungen ihre wirtschaftlichen Tätigkeiten ausüben können. Hierbei sind Inhalte bzw. Regelungen der Gruppen- und Einzelfreistellungen von Bedeutung. Die Gruppenfreistellungsverordnung und Einzelfreistellungsvoraussetzungen gem. Art. 101 Abs. 3 AEUV sollen zum jetzigen Vertriebstrend im Digitalzeitalter passen. Im Verhältnis zur Gruppenfreistellungsverordnung 330/2010 sind die Einzelfreistellungsvoraussetzungen des Art. 101 Abs. 3 lit. b AEUV bzw. § 2 GWB abstrakt geregelt, so dass die Auslegung und die Anwendung der Voraussetzungen auf den rasant wechselnden Vertriebstrend flexibler und freier erfolgen können. Die Regeln der Vertikal-GVO sind dagegen strikt und konservativ. Bei der öffentlichen Konsultation über die Vertikal-GVO 330/2010 bzw. die Vertikal-Leitlinien antworteten die meisten Befragten, dass die Vertikal-GVO und die Vertikal-LL ein ausreichendes Niveau von Rechtssicherheit anbieten und als nützliche Anleitung angesehen werden können, obwohl eine Modifizierung oder Klärung bei manchen Aspekten zum besseren Rechtssicherheitsniveau erforderlich wäre.[667] Die Vertikal-GVO spiegelt das sich schnell entwickelnde Zeitalter des Internets leider nur sehr zurückhaltend wider.

Die o. g. Grenzen der Vertikal-GVO sollten bearbeitet werden. Dies kann nach den erwähnten Anpassungsvorschlägen zur Überarbeitung der Vertikal-GVO bzw. der Vertikal-Leitlinien erfolgen.

Die Vertikal-GVO 330/2010, die durch die rasante Entwicklung des Online-Vertriebs nicht mehr als angemessen gilt, sollte so bearbeitet werden, dass sie nicht mehr v. a. den Online-Selektivvertrieb, wie zu früheren Zeiten, streng beschränkt und flexibler auf die neuartigen Märkte bzw. Wettbewerbssituationen angewendet werden kann.

---

667 EU-Kommission, Factual summary of the contributions received in the context of the open public consultation on the evaluation of the Vertical Block Exemption Regulation (EU) No 330/2010, p. 5.

C. Besonders problematische Fälle im Online-Selektivvertrieb

I. Doppelpreissysteme

Ein Doppelpreissystem ist von seiner Eigenschaft her ein Rabattsystem. In den bisherigen Fällen wurden im Rahmen des Doppelpreissystems sog. Funktionsrabatte bzw. Leistungsrabatte auferlegt.[668] Funktionsrabatte bzw. Leistungsrabatte sind Rabattformen, die je nach der verkaufsfördernden Leistungserbringung des Händlers als Vergütung gewährt werden und eigentlich kartellrechtlich unbedenklich sind. Allerdings sind solche Rabatte in dem Doppelpreissystem nicht nur mit erbrachten Leistungen des Händlers, sondern auch mit dem konkreten Vertriebsweg (online oder stationär) des Händlers verbunden. Das Doppelpreissystem ist dafür angewandt worden, um die Händler beim Internetverkauf mit dem niedrigeren Rabattsatz zu benachteiligen, damit der Online-Handel wirtschaftlich weniger lukrativ und unattraktiv für die Händler wird.[669]

1. Fallgruppen von Doppelpreissystemen

Die folgenden Fallgruppen sind bekannte Beispiele für unzulässige Doppelpreissysteme.

a) Hochwertige Sanitärarmaturen-Fall (Dornbracht-Fall)

„Dornbracht“ ist eine Firma, die hochwertigen Sanitär- und Badarmaturen herstellt und die Produkte durch das sog. dreistufige Vertriebssystem (Hersteller-Großhändler-Einzelhändler) vertreibt.[670] Die Firma schloss einen Vertrag mit ihren zugelassenen Großhändlern ab, der vorsah, dass

---

668 BKartA, Entsch. v. 23.12.2013 – B7–11/13 – Bosch Siemens Hausgeräte (BSH); BKartA, Entsch. v. 27.11.2013 – B5–144/13 – GARDENA; BKartA, Entsch. v. 13.12.2011 – B5–100/10 – Dornbracht.

669 OLG Düsseldorf, Urt. v. 13.11.2013 – VI-U (Kart) 11/13, NZKart 2014, 68 – Dornbracht; BKartA, Entsch. v. 23.12.2013 – B7–11/13 – Bosch Siemens Hausgeräte (BSH); BKartA, Entsch. v. 27.11.2013 – B5–144/13 – GARDENA; BKartA, Entsch. v. 13.12.2011 – B5–100/10 – Dornbracht; *Baron*, in: Loewenheim/Meessen/Riesenkampff/Kersting/Meyer-Lindemann, a. a. O., Art. 4 Vertikal-GVO Rn. 254.

670 OLG Düsseldorf, Urt. v. 13.11.2013 – VI-U (Kart) 11/13, NZKart 2014, 68 – Dornbracht; BKartA, Entscheidung v. 13.12.2011 – B5–100/10 – Dornbracht.

die Großhändler einen Rabatt auf die Preislisten nur unter bestimmten Bedingungen erhalten.[671] Für die Rabattgewährung mussten die ausgewählten Händler noch eine stationäre Ausstellung für die Produktpräsentation neben der Gewährleistung einer fachgemäßen Montage- bzw. eines After-Sales-Services sowie der Inbetriebsetzung der Produkte vom Hersteller erfüllen.[672] Die Selektionskriterien vom Hersteller wirkten sich auf ein Doppelpreissystem, welches laut der Leitlinien für vertikale Beschränkung der Kommission kartellrechtlich unzulässig ist, aus.

b) Garten- und Elektrowerkzeuge-Fall (GARDENA-Fall)

„GARDENA" ist ein Hersteller, der Garten- bzw. Elektroprodukte herstellt und vertreibt. Beim Vertrieb führte die Firma sog. gestaffelte Funktionsrabatte, wodurch nur Händler über den stationären Absatz die vollen Rabatte erhalten konnten.[673] Das Bundeskartellamt sah die Maßnahme von GARDENA als ein Doppelpreissystem an. Aufgrund der geringeren Rabatte bestünde außerdem weniger Anreiz für Händler über das Internet zu vertreiben, wodurch sie eigentlich mehr Kunden erreichen können.[674] Als Folge der Funktionsrabatte vom Hersteller kann im schlimmsten Fall ein Abbau des Online-Handels geführt werden, weshalb eine Kernbeschränkung nach Art. 4 Vertikal-GVO dargestellt wird.[675] In dem Fallbericht wurde daher Fixzuschüsse vom Bundeskartellamt als Alternative vorgeschlagen, um den höheren Kostenaufwand von dem stationären Vertrieb zu kompensieren, da der Erhalt der Fixzuschüsse unabhängig von dem Vertriebsweg des Händlers erfolgt.[676]

671 OLG Düsseldorf, Urt. v. 13.11.2013 – VI-U (Kart) 11/13, NZKart 2014, 68 – Dornbracht; BKartA, Entscheidung v. 13.12.2011 – B5-100/10 – Dornbracht.

672 OLG Düsseldorf, Urt. v. 13.11.2013 – VI-U (Kart) 11/13, NZKart 2014, 68 – Dornbracht; BKartA, Entsch. v. 13.12.2011 – B5-100/10 – Dornbracht.

673 BKartA, Entsch. v. 27.11.2013 – B5-144/13 – GARDENA.

674 BKartA, Entsch. v. 27.11.2013 – B5-144/13 – GARDENA.

675 BKartA, Entsch. v. 27.11.2013 – B5-144/13 – GARDENA.

676 BKartA, Entsch. v. 27.11.2013 – B5-144/13 – GARDENA.

c) Haushaltsgeräte-Fall (Bosch Siemens Haushaltsgeräte-Fall)

Der Haushaltsgerät-Hersteller „Bosch Siemens Haushaltgeräte GmbH (BSH)“ führte Leistungsrabatte in den Fachhändlervereinbarungen mit seinen Händlern ein.[677] Laut der Vereinbarung sind Leistungsrabatte so ausgestalten, dass der Rabattsatz bei einem Hybrid-Händler abhängig von dem Umsatz über den stationären Handel festgesetzt wird.[678] Ein Hybrid-Händler konnte nur weniger Rabatte bekommen, wenn er mehr Umsatz über den Online-Handel als über den stationären Vertrieb erzielt hat. Das Bundeskartellamt beurteilte die Leistungsrabatte vom BSH als wettbewerbsbeschränkendes und kartellrechtlich unzulässiges Doppelpreissystem, da ein aktueller und potenzieller Hybrid-Händler durch die unattraktive Rabatthöhe keine Motivation zum Internetvertrieb mehr haben kann und dies schließlich den Ausschluss des Online-Handels führen kann.[679]

2. Wettbewerbsbeschränkung bei Doppelpreissystemen

Fraglich ist, ob die Anwendung eines Doppelpreissystems (per se) eine bezweckte Wettbewerbsbeschränkung i. S. des Art. 101 Abs. 1 AEUV bzw. § 1 GWB verursacht. Wie oben erwähnt, wird das Doppelpreissystem angewendet, um den Anteil des Internetvertriebs niedrig zu halten. Dies kann allerdings theoretisch zu einem Totalverbot des Internethandels führen,[680] wenn die Unterbrechung des Internetverkaufs durch die Rabattgewährung für die Händler vorteilhafter als der Weiterverkauf im Internet wäre. Darüber hinaus führt dies eine spürbare Beschränkung auf gewerbliche Freiheit der Fachhändler zur Folge, wodurch eine Verfälschung des Wettbewerbs verursacht werden kann.[681] Des Weiteren können geringere Rabatte im Online-Handel zu Lasten der Endkunden gehen, da sie erhöhte Online-Abgabepreise herbeiführen.[682] Aufgrund der Umlenkung des (Hybrid-)Händlers vom Online-Handel auf den stationären Handel können ferner für die Endkunden Einschränkungen der Angebotsauswahl und

---

677 BKartA, Entsch. v. 23.12.2013 – B7–11/13 – Bosch Siemens Hausgeräte (BSH).
678 BKartA, Entsch. v. 23.12.2013 – B7–11/13 – Bosch Siemens Hausgeräte (BSH).
679 BKartA, Entsch. v. 23.12.2013 – B7–11/13 – Bosch Siemens Hausgeräte (BSH).
680 BKartA, Vertikale Beschränkungen in der Internetökonomie, 10.10.2013, S. 21; *Mäger/von Schreitter*, NZKart 2015, 62 (64).
681 BKartA, Entsch. v. 23.12.2013 – B7–11/13 – Bosch Siemens Hausgeräte (BSH).
682 BKartA, Entsch. v. 23.12.2013 – B7–11/13 – Bosch Siemens Hausgeräte (BSH).

reduzierte Vergleichsmöglichkeiten bzgl. Produkten und Preisen resultieren.

Außerdem müssen Hybrid-Händler im Rahmen des Doppelpreissystems für die Gewährleistung der Rabatte genau offenlegen, wie viel Umsatz über welchen Vertriebsweg gemacht zu haben.[683] Hierbei geht es um die unternehmensinternen und hochsensiblen Daten, welche für den funktionsfähigen Wettbewerb geschützt werden müssen.[684]

3. Kernbeschränkung nach Art. 4 Vertikal-GVO

Nach Auffassung der Kommission stellt ein Doppelpreissystem eine Kernbeschränkung dar.[685] Wie oben erwähnt, beschränkt das Doppelpreissystem durch die diskriminierende Rabatthöhe zwischen Online- und Offline-Handel den Weiterverkauf im Internet. Die Beschränkung des Weiterverkaufs im Internet kann den freien Zugang zur eigenen Website eines Händlers, der als Form des passiven Verkaufs sichergestellt werden soll, blockieren. Außerdem kann dies den zwischenstaatlichen Handel im internationalen Binnenmarkt behindern, da diese Preisbeschränkungen durch die Unterdrückung des inländischen Internetvertriebs den Produktverkauf ins Ausland erschwert.[686] Aus diesen Gründen kann sich eine Beschränkung des Gebiets bzw. der bestimmtem Kundengruppen ergeben,[687] die unter Art. 4 lit. b Vertikal-GVO fällt. Des Weiteren kann das Doppelpreissystem auch unter Art. 4 lit. a Vertikal-GVO fallen, wenn dies Auswirkungen wie Mindest- und Festverkaufspreisvorgaben herbeiführt.[688]

Ein Doppelpreissystem stellt nicht per se eine Kernbeschränkung dar. Für die Beurteilung im Einzelfall sollte die durch die Anwendung des Doppelpreissystems verursachte tatsächliche Wirkung maßgeblich sein.

683 *Rinne/Kolb*, Beschränkung des Internet-Vertriebs durch Funktionsrabatte?, NZKart 2015, 377 (382); BKartA, Entscheidung v. 13.12.2011 – B5–100/10 – Dornbracht.

684 *Rinne/Kolb*, NZKart 2015, 377 (382); BKartA, Entscheidung v. 13.12.2011 – B5–100/10 – Dornbracht.

685 Kommission, Leitlinien für vertikale Beschränkung, ABl. 2010 C 130/1, Rn. 52.

686 OLG Düsseldorf, Urt. v. 13.11.2013 – VI-U (Kart) 11/13, NZKart 2014, 68 – Dornbracht.

687 BKartA, Vertikale Beschränkungen in der Internetökonomie, 10.10.2013, S. 21.

688 *Wolf*, in: Münchener Kommentar zum Wettbewerbsrecht 3. Aufl. 2020, AEUV Art. 101, Rn. 465.

4. Einzelfreistellungsmöglichkeit nach Art. 101 Abs. 3 AEUV bzw. § 2 GWB

Selbst wenn ein Doppelpreissystem aufgrund der spürbaren Wettbewerbsbeschränkung eine Kernbeschränkung nach Art. 4 Vertikal-GVO darstellt und von der Gruppenfreistellung ausgenommen wird, kann es unter Umständen eine Einzelfreistellungsmöglichkeit geben. Für die Einzelfreistellung müssen die vier Voraussetzungen des Art. 101 Abs. 3 AEUV bzw. § 2 GWB nämlich wirtschaftliche Vorteile, die angemessene Beteiligung der Verbraucher, Unerlässlichkeit der Wettbewerbsbeschränkungen sowie keine Ausschaltungsmöglichkeit des Wettbewerbs kumulativ erfüllt werden.

Wenn ein Hersteller zwecks der Schaffung der gleichen Bedingungen zwischen Offline- und Online-Handel ein Doppelpreissystem anwendet,[689] kann es wirtschaftlich vorteilhaft sein. Der stationäre Handel ist i. d. R. kostenaufwendiger im Vergleich zum Internethandel, da hierbei für eine kaufanregende Warenpräsentation und genügenden Kundenservices mehr investiert werden muss. Solche Dienstleistungen werden im Online-Bereich eher weniger erbracht, weshalb der Hersteller mangels ausreichender Kundendienstleistungen einer größeren Zahl von Beschwerden seitens der Kunden ausgesetzt sein kann.[690]

Durch die Vergütung der erbrachten Leistungen können Händler im stationären Handel gefördert werden, weiter die kundenfreundlichen Leistungen an Kunden zu bringen. Mit der ausgeglichenen Rabattgewährung können Online-Händler die Waren weiter mit günstigen Preisen anbieten. Letztendlich können Endverbraucher davon profitieren.

Solange die Anwendung des Doppelpreissystems für die Erhöhung der Kundenzufriedenheit sowie die Vermeidung der Trittbrettfahrerei als ein notwendiges Mittel angesehen werden kann und die dadurch gewährleistenden Rabatte zwischen stationären und Online-Handel verhältnismäßig festgelegt werden, kann die Wettbewerbsbeschränkung als unerlässlich gelten. Die Kommission sieht allerdings das Doppelpreissystem, das eine Kernbeschränkung darstellt, als unerlässlich an.[691]

---

689 Kommission, Leitlinien für vertikale Beschränkung, ABl. 2010 C 130/1, Rn. 64; Kommission, Abschlussbericht über die Sektoruntersuchung zum elektronischen Handel, COM (2017) 229 final, Rn. 35.

690 Kommission, Leitlinien für vertikale Beschränkung, ABl. 2010 C 130/1, Rn. 64; Kommission, Abschlussbericht über die Sektoruntersuchung zum elektronischen Handel, COM (2017) 229 final, Rn. 35.

691 Kommission, Leitlinien zur Anwendung von Art. 81 Abs. 3 EG, ABl. 2004 C 101/08, Rn. 79.

Wenn das Doppelpreissystem unabhängig vom Vertriebsweg angewendet wird und als reine Funktionsrabatte bzw. Leistungsrabatte fungiert, schaltet es den Wettbewerb nicht aus.[692]

II. Drittplattformverbote

Dieser Teil behandelt das generelle Verkaufsverbot von Drittplattformen.

1. Coty Germany-Fall

Die bedeutsamste und bekannteste Rechtsprechung über das Drittplattformverbot ist das Coty Germany-Urteil des EuGH. In dem Fall schloss der Lieferant „Coty Germany", der Luxuskosmetika in Deutschland vertreibt (sog. Depotkosmetik), mit seinen Händlern einen sog. Depotvertrag ab.[693] Hierbei legte der Lieferant seinen Händlern in einer Zusatzvereinbarung auf, dass die Händler die Vertragserzeugnisse über die Plattformen Dritter, welche nicht autorisiert sind und ihren Namen oder ihre Firmenslogans auf der Website nach außen erkennbar tragen (Logoklausel), nicht verkaufen dürfen.[694] Ein zugelassener Händler namens „Parfümerie Akzente" (sog. Depositär) vertrieb die Vertragswaren über das stationäre Geschäft sowie über das Internet. Beim Online-Handel wurden die Waren über seine eigene Website und teilweise auch über die Drittplattform Amazon.de verkauft.[695] „Parfümerie Akzente" wurde von Coty Germany aufgrund des Verstoßes der Zusatzvereinbarung der Vertrieb über Amazon untersagt.[696] Diese Zusatzvereinbarung über Drittplattformverbote wurde von der Vorinstanz, dem LG Frankfurt a.M., als kartellrechtlich unzulässig angesehen, da die Klausel gegen § 1 GWB bzw. Art. 101 Abs. 1 AEUV verstoße und eine Kernbeschränkung gem. Art. 4 lit. c Vertikal-GVO darstelle, sodass eine Freistellung nach § 2 GWB bzw. Art. 101 Abs. 3 AEUV nicht möglich sei.[697] Coty Germany zog vor das OLG Frankfurt a.M. Das Gericht setzte das Verfahren aus und stellte dem EuGH vier Vorlagefragen zur Auslegung.

692 *Rinne/Kolb*, NZKart 2015, 377 (382).
693 EuGH, Urt. v. 06.12.2017 – Rs. C-230/16, ECLI:EU:C:2017:941- Coty Germany.
694 EuGH, Urt. v. 06.12.2017 – Rs. C-230/16, ECLI:EU:C:2017:941 – Coty Germany.
695 EuGH, Urt. v. 06.12.2017 – Rs. C-230/16, ECLI:EU:C:2017:941 – Coty Germany.
696 EuGH, Urt. v. 06.12.2017 – Rs. C-230/16, ECLI:EU:C:2017:941 – Coty Germany.
697 LG Frankfurt a.M., Urt. v. 31.07.2014 – 2-03 O 128/13, NZKart 2015, 243 – Depotkosmetik; EuGH, Urt. v. 06.12.2017 – Rs. C-230/16, ECLI:EU:C:2017:941 – Coty Germany.

a) Wettbewerbsbeschränkung

Eine Vereinbarung, die ein generelles Verkaufsverbot über Drittplattformen enthält, stellt nach hier vertretener Auffassung eine spürbare Wettbewerbsbeschränkung dar und ist nicht mit Art. 101 Abs. 1 AEUV bzw. § 1 GWB vereinbar. Der Grund dafür ist die zunehmende Wichtigkeit der Drittplattformen, denn eine Drittplattform wie z.B. Amazon bildet eine wesentliche und zentrale Infrastruktur für die Internet-Ökonomie.[698]

Bei der Vorlage zur Vorabentscheidung sah der EuGH allerdings generelle Drittplattformverbote hinsichtlich der Sicherstellung des Luxusimages als gerechtfertigt an.[699] Im Coty Germany-Urteil machte der EuGH folgendes deutlich: Die Errichtung eines Selektivvertriebssystems für Luxusprodukte ist primär für die Sicherstellung des Luxusimages erforderlich, da die Qualität solcher Luxuswaren nicht nur von materiellen, sondern auch von immateriellen Eigenschaften abhängig ist.[700] Darüber hinaus ist die Vereinbarkeit der Vertragsklausel über das Drittplattformverbot mit Art. 101 Abs. 1 AEUV zugestanden, weil diese Klausel objektiv, einheitlich und diskriminierungsfrei für alle in Betracht kommenden Händler angewandt ist, für die Sicherstellung des Luxusimages geeignet sowie unerlässlich ist und nicht über das erforderliche Maß hinausging.[701]

Leider hat der EuGH hierbei die heutige wirtschaftliche Bedeutung sowie die geänderte Position der Drittplattformen in unserer digitalen Gesellschaft nicht ausreichend bedacht.

b) Kernbeschränkungen nach Art. 4 lit. b und c Vertikal-GVO

Der EuGH vertritt die Auffassung, dass pauschale Drittplattformverbote keine Kernbeschränkung der (bestimmten) Kundengruppe i. S. v. Art. 4 lit. b Vertikal-GVO bzw. des passiven Verkaufs an Endkunden i. S. v. Art. 4 lit. c Vertikal-GVO darstellten, obschon sie einen bestimmten Online-Handelsweg beschränken. Denn die autorisierten Händler dürfen bspw. für ihre

---

698 *Kahn*, Amazon´s Antitrust Paradox, Yale Law Journal Vol. 126, No. 3, 2017, p. 754.

699 EuGH, Urt. v. 06.12.2017 – Rs. C-230/16, ECLI:EU:C:2017:941 – Coty Germany.

700 EuGH, Urt. v. 06.12.2017 – Rs. C-230/16, ECLI:EU:C:2017:941 Rn. 21 ff. – Coty Germany.

701 EuGH, Urt. v. 06.12.2017 – Rs. C-230/16, ECLI:EU:C:2017:941 Rn. 37 ff. – Coty Germany.

Online-Angebote über das Internet – mittels Online-Suchmaschinen – werben, damit die Endverbraucher einen Zugang zu solchen Angeboten haben können.[702]

Ein generelles Verkaufsverbot über Drittplattformen könnte als Kernbeschränkung sowohl i. S. des Art. 4 lit. b Vertikal-GVO als auch i. S. des Art. 4 lit. c Vertikal-GVO angesehen werden. Infolge der Funktionsentwicklung bzw. des rasanten Wachstums der Drittplattformen vermehrt sich die Präferenz der Verbraucher für Online-Einkäufe über Drittplattformen. Drittplattformen sind heutzutage einer der wichtigsten Absatzkanäle. Daher beschränkt das pauschale Drittplattformverbot den passiven Verkauf an Endkunden. Darüber hinaus bilden Online-Käufer eine eigene Kundengruppe,[703] so dass das Verbot im weiten Sinne den Zugang der bestimmten Kundengruppe zum Online-Handel beschränkt.

c) Freistellungsmöglichkeit

Nach Ansicht des EuGH können Drittplattformverbote den Rechtsvorteil der Vertikal-GVO genießen, da sie keine Kernbeschränkung darstelle. Nach meiner Auffassung dagegen stellt ein Drittplattformverbot eine Kernbeschränkung dar. Fraglich ist aber, ob in diesem Fall eine Einzelfreistellungsmöglichkeit besteht.

In Hinsicht auf den Imageschutz kann diese Maßnahme wirtschaftlich vorteilhaft sein, da sie leicht ein sicheres und besser kontrollierbares Verkaufsumfeld sichern kann und die Kosten für die Imagesicherstellung gespart werden können. Allerdings steigen die Opportunitätskosten. Hersteller gehen wegen der Auferlegung solcher Maßnahme ein Risiko ein, dass sie gegen das Kartellverbot des Art. 101 Abs. 1 AEUV bzw. § 1 GWB verstoßen. Händler verlieren nützliche Absatzwege, auf denen sie mehr Umsatz machen und mehr Kunden erreichen könnten. Überdies begrenzt dies die Vielfalt der Angebote bzw. der Einkaufskanäle für Verbraucher.

Vom Standpunkt des Imageschutzes aus betrachtet können Verbraucher einen Profit aus der Maßnahme ziehen. Allerdings haben Verbraucher

702 EuGH, Urt. v. 06.12.2017 – Rs. C-230/16, ECLI:EU:C:2017:941 Rn. 59 ff. – Coty Germany.

703 EuGH, Urt. v. 06.12.2017 – Rs. C-230/16, ECLI:EU:C:2017:941 Rn. 66 – Coty Germany; OLG München, Urt. v. 02.07.2009 – U (K) 4842/08, GRUR-RR 2009, 394 (395) – Sportartikel.

aufgrund der hohen Opportunitätskosten auch einen Verlust. Daher ist unklar, ob hierbei eine angemessene Beteiligung der Verbraucher besteht.

Das generelle Verkaufsverbot über Drittplattformen ist nicht erforderlich. Es gibt erstens ein milderes Mittel wie das Verkaufsverbot nur über bestimmte Drittplattformen, die objektiv ersichtlich für den Schutz des Images schädlich sind. Durch das mildere Mittel sollte das Ziel der Markenhersteller zur Sicherstellung des Images erreicht werden. Zweitens stellt es eine Kernbeschränkung dar, weswegen höchstwahrscheinlich keine Unerlässlichkeit besteht.

Außerdem wird die Markterschließung der kleinen und mittleren Unternehmen durch die Maßnahme erschwert, da Drittplattformen für solche Unternehmen aufgrund der niedrigen Kosten, des leichten Zugangs sowie der Vielzahl der Kunden als bedeutungsvolle Absatzwege fungieren. Aus diesem Grund kann der Wettbewerb durch die Maßnahme spürbar beeinträchtigt werden.

d) Die Grenzen des Coty Germany-Urteils und kritische Würdigung

Vor der Coty-Entscheidung bestanden in der deutschen Rechtsprechung unterschiedliche Auffassungen über die Zulässigkeit von Drittplattformverboten.[704] Das Bundeskartellamt hält, anders als die deutschen Gerichte, an seiner strengen Meinung gegen das Verkaufsverbot über Drittplattformen fest.[705] Aus diesem Grund konnte das deutsche Kartellrecht für das rechtliche Problem nicht konsistent angewendet werden. Als das Coty-Germany-Urteil vom EuGH ausgesprochen wurde, hießen dies einige Wissenschaftler, Praktiker und sogar die Kommission willkommen. Der Grund dafür

704 Urteile für die Zulässigkeit von Drittplattformverboten: LG Berlin, Urt. v. 21.04.2009 – 16 O 729/07 Kart, BB 2009, 1381 – Schulrucksäcke; OLG München, Urt. v. 02.07.2009 – U (K) 4842/08, GRUR-RR 2009, 394 (395) – Sportartikel; OLG Karlsruhe Urt. v. 25.11.2009 – 6 U 47/08 Kart, GRUR-RR 2010, 109 – Schulranzen und Schulrucksäcke; Urteile gegen die Zulässigkeit von Drittplattformverboten: OLG Schleswig-Holstein, Urt. v. 05.06.2014 – 16 U Kart 154/13, NZKart 2014, 364 – Digitalkameras; KG Berlin, Urt. v. 19.09.2013 – 2 U 8/09 Kart, WRP 2013, 1517 – Schulranzen und -rucksäcke.

705 BKartA, Entsch. v. 27.06.2014 – B3-137/12 – Adidas; BKartA, Entsch. v. 24.10.2013 – B7-1/13-35 – Sennheiser.

war, dass das Urteil die kartellrechtliche Zulässigkeit eines Verkaufsverbots über Drittplattformen klarstellte.[706]

Hierbei ist fraglich, ob dieses Urteil des EuGH bei der Entscheidung über die oben genannte Rechtssache zum rechtlichen Maßstab werden kann. Es bleiben bei der Coty Germany-Entscheidung einige drängende Fragen. Dass der EuGH die generelle Untersagung des Vertriebs über nach außen hin erkennbare Drittplattformen als zulässig ansah, ist unverhältnismäßig.[707]

Nach hier vertretener Ansicht hätte der EuGH – statt grünes Licht für ein generelles Vertriebsverbot für nach außen hin erkennbare Drittplattformen zu geben – die plattformübergreifenden Qualitätskriterien für den Vertrieb über solche Plattformen formulieren müssen. Die einzelnen Kritikpunkte lauten wie folgt:

Erstens können solche Drittplattformen den Vertrieb von Produkten mit einer luxuriösen Ausstrahlung durch eigene Unterplattformen für das Luxussegment ermöglichen.[708] Beispielsweise bietet Amazon die „Premium"-Kategorien für Markenartikel an, wobei Kosmetika, Modeprodukte bzw. Accessoires von bekannten Marken wie bspw. Burberry oder Jimmy Choo durch diese Unterplattform präsentiert und vertrieben werden.

Zweitens wurden positive Effekte von solchen Plattformen vom EuGH nicht berücksichtigt. Derartige Plattformen ermöglichen Preistransparenz und fördern den Preiswettbewerb. Bspw. besteht ein sog. *Amazon-Effekt*, wobei durch den Wettbewerb zwischen Online- und traditionellen Händlern die Reduzierung der Gewinnspanne und die Unterdrückung der Preise herbeigeführt werden.[709] Darüber hinaus können kleine und mittlere Unternehmen durch solche Plattformen wettbewerbsfähig bleiben und am

---

706 *Linsmeier/Haag*, Selektive Vertriebssysteme: Mehr Klarheit dank des Coty-Urteils, WuW 2018, 54; s. auch dazu *Lettl*, WuW 2018, 114; *Rohrßen*, GRUR-Prax 2018, 39; *Siegert*, Selektivvertrieb – ein Luxusphänomen?, BB 2018, 131; Kommission, Competition policy brief, EU competition rules and marketplace bans: Where do we stand after the Coty judgement?, April 2018, S. 4.

707 *Brömmelmeyer*, NZKart 2018, 62.

708 *Janal*, EuZW 2017, 844 (848).

709 Der Amazon Effekt könnte dazu beitragen, die relativ niedrige Inflationsrate in den letzten Jahren in den USA zu erklären. Aufgrund der mangelnden Kosten und Preisinformationen auf Unternehmensebene ist allerdings schwierig, von anderen Inflationsfaktoren zu unterscheiden: *Cavallo*, More Amazon Effects: Online Competition and Pricing Behaviors, NBER Working Paper No. 25138, 2018, p. 2, m. w. N.

Binnenmarkt leicht teilnehmen.[710] Daher kann eine solche Maßnahme für die kleinen und mittleren Unternehmen eine große Belastung sein, da sie im schlimmsten Fall dadurch vom Markt abgeschottet werden können.

Drittens stellt sich folgende Frage: Steht ein Logo einer Plattform wirklich generell dem Ziel eines Selektivvertriebssystems, das Luxusimage bzw. den Prestigecharakter zu wahren, entgegen? Gehen die auf die Logoklausel angewiesenen Drittplattformverbote nicht über das erforderliche Maß hinaus? Es besteht keine ausführliche Begründung dafür, ob das Logo bzw. der Slogan einer Plattform die Erreichung des durch ein Selektivvertriebssystem angestrebten Zieles der Markenanbieter verhindern.[711] Nach *Janal* ist es denkbar, dass die Bezeichnung des Logos bzw. Slogans eines Drittplattformbetreibers eine Irreführung der Kunden verursachen kann - vor allem bei einem Hybridplattformbetreiber wie Amazon –, weil die Kunden solche Drittplattformbetreiber als ihre Vertragspartner bzw. autorisierter Händler ansehen könnten, obwohl sie es nicht sind.[712] Die so verursachte Irreführungsgefahr ist allerdings nicht besonders groß, weil die Kunden beim Handel über Drittplattformen wie z.B. Amazon auf dem Schaufenster der betroffenen Waren schon darüber informiert sind, von wem die Waren präsentiert und verkauft werden.[713] Aus diesem Grund gingen die auf der Logoklausel beruhenden generellen Drittplattformverbote über das erforderliche Maß hinaus.

Viertens fehlt im Coty-Germany-Urteil eine Diskussion über die Frage, ob die nach außen hin erkennbaren Drittplattformen dem Luxusimage und dem Prestigecharakter per se abträglich sind. Wie oben erwähnt, werden viele bekannte Markenwaren durch Drittplattformen wie Amazon vertrieben. D. h., der Vertrieb über solche Drittplattformen bringt nicht automatisch alle Markenanbieter zu Schaden.

---

710 Kommission, Abschlussbericht über die Sektoruntersuchung zum elektronischen Handel, COM (2017) 229 final, Rn. 39.

711 In der Vertikal-Leitlinien der Kommission bzw. in den Schlussanträgen zur Rechtssache Coty wurde dieser Punkt nicht genau geklärt: *Janal*, EuZW 2017, 844 (847).

712 *Janal*, EuZW 2017, 844 (847).

713 Wenn ein Produkt von Amazon hergestellt und vertrieben wird, steht es explizit im Schaufenster des betroffenen Produkts, dass Amazon selbst der Verkäufer ist. Wenn es nicht der Fall ist, steht der Name von einem Verkäufer, sodass die Kunden leicht erkennen können, mit wem sie einen Vertrag abschließen. Aus diesem Grund ist die Irreführungsrisiko der Kunden nicht groß.

2. ASICS-Fall

Ein bekannter Fall über das Nutzungsverbot von Preisvergleichsportalen ist der ASICS-Fall. Hierbei wurde ein Verbot der Unterstützung der Funktionalität von Preisvergleichsmaschinen durch eine Klausel im „Vertriebssystem 1.0“ gegeben.[714] Diese Klausel wirkt sich als ein per-se-Verbot aus. Durch die Klausel dürfen die Händler erstens ihre eigene Website mit Preisvergleichsmaschinen generell nicht verknüpfen.[715] Zweitens wurde eine Verwendung des Markenzeichen „ASICS“ auf Drittplattformen zwecks der Kundenleitung auf die eigenen Internetsites der Händler untersagt.[716] Drittens ist der Vertrieb über nach außen hin erkennbare Drittplattformen verboten.[717]

a) Wettbewerbsbeschränkung

Zur Frage, ob die von ASICS auferlegten Beschränkungen verhältnismäßig sind, waren das Beschwerdegericht OLG Düsseldorf und der BGH der Auffassung, dass die Anwendung der Klauseln im „Vertriebssystem1.0“ kartellrechtswidrig sind.[718] Das Bundeskartellamt sah das Vertriebssystem 1.0 von ASICS als bezweckte Wettbewerbsbeschränkungen gem. Art. 101 Abs. 1 AEUV bzw. § 1 GWB an, da die Kundenerreichbarkeit und die Auffindbarkeit der Internetseite der autorisierten Händler erheblich beschränkt werden.[719] Nach Auffassung des BGH verhindert eine Kombination solcher Beschränkungen im beachtenswerten Maß den Kundenzugang zu unter-

714 BGH, Urt. v. 12.12.2017 - KVZ 41/17, NZKart 2018, 96 - ASICS-Gruppe.

715 BGH, Urt. v. 12.12.2017 - KVZ 41/17, NZKart 2018, 96 - ASICS-Gruppe.

716 BGH, Urt. v. 12.12.2017 - KVZ 41/17, NZKart 2018, 96 - ASICS-Gruppe.

717 BGH, Urt. v. 12.12.2017 - KVZ 41/17, NZKart 2018, 96 - ASICS-Gruppe.

718 BKartA, Entsch. v. 26.08.2015 - B2–98/11; OLG Düsseldorf, Urt. v. 05.04.2017 - VI-Kart 13/15 (V), NZKart 2017, 316 - Preisvergleichsmaschinenverbot; BGH, Urt. v. 12.12.2017 - KVZ 41/17, NZKart 2018, 96 - ASICS-Gruppe.

719 BKartA, Entsch. v. 26.08.2015 - B2–98/11, Rn. 31 ff. - ASICS; nach einer Ansicht ist die Auslegung des BKartA über den Begriff der „bezweckten Wettbewerbsbeschränkung“ im ASCIS-Fall restriktiv, da das BKartA jedes Selektivvertriebssystem, welches die Metro-Kriterien nicht erfüllt, als eine „bezweckte“ Wettbewerbsbeschränkung einordnet. Ein Selektivvertriebssystem, welches auf die Kriterien quantitativer Art beruht, stellt grds. eine bezweckte Wettbewerbsbeschränkung, die nach Art. 101 Abs. 3 AEUV überprüft werden kann, dar: *Spenner/Kiani*, Selektive Vertriebssysteme und Internetvertrieb, NZKart 2016, 208 (210 f.).

schiedlichen Online-Angeboten der autorisierten Händler,[720] sodass die Auswahlmöglichkeit der für ASICS-Produkte interessierten Kunden bei Interneteinkäufen grundlegend beschränkt wird. Darüber hinaus kann der Online-Handel durch solche Beschränkungskombinationen wesentlich unterdrückt werden und seine wirtschaftliche Bedeutung als sinnträchtiger und wichtiger Absatzkanal verloren gehen. Dies stellt ein *de facto*-Internetvertriebsverbot dar.

b) Kernbeschränkung nach Art. 4 lit. c Vertikal-GVO

Die sinnvolle Bedeutung der Online-Suchmaschinen wurde im Coty-Urteil des EuGH auch bestätigt. In diesem Urteil sprach der EuGH aus, dass das Verkaufsverbot von Luxusprodukten über nach außen hin erkennbare Drittplattformen im Rahmen eines Selektivvertriebssystems nicht als Kernbeschränkung i. S. v. Art. 4 lit. b oder c Vertikal-GVO einzuordnen ist, da der autorisierte Einzelhändler unter bestimmten Bedingungen über das Internet auf Drittplattformen und mittels Online-Suchmaschinen Werbung treiben darf, sodass Kunden trotz des Drittplattformverbotes durch solche Suchmaschinen Zugang zum Online-Angebot der autorisierten Händler haben können.[721] Daraus ergibt sich, dass die Preisvergleichs- bzw. Suchmaschinen als wesentliches und fundamentales Instrument sowohl für Händler, als auch für Kunden im Online-Handel fungieren. Daher führt ein pauschales Nutzungsverbot der Such- bzw. Preisvergleichsmaschine, welches nicht an Qualitätsanforderungen anknüpft, zu einer spürbaren bzw. wesentlichen Beschränkung der Online-Händler,[722] sodass eine Kernbeschränkung i. S. v. Art. 4 lit. c Vertikal-GVO vorliegt. Aufgrund der klaren Auffassungsübereinstimmung mit dem Beschwerdegericht sah der BGH überdies die Frage, ob ein generelles Verbot der Unterstützung von Preisvergleichsmaschinen eine Kernbeschränkung – die Beschränkung des passiven Verkaufs an Endverbraucher durch Einzelhändler – i. S. v. Art. 4 lit. c Vertikal-GVO darstellt, als nicht klärungsbedürftig an.[723]

720 BGH, Urt. v. 12.12.2017 – KVZ 41/17, NZKart 2018, 96 (98), Rn. 30 – ASICS-Gruppe.
721 EuGH, Urt. v. 06.12.2017 – Rs. C-230/16, ECLI:EU:C:2017:941 Rn. 67 – Coty Germany.
722 BGH, Urt. v. 12.12.2017 – KVZ 41/17, NZKart 2018, 96 – ASICS-Gruppe.
723 BGH, Urt. v. 12.12.2017 – KVZ 41/17, NZKart 2018, 96 (97), Rn. 10 ff. – ASICS-Gruppe.

c) Freistellungsmöglichkeit

Die Freistellungsmöglichkeit des Nutzungsverbots von Preisvergleichsportalen nach Vertikal-GVO ist aufgrund der Einordnung als Kernbeschränkung nach Art. 4 lit. c Vertikal-GVO ausgeschlossen.

Für die Einzelfreistellungsmöglichkeit müssen zwei positiven und zwei negativen Voraussetzungen kumulativ erfüllt werden.[724] Erstens erfolgt die Überprüfung der wirtschaftlichen Effizienz, die sich aus einer wettbewerbsbeschränkenden Vereinbarung ergibt. Bei der pauschalen Untersagung der Nutzung der Such- bzw. Preisvergleichsmaschinen besteht allerdings kein wirtschaftlicher Vorzug, so dass die erste Voraussetzung nicht erfüllt wird. Daher ist die weitere Überprüfung für die angemessene Beteiligung der Verbraucher, die Unerlässlichkeit der Wettbewerbsbeschränkung sowie die Ausschaltungsmöglichkeit des Wettbewerbs sinnlos. Infolgedessen kann das generelle Nutzungsverbot der Such- bzw. Preisvergleichsmaschinen auch nicht im Einzelfall freigestellt werden.

724 EuGH, Urt. v. 13.07.1966 – verb. Rs. 56 und 58/64, Slg. 1966, 322 (399) – Grundig und Consten/Kommission; EuGH, Urt. v. 17.01.1984 – verb. Rs. 43 und 63/82, Slg. 1984, 19 (70) Rn. 61 – VBVB/VBBB; EuG, Urt. v. 09.07.1992 – Rs. T-66/89, Slg. 1992, II-1995 (II-2022) Rn. 69 – Publishers Association/Kommission; EuG, Urt. v. 23.02.1994 – Rs. T-39/92 und T-40/92, Slg. 1994, II-49 (II-90) Rn. 110 – CB und Europay/Kommission; EuG, Urt. v. 15.07.1994 – Rs. T-17/93, Slg. 1994, II-595 (II-631 f.) Rn. 104 – Matra Hachette/Kommission; EuG, Urt. 21.02.1995 – Rs. T-29/92, Slg. 1995, II-289 (II-376 f., II-381) Rn. 267, 286 – SPO u.a./Kommission; EuGH, Urt. v. 25.03.1996 – Rs. C-137/95 P, Slg. 1996, I-1611 (I-1622 f.) Rn. 34 – SPO u.a./Kommission; EuG, Urt. v. 23.10.2003 – Rs. T-65/98, Slg. 2003, II-4653 (II-4712) Rn. 137 – Van den Bergh Foods/Kommission; Kommission, Leitlinien zur Anwendung von Art. 81 Abs. 3 EG, ABl. 2004 C 101/08, Rn. 34, 38, 42; *Hengst*, in: Langen/Bunte, a. a. O., Art. 101 AEUV Rn. 363; *Ellger*, in: Immenga/Mestmäcker, a. a. O., Art. 101 Abs. 3 AEUV Rn. 128.

§ 5. Selektivvertriebssysteme für Luxusgüter und sonstige Markenprodukte

A. Begriffsbestimmung der Marken- und Luxusprodukte und ihre Besonderheiten

I. Geschichte der Marke

Um ein besseres Verständnis für die Marke zu erhalten, ist es wichtig, die historische Entwicklung der Marke zu betrachten, um die einzelnen Bestandteile der Marke zu identifizieren.[725] Ein wichtiger Grenzstein der historischen Entwicklung der Marke ist die Industrialisierung, weshalb die Entwicklung hierbei grob in zwei Phasen eingeteilt wurde.

Wann genau die Geschichte der Marke begann, ist unklar. Die Entstehung des Handels und die Entwicklung der Marke geschahen jedenfalls gleichzeitig.[726] Es gab bereits im klassischen Altertum Waren, welche mit besonderen Kennzeichen als Markenware charakterisiert waren.[727] Hierbei wurden u. a. Siegel zur Markierung verwendet, die das Eigentum schützen sollten.[728] Durch besondere Kennzeichen und Marken wurden der Hersteller und der Herstellungsort aufgezeichnet.[729] Dies identifizierte Produkte, welche mittelbar eine bestimmte Qualität garantierten.[730] Solche Kennzeichen und Marken wurden im (Hoch-)Mittelalter auch von Gilden und Zünften benutzt, um die Zunftwaren von freien Waren, welche nicht von zünftigen Meistern hergestellt wurden, zu unterscheiden.[731] Hierbei existierten sowohl das Zeichenrecht als auch die Zeichenpflicht, da die Zei-

725 *Adjouri*, Alles was Sie über Marken wissen müssen, 2. Aufl. 2014, S. 193.

726 *Adjouri*, a. a. O., S. 193.

727 Auf zahlreichen Schmuckstücken, Hausgeräten und Ziegelsteinen der Römer wurden entsprechende Zeichen gefunden. Darüber hinaus wurden im germanischen Altertum gut erkennbare Unterscheidungsmerkmale verwendet: *Astheimer*, Der Markenartikel und seine wirtschaftliche Bedeutung, 1932, S. 12 f.

728 *Baumgarth*, Markenpolitik: Markentheorien, Markenwirkungen, Markenführung, Markencontrolling, Markenkontexte, 4. Aufl. 2014, S. 7.

729 *Adjouri*, a. a. O., S. 193; *Baumgarth*, a. a. O., S. 7; *Dichtl*, in: Dichtl, Marke und Markenartikel als Instrumente des Wettbewerbs, 1992, S. 16 ff.

730 *Adjouri*, a. a. O., S. 193; *Baumgarth*, a. a. O., S. 7; *Dichtl*, in: Dichtl, a. a. O., S. 16 ff.

731 *Astheimer*, a. a. O., S. 13 f.

chen quasi als Kontrollmittel fast an allen Produkten angebracht werden mussten.[732] Außerdem waren Märkte und Marktteilnehmer relativ bekannt, da zünftige Meister die Waren für bestimmte Kundenkreise angefertigt hatten.[733] Die Hersteller der Markenwaren und die Kunden hatten also einen relativ direkten Kontakt zueinander am Markt. Die Marke und die Kennzeichen gaben den Kunden zu dieser Zeit ein beinahe sicheres Vertrauen in die Produkte des Händlers. Dieses Vertrauen konnte ohne große Investitionen aufgebaut werden und resultierte maßgeblich in der nicht-anonymisierten Beziehung zwischen dem Kunden und dem Händler. Daher könnte man sagen, dass die Markierung noch wichtiger als die Positionierung der Marke war. In diesem Zeitalter fungierte die Marke bloß als Echtheitszertifikat.[734]

Die Industrialisierung eröffnete ein völlig neues Zeitalter. Sie hatte die Massenanfertigung der Waren zur Folge, wobei die Waren dank der technischen Entwicklung mit verkürzter Zeit und gesunkenen Preisen hergestellt werden konnten. Die bestehenden Marktstrukturen, zunftorientierte Herstellungsweisen und Verkaufsinstitutionen haben aufgrund der Industrialisierung i. V. mit der Schaffung der Gewerbefreiheit an Bedeutung verloren.[735] Die Schnelligkeit und die kostengünstige Produktion brachten die Zunahme der Quantität der Waren mit sich, während die Qualität im Vergleich zur Zunftherstellung deutlich abnahm. Außerdem wurden Märkte durch die Industrialisierung anonymisiert, da die Hersteller der Massenwaren keine direkte Verbindung mehr mit den Kunden hatten.[736] Aufgrund der anonymen Beziehung zwischen Herstellern und Kunden am Markt nahm die Bedeutung der Marke zu.[737] Die Marke im Zeitalter der Industrialisierung musste nicht nur wie früher als Echtheitsgarant, sondern auch als Vermittler der Verkaufsargumente und des Vertrauens fungieren.[738] Daher übernahm die Marke eine kommunikative Funktion.[739] Vor allem wurde nach dem Ende von Kriegen nachgewiesen, dass geläufige und vertraute Marken, welche sich über ein längeres Zeitfenster entwickeln,

732 *Astheimer*, a. a. O., S. 14; *Dichtl*, in: Dichtl, a. a. O., S. 2.
733 Vgl. *Astheimer*, a. a. O., S. 15.
734 *Adjouri*, a. a. O., S. 193.
735 *Baumgarth*, a. a. O., S. 7 f.; *Dichtl*, in: Dichtl, a. a. O., S. 3 f.
736 *Adjouri*, a. a. O., S. 194.
737 *Adjouri*, a. a. O., S. 194.
738 *Adjouri*, a. a. O., S. 194.
739 *Adjouri*, a. a. O., S. 194.

trotz der Krisen weiter überleben,[740] wobei sich die Botschaftsfunktion der Marke immer mehr ausgeprägte. Für die Verstärkung der kommunikativen Funktion der Marke sind die Positionierung und der Aufbau der Marke sehr wichtig und dies wurde i. d. R. von massenmedialen Werbungsweisen unterstützt.[741]

Die histrorische Entwicklung der Marke ist im Allgemeinen eng mit der wirtschaftlichen, gesellschaftlichen und politischen Entwicklung verbunden.[742]

II. Begriffsbestimmungen der Marke

Was eine Marke ist, ist eine uralte Frage, worauf mit unterschiedlichen Ansätzen geantwortet werden kann. Seit langem werden Forschungen über die Definition einer Marke in verschiedenen Wissenschaftsbereichen geführt und als Folge dieser wissenschaftlichen Anstrengungen bestehen zwar viele Definitionen, allerdings existiert noch keine klare und einheitliche Definition der Marke. Um herauszufinden, ob bzw. inwieweit sich die verschiedenen Definitionen decken, sollten daher die Definitionen genauer analysiert werden.[743]

Außerdem besteht ein minimaler Begriffsunterschied zwischen der Marke und dem Markenartikel,[744] deren Unterscheidung Konsumenten kaum wahrnehmen.[745] Aus diesem Grund werden die Begriffe Marke und Markenartikel in dieser Arbeit identisch verwendet.

1. Definitionen der Marke in nicht-juristischen Bereichen

In den nicht-juristischen Wissenschaftsbereichen bestehen vielfältige Markendefinitionen.

740 *Adjouri*, a. a. O., S. 194.
741 *Adjouri*, a. a. O., S. 195.
742 *Adjouri*, a. a. O., S. 195.
743 *Adjouri*, a. a. O., S. 189.
744 Markenartikel sind die folgerichtigste Übersetzungs- und Erscheinungsform der Marke im Sinne der Präsenzstrategie: *Becker*, in: Dichtl, a. a. O., S. 98.
745 *Bruhn*, in: Bruhn, Handbuch Markenartikel, 1994, S. 9.

a) Markendefinition aus ökonomischer Sicht

Da die Marke in besonderem Maße an die Wirtschaft gebunden ist, versuchen nach wie vor viele Ökonomen einen zur wirtschaftlichen Konstellation passenden aktuellen Begriff der Marke zu etablieren. Zur eingehenden Begriffsbestimmung der Marke wurden bisher verschiedene Definitionsansätze bearbeitet. Die Mehrzahl der Definitionen sind aus unternehmerischer Sicht geklärt. Allerdings bestehen auch die aus Konsumentensicht erfassenden Definitionsansätze. Die Zahl der Definitionsansätze ist groß.[746] In dieser Arbeit werden diejenigen Ansätze behandelt, die von der Mehrzahl der Ökonomen vertreten werden.

aa) Merkmalbezogener Ansatz

Gemäß dem merkmalbezogenen Ansatz ist die Marke die konstitutive Eigenschaft eines Markenartikels. Laut *Mellerowicz,* der eine der bekanntesten Markendefinitionen entwickelt hat, sollte eine Marke die folgenden Eigenschaften und Erwartungen erfüllen: markierte Fertigwaren, gleichbleibende bzw. verbesserte Qualität, gleichbleibende Menge, gleichbleibende Aufmachung, Handel im größeren Absatzraum, Verbraucherwerbung für die Verbindung zwischen Hersteller und Konsumenten sowie Anerkennung im Markt.[747] Wenn eine dieser Eigenschaften fehlt, liegt keine Marke vor.[748] An dieser Definition von *Mellerowicz* wird Kritik geäußert, da sie teilweise die Eigenschaften der Marke zu eng begrenzt hat und auch nicht mehr zu den jetzigen wirtschaftlichen Konstellationen passt.[749]

---

746 In der Literatur bestehen ein merkmalbezogener (= objektbezogener), absatzsystemorientierter, wirkungsbezogener (= nachfragerbezogener), qualitätsbezogener, identitätsbezogener, erfolgsorientierter, intensitätsbezogener, herkunftsbezogener, anbieterbezogener, integrierter und instrumentaler Ansatz.

747 *Mellerowicz,* Markenartikel, die ökonomischen Gesetze ihrer Preisbildung und Preisbindung, 2. Aufl. 1963, S. 12 ff.

748 *Sitte,* Technology Branding, Strategische Markenpolitik für Investitionsgüter, 2001, S. 82.

749 *Adjouri,* a. a. O., S. 198 f.; *Sitte,* a. a. O., S. 82 f.; *Baumgarth,* a. a. O., S. 4; *Berekoven,* in: Andreae, Markenartikel heute, 1978, S. 40 f; *Bruhn/G.E.M,* Was ist Marke? Aktualisierung der Definition der Marke, 2002, S. 4 f., abrufbar unter: http://www.markenverband.de/publikationen/studien/Was%20ist%20eine%20Marke.pdf (Stand v. 23.09.20).

bb) Absatzsystemorientierter Ansatz

Nach diesem Ansatz ist die Marke nicht mehr bloß als Produkteigenschaft, sondern als systematisches Absatzkonzept zu verstehen, wobei die marketingpolitischen Ziele wie die Erreichung eines hohen Bekanntheitsgrades bzw. der Aufbau eines impliziten Images erreicht werden können.[750] Begrifflich ist dieser Ansatz das Gegenteil von dem merkmalbezogenen Ansatz. Dieser Ansatz ist außerdem mit dem erfolgsorientierten Ansatz verbunden, bei dem die Marke als eine Leistung, welche am betreffenden Markt erfolgreich eine unangefochtene Position besitzt, bezeichnet wird.[751]

cc) Wirkungsbezogener Ansatz

Nach dem wirkungsbezogenen Ansatz (auch sog. nachfragebezogener Ansatz) ist die Marke aus Konsumentensicht zu beschreiben. Diese Ansicht wurde nicht nur aus der ökonomischen, sondern auch aus der psychologischen Sicht betrachtet. Für die Markenbezeichnung ist die subjektive Wahrnehmung bzw. Anerkennung der Konsumenten sehr wichtig.[752] Hierbei sollte eine Marke ein Image bei Konsumenten aufbauen, welches mit Erfahrungen, Erinnerungen und Emotionen der Konsumenten verbunden ist.[753] Dafür ist überdies die Erfüllung der Kundenerwartungen von der sicheren Qualitätsgarantie, der hohen Kundenbindung bzw. -zufriedenheit und dem positiven, wertvollen und klaren Markenimage ausschlaggebend.[754] Die Marke dient auch als Orientierungshilfe im großen Angebotsspektrum.[755] Konsumenten können schnell eine Kaufentscheidung treffen, wenn sie Vertrauen in die Marke haben.

---

750 *Bruhn/G.E.M*, a. a. O., S. 7.

751 *Bruhn/G.E.M*, a. a. O., S. 8.

752 *Berekoven*, in: Andreae, a. a. O., S. 43; *Bruhn/G.E.M*, a. a. O., S. 7.

753 *Esch*, Strategie und Technik der Markenführung, 8. Aufl. 2014, S. 22 f.

754 *Bruhn/G.E.M*, a. a. O., S. 7; vgl. *Laumer*, Der Markenartikelvertrieb in den Ländern der Europäischen Wirtschaftsgemeinschaft und seine Auswirkung auf den Wettbewerb, 1970, S. 13 ff.; *Schmidt*, Markenführung, 2015, S. 6.

755 *Becker*, in: Dichtl, a. a. O., S. 98; *Esch*, a. a. O., S. 24; *Laumer*, a. a. O., S. 15.

dd) Qualitätsbezogener Ansatz

Laut dem qualitätsbezogenen Ansatz muss die Marke eine dauernd gleichbleibende bzw. verbesserte Qualität garantieren.[756] Viele Konsumenten haben seit der Industrialisierung Schwierigkeiten, unter der Anonymität, Vielzahl und Vielfalt der Angebote eine richtige Kaufentscheidung zu treffen. Konsumenten können nicht jedes Angebot aufgrund ihrer Erfahrung bewerten. Die Qualitätsgarantie und der durch die Qualität aufgebaute Ruf sind deshalb bei der Angebotsbeurteilung besonders hilfreich.[757] Die Qualität in dem Sinne sollte nicht bloß subjektive Qualitätsvorstellung der Konsumenten sein, sondern als objektive feststellbare Eigenschaft verstanden werden.[758] Eine Marke garantiert normalerweise eine gleichbleibende und hohe Qualität, so dass die Konsumenten, welche Markenartikel kaufen, weniger Risiko hinsichtlich einer Fehlentscheidung eingehen müssen.[759] Dieser Ansatz ist z. T. mit dem wirkungsbezogenen Ansatz verbunden oder sogar ein essenzielles Element für den wirkungsbezogenen Ansatz, da er für die Erfüllung der Konsumentenerwartung erforderlich ist.

ee) Identitätsbezogener Ansatz

Gemäß dem identitätsbezogenen Ansatz ist die Marke ein Nutzenbündel, welches interne Marktkonzepte und Managementperspektive der inneren Zielgruppen (Unternehmen) und eigene Merkmale beinhaltet, so dass dieses Nutzenbündel aus der Sicht der externen Zielgruppen (Konsumenten) nachhaltig gegenüber anderen Nutzenbündeln von Mitbewerbern differenziert werden kann.[760] Nutzenbündel werden abhängig von den internen und externen Zielgruppen zwischen dem Soll-Nutzenbündel (Ursachenperspektive von den inneren Zielgruppen) und dem Ist-Nutzenbündel

---

756 *Mellerowicz*, a. a. O., S. 21 f.; *Meffert/Burmann/Kirchgeorg/Eisenbeiß*, Marketing. Grundlagen marktorientierter Unternehmensführung, Konzepte-Instrumente-Praxisbeispiele, 13. Aufl. 2019, S. 264.

757 *Mellerowicz*, a. a. O., S. 21; *Bruhn/G.E.M*, a. a. O., S. 8.

758 *Mellerowicz*, a. a. O., S. 22 f.

759 *Bruhn/G.E.M*, a. a. O., S. 8.

760 Vgl. *Burmann/Halaszovich/Schade/Piehler*, Identitätsbasierte Markenführung, 3. Aufl. 2018, S. 13; *Meffert/Burmann/Kirchgeorg/Eisenbeiß*, a. a. O., S. 265; *Schmidt*, a. a. O., S. 6 f.

(Wirkungsperspektive von den externen Zielgruppen) unterschieden.[761] Hierbei wird das Soll-Nutzenbündel über die von Unternehmen angebotenen unterschiedlichen Berührungspunkte (engl. *Touch Points*) an die Konsumenten weitergeleitet.[762] Stimmen das Soll-Nutzenbündel und Ist-Nutzenbündel überein, wird es als ideal angesehen.[763] Laut diesem Ansatz ist die Marke quasi ein Schaufenster, wobei Unternehmen ihre Identität durch die Marke nach außen zeigen können.

b) Markendefinition aus (sozial-)psychologischer Sicht

Die Marke ist aus psychologischer Sicht als persönliche Wahrnehmung[764] und Vorstellung[765] der Konsumenten zu definieren. Der wirkungsbezogene Definitionsansatz ist das Paradebeispiel dafür. Aus psychologischer Sicht treffen Konsumenten Kaufentscheidungen nicht ausschließlich auf rationale Weise, weshalb sie nicht bedingungslos als *homines oeconomici* zu bezeichnen sind.[766] Ausschlaggebend sind persönliche Meinungen, Empfindungen, Ansichten, Emotionen, Erfahrungen, Beurteilungen und Gedanken der Konsumenten.[767] Dass Konsumenten ihr Kaufverhalten nicht immer nach objektiven Eigenschaften der Artikel, sondern auch nach den oben genannten subjektiven Einstellungen ausrichten, nennt man *psychologische Realität*.[768]

761 *Burmann/Halaszovich/Schade/Piehler*, a. a. O., S. 13.
762 *Burmann/Halaszovich/Schade/Piehler*, a. a. O., S. 13.
763 *Burmann/Halaszovich/Schade/Piehler*, a. a. O., S. 13.
764 *Berekoven*, in: Andreae, a. a. O., S. 43; *Bruhn/G.E.M*, a. a. O., S. 7.
765 Die Marke ist ein Vorstellungsbild in den Köpfen der Konsumenten, womit Konsumenten Markenartikel identifizieren und differenzieren können und ihr Wahlverhalten prägen lassen: *Esch*, Strategie und Technik der Markenführung, 8. Aufl. 2014, S. 22.
766 *Errichiello*, Einsamkeit und die psychologische Kraft der Marke, 2019, S. 7.
767 *Berekoven*, in: Andreae, a. a. O., S. 44; *Wiswede*, in: Dichtl, Eggers, a. a. O., S. 72; *Soscia*, Emotions and Consumption Behaviour, 2013, S. 2.
768 *Wiswede*, in: Andreae, a. a. O., S. 135.

c) Markendefinition aus soziologischer Sicht

Aus soziologischer Sicht werden Marken als Mechanismen struktureller Kopplung[769] bzw. dem Zusammenspiel[770] zwischen Herstellern und Konsumenten verstanden. Unternehmen bieten eine Markenleistung und die passende Qualität an und Konsumenten interessieren sich für diese spezielle Leistung,[771] wodurch die Konsumenten das Unternehmen aufgrund der speziellen Leistung unterstützen.[772] Darüber hinaus kann durch diese Rückkopplungsprozesse eine einzigartige Erkennbarkeit der Marke geschaffen werden.[773] Diese soziale Kommunikation zwischen Markenherstellern und Konsumenten ermöglicht ferner die Individualisierung der Marke.

2. Legaldefinition der Marke

Der juristische Begriff der Marke ist im Verhältnis zu anderen wissenschaftlichen Bereichen sehr klar und deutlich definiert. Vor der Markengesetzreform 1995 wurde der Begriff einer Marke nach dem Wortlaut des § 1 Abs. 2 Warenzeichengesetz (WZG) nur für Dienstleistungen – als Dienstleistungsmarken – verwendet, während für Handelsgüter der Begriff eines Warenzeichens bestand. Nach dem Wortlaut des Markengesetzes (MarkenG) wird der Begriff einer Marke einheitlich und umfassender verwendet. Als Marke können gem. § 3 Abs. 1 Markengesetz (MarkenG) alle Zeichen, insbesondere Wörter einschließlich Personennamen, Abbildungen, Buchstaben, Zahlen, Klänge, dreidimensionale Gestaltungen einschließlich der Form einer Ware oder ihrer Verpackung sowie sonstige Aufmachungen einschließlich Farben und Farbzusammenstellungen geschützt werden, die geeignet sind, Waren oder Dienstleistungen eines Unterneh-

769 *Hellmann*, Fetische des Konsums: Studien zur Soziologie der Marke, 2011, S. 22.

770 *Deichsel/Errichiello/Zschiesche*, Grundlagen der Markensoziologie, Die sozialen Prinzipien von Markenbildung und -führung in Theorie und Praxis, 2017, S. 3.

771 *Deichsel/Errichiello/Zschiesche*, a. a. O., S. 109.

772 Hierbei wird behauptet, dass die Markenkraft nicht bei den Unternehmen, sondern bei Kunden liegt, da die Marke allein durch die positiven Erfahrungen der Konsumenten weiter am Leben bleiben kann und die Macht am betreffenden Markt beherrschen kann: *Deichsel/Errichiello/Zschiesche*, a. a. O., S. 3 f.

773 *Deichsel/Errichiello/Zschiesche*, a. a. O., S. 109.

mens von denjenigen anderer Unternehmen zu unterscheiden.[774] Neben den Marken gelten gem. § 1 MarkenG die geschäftlichen Bezeichnungen und die geographischen Herkunftsangaben als Schutzgegenstände dieses Gesetzes.[775] In dem Definitionsmerkmal ist die Unterscheidungsfähigkeit und Schutzfähigkeit der Marke ausschlaggebend.[776]

3. Stellungnahme

Die Definitionen aus ökonomischer, psychischer, soziologischer und rechtlicher Sicht haben unterschiedliche Perspektiven. Sie sind aber trotzdem nicht streng voneinander zu trennen, sondern hängen inhaltlich eng miteinander zusammen. Es ist bedeutsam, alle Definitionsansätze zusammenzufassen und einen einheitlichen Markenbegriff zu definieren. Eine prägnante zusammenfassende Definition könnte wie folgt lauten: Eine Marke umfasst alle Zeichen, Waren oder Dienstleistungen eines Unternehmens, die als Identitätszeiger des Unternehmens subjektiv bzw. objektiv von anderen Unternehmen unterschieden werden können. Eine Marke ist überdies ein Rechtsschutzgegenstand und ein Erfolgsfaktor, der sich als Absatzleistung durch die Rückkopplungsprozesse zwischen Unternehmen und Konsumenten auf den Erfolg am Markt orientiert.

III. Luxusmarke

1. Definition der Luxusmarke

Das Wesen einer Luxusmarke ist eine Herstellermarke.[777] Eine Herstellermarke kann als Luxusmarke zu qualifizieren sein, wenn die Faktoren Begehrlichkeit, Exklusivität, Extravaganz, Rarität, Beliebtheit, Perfektion, Einzigartigkeit und höchste Qualität sowie das Preisniveau dafürsprechen. Allerdings führt die Erfüllung des Luxus-Kriteriums nicht per se zur Gestaltung des Luxusmerkmals.[778] Daneben ist der soziale bzw. individuelle

774 *Müller*, in: Spindler/Schuster, Recht der elektronischen Medien, 4. Aufl. 2019, § 3 MarkenG Rn. 20 ff.

775 *Ingerl/Rohnke*, in: Ingerl/Rohnke, Markengesetz, 3. Aufl. 2010, § 1 MarkenG Rn. 4.

776 *Kur*, in: BeckOK Markenrecht, 29. Ed. 2022, § 3 MarkenG Rn. 10.

777 *Belz*, in: Bruhn, Handbuch Markenartikel, 1994, S. 648.

778 *Berthon/Pitt/Parent/Berthon*, Aesthetics and Ephemerality: Observing and Preserving the Luxury Brand, California Management Review Vol. 52 No. 1, 2009, S. 46 f.

Kontext ausschlaggebend.[779] Luxus kann sowohl in qualitativem als auch in quantitativem Sinne verstanden werden.[780] Luxus in qualitativem Sinne bedeutet, dass Erzeugnisse bzw. Dienstleistungen qualitativ sehr hochwertig sind. Luxus bedeutet in quantitativem Sinne, dass Konsumenten hochwertige bzw. hochpreisige Güte über die Maße besitzen.[781] Luxusmarken befriedigen nicht Grundbedürfnisse, sondern zusätzliche Bedürfnisse wie das Streben nach Prestige und persönliche Wertvorstellungen.[782] Allerdings besteht eine Ansicht, dass die täglich verwendeten Luxuskonsumgüter wie Körperpflegemittel oder Kosmetika „infolge der Gewohnheit der Verbraucher" im weiten Sinne als „Gegenstände des notwendigen Bedarfs" angesehen werden können.[783]

Eine Luxusmarke muss außerdem einen hohen Bekanntheitsgrad aufweisen und von großen Teilen der Bevölkerung begehrt werden. Allerdings darf sie nicht von allen leicht erreichbar und erhältlich sein.[784] Nach anderer Ansicht wird der hohe Bekanntheitsgrad jedoch nicht vorausgesetzt. Vielmehr sei eine Luxusmarke dadurch gekennzeichnet, dass sie nur für eine kleine, abgrenzbare Kundengruppe in Betracht komme.[785] Diese Luxusmarken verbreiteten sich dementsprechend nicht in der breiten Öffentlichkeit, sondern insbesondere innerhalb dieser Kundengruppen.[786] Zweitere Ansicht war besonders vor der Demokratisierung des Luxus relevant. Durch die inzwischen stattgefundene Demokratisierung des Luxus haben sich die Bedeutung und das teure und konservative Verhalten des Luxus verändert.[787] Der Kauf hochwertiger bzw. hochqualitativer Luxusartikel auf unterschiedlichen Preiskategorien und der Vertrieb über unterschiedliche Vertriebskanäle ermöglichte die Demokratisierung des Luxus.[788] Dies führte dazu, dass Luxusmarken nicht mehr nur in elitären Kreisen bekannt sind und konsumiert werden. Vielmehr kann heutzutage ein breites Spektrum von Konsumenten Luxusmarken identifizieren und erwerben. Hersteller

779 *Berthon/Pitt/Parent/Berthon*, a. a. O., S. 47.

780 *Sombart*, Luxus und Kapitalismus, 2. Aufl. 1922, S. 71 f.

781 *Sombart*, a. a. O., S. 72.

782 *Belz*, in: Bruhn, a. a. O., S. 646 f.

783 LG Berlin, Urt. v. 17.02.1954 – 16 Q 4/54, GRUR 1954, 349 (351) – „4711"-Erzeugnisse.

784 *Kapferer*, in: Esch, Moderne Markenführung, 3. Aufl. 2001, S. 355.

785 *Belz*, in: Bruhn, a. a. O., S. 649 ff.

786 *Belz*, in: Bruhn, a. a. O., S. 649 ff.

787 *Pietzcker/Vaih-Baur*, Luxus als Distinktionsstrategie, Kommunikation in der internationalen Luxus- und Fashionindustrie, 2018, S. 206.

788 *Pietzcker/Vaih-Baur*, a. a. O., S. 206.

kommen ihren Konsumenten mittels des Internets und sozialen Netzwerken immer näher. Dies hat das Paradigma der traditionellen und konservativen Haltung der Luxusmarke geändert. Fraglich ist allerdings, ob eine Luxusmarke, die Produkte aus der Massenanfertigung umfasst, weiterhin als luxuriös angesehen werden kann. Zu diesen gehören bspw. Schweizer Armbanduhren, deren Einzelteile – massenhaft – in China gefertigt werden.[789] Gälte eine solche Marke als Luxusmarke, stellte sich die Frage, ob trotz des durch Massenherstellung verursachten Verlusts der Exklusivität eine solche Marke weiterhin als Luxusmarke gelten könne. Weiterhin stellte sich die Frage, ob solche Marken trotzdem den Vertrieb über ein Selektivvertriebssystem benötigen und ob die Anwendung des Selektivvertriebssystems für solche Marken überhaupt zulässig wäre.

2. Die sog. Masstige-Marke

Ein „Masstige" ist ein durch die Demokratisierung der Marke entstandenes Konzept und eine Kombination der englischen Wörter von „Mass" und „Prestige".[790] Ein Masstige bietet Produkte mit Prestigeimage und einen auf Massenkonsumenten basierten Service.[791] Dazu kommt noch „Massclusivity", welches von der englischen Wörterkombination „Mass" und „Exclusivity" stammt.[792] Wie der Name schon zeigt, wird ein Masstige-Produkt durch Massenfertigung hergestellt, weshalb die Preise auch im Vergleich zur Luxusmarke niedriger bemessen werden. Gleichzeitig wird dem Masstige-Produkt ein gewisses Prestige-Image zugeschrieben. Eine Masstige-Marke unterscheidet sich demnach von normalen Marken wie auch von Luxusmarken.

Die in der bisherigen Rechtsprechung diskutierten Artikel, die als Luxusartikel bezeichnet werden, gehören im strengen Sinne eigentlich zu den Masstige-Artikeln, da solche Luxusartikel im Grunde genommen in Massen für Massenkonsumenten hergestellt werden und nicht mehr zu der Defini-

789 Gem. Art. 48 c Markenschutzgesetz der Schweiz entspricht die Herkunft eines industriellen Produkts dem Ort, an dem mindestens 60 % der Herstellungskosten anfallen. S. auch *Tobias Finger*, Chinas Uhrmacher greifen an, 07.12.2013, Wirtschaftswoche, abrufbar unter: https://www.wiwo.de/unternehmen/handel/luxus-tatsaechlich-ein-qualitaetsprodukt/9181154-2.html (Stand v. 20.05.2022).

790 *Okonkwo*, Luxury Fashion Branding, Trends, Tactics, Techniques, 2007, S. 254.

791 *Okonkwo*, a. a. O., S. 254.

792 *Okonkwo*, a. a. O., S. 254.

tion der Luxusmarke passen. Das EuG klärte bereits 1996 in seiner Rechtsprechung über die Definition der Luxusprodukte, dass ein Luxusprodukt ein hochwertiges und relativ teures Erzeugnis ist, welches unter einer namhaften Marke verkauft wird.[793] Die Ausführungen des EuG über die Definition der Luxusprodukte passen nicht ganz zu den Eigenschaften der Luxusprodukte, sondern eher zu denen der Masstige-Produkte. Fraglich ist, ob Masstige-Produkte trotzdem auch als traditionelle Luxusmarke angesehen werden können und ob hierbei der der Luxusmarke entsprechende Rechtsschutz weiter angewendet werden soll.

IV. Erforderlichkeit der Definitionsunterscheidung zwischen Marke, Masstige-Marke und Luxusmarke für die kartellrechtliche Zulässigkeit selektiver Vertriebssysteme

Für die kartellrechtliche Zulässigkeit selektiver Vertriebssysteme ist es bedeutsam, eine Luxusmarke von normalen Marken oder Masstige-Marken zu unterscheiden. Im Prinzip können alle Marken durch ein selektives Vertriebssystem vertrieben werden, wenn die Einführung dieses Vertriebssystems aufgrund der Produkteigenschaften bzw. der Distributionspolitik der Unternehmen sinnvoll und notwendig wäre. Allerdings ist die Unterscheidung zwischen einfachen Marken, Masstige-Marken und Luxusmarken ausschlaggebend, vor allem für die Begrenzung des Umfangs der von Markenherstellern im Rahmen eines Selektivvertriebs auferlegenden Wettbewerbsbeschränkungen.

Bei einfachen Marken wird auf die Stärke der Unterscheidungsfähigkeit der betreffenden Marken von anderen Marken, das Markenimage und die zum Aufbau des Markenimages und zu der Markenposition investierten Kosten geachtet. Sodann wird berechnet, wie schutzfähig die Marken sind und in welchem Umfang den Herstellern wettbewerbsbeschränkende Anforderungen auferlegt werden können. Bei Masstige-Marken sollte insbesondere der Frage nachgegangen werden, ob Wettbewerbsbeschränkungen so übermäßig auferlegt wurden, dass sie den Massenkonsumenten ihre Einkäufe erschweren. Wie oben erwähnt, geben Masstige-Marken trotz der Massen-Eigenschaften ihren Konsumenten ein Prestige-Gefühl, aber das heißt nicht, dass sie die Aura des Luxus erhalten. Die Wörter „Luxus“ und

793 EuG, Urt. v. 12.12.1996 – Rs. T-19/92, Slg. 1996, II-1851, GRUR Int 1998, 149 – Leclerc/Kommission (Yves Saint Laurent); EuG, Urt. v. 12.12.1996 -Rs. T-88/92, Slg. 1996, II-1961 – Leclerc/Kommission (Givenchy).

„Prestige“ werden meistens zusammen benutzt und im Alltag quasi als Synonym behandelt. Sie unterscheiden sich aber in ihrer Bedeutung. Prestige gibt dem Einzelnen das Gefühl, dass man eine bessere und besondere Position in der Gesellschaft innehat und sich dadurch von anderen Menschen abgrenzt. Luxus lässt sich als ein über das Notwendige hinausgehendes Konsumverhalten bezeichnen.

Als Luxusmarke sollten die betreffenden Leistungen rar, einzigartig, extravagant, höchstqualitativ bzw. höchstpreisig in dem betreffenden Segment sein. Masstige-Marken erfüllen allerdings als Massenleistungen keine der o. g. Voraussetzungen der Luxusmarken. Sie sind von Natur aus im Vergleich zu einfachen Marken, nämlich Nicht-Masstige-Marken, teurer, hochqualitativer und exklusiver, aber sie verleihen trotzdem keine luxuriöse Ausstrahlung. Wie oben erwähnt, bieten Masstige-Marken einen auf Massenkonsumenten basierten Service an. Deshalb sollte das allgemeine Verkaufsverbot der Masstige-Produkte über Drittplattformen nicht als kartellrechtlich zulässig angesehen werden.

In der Entscheidung der Kommission „Yves Saint Laurent Parfums“ erklärten Verbraucherverbände, dass sie im Prinzip nichts gegen ein Selektivvertriebssystem für (Luxus-)Parfümerieartikel einzuwenden hätten, da sie dadurch bspw. solche Artikel mithilfe von qualifiziertem Fachpersonal kaufen könnten.[794] Aber sie wollen nicht, dass die Zahl der Geschäfte und die Vielfalt der Angebote durch das Vertriebssystem nicht willkürlich beeinträchtigt wird.[795] Wenn der Verkauf der einfachen Marken bzw. Masstige-Marken über eine Drittplattform, worüber mehr als die Hälfte der Online-Konsumenten Einkäufe erledigen, untersagt wird, könnte dies aufgrund der übermäßigen Wettbewerbsbeschränkung bzw. der Verletzung der Verbrauchersouveränität kartellrechtlich bedenklich sein. Aus diesen Gründen ist es unerlässlich, einfache Marken, Masstige-Marken und Luxusmarken voneinander zu unterscheiden.

V. Markenimage

Unabhängig von dem Prestige- oder Luxusgrad besitzen alle Marken ein eigenes Markenimage. Das Markenimage spielt eine große Rolle als sub-

794 Kommission, Entsch. v. 16.12.1991 – IV/33.242, ABl. EG 1992 Nr. L 12/24, GRUR Int. 1992, 915 (917) – Yves Saint Laurent Parfums.

795 Kommission, Entsch. v. 16.12.1991 – IV/33.242, ABl. EG 1992 Nr. L 12/24, GRUR Int. 1992, 915 (917) – Yves Saint Laurent Parfums.

jektiver immaterieller Wert neben den objektiven materiellen Werten der Markenartikel.

1. Definition des Markenimages

a) Definition des Markenimages aus nicht-rechtlicher Sicht

Ein Markenimage ist eine Zusammenstellung aus individuellen, sozialen und kulturellen Assoziationen, Meinungen, Werthaltungen (= Einstellung zu ideellen Werten)[796] sowie Emotionen. Es beschreibt einen einzigartigen Charakter einer Marke. Das Markenimage besitzt einen hohen Abstraktionsgrad.[797] Es wird von unterschiedlichen Imagefaktoren wie dem Vertriebskanal, Produkt-, Konsumenten-, Mitbewerber- und Herstellerlandimage, welches von den Konsumenten stetig verglichen wird, beeinflusst.[798] Die oben genannten Imagefaktoren müssen mit dem Hersteller in Einklang stehen, so dass seine Marke und seine Produkte Konsumenten überzeugt und er nachhaltig bessere Bewertungen als seine Mitbewerber erhält. D. h., das Markenimage sollte mit der Markenidentität (= Unternehmenspolitik bzw. -identität) in Einklang zu bringen sein.[799] Des Weiteren sind die Konsumenten selbst von ausschlaggebender Bedeutung bzgl. des Markenimages. Nach e. A. sind Marken nur als positive Vorurteile in den Köpfen der Konsumenten anzusehen.[800]

Das Markenimage ist ein maßgebender Indikator für die Kaufentscheidung der Konsumenten. Darüber hinaus wird auch der Markenwert enorm durch das Markenimage beeinflusst.[801] Aus diesen Gründen ist es erheblich für Unternehmen, ein nachhaltiges, vertrauliches, geschmackvolles, modisches, hochwertiges sowie hochqualitatives Markenimage zu pflegen.

---

796 *Adjouri*, a. a. O., S. 109, 238; *Dichtl*, in: Andreae, a. a. O., S. 22; *Lüppens*, Der Markendiamant, 2006, S. 15; *Wiswede*, in: Dichtl, a. a. O., S. 73.

797 *Deichsel/Errichiello/Zschiesche*, a. a. O., S. 8.

798 *Lüppens*, a. a. O., S. 17.

799 *Schmidt*, a. a. O., 2015, S. 46.

800 *Deichsel/Errichiello/Zschiesche*, a. a. O., S. 10.

801 *Lüppens*, a. a. O., S. 17.

b) Definition des Markenimages aus rechtlicher Sicht

Eine rechtliche Definition eines Markenimages existiert nicht. In der bisherigen Rechtsprechung wird das Wort „Markenimage" häufig verwendet. Eine Definition wurde jedoch nicht geliefert.[802] Ein Markenimage, welches durch die hohen Investitionen der Unternehmen aufgebaut ist und das Image bzw. die Reputation der Unternehmen repräsentiert, ist aus der rechtlichen Sicht als Schutzgegenstand anzusehen.[803] Zum Schutz des Markenimages ist es ausnahmsweise erlaubt, Markenartikel durch eine spezielle Vertriebsweise wie Selektivvertriebssysteme zu vertreiben, sofern das betreffende Vertriebssystem wettbewerbskonform ist.[804] Allerdings sind der Umfang und die Grenze der zum Schutz des Markenimages auferlegten Wettbewerbsbeschränkungen im Rahmen eines selektiven Vertriebssystems immer noch nicht ganz eindeutig geklärt.

c) Stellungnahme

Die Definitionen des Markenimages aus nicht-rechtlicher und rechtlicher Sicht hängen großenteils inhaltlich miteinander zusammen. Daher ist es sinnvoll, alle Definitionsansätze zusammenzufassen und eine einheitliche Definition festzulegen. Diese könnte wie folgt lauten: Ein Markenimage ist ein die Unternehmensreputation repräsentierendes Image, welches mit der Unternehmensidentität in Einklang steht und durch die Zusammenstellung aus individuellen, sozialen und kulturellen Assoziationen von Konsumenten entsteht.[805]

802 Das KG Berlin klärte in seiner Rechtsprechung (KG Berlin, Urt. v. 19.09.2013 - 2 U 8/09 Kart, WRP 2013, 1517 - Schulranzen und -rucksäcke), was ein Produktimage ist, aber es handelte sich hierbei um keine selbständig gedachte Erklärung, sondern bloß ein Zitat des Aufsatzes von Franck (*Franck*, Zum Schutz des Produktimages im selektiven Vertrieb, WuW 2010, 772).

803 Vgl. *Franck*, Zum Schutz des Produktimages im selektiven Vertrieb, WuW 2010, 772

804 *Franck*, WuW 2010, 772 (785).

805 Vgl. *Adjouri*, a. a. O., S. 109, 238; *Dichtl*, in: Andreae, a. a. O., S. 22; *Lüppens*, a. a. O., S. 15; *Wiswede*, in: Dichtl, a. a. O., S. 73; *Schmidt*, a. a. O., 2015, S. 46; *Franck*, WuW 2010, 772.

2. Markenimage als Schutzzweck

Wie oben erwähnt, spielt das Markenimage beim Vertrieb der Markenprodukte eine sehr große Rolle. Daher kann der Schutz des Markenimages als ein großes Anliegen der Markenhersteller angesehen werden.[806] Um das einzigartige Markenimage zu schützen, versuchen Markenhersteller über ein selektives Vertriebssystem ihre Markenwaren zu vertreiben und legen ihren Wiederverkäufern im Rahmen des Selektivvertriebs wettbewerbsbeschränkende Anforderungen auf. Daraus ergaben sich viele Rechtsstreitigkeiten. Daher sollte die wichtige Frage beantwortet werden, ob der Schutz des Markenimages ein Rechtfertigungsgrund hinsichtlich einer Wettbewerbsbeschränkung sein kann. Auf die Frage gaben der EuGH, die Kommission, die nationalen Gerichte und das Bundeskartellamt keine einheitliche Antwort.

Die Kommission hat bereits 1991 in der Yves Saint Laurent Parfums-Entscheidung eine Stellungnahme zum Schutz des Markenimages abgegeben. Danach ermögliche der Schutz des Markenimages dem Unternehmen, seinen typischen Ruf hinsichtlich Qualität und Exklusivität weiter zu erhalten.[807] Yves Saint Laurent Parfums, die Luxuskosmetika herstellen und vermarkten, vertrieben ihre Waren über ein Selektivvertriebssystem und legten, aufgrund des Imageschutzes, den Wiederverkäufern das Verbot des allgemeinen Versandhandels auf. Die Kommission sah das Versandhandelsverbot als unerlässlich und kartellrechtlich zulässig an, da die betroffenen Produkte hochwertig und Ergebnis von besonderen Anstrengungen sind.[808] Überdies sei der Versandhandel für solche hochqualitative Ware nicht geeignet.

Der EuGH klärte in dem Pierre Fabre Dermo-Cosmétique-Urteil, dass der Hersteller aufgrund des Schutzes des Prestigecharakters seinen ausgewählten Händlern ein absolutes Verbot des Warenverkaufs über das Internet nicht auferlegen könne, weil der Schutz des Prestigecharakters kein legitimes Ziel und daher nicht Rechtfertigungsgrund für eine Wettbewerbsbeschränkung sei.[809] Dagegen äußerte der EuGH in seiner jüngsten Recht-

806 Vgl. BKartA, Entsch. v. 27.06.2014 – B3-137/12, S. 7 – Adidas.

807 Kommission, Entsch. v. 16.12.1991 – IV/33.242, ABl. EG 1992 Nr. L 12/24, GRUR Int. 1992, 915 (915) – Yves Saint Laurent Parfums.

808 Kommission, Entsch. v. 16.12.1991 – IV/33.242, ABl. EG 1992 Nr. L 12/24, GRUR Int. 1992, 915 (917) – Yves Saint Laurent Parfums.

809 EuGH, Urt. v. 13.10.2011 – Rs. C-439/09, Slg. 2011, I-9419 Rn. 46 – Pierre Fabre Dermo-Cosmétique.

sprechung bzgl. Luxuskosmetika, dass der Hersteller zwecks Sicherung des Luxusimages seinen Wiederverkäufern im Rahmen eines Selektivvertriebs ein allgemeines Verkaufsverbot über Drittplattformen auferlegen kann. Die Wettbewerbsbeschränkung sei wegen des Schutzes des Luxus- und Prestigeimages zu rechtfertigen.[810]

Das Bundeskartellamt gab eine relativ strenge Stellungnahme zu den bisherigen Entscheidungen ab. Im „Adidas" Fall, in dem der Hersteller zum Imageschutzzweck seinen Händlern den Warenverkauf über Drittplattformen pauschal verboten hatte, äußerte das Bundeskartellamt, dass der Schutz des Markenimages nicht allgemein als berechtigtes Argument zur Rechtfertigung der zusätzlichen Wettbewerbsbeschränkung akzeptiert werden kann, da ein Selektivvertriebssystem selbst bereits Qualitätsvorgaben zum Beitrag des Imageschutzes erfordert.[811] Im gleich gelagerten ASICS-Fall erklärte das Bundeskartellamt, dass der Imageschutz aus ökonomischer Sicht als Rechtfertigungsgrund für die Beschränkungen des markeninternen Wettbewerbs akzeptiert werden kann.[812] Allerdings sei der Schutz des Markenimages kein Rechtfertigungsgrund zum absoluten Verbot von Preisvergleichsmaschinen.[813]

Die Instanzgerichte vertreten in der bisherigen Rechtsprechung unterschiedliche Auffassungen hinsichtlich des Schutzes des Markenimages. Das OLG Karlsruhe erläuterte in einem Urteil, dass die Vertriebsbeschränkung über Internet-Auktionsplattformen wie eBay, die zur Pflege bzw. zum Schutz des Markenimages schädlich sind, kartellrechtlich nicht zu beanstanden seien, wenn der Markenhersteller seine Produkte nach den objektiven Produkteigenschaften als hochwertige bzw. hochpreisige Spitzenprodukte positioniert und dies durch die Anforderung solcher Beschränkung schützen kann.[814] Das OLG Schleswig-Holstein erklärte in einem ähnlichen Urteil, in dem ein Digitalkamera-Hersteller seinen auserwählten Wiederverkäufern ein Verkaufsverbot über Auktionsplattformen sowie Drittplattformen wie Amazon auferlegt hat, dass die Wahrung des besonderen Markenimages hierbei nicht als Rechtfertigungsgrund für solche Wettbewerbs-

810 EuGH, Urt. v. 06.12.2017 – Rs. C-230/16, ECLI:EU:C:2017:941 Rn. 37 ff. – Coty Germany.

811 BKartA, Entsch. v. 27.06.2014 – B3-137/12, S. 7 – Adidas.

812 BKartA, Entsch. v. 26.08.2015 – B2-98/11, Rn. 19 – ASICS.

813 BKartA, Entsch. v. 26.08.2015 – B2-98/11, Rn. 263 – ASICS.

814 OLG Karlsruhe, Urt. v. 25.11.2009 – 6 U 47/08 Kart, GRUR-RR 2010, 109 – Schulranzen und Schulrucksäcke.

beschränkungen akzeptiert werden könne.[815] Nach dem Coty-Urteil des EuGH änderten die deutschen Gerichte ihre Rechtsprechung dahingehend, dass das Image einer Marke schutzwürdig sei und das Plattformverbot rechtfertigen kann.[816] Im ASICS-Urteil bestätigte der BGH allerdings die Entscheidung des Bundeskartellamtes, dass der Schutz des Markenimages kein legitimes Ziel zum wettbewerbsbeschränkenden pauschalen Verbot der Unterstützung von Preisvergleichsmaschinen sei.[817]

Es bestehen also unterschiedliche Rechtsauffassungen über den Schutz des Markenimages und insbesondere darüber, inwieweit ein solcher gewährleistet werden soll. Hierbei ist es wichtig, den Wert des Markenimages und den Grad der auferlegten Wettbewerbsbeschränkungen sorgfältig gegeneinander abzuwägen, um die Zumutbarkeit der wettbewerbsbeschränkenden Anforderungen zu überprüfen. Wenn also das Ziel, das Image der Marke zu schützen, auf verhältnismäßige Weise verfolgt wird, kann dies kartellrechtlich unbedenklich sein.

B. Luxusproduktmarkt

I. Luxuskosmetikmarkt

1. Definition der (Luxus-)Kosmetika

Kosmetika sind Stoffe oder Gemische, welche ausschließlich oder überwiegend zum Zweck der Reinigung, der Veränderung des Aussehens, der Beeinflussung des Körpergeruchs, der Aufrechterhaltung des guten Zustands, des Parfümierens, des Schutzes des Körpers dienen und mit Teilen des menschlichen Körpers wie den Zähnen oder den Schleimhäuten der Mundhöhle in Berührung kommen.[818] Hierbei können die folgenden Mittel aller Art wie Cremes, Emulsionen, Lotionen, Gele, Öle und Schäume etc. als Kosmetika gezählt werden: Hautpflegemittel, Gesichtspflegemittel, dekorative kosmetische Mittel (Schmink- bzw. Abschmink-

815 OLG Schleswig-Holstein, Urt. v. 05.06.2014 – 16 U Kart 154/13, NZKart 2014, 364 (366) – Digitalkameras.

816 OLG Hamburg, Urt. v. 22.03.2018 – 3 U 250/16, WRP 2018, 724 – Forever Living; OLG Düsseldorf, Urt. v. 06.03.2018 – I-20 U 113/17, WRP 2018, 1102 – Kanebo.

817 BGH, Urt. v. 12.12.2017 – KVZ 41/17, NZKart 2018, 96 – ASICS-Gruppe.

818 Kommission, Verordnung (EG) Nr. 1223/2009 des europäischen Parlaments und des Rates über kosmetische Mittel vom 30.09.2009, ABl. L 342/59.

mittel), Körperpflegemittel (Fuß- und Handpflegemittel), Düfte und Parfüms, behaarungssystemrelevante Mittel (Haarpflege-, Haarstyling-, Haarreinigung- und Haarentfernungsmittel), Bade- und Duschzusätze, Deodorants und schweißhemmende Mittel, Zahn- und Mundpflegemittel, Mittel für die äußerliche Intimpflege.[819] Kosmetika, welche in Verkehr gebracht werden, müssen im Rahmen des normalerweise oder vernünftigerweise vorhersehbaren Gebrauchs für die Gesundheit der Menschen unbedenklich sein.[820]

Luxuskosmetika sind verfeinerte und hochwertige Kosmetika, die sich aus einer besonderen Rezeptur ergeben und für die hochwertigen Materialien insbesondere für die Verpackung verwendet wurden.[821] Parallel sind Luxuskosmetika von einer luxuriösen Aura geprägt, die einen Anreiz für die Kaufentscheidung bewirkt. Die Existenz des Luxusimages ist daher sowohl für den Hersteller als auch für den Konsumenten von Luxuskosmetika von großer Bedeutung.[822]

2. Eigenschaften des (Luxus-)Kosmetikmarkts

Laut der Kommission ist der Luxuskosmetikmarkt ein breit gestreuter Markt, sodass viele kleine und ein paar große Unternehmen nicht nur in der Herstellung, sondern auch im Handel tätig sind.[823] Es existiert also eine Vielzahl von konkurrierenden Marken auf dem Luxuskosmetikmarkt.[824] Darüber hinaus ist die Vorstellung von Prestige und Exklusivität der Marke ein entscheidender Faktor für den Verbraucher, denn dadurch kann

819 Kommission, Verordnung (EG) Nr. 1223/2009 des europäischen Parlaments und des Rates über kosmetische Mittel vom 30.09.2009, ABl. L 342/59, Erwägungsgrund Nr. 7.

820 Kommission, Verordnung (EG) Nr. 1223/2009 des europäischen Parlaments und des Rates über kosmetische Mittel vom 30.09.2009, ABl. L 342/59.

821 EuG, Urt. v. 12.12.1996 – Rs. T-19/92, Slg. 1996, II-1851 (II-1899) Rn. 114, GRUR Int 1998, 149 (155) – Leclerc/Kommission (Yves Saint Laurent).

822 EuG, Urt. v. 12.12.1996 – Rs. T-19/92, Slg. 1996, II-1851 (II-1899) Rn. 114, GRUR Int 1998, 149 (155) – Leclerc/Kommission (Yves Saint Laurent).

823 Allerdings gehören manche Unternehmen zu einem Konzern, welcher mittelbar und unmittelbar mehrere Kosmetikhersteller kontrolliert: Kommission, Entsch. v. 16.12.1991 – IV/33.242, ABl. EG 1992 Nr. L 12/24, GRUR Int. 1992, 915 (915) – Yves Saint Laurent Parfums.

824 Kommission, Entsch. v. 16.12.1991 – IV/33.242, ABl. EG 1992 Nr. L 12/24, GRUR Int. 1992, 915 (918) – Yves Saint Laurent Parfums.

er Luxuskosmetika von anderen Produkten unterscheiden.[825] Die prestigeträchtige Exklusivität ist deshalb besonders wichtig.[826]

Luxuskosmetika sind einerseits nicht so leicht erhältlich wie normale Kosmetika, welche keine luxuriöse Ausstrahlung verleihen. Allerdings sind sie für Kleinverdiener erschwinglich und leichter erreichbar als andere Luxusartikel wie Handtaschen und Uhren.[827] Daher werden Kosmetika ebenso wie Brillen und andere Accessoires von den Luxusherstellern oft als Mittel der Branchenerweiterung[828] benutzt.[829] Die Hürde zum Zutritt auf den Luxuskosmetikmarkt ist also vergleichsweise weniger hoch.

3. Selektivvertriebssysteme mit Depotverträgen

Der Vertrieb auf dem Luxuskosmetikmarkt ist relativ homogen.[830] Alle Hersteller vertreiben ihre Waren über Selektivvertriebssysteme mit ähnlichen Verträgen wie den sog. Depotverträgen.[831] Depotverträge sind Einzelfachhändlerverträge, wobei Einzelhändler von Hersteller der Kosmetikartikel als Depositär autorisiert werden und die im Vertrag stehenden Kosmetika verkaufen dürfen.[832] In Depotsystemen bestehen Pflichten, die sowohl der Depositär, als auch der Hersteller erfüllen müssen.[833] Hierbei hat der Depositär Pflichten bzgl. des Angebots der Waren. Betroffen sind beispielsweise die Warenpräsentation, die Gestaltung der Sortimentstiefe und die Werbemaßnahmen. Des Weiteren existiert ein Verkaufsverbot über markenimageschädliche Absatzkanäle. Die Hersteller erfüllen Pflichten be-

---

825 Kommission, Entsch. v. 16.12.1991 – IV/33.242, ABl. EG 1992 Nr. L 12/24, GRUR Int. 1992, 915 (918) – Yves Saint Laurent Parfums.

826 Kommission, Entsch. v. 16.12.1991 – IV/33.242, ABl. EG 1992 Nr. L 12/24, GRUR Int. 1992, 915 (918 f.) – Yves Saint Laurent Parfums.

827 Vgl. *Pietzcker/Vaih-Baur*, a. a. O., S. 111.

828 Die Branchenerweiterung der Luxushersteller könnte der Grund für hohe Konkurrenz auf dem Luxuskosmetikmarkt sein.

829 *Okonkwo*, a. a. O., S. 237.

830 Kommission, Entsch. v. 16.12.1991 – IV/33.242, ABl. EG 1992 Nr. L 12/24, GRUR Int. 1992, 915 (915) – Yves Saint Laurent Parfums.

831 Kommission, Entsch. v. 16.12.1991 – IV/33.242, ABl. EG 1992 Nr. L 12/24, GRUR Int. 1992, 915 (915) – Yves Saint Laurent Parfums.

832 *Martinek*, in: Martinek/Semler/Flohr, Handbuch des Vertriebsrechts, 4. Aufl. 2016, § 3 Rn. 31; *Fezer*, Vertriebsbindungssysteme als Unternehmensleistung – Zum Wettbewerbsschutz des selektiven Vertriebs im Grauen Markt, GRUR 1990, 551 (556).

833 *Fezer*, GRUR 1990, 551 (556).

züglich der Unterstützung des Depositärs durch Verkaufsförderungen und Werbemaßnahmen.[834]

4. Unterscheidung der Kosmetika nach Beratungsbedarf

Ob und welche Kosmetika eine fachqualifizierte Beratung benötigen, ist einer der wichtigen Punkte für die Beurteilung der Zulässigkeit selektiver Vertriebssysteme. Je nach Eigenschaften der Kosmetika wird die Verhältnismäßigkeit des Umfangs der im Rahmen eines Selektivvertriebs auferlegten Selektionskriterien unterschiedlich beurteilt.

a) Kosmetika ohne Beratung

Kosmetika, welche über den Universalvertrieb erhältlich sind, benötigen i. d. R. keine ausführliche Beratung durch qualifiziertes Fachpersonal. Solche Kosmetika sind einfache Markenkosmetika, welche massenhaft hergestellt werden. Im Allgemeinen besteht keine besondere Nebenwirkung oder Gefahr. Kunden können ihre Kaufentscheidung dabei nach dem Duft, der Konsistenz, dem Verpackungsdesign der Produkte sowie nach Funktionen und anderen Merkmalen ausrichten. Kriterien wie die physische Anwesenheit von diplomierten Pharmazeuten sind daher nicht zulässig.[835]

b) Kosmetika mit Beratung

Die beratungsbenötigenden Kosmetika sind meistens über ein Selektivvertriebssystem zu vertreiben. Solche Kosmetika haben entweder hochqualitative, hochwertige bzw. hochpreisige Eigenschaften oder sind bei einem dermatologischen Problem verwendbar, sodass eine sachkundige Beratung von einem fachqualifizierten Personal bei der Entscheidung der Kunden erforderlich ist.

---

834 Vgl. *Fezer*, GRUR 1990, 551 (556).

835 EuGH, Urt. v. 13.10.2011 – Rs. C-439/09, Slg. 2011, I-9419 – Pierre Fabre Dermo-Cosmétique.

aa) Luxuskosmetika

Luxuskosmetika sind hochwertige bzw. hochqualitative Kosmetika der oberen Klasse, die sich als Ergebnisse besonderer Anstrengungen präsentieren, wie der Darstellung der Originalschöpfung, der Ausrichtung der Angebotspalette an den Geschmack, der Verarbeitung hochwertiger Ausgangsstoffe und das Inverkehrbringen der Artikel in aufwendigen Verpackungen.[836] Dadurch können Kosmetikartikel der Luxusklasse eine Aura der Exklusivität erhalten, die der Unterscheidung zwischen dem betreffenden Artikel und anderen ähnlichen Artikel ermöglicht.[837] Laut der Kommission ist die fachqualifizierte Beratung in einem solchen Geschäft erforderlich, da Kunden durch die Beratung schnell einen an ihren Geschmack angepassten bzw. gewünschten Artikel finden und die wichtigen Informationen zur Nutzung bzw. zur Bewahrung der Produkte erhalten können.[838] Solche sachkundigen Beratungen durch fachqualifiziertes Personal können letztendlich Bedürfnisse der Kunden befriedigen. Darüber hinaus besteht keine Einschränkung der gewerblichen Freiheit des Händlers bei der Anforderung von der Schulung des Fachpersonals für die betreffende Luxusmarke,[839] da eine solche Schulung schließlich zum Kundenwohl beitragen kann. Außerdem sollte geprüft werden, ob der betreffende Artikel hochwertig und hochpreisig genug ist, so dass die Verbraucher ohne sachkundige Beratung durch eine falsche Entscheidung einen bemerkbaren Verlust erleiden könnten.

bb) Dermatologische Kosmetika

Dermatologische Kosmetika sind kosmetische Mittel, welche mit Berücksichtigung dermatologischer bzw. pharmazeutischer Gesichtspunkte den Zweck zur Pflege, zur Reinigung und zum Schutz der Haut oder zur

---

836 Kommission, Entsch. v. 16.12.1991 – IV/33.242, ABl. EG 1992 Nr. L 12/24, GRUR Int. 1992, 915 (917) – Yves Saint Laurent Parfums.

837 Kommission, Entsch. v. 16.12.1991 – IV/33.242, ABl. EG 1992 Nr. L 12/24, GRUR Int. 1992, 915 (918) – Yves Saint Laurent Parfums.

838 Kommission, Entsch. v. 16.12.1991 – IV/33.242, ABl. EG 1992 Nr. L 12/24, GRUR Int. 1992, 915 (918) – Yves Saint Laurent Parfums.

839 Kommission, Entsch. v. 16.12.1991 – IV/33.242, ABl. EG 1992 Nr. L 12/24, GRUR Int. 1992, 915 (918) – Yves Saint Laurent Parfums.

Vorbeugung von Hautproblemen bzw. -erkrankungen dienen.[840] Für die Anwendung solcher Kosmetika wird erst eine Analyse des Hautzustands und -problems vorgenommen. Je nach Ergebnis der Analyse wird ein passender Kosmetikartikel empfohlen, weshalb eine Beratung in dem Fall als erforderlich angesehen wird. Fraglich ist, welche Fachqualifikation für dermatologische Kosmetika angefordert werden kann.

Im Pierre Fabre Dermo-Cosmétique-Urteil war kartellrechtlich problematisch, dass der Hersteller der dermatologischen Kosmetika, die nicht zu den Arzneimitteln gehören, seinen autorisierten Händlern beim Verkauf der dermatologischen Kosmetika überschießende Fachqualifikationen abverlangte. Hierbei musste der Verkauf im physischen Laden unter der Anwesenheit von diplomierten Pharmazeuten erfolgen, wodurch das absolute Verbot des Internetvertriebs auferlegt wurde.[841] Für den Verkauf solcher Kosmetika reicht eine einfache Ausbildung im Bereich dermatologische Kosmetika völlig aus.

5. Abgrenzung des relevanten Luxuskosmetikmarkts

Bei der Abgrenzung des relevanten Markts der Kosmetika mit luxuriösem Charakter werden das Bedarfsmarktkonzept und die Austauschmöglichkeit berücksichtigt.

a) Der sachlich relevante Markt

Um den sachlich relevanten Markt abzugrenzen, sollte die funktionelle Austauschbarkeit aus der Sicht der Abnehmer herangezogen werden. Hierbei sollen sowohl der Verwendungszweck als auch die Preiskategorie der Produkte gleichwertig, ähnlich oder austauschbar sein, wenn die Produkte zu dem gleichen sachlich relevanten Markt gehören. Diese beiden Voraussetzungen müssen kumulativ vorliegen. Das KG Berlin klärte bereits 1985 in seinem Beschluss, dass Kosmetika der oberen Klasse einen eigenen relevanten Markt bilden und die Marktabgrenzung auch spiegelbildlich für

840 *Gesellschaft für Dermopharmazie e.V.*, Leitlinie „Dermokosmetika für die Reinigung der trockenen Haut" i. d. F. vom 22.01.2001.

841 EuGH, Urt. v. 13.10.2011 – Rs. C-439/09, Slg. 2011, I-9419 – Pierre Fabre Dermo-Cosmétique.

den Nachfragemarkt – aus der Sicht der Marktgegenseite – gilt.[842] Das Ergebnis von dem Beschluss kann auf andere Luxusmarkenbereichen analog übertragen werden.

b) Der räumlich relevante Markt

Für die Abgrenzung des räumlich relevanten Markts wird normalerweise die räumliche Austauschbarkeit aus Sicht der Abnehmer berücksichtigt. Auf dem Nachfragemarkt wird die räumliche Ausweichmöglichkeit spiegelbildlich aus Sicht der Anbieter betrachtet. Dies gilt nicht nur auf dem normalen Kosmetikmarkt, sondern auch auf dem Luxuskosmetikmarkt. Die Austauschbarkeit der Räumlichkeit kann sowohl eng – regional –, als auch breit – bundesweit – bestimmt werden.[843]

II. Sonstige Luxusgütermärkte

1. Definition der Luxusprodukte

Luxusprodukte sind Produkte der Herstellermarken, welche auf hochqualitativen Materialien basiert hergestellt, aufwendig mit hochwertigem Stoff verpackt sind und gleichzeitig eine Aura des Luxus verleihen. Daher sind sie hochqualitativ, hochpreisig, exklusiv, extravagant, einzigartig, rar und luxuriös. Darüber hinaus gelten sie nicht als notwendige, nützliche bzw. essenzielle Produkte für das Menschenleben, sondern als aufwendige, selbstzufriedene bzw. dekorative Produkte. Im strengen Sinne sollten sie limitiert sein, höchste Qualität bieten und in die höchste Preiskategorie fallen, damit sie die oben genannten Voraussetzungen erfüllen können. Luxusprodukte sollten also keine massenhaft hergestellten Produkte sein und im Vergleich zu anderen ähnlichen Produkten nicht relativ, sondern absolut hochqualitativ und teuer sein. Die Produkte, welche relativ hochwertiger und teurer als andere vergleichbare Produkte sind, können nicht im ernsten Sinne als Luxusprodukte angesehen werden, sondern als Masstige-Produkte. Bei der Unterscheidung der Luxusprodukte von anderen

---

842 KG Berlin, Beschl. v. 24.04.1985 – Kart 34/81, WuW 1986, 155 – Hussel/Mara.

843 *Fuchs*, in: Immenga/Mestmäcker, Wettbewerbsrecht, 6. Aufl. 2020, § 18 GWB Rn. 85.

ähnlichen Produkten geht es nicht um die Relativität, sondern um die Absolutheit.

2. Eigenschaften der Luxusproduktemärkte

Obwohl Produkte der Luxusklasse auf gesamten Märkten kein großes Volumengewicht haben, ist der Luxusmarkt ein wachsender und umsatzstarker Markt. Von 1996 bis 2019 ist der Umsatz des Luxusgütermarkts im Grunde genommen stetig gestiegen.[844] 2020 ist der Umsatz des Luxusgütermarkts aufgrund der Corona-Pandemie bzw. der daraus resultierten Wirtschaftskrise gesunken.[845] Die wirtschaftliche Lage und das Wachstum des Luxusgütermarkts sind somit nicht voneinander zu trennen. Es liegt höchstwahrscheinlich daran, dass es beim Konsum der Luxusprodukte nicht um die Erfüllung der notwendigen Bedürfnisse geht. Konsumenten der Luxusprodukte kaufen und tragen zum einen solche Güter, um sie zur Schau zu stellen, damit sie ihre gesellschaftliche Position bzw. ihren Reichtum nach außen zeigen können (sog. Veblen Effekt).[846] Zum anderen erfolgt der Konsum der Luxusprodukte zur innerlichen Selbstzufriedenheit. Außerdem werden solche Produkte auch als Geschenk konsumiert, um die hohe Wertschätzung für Beschenkte zu signalisieren (sog. Geschenk-Motiv).[847] Aus diesen Gründen versuchen Hersteller von Luxusgütern, sowohl materielle als auch immaterielle Eigenschaften der Produkte, nämlich hohe Qualität und Luxusimage, zu bewahren. Hierbei werden besondere Vertriebswege wie beispielsweise Selektivvertriebssysteme verwendet, da Hersteller im Selektivvertrieb durch den Zulassungsprozess der autorisierten Händler die zum Schutz der materiellen und immateriellen Eigenschaften der Luxusgüter erforderlichen Selektionskriterien auf unterschiedliche Art und Weise auferlegen können.

---

844 *Bain & Company, Fondazione Altagamma*, Umsatz mit Luxusgütern weltweit in den Jahren 1996 bis 2020.

845 *Bain & Company, Fondazione Altagamma*, Umsatz mit Luxusgütern weltweit in den Jahren 1996 bis 2020; *Bain & Company*, Global personal luxury goods market set to contract between 20 – 35 percent in 2020, abrufbar unter: https://www.bain.com/about/media-center/press-releases/2020/spring-luxury-report/ (Stand v. 04.11.2020).

846 Die Konsumenten kaufen demonstrativ teure Güter, um zu zeigen, dass sie es sich leisten können: *Ahlert*, WRP 1987, 215 (223).

847 *Ahlert*, WRP 1987,215 (223).

3. Selektivvertriebssysteme als Teil der Luxusprodukte

Selektive Vertriebssysteme sind i. d. R. ein Teil der Marketingstrategie für Markenartikel und hängen eng mit den Eigenschaften solcher Güter zusammen.[848] Da dieses Vertriebssystem durch Auswahl zur Zulassung in das Vertriebsnetz keiner Einmischung der nicht autorisierten Händler ermöglicht und die autorisierten Händler die vom Hersteller auferlegten Selektionskriterien einhalten müssen, ist das System ein optimaler und sicherer Vertriebsweg für Luxusgüter. Die Einrichtung selektiver Vertriebssysteme wird vornehmlich zur Vermarktung bzw. Positionierung des Markenartikels geführt. In dem Sinne kann gesagt werden, dass ein Selektivvertriebssystem als wesentlicher Bestandteil der Luxusmarke angesehen werden kann.[849]

4. Abgrenzung des relevanten Markts der sonstigen Luxusprodukte

Wie die Luxuskosmetika als Kosmetika der oberen Klasse einen eigenen relevanten Markt im Kosmetikbereich bilden,[850] kann ein eigener relevanter Markt für sonstige Luxusprodukte als Waren der Luxusklasse im betreffenden Produktbereich abgegrenzt werden.

III. Positive Effekte der Selektivvertriebssysteme auf dem Luxusproduktmarkt

1. Positive wirtschaftliche Auswirkungen

Ein selektives Vertriebssystem ist eine Kooperation zwischen unterschiedlichen Wirtschaftsstufen zur Erzielung besserer Absatzstrategien bzw. Angebote der Waren bzw. Dienstleistungen und einem intensiven Leistungswettbewerb auf dem betreffenden Markt.[851] Durch selektive Vertriebssysteme können einheitliche Verkaufsmodalitäten für die Werbemaßnahmen, die Warenpräsentation, die Sortimentsbreite bzw. -tiefe und den

848 *Fezer*, GRUR 1990, 551 (552).

849 *Fezer*, GRUR 1990, 551 (552); Monopolkommission, Hauptgutachten 22: Wettbewerb 2018, 03.07.2018, Rn. 834.

850 KG Berlin, Beschl. v. 24.04.1985 – Kart 34/81, WuW 1986, 155 – Hussel/Mara.

851 *Ahlert*, WRP 1987,215 (222); *Fezer*, GRUR 1990, 551 (552).

Kundenservice gegeben werden, welche sowohl für Hersteller als auch für Händler wirtschaftlich effizient auswirken.[852] Die ökonomische Effizienz kann weitere Investitionen in die Qualität und in die Pflege des luxuriösen Images ermöglichen, wodurch letztendlich die Entwicklung der betreffenden Marke, das Kundenwohl und im weiteren Sinne der Wettbewerb auf dem betreffenden Luxusgütermarkt gefördert werden können.

2. Gewährleistung der Wertfaktoren der Luxusgüter

Eine Marke hat eine Signalfunktion zur Qualitätsabsicherung insbesondere bei Erfahrungs- und Vertrauensgütern, da Markenhersteller beim Aufbau einer Marke in die Qualität bzw. in die Vermarktung ihrer Artikel ein hohes Kapital investieren und dadurch die Qualität der Markenwaren quasi vom Hersteller zugesichert wird.[853] Bei Luxusmarkenartikeln sollte sich die Signalfunktion noch stärker ausprägen, da der Investitionsgrad und die Erwartung bzw. das Vertrauen der Kunden bzgl. Luxusgütern im Vergleich zu normalen Markenartikeln beträchtlich höher ist. Darüber hinaus gilt das Image der Waren bzw. Marken bei Luxusmarkenartikeln als wesentliche Produkteigenschaft bzw. ausschlaggebender Faktor für die Kaufentscheidung der Kunden, so dass der Imageschutz als Schlüssel zum Erfolg auf dem relevanten Markt fungieren kann.[854] Überdies können der Aufbau und die Pflege des Images der Waren bzw. Marken aus wirtschaftlicher Sicht letztendlich den Nutzen für die Konsumenten erhöhen.[855] Wie oben erwähnt, können sowohl materielle als auch immaterielle Wertfaktoren der Luxusgüter durch das geschlossene, geforderte und etwas strikte Selektivvertriebssystem geschützt werden.

3. Interessenschutz der Konsumenten der Luxusgüter

Als Selektionskriterien erlegen Hersteller von Luxusgütern ihren autorisierten Wiederverkäufern auf, dass sie kundenfreundlichen Service in unterschiedlicher Art und Weise anbieten müssen. Auf dem Luxusgütermarkt können bspw. Beratungen, Angebote vielfältiger Sortimentsbreite bzw. -tie-

852 *Fezer*, GRUR 1990, 551 (552).
853 Monopolkommission, Sondergutachten 68: Wettbewerbspolitik: Herausforderung digitale Märkte, 01.06.2015, Rn. 424.
854 Monopolkommission, Sondergutachten 68, a. a. O., Rn. 424.
855 Monopolkommission, Sondergutachten 68, a. a. O., Rn. 424.

fe, After-Sales-Service (Garantie, Wartung sowie Reparatur) und richtige Warenlagerung bzw. -behandlung angefordert werden.[856] Beim Kauf der Luxusgüter sind Entscheidungshilfen wie Beratungen besonders von Belang, da die Opportunitätskosten der Konsumenten bei der Fehlentscheidung solcher Güter aufgrund der aufwendigen Eigenschaft sehr groß sind. Die Gewährleistung der Sortimentsbreite bzw. -tiefe ist vor allem ein wichtiger Gesichtspunkt auf dem Luxuskosmetikmarkt, um persönliche Vorstellungsbilder der jeweiligen Konsumenten zu fördern, da die ständige Verwendung bestimmter Luxuskosmetika die Persönlichkeit jeder Menschen beeinflusst und jeder Mensch einen unterschiedlichen Geschmack bzw. Bedarf hat.[857] Angebote des After-Sales-Service sind sowohl für Kunden als auch für Hersteller der Luxusgüter vorteilhaft, da Kunden die gekauften kostspieligen Luxusgüter dadurch lange behalten können und die Hersteller das volle Vertrauen der Kunden aufgrund der Nachhaltigkeit im Service erhalten können. Das LG Berlin klärte bereits 1954, dass die Anforderungen an die richtige Warenlagerung bzw. -behandlung ein berechtigtes Interesse der Hersteller der Luxusgüter – in dem Fall Luxuskosmetika – seien, da die Warenqualität und das Angebot der frischen Waren dadurch sichergestellt werden können.[858]Aus demselben Grund äußerte die Kommission in der Yves Saint Laurent-Entscheidung, dass der Anspruch des Herstellers auf den Lagerumschlag gerechtfertigt ist.[859]

Außerdem wird das Verbraucherinteresse letztendlich durch die Gewährleistung des freien, funktionsfähigen Wettbewerbs der Anbieter gesichert.[860]

C. Markenprodukte ohne Aura des Luxus in selektiven Vertriebssystemen

I. Schutzfähigkeit der Nicht-Luxusprodukte

Gem. § 3 Abs. 1 MarkenG können Waren und Dienstleistungen, die als Marke angesehen werden, geschützt werden. D. h., alle Markenprodukte

856 *Schricker*, Bemerkungen zum Rechtsschutz selektiver Vertriebsbindungen, GRUR 1976, 528 (534 ff.).

857 *Schricker*, GRUR 1976, 528 (536).

858 LG Berlin, Urt. v. 17.02.1954 – 16 Q 4/54, GRUR 1954, 349 (351) – „4711"-Erzeugnisse.

859 Kommission, Entsch. v. 16.12.1991 – IV/33.242, ABl. EG 1992 Nr. L 12/24, GRUR Int. 1992, 915 (916, 920) – Yves Saint Laurent Parfums.

860 *Schricker*, GRUR 1976, 528 (534).

sind unabhängig vom Erhalt der Aura des Luxus schutzfähig, wenn sie die Voraussetzungen nach § 4 MarkenG erfüllen.

II. Erforderlichkeit der Einrichtung selektiver Vertriebssysteme

Für Hersteller von Waren mit hochwertigen, hochtechnischen, personalisierten bzw. gefährlichen Eigenschaften ist ein selektives Vertriebssystem, welches sich hervorragend zur Wahrung der Qualität und zur Gewährleistung des richtigen Gebrauchs der Waren eignet, besonders von Vorteil. In der bisherigen Rechtsprechung und Entscheidungen der Kartellbehörden wurde die Erforderlichkeit der Anwendung selektiver Vertriebssysteme auf solche Produkte als kartellrechtlich zulässig angesehen.

1. Hochwertige Markengüter

Auf qualitativ hochwertige Produkte, die keine luxuriöse Ausstrahlung haben, kann ein selektives Vertriebssystem angewendet werden.[861] Dies wurde durch die Rechtsprechung des EuGH und der deutschen Gerichte bestätigt.[862] Im „Forever Living"-Fall bestätigte das OLG Hamburg, dass sogar hochwertige Lebensmittel (Nahrungsergänzungsmittel), die bedarfshäufig[863] und ubiquitär sind, durch ein Selektivvertriebssystem vertrieben werden können.[864]

---

861 Es gibt eine Ansicht, dass hochwertige Markenwaren nicht von Luxuswaren abzugrenzen sind: *Zöttl*, in: Münchener Kommentar zum Wettbewerbsrecht 3. Aufl. 2020, Art. 4 Vertikal-GVO Rn. 109.

862 EuGH, Urt. v. 25.10.1977 – Rs. 26/76, Slg. 1977, 1875 (1905) Rn. 20 – Metro/Kommission; EuGH, Urt. v. 25.10.1983 – Rs. 107/82, Slg. 1983, 3151 (3194) Rn. 33 – AEG/Kommission; OLG Frankfurt, Urt. v. 22.12.2015 – 11 U 84/14 (Kart), NZKart 2016, 84 – Funktionsrucksäcke; OLG Karlsruhe, Urt. v. 25.11.2009 – 6 U 47/08 Kart, GRUR-RR 2010, 109 – Schulranzen und Schulrucksäcke; OLG Schleswig-Holstein, Urt. v. 05.06.2014 – 16 U Kart 154/13, NZKart 2014, 364 (366) – Digitalkameras; OLG Düsseldorf, Urt. v. 06.03.2018 – I-20 U 113/17, WRP 2018, 1102 – Kanebo; BGH, Urt. v. 12.12.2017 – KVZ 41/17, NZKart 2018, 96 – ASICS-Gruppe.

863 Die Waren werden nach Bedarfshäufigkeit in Waren des täglichen Bedarfs, des periodischen Bedarfs bzw. des aperiodischen Bedarfs geteilt: *Martinek*, in: Martinek/Semler/Flohr, Handbuch des Vertriebsrechts, 4. Aufl. 2016, § 2 Rn. 105.

864 OLG Hamburg, Urt. v. 22.03.2018 – 3 U 250/16, WRP 2018, 724 – Forever Living.

2. Hochtechnische Markengüter

Beim Vertrieb von technisch hoch entwickelten und anspruchsvollen Produkten besteht ebenfalls ein Bedarf der Errichtung eines Selektivvertriebssystems.[865] Hochtechnische Güter bedürfen aufgrund ihrer Komplexität einer Beratung durch geschultes Fachpersonal, um eine richtige Handhabung durch die Kunden zu ermöglichen.[866]

3. Personalisierte Markengüter

Manche Produkte werden nach dem Konzept des personalisierten Warenabsatzes vertrieben. Hierbei spielt die Persönlichkeit wie Alter, Geschlecht, Gesundheitszustand, Lifestyle, Körperformen sowie Größe etc. eine große Rolle.[867] Um die zu der jeweiligen Person passenden Produkte empfehlen zu können, sollten genaue persönliche Angaben durch persönliche Beratung und Betreuung bereitgestellt und analysiert werden. Daher ist ein selektiver Vertrieb in dem Fall sehr sinnvoll.

4. Gefährliche Markengüter

Aufgrund einer besonderen Gefährlichkeit von Produkten kann ein Selektivvertriebssystem eingeführt werden. Im „STIHL"-Fall wurde sowohl von Autorité de la concurrence als auch von Cour d'appel de Paris zweifach bestätigt, dass die Errichtung eines selektiven Vertriebssystems von einem Hersteller, der Motor- und Kettensägen, Heckenschneider sowie andere Motorgeräte vertreibt, berechtigt ist.[868] Hierbei wurden Bedürfnisse der Assistenz- und Beratungsdienstleistungen zur Gewährleistung des richtigen Gebrauchs anerkannt, da solche Produkte Schwierigkeiten bei der Montage

865 Autorité, Entsch. v. 01.07.2019 – 19-D-14, Rn. 12; OLG Schleswig-Holstein, Urt. v. 05.06.2014 – 16 U Kart 154/13, NZKart 2014, 364 (366) – Digitalkameras; EuGH, Urt. v. 25.10.1977 – Rs. 26/76, Slg. 1977, 1875 (1905) Rn. 20 – Metro/Kommission, EuGH, Urt. v. 25.10.1983 – Rs. 107/82, Slg. 1983, 3151 (3194) Rn. 33 – AEG/Kommission.

866 OLG Schleswig-Holstein, Urt. v. 05.06.2014 – 16 U Kart 154/13, NZKart 2014, 364 (366) – Digitalkameras.

867 Vgl. OLG Hamburg, Urt. v. 22.03.2018 – 3 U 250/16, WRP 2018, 724 – Forever Living; CAT, Urt. v. 07.09.2018 – 1279/1/12/17, Rn. 39 – Ping.

868 *Schlimpert*, NZKart 2018, 566; Autorité, Entsch. v. 24.10.2018 – Nr. 18-D-23 – STIHL; *Schlimpert*, NZKart 2020, 20.

und Risiken bei der Nutzung wie bspw. die Gefahr der Abtrennung von menschlichen Körperteilen mit sich bringen können.[869]

III. Anerkennung des Imageschutzes der hochwertigen Nicht-Luxusprodukte

Durch ein gutes Produktimage erwerben Unternehmer das Vertrauen der Kunden, da es als ein Zeichen des Versprechens von Unternehmern für die hohe Qualität und die Erfüllung der Kundenerwartungen gilt. Daher fungiert das Produktimage als Wegweiser für Kunden beim Einkaufen. Die Schaffung des Markenimages macht die betreffenden Waren attraktiver für Kunden, wodurch der Absatz erhöht wird.[870] Dies ist der Grund dafür, dass Unternehmen in ein Produktimage investieren. Die Höhe der Investition weisen normalerweise den Grad der Schutzbedürftigkeit auf.[871] Aufgrund hoher Investition werden die betreffenden Produkte i. d. R. im hochpreisigen Marktbereich platziert.[872]

Indes gehören solche Produkte nicht immer zu einem Luxussegment. Für Hersteller der Nicht-Luxusprodukte ist der Aufbau eines spezifischen Produktimages ebenfalls wichtig zur Positionierung der Produkte am betreffenden Markt,[873] weshalb hierbei auch hohe Investitionen in ein Produktimage erfolgen. Mit dem Produktimage vermitteln solche Hersteller auch qualitative Hochwertigkeit und besondere Eigenschaften ihrer Produkte.[874] Beschränkungen, die zum Schutz des Images der Nicht-Luxusprodukte auferlegt werden, können ggf. aus dem Tatbestand des Art. 101 Abs. 1 AEUV bzw. § 1 GWB fallen. Bspw. fallen Beschränkungen nicht unter das Kartellverbot, wenn sie der Kommunikation des Markenimages dienen.[875] Die Notwendigkeit des Imageschutzes der Nicht-Luxusprodukte wird somit anerkannt, wenn hierbei ein Profit für Kunden besteht.

---

869 *Schlimpert*, NZKart 2018, 566 (567); Autorité, Entsch. v. 24.10.2018 – Nr. 18-D-23 – STIHL; *Schlimpert*, NZKart 2020, 20 (23).

870 Kommission, Leitlinien für vertikale Beschränkung, ABl. 2010 C 130/1, Rn. 107 lit. i.

871 *Franck*, WuW 2010, 772 (779).

872 *Franck*, WuW 2010, 772 (779).

873 OLG Hamburg, Urt. v. 22.03.2018 – 3 U 250/16, WRP 2018, 724 (728 f.), Rn. 44 ff. – Forever Living.

874 OLG Hamburg, Urt. v. 22.03.2018 – 3 U 250/16, WRP 2018, 724 (728), Rn. 44 – Forever Living.

875 OLG Frankfurt, Urt. v. 22.12.2015 – 11 U 84/14 (Kart), NZKart 2016, 84 – Funktionsrucksäcke.

Indes bedeutet es nicht, dass diese Anerkennung für alle Beschränkungen bzgl. des Imageschutzes grünes Licht gibt. Beschränkungen bzgl. des Imageschutzes der Nicht-Luxusprodukte dürfen nicht auf demselben Grad wie Beschränkungen bzgl. des Schutzes des Luxusimages stehen.

D. Stellungnahme

Die Demokratisierung der Luxusmarken verhindert, dass solche Marken nicht mehr bloß als Marke einer besonderen Kennerschaft angesehen werden können. Die Hürden für die Erhältlichkeit und Erreichbarkeit der Luxusgüter sind dadurch gegenüber früher abgesenkt geworden. Luxusmarken sollten meiner Meinung nach trotz der Demokratisierung ihre Eigenschaften wie Exklusivität, Extravaganz, Einzigartigkeit, Rarität, Aufwand, höchste Qualität und Hochpreisgestaltung nicht verlieren, sondern weiter aufrechterhalten. Wie oben erwähnt, dürfen Luxusmarken im strengen Sinne nicht massenhaft hergestellt werden, da eine der wichtigen Eigenschaften der Luxusmarken, namentlich die Seltenheit, die als ein entscheidenes Element auch für weitere Eigenschaften wie die Exklusivität sprechen kann, dadurch verlorengehen könnte. Weil die Massenfertigung als Industriemechanismus heute nicht mehr wegzudenken ist, sollte eine Luxusmarke zumindest die höchste Qualität, die höchste Preiskategorie und ein unersetzliches Luxusimage auf dem betreffenden Markt haben. D. h., Luxusmarken sollten absolute Kriterien erfüllen. Die Aussage des EuG, dass ein Luxusartikel als hochwertiges und relativ teures Erzeugnis anzusehen ist,[876] passt daher nicht zu dem echten Sinne der Luxusgüter. Die Behauptung der Monopolkommission, dass die Aura des Luxus u. U. als Vermarktungsmittel für vergleichsweise günstige Produkte benutzt werden könne und es hierbei nicht um echte Luxuswaren gehe,[877] ist bedenklich. Das kann heißen, dass die Markenartikel, die exklusiver und teurer als andere vergleichbare Artikel sind, als Luxusmarke angesehen werden können, weil sie angeblich eine Aura des Luxus innehaben, obwohl sie keine wichtigen Eigenschaften der Luxusmarke aufweisen. Die Definition einer Aura des Luxus sollte vorsichtig verwendet werden. Es sollte so sein, dass die Aura des Luxus nur mit echten Luxusmarken assoziiert wird und

---

876 EuG, Urt. v. 12.12.1996 – Rs. T-19/92, Slg. 1996, II-1851, GRUR Int 1998, 149 – Leclerc/Kommission (Yves Saint Laurent); EuG, Urt. v. 12.12.1996 -Rs. T-88/92, Slg. 1996, II-1961 – Leclerc/Kommission (Givenchy).

877 Monopolkommission, Hauptgutachten 22, a. a. O., Rn. 837.

den Herstellern von Nicht-Luxus-Gütern keine Chance zum Bewerben von potemkinschen Dörfern bietet. Da die Zulässigkeit des Umfangs der Wettbewerbsbeschränkungen, welche im Rahmen eines selektiven Vertriebssystems auferlegt werden, je nach Erhalt des Luxusimages unterschiedlich beurteilt werden kann, ist es wichtig, dass das Luxusimage bei den Nicht-Luxusartikeln nicht großzügig verwendet werden darf. Exklusivere und teurere Markenartikel gehören zu den Masstige-Artikeln, welche den Konsumenten solcher Güter ein Prestige-Gefühl verleihen können, aber keine echte Aura des Luxus ausstrahlen. Um die kartellrechtliche Zulässigkeit wettbewerbsbeschränkender Klauseln in Selektivvertriebssystemen genau zu beurteilen, sollte neben den materiellen Wertfaktoren auch immaterielle Wertfaktoren wie der Grad des Stellenwerts bzw. die Schutzfähigkeit des Images von der betreffenden Marke richtig dargestellt und überprüft werden.

§ 6. Ausblick: Die Zukunft selektiver Vertriebssysteme im Vertriebskartellrecht

A. Selektivvertriebssysteme unter der neuen Vertikal-GVO

In Reaktion darauf, dass die VO 330/2010 nach über zehn Jahren ihre Geltung verliert, erschienen im Juli 2021 Reformentwürfe. In diesem Rahmen hat die Kommission auch neue Marktentwicklungen in Bezug auf den Online-Handel in ihre Betrachtung einbezogen, welche nicht durch die VO 330/2010 abgebildet wurde.

In den Erwägungsgründen des Vertikal-GVO-Entwurfs (folgend: Vertikal-GVO-E) erkennt die Kommission an, dass Online-Plattformen im Vertrieb immer mehr an Bedeutung gewinnen.[878] In diesem Abschnitt werden die wichtigsten Änderungen in der neuen Vertikal-GVO in Bezug auf Online-Selektivvertriebssysteme eingehender betrachtet.

I. Änderungen der allgemeinen Regelungen bzgl. der (Online-)Selektivvertriebssysteme

Die Begriffsbestimmung des Selektivvertriebssystems, welche fortan in Art. 1 Abs. 1 lit. h der neuen Vertikal-GVO geregelt ist, bleibt inhaltlich unverändert.

In Bezug auf Selektionskriterien zitierte die Kommission zwar bereits den Kerninhalt der Metro-Kriterien in den Leitlinien der VO 330/2010, aber bestätigt diese Kriterien in den neuen Vertikal-Leitlinien nochmal ausdrücklich.[879] Die Metro-Kriterien werden bisher sowohl von der Kommission als auch vom EuGH als Standardkriterien verwendet. Trotzdem – oder gerade deshalb – sollte aber hinterfragt werden, ob diese Kriterien, die vor ca. 45 Jahren für konventionelle Selektivvertriebssysteme festgelegt wur-

---

878 Kommission, Genehmigung des Inhalts des Entwurfs einer Verordnung der Kommission über die Anwendung von Artikel 101 Absatz 3 des Vertrags über die Arbeitsweise der Europäischen Union auf Gruppen von vertikalen Vereinbarungen und abgestimmten Verhaltensweisen, 09.07.2021, S. 2, Nr. 10.

879 Kommission, Vertikal-Leitlinien-E, Rn. 134.

den, im Online-Bereich ohne Modifizierung weiterhin verwendet werden können. Diese Kriterien wurden zwar bereits auf Selektivvertriebssysteme bzgl. des Online-Handels beim Coty-Fall angewendet und haben zu einem gewissen Grad auch im Online-Handel ihre Funktion als Standardkriterien ausgeübt. Jedoch ist es mittels der klassischen Metro-Kriterien nicht leicht zu erkennen, wann eine Beschränkung über das erforderliche Maß im Online-Handel hinausgeht. Diesbezüglich urteilte der EuGH im Coty-Urteil, dass ein (generelles) Drittplattformverbot nicht über das erforderliche Maß hinausgeht, solange Online-Werbungen auf Drittplattformen und Suchmaschinen möglich bleiben. Diese Beurteilung ist nach hier vertretener Ansicht nicht ganz zutreffend. Hierbei spiegelte der EuGH die Realität nicht wider, dass Drittplattformen in manchen EU-Mitgliedstaaten aufgrund des hohen Nutzeranteils eine sehr wichtige Rolle spielen, weshalb das generelle Verkaufsverbot über solche Plattformen als Beschränkung des passiven Verkaufs anzusehen ist.[880] Daher können Drittplattformverbote innerhalb von selektiven Vertriebssystemen das erforderliche Maß i. S. d. Metro-Kriterien überschreiten, wenn die Mehrzahl der Internetkunden durch diese Maßnahmen den Zugang zu Drittplattformen verlieren. Drittplattformen sind aufgrund der hohen Nutzeranzahl als Vertriebsplattformen von besonderer Relevanz. Aufgrund dessen sollte die Konsumentenwohlfahrt als ein neues Kriterium zu den Metro-Kriterien ergänzt werden, so dass besser beurteilt werden kann, ob eine Beschränkung des Verkaufs über Drittplattformen in Selektivvertriebssystemen bzgl. des Online-Handels über das Erforderliche hinausgeht.

Außerdem existiert das Äquivalenzprinzip, wonach Qualitätsanforderungen für den Online- und Offline-Handel äquivalent auferlegt werden sollten,[881] in der neuen Vertikal-GVO nicht mehr. Laut der Kommission kann bspw. ein Anbieter seinem Abnehmer eine Anforderung zur Gewährleistung des Offline-Handels dergestalt auferlegen, dass die Waren oder Dienstleistungen von dem Abnehmer *„mindestens in einem nach Wert oder Menge bestimmten absoluten Umfang“* im Offline-Handel vertrieben werden sollen/müssen.[882] Weiterhin darf ein Anbieter nach der neuen Vertikal-GVO die unterschiedlichen Preisangaben zum Weiterverkauf der Produkte im Online- und Offline-Handel (sog. Doppelpreissystem) festlegen, um *„Anreize für angemessene Investitionen im Online- bzw. Offline-Bereich zu*

880 Siehe dazu im Einzelnen, 1. Teil, § 3 C IV.

881 Kommission, Vertikal-Leitlinien, Rn. 54.

882 Kommission, Vertikal-Leitlinien-E, Rn. 194 (c).

schaffen oder diese zu belohnen".[883] Diese Offline-Handel bevorzugten Anforderungen gehören grds. zu den nach Art. 2 Vertikal-GVO freistellbaren Beschränkungen.[884]

II. Neue Regelungen für die preisbezogenen vertikalen Wettbewerbsbeschränkungen

1. Preisbindung der zweiten Hand

Preisbindungen der zweiten Hand stellen nach wie vor eine Kernbeschränkung gem. Art. 4 lit. a Vertikal-GVO-E dar. Im Entwurf der neuen Vertikal-Leitlinien beschreibt die Kommission Preisbindungen der zweiten Hand noch ausführlicher und strukturell übersichtlicher als in den aktuellen Vertikal-LL und vereinfacht so die Rechtsanwendung für die Unternehmen bzgl. der betreffenden Vereinbarungen oder abgestimmten Verhaltensweisen. Es gibt einige Neuerungen in Bezug auf den Online-Handel, aber der Kerninhalt bleibt im Großen und Ganzen unverändert. Bspw. sind Preisüberwachungssysteme und die Meldepflicht des Einzelhändlers für die Abweichung vom Standardpreisniveau nach wie vor für sich genommen nicht als eine Preisbindung der zweiten Hand einzustufen.[885] Aufgrund der zunehmenden Verwendung der Preisüberwachung im Online-Bereich ergänzte die Kommission dazu, dass eine spezielle Preisüberwachungssoftware aufgrund der Erhöhung der Preistransparenz auf Händlerebene keine Preisbindung der zweiten Hand darstelle.[886]

In Zukunft wird darüber hinaus Art. 4 lit. a Vertikal-GVO vollumfänglich auf Anbieter von Online-Vermittlungsdiensten Anwendung finden. Diesen wird die Bestimmung eines Fest- oder Mindestverkaufspreis für die von ihm vermittelten Geschäfte untersagt.[887]

Allerdings fällt es nicht unter die Kernbeschränkung gem. Art. 4 lit. a Vertikal-GVO, wenn der Anbieter von Online-Vermittlungsdiensten lediglich einen Anreiz schafft, wodurch ein Nutzer einer solchen Online-Platt-

883 Kommission, Vertikal-Leitlinien-E, Rn. 195.

884 Kommission, Vertikal-Leitlinien-E, Rn. 194.

885 Kommission, Vertikal-Leitlinien, Rn. 48; Kommission, Vertikal-Leitlinien-E, Rn. 175.

886 Kommission, Vertikal-Leitlinien-E, Rn. 176.

887 Kommission, Vertikal-Leitlinien-E, Rn. 179.

form seine Waren oder Dienstleistungen auf einem wettbewerbsfähigen Preisniveau vertreibt oder den Verkaufspreis senkt.[888]

2. Zulässigkeit von Doppelpreissystemen

Nach derzeitiger Ansicht der Kommission muss jedem Händler erlaubt werden, über das Internet seine Waren und Dienstleistungen zu vertreiben. Aus diesem Grund stuft die Kommission in den aktuellen Vertikal-Leitlinien Vereinbarungen über Preisdiskriminierungen zwischen Online- und Offline-Handel auf Händlerebene als Kernbeschränkung ein, sodass diese nicht in den Genuss der Freistellungsmöglichkeit der Vertikal-GVO kommen.[889]

Allerdings gibt die Kommission diese Ansicht im Entwurf der neuen Vertikal-Leitlinien auf. Demnach wird ein Doppelpreissystem auf Händlerebene erlaubt sein, wenn es zur Schaffung eines Anreizes bzw. zur Belohnung für angemessene Investition im Online- bzw. Offline-Handel angewendet wird. Zu demselben Zweck können Hersteller den Großhändlern (u. a. den Hybrid-Händlern) Preisunterschiede im Zusammenhang mit den unterschiedlichen Investitionen und sonstigen Kosten auferlegen. Wenn ein solcher Preisunterschied allerdings die tatsächliche Nutzung des Internets für den Online-Handel verhindert, unrentabel oder finanziell nicht tragbar macht, wird dies eine Kernbeschränkung darstellen, sodass keine Gruppenfreistellung nach der Vertikal-GVO in Betracht kommt.[890]

Zu dieser Änderung haben das Bundesministerium für Wirtschaft und Energie und das Bundeskartellamt Stellung genommen. Das Bundeskartellamt vertritt hierbei die Ansicht, dass ein Doppelpreissystem nach den bisherigen Erfahrungen eine ähnliche Auswirkung wie ein Totalverbot des Online-Handels habe, da ohne eindeutigen Bezug auf unterschiedliche Kosten ein solches System i. d. R. eher auf die Einschränkung des Online-Verkaufs als auf die Schaffung gleicher Wettbewerbsbedingungen abziele. Infolgedessen hätten die beiden Behörden vorgezogen, dass ein solches System weiterhin als Kernbeschränkung eingestuft wäre. Trotzdem tolerieren die Behörden, dass Doppelpreissysteme zulässig sein sollen, solange dadurch Anreize für angemessene Investitionen im Online- bzw. Offline-

888 Kommission, Vertikal-Leitlinien-E, Rn. 179.
889 Kommission, Vertikal-Leitlinien, Rn. 52 lit. d.
890 Kommission, Vertikal-Leitlinien-E, Rn. 195.

Handel geschaffen und diese belohnt werden. Darüber hinaus haben beide Behörden vorgeschlagen, dass ein auf den tatsächlichen Kostenunterschied beruhender allgemeiner Aufschlag auf Online-Kaufpreis zugelassen werden solle, um die tatsächlichen Nachteile für die Unternehmen abzumildern[891]

3. Paritätsverpflichtungen

In der aktuellen Fassung der Vertikal-GVO und der Vertikal-LL wird eine Paritätsverpflichtung (Preisparitätsklausel/Bestpreisklausel) nicht ausdrücklich erwähnt. Es gibt nur eine einmalige Erwähnung des Wortes „Meistbegünstigungsklausel" in den Vertikal-LL,[892] welches als Oberbegriff der Paritätsklausel gilt. Dahingegen wird die Paritätsklausel im Entwurf der neuen Vertikal-LL ausführlich definiert, dargestellt und analysiert.[893] Dies ist zwar begrüßenswert, aber die Kommission hätte in dieser Darstellung noch präziser sein können. Laut der Kommission sind Paritätsverpflichtungen, Meistbegünstigungsklauseln und plattformübergreifende Paritätsverpflichtungen synonym.[894] Häufig werden Meistbegünstigungsklauseln, (Preis-)Paritätsklauseln und Bestpreisklauseln zwar sowohl in der Wissenschaft als auch in der Rechtspraxis als Synonym verwendet. Hierbei ist aber zu beachten, dass Meistbegünstigungsklauseln je nach Vertragsinhalt in echte und unechte Meistbegünstigungsklausel eingeteilt werden. Bei Paritätsklauseln wird zwischen weiten und engen Paritätsklausel unterschieden. Plattformübergreifende Paritätsverpflichtungen wirken nicht nur im Verhältnis zwischen dem Händler und dem Plattformanbieter, sondern auch im Verhältnis zwischen dem Händler und sämtlichen Drittplattformanbietern. Deshalb können sie als weite Paritätsverpflichtungen verstanden werden. Daher sollte die Kommission Paritätsverpflichtungen und plattformübergreifende Paritätsverpflichtungen nicht identisch formulieren, sondern klar voneinander abgrenzen. Wenn die Kommission Paritätsverpflichtungen nichtsdestotrotz zum Synonym für plattformübergreifende Paritätsverpflichtungen verfassen möchte, sollte sie anstatt Paritätsverpflichtungen den Begriff „weite" Paritätsverpflichtungen verwenden.

891 BMWi/BKartA, Comments by the Federal Ministry for Economic Affairs and Energy and the Bundeskartellamt regarding the draft revised VBER and VGL as published on 9 July 2021, S. 6.

892 Kommission, Leitlinien für vertikale Beschränkung, ABl. 2010 C 130/1, Rn. 48.

893 Kommission, Vertikal-Leitlinien-E, Rn. 238 f., 333 ff.

894 Kommission, Vertikal-Leitlinien-E, Rn. 333.

Unter der neuen Vertikal-GVO wird eine weite Paritätsverpflichtung in Art. 5 Abs. 1 lit. d normiert und von der Gruppenfreistellung ausgeschlossen. Allerdings stellt die Kommission klar, dass alle Arten von Paritätsverpflichtungen genauso wie enge Paritätsverpflichtungen nach Art. 2 Vertikal-GVO gruppenweise freigestellt werden können.[895]

In Deutschland sind Paritätsverpflichtungen (Bestpreisklauseln) schon lange Teil des Diskurses. In der bisherigen Rechtsprechung wurde bereits mehrfach bestätigt, dass eine weite Paritätsverpflichtung nicht mit dem Kartellrecht vereinbar ist. Im Gegensatz dazu befand das OLG Düsseldorf in seinem Urteil, dass eine enge Paritätsklausel zulässig sei.[896] Jedoch hat der Bundesgerichtshof Mai 2021 die kartellrechtliche Unzulässigkeit der engen Paritätsklausel festgestellt und das Urteil des OLG Düsseldorf aufgehoben.[897] Damit ist nun höchstrichterlich entschieden, dass die enge Paritätsverpflichtung kartellrechtlich unzulässig ist. Deshalb sollte diese nicht mehr den Rechtsvorteil der Vertikal-GVO genießen, wie es auch bei der weiten Paritätsverpflichtung der Fall ist.

Diese Ansicht vertreten auch das Bundesministerium für Wirtschaft und Energie und das Bundeskartellamt in ihrer gemeinsamen Stellungnahme zur Reform der Vertikal-GVO. Demnach sei die entsprechende Bestimmung in Art. 5 lit. d Vertikal-GVO, die lediglich auf plattformübergreifende bzw. weite Paritätsklauseln eingeschränkt ist, eindeutig zu eng. Darüber hinaus sei es ein Rückschritt gegenüber dem Status quo, wenn enge Paritätsklauseln künftig unter die Gruppenfreistellung fallen würden, da eine solche Paritätsklausel derzeit bereits kartellrechtlich unzulässig sei.[898]

III. Neue Regelungen in Bezug auf den Online-Handel

Seit dem Inkrafttreten der VO 330/2010 hat sich der Online-Handel (u. a. die Online-Plattformwirtschaft) rasant entwickelt. Mit diesen Entwicklungen konnten die rechtlichen Vorgaben nicht Schritt halten, was zu Regelungslücken geführt hat. Darauf reagierte die Kommission nun, indem sie

895 Kommission, Vertikal-Leitlinien-E, Rn. 239.

896 OLG Düsseldorf, Urt. v. 04.06.2019 – VI-Kart 2/16 (V), ZVertriebsR 2019, 329 – Booking.

897 BGH, Urt. v. 18.05.2021 – KVR 54/20, NZKart 2021, 499 – Booking.

898 BMWi/BKartA, Comments by the Federal Ministry for Economic Affairs and Energy and the Bundeskartellamt regarding the draft revised VBER and VGL as published on 9 July 2021, S. 8.

neue Regelungen in Bezug auf die Online-Plattformwirtschaft in der neuen Vertikal-GVO geschaffen hat.

1. Anbieter von Online-Vermittlungsdiensten als Anbieter i. S. v. Art. 1 Abs. 1 lit. d Vertikal-GVO-E

Unter der VO 330/2010 war der Status des Anbieters von Online-Vermittlungsdiensten unklar, da die vertikale Beziehung zwischen Anbietern und Abnehmern in der VO 330/2010 nach der traditionellen Rollenverteilung des stationären Handels beschrieben wurde. Aus diesem Grund konnten Anbieter von Online-Vermittlungsdiensten, welche als neue Geschäftsmodelle galten, nicht einfach anhand des herkömmlichen Handelskonzeptes zu einer Rollengruppe zugeordnet werden.[899] Aufgrund der zunehmenden Bedeutung der Online-Plattformwirtschaft besteht ein Regelungsbedarf in Bezug auf das Vertikalverhältnis des Anbieters von Online-Vermittlungsdiensten. Dies spiegelt die Kommission in der neuen Vertikal-GVO wider. Nach Art. 1 Abs. 1 lit. d Vertikal-GVO-E wird ein Erbringer von Online-Vermittlungsdiensten unabhängig davon als Anbieter eingestuft, ob er selbst an der Transaktion beteiligt ist, die von ihm vermittelt wird. Die Begriffsbestimmung des Anbieters von Online-Vermittlungsdiensten i. S. v. Art. 1 Abs. 1 lit. d Vertikal-GVO-E beruht auf den Begriffsbestimmungen, welche in Art. 2 der Verordnung (EU) 2019/1150 des Europäischen Parlaments und des Rates vom 20. Juni 2019 zur Förderung von Fairness und Transparenz für gewerbliche Nutzer von Online-Vermittlungsdiensten (sog. Plattform-to-Business-Verordnung oder P2B-Verordnung) geregelt sind.[900] Nach Art. 2 Abs. 3 P2B-VO ist ein Anbieter von Online-Vermittlungsdiensten jede natürliche oder juristische Person, die gewerblichen Nutzern Online-Vermittlungsdienste bereitstellt oder zur Bereitstellung anbietet.[901] Beispiele für Online-Vermittlungsdiensten sind u. a. Online-Marktplätze, Vertriebs-

---

899 Kommission, Vertikal-Leitlinien-E, Rn. 60.

900 Kommission, Vertikal-Leitlinien-E, Rn. 64.

901 Kommission, Verordnung (EU) 2019/1150 des Europäischen Parlaments und des Rates vom 20. Juni 2019 zur Förderung von Fairness und Transparenz für gewerbliche Nutzer von Online-Vermittlungsdiensten, ABl. L 186/57.

plattformen für Softwareanwendungen (App Stores), soziale Medien[902] und Preisvergleichsinstrumente.[903]

Außerdem ordnete die Kommission einen Erbringer von Online-Vermittlungsdiensten unter der neuen Vertikal-GVO nicht als Abnehmer ein. Laut den Vertikal-LL-E kann ein Erbringer von Online-Vermittlungsdiensten im Einklang mit der durch die Vertikal-GVO getroffenen Unterscheidung zwischen Anbietern und Abnehmern in Bezug auf die vermittelte Transaktion nicht zugleich als Abnehmer im Sinne des Art. 1 Abs. 1 lit. j Vertikal-GVO angesehen werden.[904] Diesbezüglich fordert das Bundesministerium für Wirtschaft und Energie und das Bundeskartellamt eine weitere Klarstellung bzgl. der Rolle des Erbringers von Online-Vermittlungsdiensten. Laut den beiden Behörden schließt die Definition des Anbieters von Online-Vermittlungsdiensten i. S. des Art. 1 Abs. 1 lit. d Vertikal-GVO nämlich nicht aus, dass ein Anbieter eines solchen Dienstes auch als Abnehmer eingestuft werden kann, wenn die einzelne Vereinbarung nicht ausschließlich mit dem Angebot von Online-Vermittlungsdiensten verbunden ist.[905] Darüber hinaus gebe es auch Fälle, in denen ein Erbringer von Online-Vermittlungsdiensten als ein kleines oder neues Unternehmen auf dem Plattformmarkt mit einem Einzelhändler, der eine starke Marktmacht besitzt und dem Erbringer Beschränkungen auferlegt, im Vertragsverhältnis steht.[906]

2. Neue Regelungen in Bezug auf den Direkt- und Dualvertrieb

a) Strengere Regelungen bzgl. des Direktvertriebs

Ein Direktvertrieb, in dem ein Anbieter zugleich als Hersteller und Händler tätig ist und mit seinem Händler im Wettbewerb steht, entspricht nicht

902 Kommission, Verordnung (EU) 2019/1150 des Europäischen Parlaments und des Rates vom 20. Juni 2019 zur Förderung von Fairness und Transparenz für gewerbliche Nutzer von Online-Vermittlungsdiensten, ABl. L 186/57, Erwägungsgrund Nr. 11.

903 Kommission, Vertikal-Leitlinien-E, Rn. 334.

904 Kommission, Vertikal-Leitlinien-E, Rn. 63.

905 BMWi/BKartA, Comments by the Federal Ministry for Economic Affairs and Energy and the Bundeskartellamt regarding the draft revised VBER and VGL as published on 9 July 2021, S. 3.

906 BMWi/BKartA, Comments by the Federal Ministry for Economic Affairs and Energy and the Bundeskartellamt regarding the draft revised VBER and VGL as published on 9 July 2021, S. 3.

dem Leitbild der VO 330/2010. Nach Art. 2 Abs. 4 werden vertikale Vereinbarungen zwischen Wettbewerbern nicht freigestellt. Wenn der Anbieter allerdings kein Mitbewerberverhältnis mit seinem Händler auf der Herstellungsebene hat, fällt die betreffende Vertikalvereinbarung gem. Art. 2 Abs. 4 lit. a VO 330/2010 ausnahmsweise unter den Anwendungsbereich der Vertikal-GVO.

In der neuen Vertikal-GVO wurde der Anwendungsbereich des Direktvertriebs ausgeweitet. Nach Art. 2 Abs. 4 lit. a Vertikal-GVO-E ist der Direktvertrieb nicht mehr nur auf die Herstellungsebene beschränkt, sondern schließt auch die Großhandels- und Einfuhrebene mit ein. Dazu ergänzte die Kommission eine neue, strenge Regelung mit dem Inhalt, dass eine vertikale Vereinbarung freistellungsfähig ist, wenn der gemeinsame Marktanteil der betreffenden Vertragsparteien auf dem relevanten Einzelhandelsmarkt nicht mehr als 10 % beträgt. Bislang existiert lediglich eine Marktanteilsschwelle von 30 % im Anwendungsbereich des Art. 3 Vertikal-GVO.

Eine Ausnahme dazu sieht Art. 2 Abs. 5 Vertikal-GVO vor. Danach kann eine vertikale Vereinbarung zwischen Wettbewerbern i. S. v. Art. 2 Abs. 4 lit. a Und lit. b ggf. freigestellt werden, obgleich der gemeinsame Marktanteil der beiden Parteien 10 % überschreitet. Voraussetzung ist, dass eine gemeinsame Marktanteilsschwelle gem. Art. 3 Vertikal-GVO von 30 % nicht überschritten wird und es sich bei der betreffenden Vereinbarung nicht um einen Informationsaustausch handelt. Der Informationsaustausch zwischen den konkurrierenden Unternehmen i. S. des Art. 2 Abs. 4 lit. a Und lit. b wird nach den Horizontalleitlinien zur wettbewerbsrechtlichen Würdigung des Informationsaustauschs beurteilt.[907] Die Kommission beschränkt die Ausnahme des Direktvertriebs auf die Fälle, in denen die horizontalen Effekte unbedeutsam geringfügig sind, so dass die betreffende Vertikalvereinbarung in Bezug auf den horizontalen Wettbewerb kartellrechtlich unbedenklich bleibt.[908] Hierbei wird der Anbieter hauptsächlich auf dem vorgelagerten Markt tätig sein, während er nur geringe Nebentätigkeit auf dem Endkundenmarkt ausübt.[909]

907 Kommission, Vertikal-Leitlinien-E, Rn. 90 (d).
908 Kommission, Vertikal-Leitlinien-E, Rn. 86.
909 Kommission, Vertikal-Leitlinien-E, Rn. 86.

b) Ausschluss der Freistellungsmöglichkeit des Dualvertriebs nach der Vertikal-GVO-E

Nach Art. 2 Abs. 7 Vertikal-GVO-E ist ein Dualvertrieb von der Freistellungsmöglichkeit nach Art. 2 Abs. 4 lit. a Und lit. b ausgeschlossen. Ein Dualvertrieb liegt vor, wenn ein Anbieter von Online-Vermittlungsdiensten i. S. v. Art. 1 Abs. 1 lit. d Vertikal-GVO-E beim Verkauf von Waren oder Dienstleistungen mit einem Unternehmen, welches von dem Anbieter Vermittlungsdienste erbracht wird, im Wettbewerb steht. Laut der Kommission besteht hierbei eine erhebliche horizontale Wettbewerbsgefährdung, weshalb die Ausnahmeregelung i. S. des Art. 2 Abs. 4 lit. a Und lit. b auf einen solchen Dualvertrieb nicht anwendbar ist. Vertikalvereinbarungen mit einem solchen Hybrid-Anbieter von Online-Vermittlungsdiensten müssen sowohl nach den Vertikalleitlinien als auch den Horizontalleitlinien im Einzelfall beurteilt werden.[910]

c) Kritik an den neuen Regelungen bzgl. des Direkt- und Dualvertriebs

Der Entwurf der neuen Vertikal-GVO und Vertikal-LL wurde im Hinblick auf die restriktiven Regelungen über den Direkt- bzw. Dualvertrieb aus der Wissenschaft kritisiert. Erstens sei die Marktanteilsschwelle von 10 % für die Freistellungsmöglichkeit nach Art. 2 Abs. 4 lit. a und b Vertikal-GVO-E im Vergleich zur Marktanteilsschwelle von 30 % für die Gruppenfreistellung i. S. v. Art. 3 Abs. 1 Vertikal-GVO zu niedrig.[911] Es sei nicht realistisch, dass die betreffenden Unternehmen während der Vertragsdauer einer vertikalen Vereinbarung die Marktanteilsschwelle von 10 % nicht überschreiten.[912] Zweitens sei die Regelung über den Ausschluss der Freistellungsmöglichkeit des Anbieters von Online-Vermittlungsdiensten nach Art. 2 Abs. 7 Vertikal-GVO-E sehr restriktiv.[913] Weiterhin wurde hinterfragt, ob Anbieter von kleinen Plattformen, die auf dem nachgelagerten Markt nur einen sehr niedrigen Markanteil (weit unter 10 %) besitzen, auch eine spür-

910 Kommission, Vertikal-Leitlinien-E, Rn. 92.
911 *Haberer/Fries*, Entwurf der neuen Vertikal-GVO – Abschied vom „sicheren Hafen"?, NZKart 2021, 444 (446 f.)
912 *Haberer/Fries*, NZKart 2021, 444 (447).
913 *Weichhaus*, Übersicht zu den Entwürfen der neuen Vertikal-GVO und der neuen Vertikal-Leitlinien, GRUR-Prax 2021, 550; *Picht/Leitz*, Vertikal-dual-digital: Der Entwurf der neuen Vertikal-GVO und -Leitlinien, NZKart 2021, 480 (482).

bare horizontale Wettbewerbsbeschränkung verursachen könnten und diesbezüglich einzelfallbezogen überprüft werden müssten.[914]

Es erscheint fragwürdig, dass Vertikalvereinbarungen zwischen Anbietern von Online-Vermittlungsdiensten und seinen Händlern nach Art. 2 Abs. 4 lit. a oder lit. b nicht freigestellt werden. Die Kommission erläutert dazu, dass eine erhebliche horizontale Wettbewerbsgefährdung bestehe, weshalb die Ausnahmeregelung i. S. des Art. 2 Abs. 4 lit. 1 Und lit. b auf einen solchen Dualvertrieb nicht anwendbar sei.[915] Die Regelung des Art. 2 Abs. 7 Vertikal-GVO-E fußt wohl auf der Annahme, dass Anbieter von Online-Vermittlungsdiensten eine gewisse Marktmacht besitzen würden. Die Kommission hat dabei offensichtlich nicht die Fälle kleinerer Drittplattformen vor Augen, in denen ein ausgeglichenes Machtverhältnis zwischen Plattform und Händlern besteht. In diesen Fällen könnte eine Freistellung nach Art. 2 Abs. 4 lit. a oder lit. b durchaus zu sachgerechten Ergebnissen führen. Es spricht deshalb vieles dafür, die Marktanteilsschwelle von 10 % auch auf diese Konstellation anzuwenden.

Letztlich wurde die Regelung über den Informationsaustausch zwischen konkurrierenden Unternehmen, die auch im Vertikalverhältnis stehen, auch als realitätsfern kritisiert. Der Informationsaustausch im Vertikalverhältnis sei gerade ein wesentlicher Bestandteil der Vertikalvereinbarungen. Er sei erforderlich, damit die Vereinbarung funktionieren könne und werfe i. d. R. keine erheblichen wettbewerbsrechtlichen Bedenken auf.[916] Diese Problematik hat die Kommission offenbar zur Kenntnis genommen, da sie zu diesem Thema eine gezielte öffentliche Konsultation zum Informationsaustausch (04.02.-18.02.2022) durchgeführt hat.[917] Ob und inwiefern die vorliegende Konsultation die überarbeiteten neuen Vertikal-GVO beeinflusst, ist derzeit aber noch unklar.

914 *Picht/Leitz*, NZKart 2021, 480 (482).

915 Kommission, Vertikal-Leitlinien-E, Rn. 91.

916 *Goßler/Wentzel*, Der Entwurf der neuen Vertikal-GVO im Lichte des Entwurfs der neuen Vertikal-Leitlinien, ZVertriebsR 2021, 341 (346).

917 Kommission, Additional public consultation on proposed guidance relating to information exchange in the context of dual distribution, intended to be added to the Vertical Guidelines, abrufbar unter: https://ec.europa.eu/competition-policy/public-consultations/2021-vber_en (Stand v. 15.02.2022).

An den neuen Regelungen wird im Hinblick auf den Direkt- und Dualvertrieb zu Recht kritisiert, dass sie Rechtsunsicherheit schafften und die Vertikal-GVO deshalb diesbezüglich kein sicherer Hafen mehr sei.[918]

3. Drittplattformverbote unter der neuen Vertikal-GVO

Ob ein Drittplattformverbot innerhalb von einem Selektivvertriebssystem zulässig sein sollte, ist umstritten. In der neuen Vertikal-GVO stellt die Kommission zwar fest, dass ein Drittplattformverbot anhand des Coty-Urteils des EuGH wenigstens für Luxusgüter freigestellt werden könne, solange Werbungen auf Drittplattformen und die Verwendung der Online-Suchmaschinen erlaubt sind und solange dies nicht über das zur Erreichung des Ziels, nämlich Wahrung des Luxusimages, erforderliche Maß hinausgeht.[919] Fraglich ist allerdings, ob diese Feststellung der Kommission zu mehr Rechtssicherheit führt. Bedauerlicherweise stellte der EuGH im Coty-Urteil nämlich nicht hinreichend klar, was ein Luxusprodukt sein sollte. In der Rechtsprechung des EuG ist eine Luxusware eine hochwertige und relativ teure Ware, welche unter der namhaften Marke vertrieben wird.[920] Diese Definition des EuGH passt leider nicht zu den Eigenschaften eines Luxusgutes, sondern eher zu einem der Masstige-Produkte. Das EuG hat deshalb die Irrtumsgefahr geschaffen, dass Hersteller der Masstige-Produkte ihre Ware fälschlicherweise als Luxusprodukte einstufen und einem Händler ein Verkaufsverbot über Drittplattformen auferlegen.

Ein weiteres Beispiel für Drittplattformverbote ist die sog. Logo-Klausel. Diese Klausel verbietet den Händlern die Nutzung von Plattformen Dritter, welche den Namen oder das Logo der Plattformen tragen, im Rahmen der selektiven Vertriebssysteme. Während die Kommission bislang in der VO 330/2010 die Logo-Klausel unterstützt hat, hat sie ihre Meinung diesbezüglich mit der neuen Vertikal-GVO geändert. Nun stuft sie die Logo-Klausel

918 *Rohrßen*, Online-Vertrieb in der EU – Vertriebskartellrecht: Die neue Vertikal-GVO 2022, ZVertriebsR 2021, 293 (296 f.); *Schultze/Pautke/Wagener*, Vertikal-GVO: Die Reformentwürfe aus Praxissicht, BB 2021, 2627 (2627 ff.), *Haberer/Fries*, NZKart 2021, 444 (447 f.), *Weichhaus*, GRUR-Prax 2021, 550; *Picht/Leitz*, NZKart 2021, 480 (482).

919 Kommission, Vertikal-Leitlinien-E, Rn. 135.

920 EuG, Urt. v. 12.12.1996 – Rs. T-19/92, Slg. 1996, II-1851, GRUR Int. 1998, 149 – Leclerc/Kommission (Yves Saint Laurent); EuG, Urt. v. 12.12.1996 -Rs. T-88/92, Slg. 1996, II-1961 – Leclerc/Kommission (Givenchy).

als *de facto* Verbot der Nutzung von Online-Marktplätzen ein.[921] Die neue Ansicht der Kommission bzgl. der Logo-Klausel ist begrüßenswert, da sie durch diese gelockerte Regelung den Vertrieb über Online-Marktplätze mittelbar fördert.

4. Verhinderung der Nutzung von Preisvergleichsmaschinen

Die Nutzung von Suchmaschinen gewinnt immer mehr an Relevanz. Diese können nicht nur zu einer Reduzierung der Suchkosten und einer Erhöhung der Preistransparenz führen, sondern auch den markeninternen und ggf. markenübergreifenden Preiswettbewerb fördern.[922] In den neuen Vertikal-Leitlinien unternimmt die Kommission den Versuch, eine Beschränkung dieser Nutzung zu regulieren.

Nach Ansicht der Kommission kann die Beschränkung der Nutzung von Preisvergleichsmaschinen den Abnehmer am Weiterverkauf an potenzielle Kunden hindern. Das gilt insbesondere dann, wenn diese Kunden aufgrund physischer Einschränkungen online einkaufen, sich über das Angebot des Abnehmers informieren und auf dessen Website umgeleitet werden möchten.[923] Die Praxis, die Nutzung von Preisvergleichsmaschinen zu verhindern, wird nach Auffassung der Kommission als eine Form des passiven Verkaufs eingestuft.[924] Weiterhin hält die Kommission für unwahrscheinlich, dass ein generelles Verbot der Nutzung von Preisvergleichsmaschinen zur Wahrung der Qualität und zur Gewährleistung der ordnungsgemäßen Nutzung von Vertragswaren oder -dienstleistungen angemessen oder erforderlich wäre, denn potenzielle Kunden werden durch diese Vergleichsmaschinen zum Kaufen auf die Website des autorisierten Händlers umgeleitet.[925] Die diesbezügliche Auffassung der Kommission entspricht der Ansicht des BGH zum Nutzungsverbot von Preisvergleichsportalen. Im ASCIS-Urteil hatte dieser festgestellt, dass ein Verbot der Unterstützung von Preisvergleichsmaschinen eine Kernbeschränkung i. S. v. Art. 4 lit. c VO 330/2010 darstelle und daher nicht gruppenweise freigestellt werden kön-

921 Kommission, Vertikal-Leitlinien-E, Rn. 315.
922 Kommission, Vertikal-Leitlinien-E, Rn. 323.
923 Kommission, Vertikal-Leitlinien-E, Rn. 327.
924 Kommission, Vertikal-Leitlinien-E, Rn. 327.
925 Kommission, Vertikal-Leitlinien-E, Rn. 329.

ne.[926] Allerdings wird eine solche Beschränkung in selektiven Vertriebssystemen erlaubt, solange sie zu einem Effizienzgewinn im Zusammenhang mit der Gewährleistung des Markenschutzes, dem Erhalten eines bestimmten Qualitätsniveaus oder der Verminderung der Fälschungsmöglichkeiten führt und solange das Ziel zur solchen Effizienzgewinnen nicht mit weniger restriktiven Mitteln erreicht werden kann.[927] Laut der Kommission könnte eine Beschränkung zulässig sein, wenn Preisvergleichsmaschinen „*Vergleiche oder Bewertungen im Zusammenhang mit der Qualität der betreffenden Waren oder Dienstleistungen, dem Kundenservice, der Vertrauenswürdigkeit des Händlers oder anderen Merkmalen der Angebote der Händler*“ vorsehen.[928]

IV. Beschränkungen der Gebiete oder Kundengruppen bzgl. der (Online-)Selektivvertriebssysteme

1. Unterscheidung zwischen aktiven und passiven Verkäufen im Online-Handel

a) Aktiver Verkauf

Unter der VO 330/2010 wurden aktive und passive Verkäufe lediglich in Bezug auf die Kernbeschränkung nach Art. 4 lit. b und c kurz erwähnt. Obwohl die Definition des aktiven und passiven Verkaufs in den Leitlinien beschrieben ist, spiegelt diese nicht die rasante Entwicklung des Online-Handels im heutigen digitalen Zeitalter wider. Dies konnte bei der Anwendung der Vertikal-GVO für Normadressaten irreführend sein. Um diesen Regelungsmangel zu beheben, hat die Kommission den aktiven und den passiven Verkauf bzgl. des Online-Handels jeweils in Art. 1 Abs. 1 lit. l und m definiert und in den neuen Vertikal-LL ausführlich dargestellt. Nach den neuen Vertikal-Leitlinien ist die Anwendung der (Fremd-)Sprachoptionen auf einer Website oder in einem Online-Shop ein aktiver Verkauf i. S. v. Art. 1 Abs. 1 lit. l Vertikal-GVO. Das Angebot der englischen Sprache wird dagegen nicht als aktiver Verkauf eingestuft, da Englisch von den europäischen

926 BGH, Urt. v. 12.12.2017 – KVZ 41/17, NZKart 2018, 96 (97), Rn. 10 ff. – ASICS-Gruppe.
927 Kommission, Vertikal-Leitlinien-E, Rn. 332.
928 Kommission, Vertikal-Leitlinien-E, Rn. 332.

Mitgliedstaaten gewissermaßen als gemeinsame (Verkehrs-)Sprache verwendet wird.[929] Überdies wird eine gezielte (Online-)Werbung, bei der Händler bereits bestimmen, an welchem Ort und welcher Kundengruppe sie gezeigt werden soll, auch als aktiver Verkauf eingestuft.[930] Des Weiteren wird die Einrichtung einer mit einem Domainnamen, der einem anderen Gebiet als dem des Händlers entspricht, als aktiver Verkauf kategorisiert.[931]

b) Passiver Verkauf

Richtet ein Händler eine eigene Website oder einen eigenen Online-Shop zum Verkauf an nicht aktiv angesprochene Kunden ein, gilt dies als passiver Verkauf, da potenzielle Kunden dadurch einen bestimmten Händler erreichen können.[932] Darüber hinaus ist die Anwendung von Instrumenten oder Techniken zur Suchmaschinenoptimierung auch eine Form des passiven Verkaufs.[933] Allgemeine (Online-)Werbung, welche vom Händler nicht für eine bestimmte Zielgruppe oder einen bestimmten Ort gemacht wird, gilt i. d. R. als passiver Verkauf, es sei denn, dass sie in Sprachen, die in dem Gebiet, in dem der Händler niedergelassen ist, nicht gebräuchlich sind, gemacht wird.[934] Überdies wird die Teilnahme sowohl an öffentlichen als auch an privaten Ausschreibungen als eine Form des passiven Verkaufs eingestuft.[935]

Der Begriff einer Beschränkung des aktiven oder passiven Verkaufs wurde in Art. 1 Abs. 1 lit. n bestimmt. Demnach wird ein aktiver oder passiver Verkauf beschränkt, wenn eine Beschränkung des aktiven Verkaufs i. S. v. Art. 1 lit. l oder des passiven Verkaufs i. S. v. Art. 1 lit. m besteht. Ob eine Beschränkung des aktiven oder passiven Verkaufs als Kernbeschränkung unter Art. 4 lit. b bis d Vertikal-GVO fällt, wird abhängig von den unterschiedlichen Vertriebssystemen, nämlich Alleinvertriebssystem, Selektivvertriebssystem und freies Vertriebssystem, unterschiedlich beurteilt.

929 Hierbei sollte die Sprachen von denen unterscheiden, die in dem Gebiet, wo der Händler niedergelassen ist, gewöhnlich verwendet werden: Kommission, Vertikal-Leitlinien-E, Rn. 199.

930 Kommission, Vertikal-Leitlinien-E, Rn. 200.

931 Kommission, Vertikal-Leitlinien-E, Rn. 200.

932 Kommission, Vertikal-Leitlinien-E, Rn. 198.

933 Kommission, Vertikal-Leitlinien-E, Rn. 198.

934 Kommission, Vertikal-Leitlinien-E, Rn. 200.

935 Kommission, Vertikal-Leitlinien-E, Rn. 200.

2. Erlaubte Beschränkungen der Gebiete oder Kundengruppen in (Online-)Selektivvertriebssystemen

In der neuen Vertikal-GVO werden fünf Ausnahmen von der in Art. 4 lit. c Ziff. i Vertikal-GVO festgestellten Kernbeschränkung beschrieben. In diesen Ausnahmekonstellationen wird eine Beschränkung der Gebiete oder Kundengruppen im Rahmen eines Selektivvertriebssystems erlaubt. Erstens wird eine Beschränkung des aktiven Verkaufs wie Online-Werbung durch die ausgewählten Händler außerhalb des Selektivvertriebssystems, nämlich in andere Gebiete oder an Kundengruppen, die einem oder mehreren Händlern exklusiv zugewiesen oder ausschließlich dem Anbieter vorgehalten sind, erlaubt.[936] Die zweite Rückausnahme ist die Beschränkung des aktiven oder passiven Verkaufs durch autorisierten Händler an Außenseiter. Drittens wird die Beschränkung des Niederlassungsortes der autorisierten Händler (sog. Standortklausel) auch als Rückausnahme des Art. 4 lit. c Ziff. i Vertikal-GVO erlaubt. Hierbei wird sich die Nutzung einer eigenen Website durch einen autorisierten Händler mit der Eröffnung einer neuen Verkaufsstätte an einem anderen Standort gleichgestellt, weshalb eine solche Nutzung nicht beschränkt werden darf.[937] Viertens dürfen die im Selektivvertriebsnetz zugelassenen Großhändler den aktiven oder passiven Verkauf an Endkunden beschränken. Fünftens wird die Beschränkung des aktiven oder passiven Verkaufs von Teilen, die zur Weiterverwendung geliefert werden, erlaubt. Voraussetzung dafür ist aber, dass der Verkauf an Kunden beschränkt wird, die diese Teile für die Herstellung derselben Art von Waren wie die des Anbieters verwenden.[938]

B. Entwicklungsprognose selektiver Vertriebssysteme unter der neuen Vertikal-GVO

Anders als die VO 330/2010 behandeln die neue Vertikal-GVO und die Vertikal-Leitlinien die Plattformwirtschaft und die dazugehörigen Beschränkungen ausführlicher. Diese Änderung ist sehr begrüßenswert, da Fälle in Bezug auf Selektivvertriebssysteme insb. im Online-Bereich aufgrund des zunehmenden Wachstums des Online-Handels künftig vielmehr Bedeutung erhalten werden. Trotz dieser positiven Änderung ist nach hier

---

936 Kommission, Vertikal-Leitlinien-E, Rn. 215.
937 Kommission, Vertikal-Leitlinien-E, Rn. 217.
938 Kommission, Vertikal-Leitlinien-E, Rn. 218.

vertretener Ansicht aber zweifelhaft, ob solche Fälle unter der neuen Vertikal-GVO wirklich lückenlos geregelt werden können, denn die neuen Regelungen für Selektivvertriebssysteme im Online-Bereich sind noch strenger als zuvor geworden. Dass die Kommission das Äquivalenzprinzip durch die Erlaubnis des Doppelpreissystems zugunsten des stationären Handels abgeschafft hat, ist ein Beispiel dafür.

An manchen Punkten versuchte die Kommission in der neuen Vertikal-GVO mehr Klarheit zu schaffen, was bedauerlicherweise nicht ganz gelungen ist. Die Kommission beabsichtigt, beispielsweise durch die Bestätigung der Metro-Kriterien den Umfang der Selektionskriterien klarzustellen. In Bezug auf Selektivvertriebssysteme im Online-Bereich hat die Kommission das letzte Kriterium, dass ein Selektionskriterium nicht über das Erforderliche hinausgehen darf, mithilfe des Coty-Urteils des EuGH zwar deutlich beschrieben, dass ein generelles Verkaufsverbot von Luxuswaren über Drittplattformen kartellrechtlich zulässig sei und nach Art. 2 Vertikal-GVO freigestellt werden könne. Jedoch kann dies anhand der folgenden Gründe eine Irreführung erzeugen. Erstens könnte es sein, dass viele Hersteller von Masstige-Produkten, die ihre Waren über Selektivvertriebssysteme vertreiben, ihren Händlern aufgrund der fehlenden Definition „Luxusprodukt" ein solches Verkaufsverbot auferlegen. Zweitens ist unklar, wann eine Beschränkung im Online-Handel wie ein Verkaufsverbot über Drittplattformen über das Erforderliche hinausgeht. Daher sollte die Wichtigkeit der Plattform aus Kundensicht im Online-Handel als neues Kriterium für die Konsumentenwohlfahrt zu den klassischen Metro-Kriterien hinzugefügt werden. Die Wichtigkeit der Plattform könnte z.B. anhand des Umsatzes oder der Nutzeranteils beurteilt werden. Fühlt sich eine große Zahl der Internetkunden durch das Drittplattformverbot beim Online-Shopping sehr beschränkt, kann das ein Indiz dafür sein, dass das Verbot über das erforderliche Maß hinausgeht.

Schließlich hat die Kommission nicht die jüngsten Marktentwicklungen reflektiert. Die Kommission hat zugegeben, dass der Entwurf die durch die Covid-19-Pandemie geänderte Wirtschaftslage, in der der Online-Handel noch rasanter gewachsen ist, nicht berücksichtigt hat.[939] Es ist fraglich, ob die neue Vertikal-GVO in der Lage ist, bis zum 31. Mai 2034 unterschiedliche neuartige Online-Vertriebskanäle umfassend zu regeln, wenn sie nicht

939 Kommission, Staff Working Document – Evaluation of the Vertical Block Exemption Regulation, SWD(2020) 173 final, v. 08.09.2020, S. 5.

mal die aktuelle Wirtschaftslage im Online-Handel widerspiegelt. Facebook hat bereits 2020 angekündigt, dass die Handelsfunktion von Instagram später mit WhatsApp verbunden wird, damit Kunden die Zahlung und die Kommunikation mit Verkäufern direkt über WhatsApp durchführen können.[940] Es ist anzunehmen, dass das Handelsmodell des Kakao-Talk[941] auch bei WhatsApp geführt wird. Für die diesbezüglichen Fragen, ob ein Anbieter solcher sozialen Medien in den Anwendungsbereich der Vertikal-GVO fallen kann und ob er, falls ja, als Anbieter i. S. v. Art. 1 Abs. 1 lit. d Vertikal-GVO-E angesehen werden kann, sieht die neue Vertikal-GVO leider keine angemessene Regelung vor. Des Weiteren sollte die zwölfjährige Geltungsdauer der Vertikal-GVO gekürzt werden, sodass die schnelle Entwicklung im Online-Bereich rechtzeitig berücksichtigt werden und die Vertikal-GVO lückenlos angewendet werden kann. Eine regelmäßige Evaluierung der Auswirkungen des geltenden Rechts und eine ggf. erforderliche Verkürzung der Reformintervalle werden hier für die Zukunft empfohlen.

Die Exekutiv-Vizepräsidentin der Kommission Margrethe Vestager, die für Wettbewerbspolitik der EU zuständig ist, erklärt wie folgt: *„Die Überarbeitung der Vertikal-GVO und der Vertikal-Leitlinien ist ein wichtiges politisches Vorhaben, weil vertikale Vereinbarungen etwa zwischen Anbietern von Waren und Dienstleistungen und ihren Vertriebshändler in allen Wirtschaftszweigen der EU allgegenwärtig sind. Ziel der Überarbeitung ist es, die Vorschriften an die Marktentwicklungen anzupassen, die die Funktionsweise der Weltwirtschaft in den vergangenen zehn Jahren verändert haben, etwa im Zuge des Wachstums des elektronischen Handels und der Online-Plattformen“.*[942]

Nach hier vertretener Ansicht ist diese Überarbeitung noch lange nicht abgeschlossen. Wie oben bereits mehrfach erwähnt, erscheinen die neuen Regelungen für Selektivvertriebssysteme im Online-Bereich in Anbetracht der gegenwärtigen Marktentwicklung unangemessen streng. Deshalb sollten die diesbezüglichen Regelungen so geändert werden, dass der Online-Handel dem aktuellen Markttrend entsprechend gefördert werden kann

940 Facebook, Newsroom, Einführung von Facebook Shops: Wir helfen kleinen Unternehmen beim Online-Verkauf, abrufbar unter: https://about.fb.com/de/news/2020/05/einfuehrung-von-facebook-shops/ (Stand v. 29.01.2022).

941 Siehe dazu genauer unten, 2. Teil, § 7 A III.

942 Kommission, Pressemitteilung v. 09.07.2021, abrufbar unter: https://ec.europa.eu/commission/presscorner/detail/de/IP_21_3561 (Stand v. 29.01.2022).

und Händler, die in einem Selektivvertriebsnetz zugelassen sind, mehr Spielraum bzgl. des Internetvertriebs haben können.

Ob die Kommission ihr Ziel, nämlich die Vorschriften an die Marktentwicklungen im digitalen Zeitalter anzupassen, erreicht, bleibt bis zur Veröffentlichung der endgültigen Fassungen der neuen Vertikal-GVO und der Vertikal-Leitlinien abzuwarten.

Zweiter Teil: Beurteilung selektiver Vertriebssysteme nach koreanischem Kartellrecht

§ 7. Vertikale Preisbeschränkungen nach dem Monopoly Regulation and Fair Trade Act

A. Vertikale Preisbeschränkungen nach § 46 MRFTA

Nach § 2 Nr. 20 MRFTA bezeichnet der Begriff „Preisbindung beim Weiterverkauf (engl. *Resale Price Maintenance/RPM*)" eine Handlung, durch die ein Unternehmen ein anderes Unternehmen, welches der Handelspartner ist, oder ein Unternehmen in nächster Handelsstufe zwingt, Waren oder Dienstleistungen zu einem von dem erstgenannten Unternehmen festgelegten Preis zu verkaufen oder zu erbringen, oder durch die eine Transaktion zu diesem Zweck im Rahmen einer Vereinbarung oder verbindlicher Bedingungen für die Transaktion solcher Waren oder Dienstleistungen durchgeführt wird.

Außerdem werden Preisbindungen beim Weiterverkauf im koreanischen Kartellrecht als einseitige Handlungen angesehen,[943] die sich von anderen nichtpreisbezogenen Handlungen unterscheiden.

943 Nach a. A. ist eine Preisbindung beim Weiterverkauf keine einseitige, sondern eine beiderseitige Handlung, selbst wenn eine Handlungspartei eine stärkere Marktmacht als die andere besitzt, weil ein Handel auch durch eine stillschweigende Zustimmung betrieben werden kann: *Na, Youngsoog*, Regulation of Minimum Resale Price Maintenance, Korean Journal of Law and Economics Vol. 8, No. 2, 2011, pp. 287–319 (292).

I. Verbot von Preisbindungen beim Weiterverkauf nach § 29 Abs. 1 MRFTA a. F.

Als MRFTA 1980 erlassen wurde, waren vertikale Preisbindungen gem. § 20 bis § 22 MRFTA a. F. allgemein unzulässig. Vertikale Preisbindungen auf Werke der Literatur, Wissenschaft und Kunst, die nach § 2 Urheberrecht a. F. geschützt waren, und auf Waren, welche die Bedingungen nach § 20 Abs. 2 MRFTA a. F. erfüllten, wurden ausnahmsweise kartellrechtlich zugelassen.[944] Im Verlauf der Zeit wurde die Zulässigkeit bei Mindest- und Höchstpreisbindungen unterschiedlich normiert. Seit der 9. Gesetzesänderung 2001 waren vertikale Preisbindungen grds. verboten. Nach § 29 Abs. 1 MRFTA a. F.[945] durfte kein Unternehmen sich an einer Preisbindung beim Weiterverkauf beteiligen, es sei denn, dass ein Rechtfertigungsgrund für eine Höchstpreisbindung vorhanden ist. Das heißt, dass eine Mindestpreisbindung grds. weiterhin unzulässig bleibt, während eine Höchstpreisbindung ausnahmsweise mit einem gerechtfertigten Grund zulässig sein kann.

1. Mindestpreisbindungen

Nach dem Wortlaut des § 29 Abs. 1 MRFTA a. F. können Mindestpreisbindungen (engl. *Minimum RPM*) als per se unzulässig angesehen werden, da hierbei eindeutig nur die Ausnahme der Höchstpreisbindungen normiert ist. Ob Mindestpreisbindungen immer verboten oder ggf. mit einem Rechtfertigungsgrund doch zulässig sind, war früher strittig. Früher war ein striktes Verbot von Mindestpreisbindungen die herrschende Meinung in Praxis und in der Wissenschaft.[946] Die KFTC hat auch in der Richtlinie für die Preisbindung beim Weiterverkauf klar dargestellt, dass eine Mindestpreisbindung per se verboten ist, weil sie auf Händlerebene den Preiswettbewerb beschränkt und die gewerbliche Freiheit des Unternehmens verletzt.

Allerdings sind Mindestpreisbindungen im Verlauf der Zeit nicht in jedem Fall per se verboten gewesen. Zunächst wurde eine Ansicht in der Wissenschaft, welche dem per se-Verbot von Mindestpreisbindungen entge-

---

944 *Shin, Dongkwon*, Antitrust Law 3. Aufl., 2020, S. 1002.

945 Seit der 2. Gesetzesänderung 1990 waren vertikale Preisbindungen nach § 29 bis § 31 geregelt.

946 *Shin, Dongkwon*, Antitrust Law 3. Aufl., 2020, S. 1006; S. auch Seoul High Court, Decision of 21 April 2010, 2010Ah76; Seoul High Court, Decision of 9 June 2010, 2009Ah304.

gensteht,[947] durch die Urteile vom Obergericht Seoul (Seoul High Court) bestätigt. Danach entschied der Oberste Gerichtshof (Supreme Court of Korea) mit dem Hanmi Pharmaceutical-Urteil,[948] dass eine Mindestpreisbindung trotz wettbewerbsbeschränkender Auswirkung ausnahmsweise erlaubt werden kann, wenn je nach Marktsituation ein Rechtfertigungsgrund vorliegt. Denkbar ist unter anderem die Förderung des Interbrand-Wettbewerbs auf einem relevanten Markt oder die Verbraucherwohlfahrt. Bei der Beurteilung, ob ein solcher Rechtfertigungsgrund vorliegt, werden folgende mögliche Auswirkungen der Mindestpreisbindung umfassend berücksichtigt: Die Aktivierung des Interbrand-Wettbewerbs auf dem betreffenden relevanten Markt, die Förderung des Leistungswettbewerbs auf Händlerebene, die Produktdiversifikation für Verbraucher und ein einfacher Marktzutritt für Newcomer durch die Sicherung der Distributionsnetzwerke. Die diesbezügliche Beweislast trägt das Unternehmen, welches seinen Händlern die Mindestpreisbindung auferlegt hat. Mit dieser Ansicht folgt der Oberste Gerichtshof scheinbar der Begründung des US Supreme Court[949] in der Leegin-Entscheidung.[950]An diesem Urteil wird kritisiert, dass das Gericht seine Gesetzesauslegungsbefugnis überschritten hat, weil ein Rechtfertigungsgrund bei einer Mindestpreisbindung nicht in § 29 Abs. 1 MRFTA a. F. normiert ist und das Gericht ihn trotzdem als ungeschriebenes Gesetz herangezogen hat.[951]

---

947 Nach dieser Ansicht darf man Mindestpreisbindungen nicht als per se verboten auslegen, da § 2 Abs. 20 MRFTA, in dem der Begriff der vertikalen Preisbindung definiert ist, ein Werturteil über den Zwang oder über die Verbindlichkeit bzgl. der Mindestpreisbindungen enthält: *Lee, Bong-Eui*, Legal Status and Regulatory Issues of RPM in Korean Anti-Monopoly Act, Seoul Law Journal Vol. 48, No. 4, 2007, pp. 237–259 (247); *Cho, Jung-Wook*, Regulation of Resale Price Maintenance (Minimum-RPM), Journal of Competition Vol. 152, 2010, pp. 50–61 (58).

948 Supreme Court of Korea, Decision of 25 November 2010, 2009Du9543 – Hanmi Pharmaceutical.

949 *Lee, Ho Young*, Legislative Improvements on Prohibition of Resale Price Maintenance under the Korea Monopoly Regulation Act, The Journal of Comparative Private Law Vol. 19, No. 1, 2012, pp. 255–307 (257); *Kim, Doo Jin*, On Illegality of Minimum Resale Price Maintenance: In the Wake of Leegin, Journal of Korean Competition Law Vol. 30, 2014, pp. 311–353 (311).

950 In Bezug auf Mindestpreisbindungen hat das US Supreme Court seit dem Dr. Miles-Urteil deutlich gemacht, dass Mindestpreisbindungen per se illegal sind. Durch die Leegin-Entscheidung wurde die herkömmliche Ansicht dahingehend geändert, dass Mindestpreisbindungen nach Rule of Reason analysiert werden sollen: Leegin Creative Leather Products, Inc. v. PSKS, Inc., 551 U.S. 877, 127 S.Ct. 2705 (2007).

951 *Lee, Bong-Eui*, Interpretative Issues of RPM in Case of Callaway Golf Korea, Korean Journal of Law and Economics Vol. 8, No. 2, 2011, S. 279; *Son, Tae-Jin*, Criteria for

Seit diesem maßgebenden Urteil tendiert die Rechtsprechung allgemein dazu, eine Mindestpreisbindung mit den o. g. Rechtfertigungsgründen ausnahmsweise zuzulassen.[952] Dies hat die KFTC in der Richtlinie für die Preisbindung beim Weiterverkauf, welche am 30. Juni 2016 in Kraft trat, berücksichtigt.[953]

2. Höchstpreisbindungen

Früher wurde eine Höchstpreisbindung als per se illegal angesehen. Allerdings ist eine Höchstpreisbindung seit der 9. Gesetzesänderung des MRFTA 2001 gem. § 29 Abs. 1 a. F. ausnahmsweise erlaubt, wenn sie gerechtfertigt ist.[954] Diese Änderung ist anscheinend stark von der sog. Kahn-Entscheidung des US Supreme Court beeinflusst, in der der US Supreme Court anders als frühere Rechtsprechung eine Höchstpreisbindung aufgrund wettbewerbsfördernder Auswirkung nach Rule of Reason beurteilt hat.[955] Es ist aber umstritten, ob die Zulässigkeit einer Höchstpreisbindung nach dem koreanischen Kartellrecht auch anhand von wettbewerbsfördernden Auswirkungen wie bei der Rule of Reason beurteilt werden soll.

Assessing Illegality on Resale Price Maintenance, Journal of Competition Vol. 163, 2012, pp. 62–71 (70 f.).

952 Supreme Court of Korea, Decision of 23 December 2010, 2008Du22815 – Hanmi Pharmaceutical; Supreme Court of Korea, Decision of 10 March 2011, 2010Du9976 – Callaway Golf Korea; Supreme Court of Korea, Decision of 14 July 2011, 2010-Du13753 – TaylorMade Golf Korea; Supreme Court of Korea, Decision of 19 June 2017, 2013Du17435 – Philips Korea.

953 In dieser Richtlinie gibt die KFTC zwei konkrete Beispiele, wann eine Mindestpreisbindung eindeutig als kartellrechtswidrig anzusehen ist: Es ist unzulässig, (1) wenn ein Hersteller mit überragender Position auf einem Markt seinen Partnerunternehmen oder einem Unternehmen auf der unteren Handelsstufe beim Wiederverkauf einen Preis bestimmt oder (2) wenn ein Händler seinen Hersteller auffordert, dass der Hersteller anderen Wettbewerbern (anderen Händlern) einen Preis bestimmen soll, um den Preisabschlag von den Wettbewerbern zu verhindern: KFTC, Richtlinie für die Preisbindung beim Weiterverkauf, 3. (Ga).

954 Es gibt die Ansicht, dass eine Höchstpreisbindung grundsätzlich erlaubt werden solle und nur verboten sei, wenn sie eine wettbewerbsbeschränkende Auswirkung habe: *Kwon, Jae Yeol*, Some Thoughts on the Reform of Regulation on the Maximum Resale Price Maintenance, Journal of Regulation Studies Vol. 14, No. 2, 2005, pp. 163–187 (183),

955 State Oil Co. v. Kahn, 522 U.S. 3, 118 S.Ct. 275 (1997).

II. Verbot der Preisbindungen beim Weiterverkauf nach § 46 MRFTA

Seit der neuen Gesetzesänderung, die ab dem 30. Dezember 2021 in Kraft getreten ist, sind vertikale Preisbindungen in § 46 MRFTA geregelt. Gem. § 46 MRFTA darf kein Unternehmen sich an einer Preisbindung beim Wiederverkauf beteiligen, es sei denn, dass eine der folgenden Voraussetzungen erfüllt ist:

(1) Wenn ein Rechtfertigungsgrund für die Preisbindung beim Weiterverkauf besteht, beispielsweise wenn der Effekt der Steigerung des Verbraucherwohls aufgrund der Effizienzsteigerung größer ist als der Schaden, der durch die Wettbewerbsbeschränkung verursacht wird.

(2) Wenn das Produkt zu veröffentlichten Werken (inkl. elektronischer Werke), die von der KFTC nach Rücksprache mit den Leitern der zuständigen zentralen Verwaltungsstellen unter den Werken gemäß § 2 Abs. 1 UrhG bekannt gegeben werden, gehört.

Die größte Änderung ist hierbei, dass das grundsätzliche Verbot der Mindestpreisbindung und die Ausnahme der Höchstpreisbindung weggefallen sind.

III. Open Price System

Um 1980 wurde die Angabe „unverbindliche Preisempfehlung" von der koreanischen Regierung gefördert, weil Verbraucher damals Informationen über Waren wie z.B. den Preis[956] nicht einfach in Erfahrung bringen konnten und eine rationale Kaufentscheidung dadurch verhindert wurde. Anders als die ursprüngliche Absicht der Regierung hat allerdings die Angabe der unverbindlichen Preisempfehlung die Verbraucher verwirrt, da Hersteller die UVP von Waren übertrieben hoch angesetzt haben und mit einem radikalen Preisrabatt den Eindruck erweckt haben, dass die Waren sehr günstig seien.[957] Von diesem Problem war vor allem der Kosmetikmarkt stark betroffen, so dass koreanische Kosmetika das Vertrauen von Kunden verloren und im Vergleich zu Einfuhrkosmetika keine Wettbe-

956 Durch die 1. Gesetzesänderung des Verbraucherschutzrechts 1986 mussten Hersteller gem. § 8 Abs. 1 Nr. 1 Verbraucherschutzrecht a. F. viele Informationen über Waren u. a. Preisinformation angeben, damit Verbraucher eine rationale Kaufentscheidung treffen konnten.

957 Korea Consumer Agency, Pressemitteilung v. 22.12.1999.

werbsfähigkeit mehr hatten.[958] Aus diesem Grund hat die koreanische Regierung 1999 basiert auf § 12 Abs. 2 Framework Act on Consumers[959] die unverbindliche Preisempfehlung für einige Segmente verboten.[960] Ab diesem Zeitpunkt wurde ein Open Price System eingeführt.

Unter dem Open Price System dürfen Hersteller keine Angabe der unverbindlichen Preisempfehlung auf die Verpackung von Waren drucken. Stattdessen bestimmen Händler den endgültigen Verkaufspreis und geben ihn an. Es hilft den Verbrauchern, eine rationale Kaufentscheidung zu treffen, weil Verbraucher den Preis von einer Ware zwischen unterschiedlichen Läden vergleichen und bei einem Laden, der die Waren am günstigsten anbietet, einkaufen können.[961] Darüber hinaus fördert das System andere Faktoren wie die Qualität oder das Markenimage, weil Verbraucher beim Einkauf in nur einem Laden keinen direkten Preisvergleich mit anderen Läden machen können und aufgrund von anderen Faktoren eine Kaufentscheidung treffen.[962] Das Open Price System hat zwar mit wenigen Artikeln begonnen, war aber bis 2010 auf insgesamt 279 Artikel angewachsen.[963] Bei niedrigpreisigen Waren wie Eis, Snacks und Instantnudeln, die durch die Erweiterung 2010 in das System eingeführt wurden, ist das Open Price System gescheitert, weil Verbraucher gar keine Veranlassung haben, beim Einkauf solcher Artikel von Laden zu Laden zu gehen, um Preise zu vergleichen. Daraus resultierten wieder trügerische Preisangaben wie bei

958 *Koh, Dong-Hee/Moon, Junyean*, An Empirical Investigation on the Effects of the Open Price Practice on Consumers, Manufacturers, and Intermediaries in Cosmetic Industry, Korean Management Review Vol. 28 No. 4, 1999, 941 ff. Beim Verkauf koreanischer Kosmetika gab es ständig Rabatte von 30 % bis 90 %: *Baek, Byeongsung*, A Study of a Price Stabilization by Improving the Distribution Structure, Korean Consumer Agency, 2011, S. 20 f.

959 § 12 (Propriety of Transaction) (2) The State may designate and publicly notify unreasonable acts of business entitles, which are deemed likely to prevent rational selections of consumers and to inflict damages on consumers.

960 Bei Kosmetika wurde das Open Price System früher als andere Segmente 1997 durch die Änderung von „Enforcement Rules of the Pharmaceutical Affairs Act“, in dem der Handel von Kosmetika damals geregelt war, eingeführt. Gem. § 74–2 Enforcement Rules of the Pharmaceutical Affairs Act a. F. geben Händler, die Kosmetika direkt an Endverbraucher verkaufen, den selbst bestimmenden Verkaufspreis an: *Kim, Minji/Kim, Bongju*, Status Quo des Open Price Systems und die Verbesserungsmaßnahmen, National Assembly Research Service Vol. 97, 26.10.2010, S. 18 ff.

961 *Kwak, Hyang-Ki*, A Study on the Problem Analysis and Improvement of the Introduction of Open-Price System, International Law Review Vol. 6 No. 2, 2014, S. 67.

962 *Kwak, Hyang-Ki*, a. a. O., S. 77.

963 *Baek, Byeongsung*, a. a. O., S. 1.

der Angabe unverbindlicher Preisempfehlungen, aber diesmal auf Händlerebene. Die Preise solcher Waren wurden nun deutlich mehr angehoben als zuvor. An der Preispolitik der Regierung wurde kritisiert, dass sie das System ohne Analyse der Eigenschaften von Waren und relevanten Märkten eingeführt habe.[964]

Beim Vertrieb von Produkten, auf die weiter eine unverbindliche Preisempfehlung angewendet wird, dürfen Hersteller die UVP nicht als Druckmittel auf ihre Händler verwenden.

IV. Beurteilungsmaßstäbe für die Kartellrechtswidrigkeit vertikaler Preisbindungen

Nach der alten Fassung des MRFTA war eine Mindestpreisbindung grds. unzulässig, während eine Höchstpreisbindung ausnahmsweise mit einem Rechtfertigungsgrund als zulässig angesehen wurde. Daher hat die KFTC in der Richtlinie auch die Beurteilungsmaßstäbe vertikaler Preisbindungen in Mindest- und Höchstpreisbindungen eingeteilt. Der alten Richtlinie zufolge war eine Mindestpreisbindung grundsätzlich verboten, weil sie den Preiswettbewerb beschränkt und die Entscheidungsfreiheit eines Unternehmens verletzt. D. h., die Verletzung der Entscheidungsfreiheit und die Wettbewerbsbeschränkung konnten als Beurteilungsmaßstäbe für die Unzulässigkeit fungieren.

Allerdings konnte eine Höchstpreisbindung als unzulässig angesehen werden, wenn sie nur wettbewerbsbeschränkende Auswirkungen hat. Aus diesem Grund war es umstritten, ob die Verletzung der Entscheidungsfreiheit oder die Wettbewerbsbeschränkung als Beurteilungsmaßstab für die Kartellrechtswidrigkeit vertikaler Preisbindungen benutzt werden sollte.

In der aktuellen Gesetzesfassung sind vertikale Preisbindungen nicht mehr in Mindest- und Höchstpreisbindung unterteilt. Die Beurteilungsmaßstäbe für die Kartellrechtswidrigkeit vertikaler Preisbindungen werden daher auch nicht mehr nach Mindest- und Höchstpreisbindung eingeteilt. Die aktuelle Richtlinie für die Preisbindung beim Weiterverkauf ist besonders stark von der Wettbewerbsbeschränkung als Beurteilungsmaßstab geprägt.

964 *Kwak, Hyang-Ki*, a. a. O., S. 77 ff.

1. Verletzung der Entscheidungsfreiheit des Unternehmens

Nach einer Mindermeinung ist die Preisbindung beim Weiterverkauf unzulässig, wenn die (Preis-)Entscheidungsfreiheit eines Unternehmens dadurch verletzt wird.[965] Dies entspricht den früheren Entscheidungen der KFTC zu vertikalen Preisbindungen.[966] Dazu erklärte die KFTC, dass Händler unabhängige Unternehmen seien, so dass sie abhängig von ihrer Marketingstrategie und betriebswirtschaftlichen Überlegungen den Verkaufspreis selbständig bestimmen könnten. Soweit die Preisentscheidungsfreiheit von Händlern durch Zwang oder irgendeine verbindliche Geschäftsbedingung von Herstellern verletzt war, sah die KFTC die von Herstellern verlangte Preisbindung gem. § 29 Abs. 1 MRFTA a. F. als kartellrechtswidrig an.

2. Wettbewerbsbeschränkung (h. M.)

Viele Wissenschaftler sind der Meinung, dass die Unzulässigkeit vertikaler Preisbindungen am Maß der Wettbewerbsbeschränkung und der daraus entstandenen Beeinträchtigung der Verbraucherwohlfahrt beurteilt werden sollte.[967] Nach dem Hanmi Pharmaceutical-Urteil wurde in der Rechtsprechung mehrfach bestätigt, dass die Wettbewerbsbeschränkung als Beurteilungsmaßstab der Rechtswidrigkeit für Preisbindungen angesehen werden sollte.[968] Seit diesem maßgebenden Urteil überprüfte die KFTC

---

965 *Lee, Bong-Eui*, Legal Status and Regulatory Issues of RPM in Korean Anti-Monopoly Act, Seoul Law Journal Vol. 48, No. 4, 2007, pp. 237–259 (247 f.)

966 KFTC, Entsch. v. 08.10 – 2001 – Az. 2001DanChe2002, S. 2 – Wyeth Korea Inc.; KFTC, Entsch. v. 21.12.2002 – Az. 2002GyeongChok1097, S. 5 – Ceragem; KFTC, Entsch. v. 24.12.2002 – Az. 2002DanChe1696, S. 8 – LG Household & Health Care; KFTC, Entsch. v. 19.01.2004 – Az. 2003JoIl3739, S. 4 – Renault Samsung Motors; KFTC, Entsch. v. 31.10.2008 – Az. 2008GiGan2004, S. 3 f. – Audi Volkswagen Korea Ltd.

967 *Kwon, Ohseung*, Wirtschaftsrecht 13. Aufl. 2019, S. 381; *Lee, Ho Young*, A Study on Regulating Intrabrand Restraints on Distribution, 2003, S. 286; *Kim, Tae Jin*, A Study on Prohibition of Resale Price Maintenance under the Korean Monopoly Regulation and Fair Trade Law – Review of Current Minimum Resale Price Maintenance Prohibition System in light of Dr. Miles Rule and Leegin Creative Leather Products, Inc. v. PSKS, Inc. Case –, Commercial Law Review Vol. 27, No. 1, 2008, pp. 311–354 (346–349).

968 Supreme Court of Korea, Decision of 23 December 2010, 2008Du22815 – Hanmi Pharmaceutical; Supreme Court of Korea, Decision of 10 March 2011, 2010Du9976 – Callaway Golf Korea; Supreme Court of Korea, Decision of 14 July 2011, 2010-

darüber hinaus in ihren Entscheidungen, ob die Anwendung der Preisbindungen den Wettbewerb und die Verbraucherwohlfahrt behindert hatte.[969]

V. Verbot von Vergeltungsmaßnahmen nach § 48 MRFTA

Gem. § 48 MRFTA darf kein Unternehmen mit einem anderen Unternehmen, der in Bezug auf Preisbindung beim Weiterverkauf eine der folgenden Handlungen unternommen hat, den Handel unterbrechen, das Handelsvolumen reduzieren oder ihm sonstige Nachteile auferlegen:

(1) Einreichung eines Antrags auf eine Mediation gem. § 76 Abs. 1 MRFTA
(2) Meldung gem. § 80 Abs. 2 MRFTA
(3) Kooperation bei einer von der KFTC durchgeführten Untersuchung gem. § 81 MRFTA. Solche Vergeltungsmaßnahmen darf ein Unternehmen auch nicht durch seine Schwestergesellschaft oder ein anderes Unternehmen ausführen lassen.

VI. Maßnahmen bei einem Verstoß gegen § 46 MRFTA

1. Abhilfemaßnahmen nach § 49 Abs. 1 MRFTA

Verstößt ein Unternehmen gegen § 46 MRFTA, kann die KFTC das Unternehmen anweisen, den Verstoß abzustellen, eine Maßnahme zur Wiederholungsprävention einzuführen, keine Vergeltungsmaßnahmen durchzuführen, kartellrechtlich problematische Vertragsklauseln zu streichen, die Tatsache zu veröffentlichen, dass ihm eine Abhilfemaßnahme auferlegt wurde, oder andere Maßnahmen zu ergreifen, die zur Beseitigung des Verstoßes erforderlich sind.

Du13753 – TaylorMade Golf Korea; Supreme Court of Korea, Decision of 19 June 2017, 2013Du17435 – Philips Korea.

969 KFTC, Entsch. v. 01.04.2011 – Az. 2009SeoChong4449, S. 14 f. – Amorepacific Corporation; KFTC, Entsch. v. 14.06.2011 – Az. 2011JeGam0696, S. 25 f. – Ottogi Co., Ltd.; KFTC, Entsch. v. 27.08.2012 – Az. 2012ShiGam1097, S. 44 ff. – Philips; KFTC, Entsch. v. 23.05.2019 – Az. 2016ShiGam2063, S. 31 f. – Nexen Tire.

2. Bußgeld nach § 50 MRFTA

Wendet ein Unternehmen die in § 46 vorgesehene Preisbindung an, kann die KFTC dem Unternehmen ein Bußgeld auferlegen, das vier Prozent des durch den Präsidialerlass vorgeschriebenen Umsatzes nicht überschreitet.[970] Die KFTC kann jedoch ein Bußgeld in Höhe von höchstens einer Milliarde Won verhängen, wenn keine Verkäufe getätigt worden sind.

Vor der Gesetzesänderung gab es Strafbestimmungen nach § 67 Nr. 4 und Nr. 6 MRFTA a. F., wodurch die Personen, die gegen § 29 Abs. 1 MRFTA a. F. verstießen (Nr. 4) oder den erlassenen Abhilfemaßnahmen nicht nachkamen (Nr. 6), mit einer Freiheitsstrafe von höchstens zwei Jahren oder einer Geldstrafe von bis zu 150 Millionen Won bestraft werden konnten. Bei der aktuellen Fassung des MRFTA ist dies weggefallen, weil die strafrechtlichen Maßnahmen nicht nötig waren oder keine Anwendung solcher Maßnahmen erfolgt ist.

VII. Fazit

Preisbindungen beim Weiterverkauf, die nach § 46 MRFTA verboten sind, werden im koreanischen Kartellrecht als einseitige Handlung angesehen und unterscheiden sich von anderen nichtpreisbezogenen Handelspraktiken. In der alten Fassung des MRFTA waren vertikale Preisbindungen in Mindest- und Höchstpreisbindung unterteilt, weshalb die Beurteilungsmaßstäbe, nämlich die Entscheidungsfreiheitsverletzung und die Wettbewerbsbeschränkung, auch in Mindest- und Höchstpreisbindung eingeteilt wurden. Früher wurde eine Mindestpreisbindung als per se unzulässig angesehen, da sie auf Händlerebene den Preiswettbewerb beschränkt und die gewerbliche Freiheit des Unternehmens verletzt. Jedoch galt sie im Verlauf der Zeit nicht mehr als per se verboten. Dies bestätigt der Oberste Gerichtshof mit dem Hanmi Pharmaceutical-Urteil. Darin wurde eine Mindestpreisbindung trotzt wettbewerbsbeschränkender Auswirkungen ausnahmsweise als erlaubt angesehen. Seit der Änderung des Gesetzes, welches ab dem 30. Dezember 2021 in Kraft getreten ist, sind das grundsätzliches Verbot der Mindestpreisbindung und die Ausnahme der Höchstpreis-

970 Nach § 56 Abs. 2 Enforcement Decree of the MRFTA ist unter dem „durch den Präsidialerlass vorgeschriebenen Umsatz“ der Durchschnittsumsatz für die drei unmittelbar vorangegangenen Geschäftsjahre des betreffenden Unternehmens zu verstehen.

bindung weggefallen. In der aktuellen Fassung des MRFTA sind Preisbindungen beim Weiterverkauf nicht mehr in Mindest- und Höchstpreisbindung unterteilt.

B. Vertikale Nichtpreisbeschränkungen nach § 45 MRFTA

Im koreanischen Kartellrecht sind horizontale und vertikale Beschränkungen nicht eindeutig zu unterscheiden. Darüber hinaus sind vertikale Beschränkungen unterschiedlich normiert. Wenn ein beteiligtes Unternehmen, welches eine marktbeherrschende Stellung auf dem relevanten Markt besitzt, vertikale Beschränkungen auferlegt, wird dies nach § 5 MRFTA geregelt. Erlegt ein Unternehmen ohne Marktmacht vertikale Beschränkungen preisbezogener oder nichtpreisbezogener Art auf, wird dies jeweils nach § 46 oder § 45 MRFTA als kartellrechtswidrig angesehen. Wenn eine Unternehmensvereinigung vertikale Beschränkungen auferlegt, wird dies nach § 51 MRFTA geregelt. Allerdings legt § 45 MRFTA nicht nur vertikale Beschränkungen, sondern auch andere kartellrechtswidrige Handelspraktiken fest.

Im folgenden Abschnitt wird § 45 MRFTA zunächst im Allgemeinen dargestellt. Danach werden vertikale Nichtpreisbindungen wie der Handel mit verbindlichen Bedingungen, welcher auch im Philips-Fall diskutiert wurde, behandelt.

I. Unfaire Handelspraktiken nach § 45 MRFTA

1. Allgemeines über unfaire Handelspraktiken i. S. v. § 45 MRFTA

§ 45 MRFTA (§ 23 MRFTA a. F.) regelt unterschiedliche unfaire Handelspraktiken. Der koreanische Rechtsbegriff (부당성) hat keine direkte Entsprechung in der deutschen Sprache. Im Folgenden wird stattdessen angelehnt an den englischen Begriff der „unfairness“, welchen das staatliche „Korea Legislation Research“-Institut in seiner englischen Fassung des MRFTA benutzt, der Begriff der „unfairen Handelspraktik“ bzw. *unfairness* verwendet.

Gem. § 45 MRFTA[971] darf kein Unternehmen eine der folgenden Handlungen vornehmen, die geeignet sind, den fairen Handel zu behindern (im Folgenden als „unfaire Handelspraktiken" bezeichnet), oder seine Schwesterfirma oder ein anderes Unternehmen zu solchen Handlungen auffordern: (1) Geschäftsverweigerung, (2) Diskriminierung des Einzelvertragspartners, (3) Ausschluss eines Wettbewerbers, (4) Abwerbung von Kunden der Wettbewerber, (5) Geschäftsabschlusszwang gegenüber Kunden der

971 § 45 (Prohibition on Unfair Trade Practices)

(1) No business entity shall perform any of following acts that are likely to hinder fair trade (hereinafter referred to as "unfair trade practices"), or require its affiliates or other business entities to do such acts:

1. Unfairly refusing a transaction
2. Unfairly Discriminating against a certain transaction partner
3. Unfairly excluding a competitor
4. Unfairly soliciting customers of competitors to make transaction with it
5. Unfairly coercing customers of competitors to make transactions with it
6. Making a transaction with a certain transaction partner unfairly taking advantage of its bargaining position
7. Making a transaction under terms and conditions that unfairly restrict business activities of a transaction partner
8. Unfairly disrupting business activities of other business entities
9. Unfairly Assisting a related party or other company by doing any of the following acts:

(a) Providing advanced payments, loans, human resources, real estate, securities, goods, services, intangible property rights, etc. for the related party or other company or making a transaction with the related party or other company under substantially advantageous terms;

(b) Making a transaction through the related party or other company, acting as an intermediary, that does not play a practical role in the transaction, despite making such transaction with other business entity is substantially advantageous;

10. Any act that is likely to hinder fair trade

(2) Neither any related party nor company shall accept any assistance that might constitute the act provided for in paragraph (1) 9 from any other business entity.

(3) Types of and criteria for the unfair trade practices shall be prescribed by Presidential Decree.

(4) The Fair Trade Commission may establish and publicly notify guidelines to be observed by business entities, if necessary to prevent the business entities from violating paragraph (1).

(5) A business entity or trade association may voluntarily establish a covenant (hereinafter referred to as "fair competition covenant") to prevent unfair solicitation of customers.

(6) A business entity or a trade association may request the Fair Trade Commission to examine whether its fair competition covenant is in violation of paragraph (1) 4.

Wettbewerber, (6) Missbrauch seiner Verhandlungsposition, (7) Verbindliche Handelsvorgaben, (8) Gezielte Mitbewerberbehinderung, (9) Unterstützung verbundener Personen bzw. Unternehmen oder eines anderen Unternehmens, (10) Sonstige unfaire Handelspraktiken.

Diese in § 45 MRFTA abstrakt beschriebenen Arten und Kriterien von unfairen Handelspraktiken werden in § 52 Enforcement Decree of the Monopoly Regulation and Fair Trade Act (Enforcement Decree of MRFTA) in der der Enforcement Decree of MRFTA beigefügten Tabelle 2 näher spezifiziert.[972] Diese Tabelle enthält die ersten neun der o. g. Arten von unfairen Handelspraktiken, welche wiederum in 29 Unterarten aufgeteilt werden. Definitionen und Beurteilungsmaßstäbe der Kartellrechtswidrigkeit unfairer Handelspraktiken nach den Nummern 1 bis 8 werden in der Richtlinie für unfaire Handelspraktiken festgelegt.

Für die unfaire Unterstützung einer verbundenen Partei oder eines anderen Unternehmens gibt es eine separate Richtlinie, da diese gezielt auf (große) Unternehmensgruppen[973] wie die sog. Jaebeol[974] normiert wurde und einfach einen anderen Charakter besitzt, während die anderen in der Regel auf alle Unternehmen unabhängig von ihrer Größe anwendbar sind.

Neben den Regeln des § 45 MRFTA existieren Spezialvorschriften für bestimmte Geschäftsfelder, wie den Zeitungsmarkt oder den Parallelimport.

2. Tatbestandsmerkmale unfairer Handelspraktiken

Eine Handlung kann als eine unfaire Handelspraktik i. S. des § 45 MRFTA angesehen werden, soweit sie die zwei folgenden Tatbestandsmerkmale, nämlich ein formelles und ein inhaltliches Merkmal, erfüllt:[975] Das formelle Merkmal ist erfüllt, sofern die betreffende Handlung eine unfaire Handelspraktik i. S. v. § 45 MRFTA darstellt. Das inhaltliche Merkmal ist erfüllt, wenn die betreffende Handlung geeignet ist, den fairen Handel mit einer gewissen Wahrscheinlichkeit zu behindern. Dies bedeutet, dass die betreffende Handlung anhand ihrer negativen Auswirkung auf den Markt als un-

---

972 *Kwon, Ohseung / Seo, Jeong*, Antitrust Law: Theorie und Praxis 4. Aufl. 2020, S. 397 f.

973 Nach § 2 Nr. 2 MRFTA bedeutet der Begriff „Unternehmensgruppe" eine Gruppe von Unternehmen, deren Geschäftstätigkeit im Wesentlichen von ein und derselben Person gemäß den im Präsidialerlass festgelegten Kriterien kontrolliert wird.

974 Der Begriff „Jaebeol" handelt sich um einen großen Mischkonzern, welcher von einer Familie betrieben wird. Als Beispiele gibt es Samsung, LG und Hyundai etc.

975 Constitutional Court of Korea, Decision of 24.06.2004, 2002Hun-Ma496.

gerechtfertigt einzustufen ist. Im Detail ist das inhaltliche Merkmal jedoch umstritten.[976]

Obwohl die negative Auswirkung der Handelspraktik auf den fairen Handel in der Gegenwart noch nicht zu erkennen ist, wird diese Handelspraktik also als rechtswidrig angesehen, wenn sie sich in der Zukunft mit hoher Wahrscheinlichkeit negativ auf den fairen Handel auswirken kann.[977]

a) Bedeutung der Behinderung des fairen Handels

Aufgrund der Weite des § 45 MRFTA ist umstritten, wann eine Behinderung des fairen Handels vorliegt.

Zum einen wird vertreten, dass der faire Handel behindert sei, wenn der Wettbewerb am betreffenden Markt beschränkt wird.[978] Nach dieser Ansicht wird der faire Handel also mit einem fairen Wettbewerb gleichgesetzt. Nach einer anderen Meinung, welcher auch die KFTC folgt, bedeutet fairer Handel nicht nur, dass ein fairer Wettbewerb geführt wird, sondern auch lautere Wettbewerbsmittel angewendet werden und lautere Handelsbedingungen herrschen.[979] In der Richtlinie für unfaire Handelspraktiken legt die KFTC dementsprechend fest, dass die Behinderung des fairen Handels die Wettbewerbsbeschränkung[980] und die Unlauterkeit[981] umfasst.

---

976 Siehe dazu unten, 2. Teil, § 7 B I 2 b).

977 KFTC, Richtlinie für unfaire Handelspraktiken, III. 1. Ga. (2).

978 *Han, Hyun-Ok*, in: Kwon, Ohseung, Freier Wettbewerb und Fairer Handel, 2003, S. 446 f.; *Jang, Seunghwa*, Unterlassungsanspruch im MRFTA, Journal of Private Case Law Studies Vol. 24, 2002, S. 697; *Im, Young-Cheol*, Antitrust Law, 2007, S. 300.

979 *Kwon, Ohseung*, Wirtschaftsrecht 13. Aufl. 2019, S. 305 f.; *Lee, Ho Young*, Antitrust Law 5. Aufl. 2015, S. 279.

980 Wettbewerbsbeschränkung bedeutet, dass der Wettbewerb am Markt oder die Anzahl der (potenziellen) Wettbewerber durch die betreffende Handelspraktik signifikant reduziert ist oder wahrscheinlich reduziert werden kann: KFTC, Richtlinie für unfaire Handelspraktiken, III. 1. Ga. (2).

981 Unlauterkeit bedeutet, dass die Wettbewerbsmittel oder die Geschäftsinhalte nicht gerechtfertigt sind. Unlauterkeit von Wettbewerbsmitteln bedeutet, dass der gerechte Wettbewerb außer dem Preis und der Qualität der Waren oder Dienstleistungen durch unerwünschte Mittel beeinträchtigt oder wahrscheinlich beeinträchtigt werden kann. Die Unlauterkeit von Geschäftsinhalten bedeutet, dass das Fundament des fairen Handels durch die Beeinträchtigung der Entscheidungsfreiheit des Vertragspartners oder den Benachteiligungszwang verletzt ist oder wahrscheinlich verletzt werden kann: KFTC, Richtlinie für unfaire Handelspraktiken, III. 1. Ga. (2).

Die konkrete Bedeutung der Behinderung des fairen Handels wird je nach Art der Handelspraktiken i. S. v. § 45 MRFTA unterschiedlich beurteilt.[982]

Unfaire Handelspraktiken	Arten von unfairen Handelspraktiken i. S. v. § 45 Abs. 1 MRFTA	Arten von unfairen Handelspraktiken i. S. v. § 52 Enforcement Decree of the Monopoly Regulation and Fair Trade Act	Unterarten von unfairen Handelspraktiken in der gem. § 52 Enforcement Decree of the Monopoly Regulation and Fair Trade Act beigefügten Tabelle 2	Die konkrete Bedeutung des fairen Handels
Allgemeine unfaire Handelspraktiken	Ungerechtfertigte Geschäftsverweigerung (Nr. 1)	Geschäftsverweigerung	1. Kollektive Geschäftsverweigerung (Ohne Rechtsfertigungsgrund)	Wettbewerbsbeschränkung
			2. Sonstige Geschäftsverweigerung	
	Ungerechtfertigte Diskriminierung des Einzelvertragspartners (Nr. 2)	Diskriminierung des Einzelvertragspartners	1. Preisdiskriminierung	Wettbewerbsbeschränkung
			2. Konditionsbezogene Diskriminierung	
			3. Kollektive Diskriminierung	
			4. Vorteilsgewährung an Schwestergesellschaft (Ohne Rechtfertigungsgrund)	Wettbewerbsbeschränkung + Bündelung der Finanzkraft
	Ungerechtfertigte Ausschluss von Wettbewerbern (Nr. 3)	Ausschluss von Wettbewerbern	1. Verkauf unter Einstandspreis /Loss Leader (Ohne Rechtfertigungsgrund)	Wettbewerbsbeschränkung
			2. Kauf zum überhöhten Preis	
	Ungerechtfertigte Abwerbung von Kunden der Wettbewerber, um selbst Geschäfte machen zu können (Nr. 4)	Abwerbung von Kunden der Wettbewerber	1. Kundenabwerbung durch Gewährung unlauterer Vorteile	Unlauterkeit des Wettbewerbsmittels
			2. Kundenabwerbung mittels Täuschung	
			3. Sonstige Kundenabwerbung	

982 *Kwon, Ohseung/Seo, Jeong*, Antitrust Law: Theorie und Praxis 4. Aufl. 2020, S. 402 f.

Allgemeine unfaire Handelspraktiken	Ungerechtfertigter Geschäftsabschlusszwang gegenüber Kunden der Wettbewerber, um selbst Geschäfte machen zu können (Nr. 5)	Geschäftsabschlusszwang	1. Verkauf an Angestellte	Unlauterkeit des Wettbewerbsmittels
			2. Sonstiger Geschäftsabschlusszwang	
			3. Kopplungsgeschäft	Wettbewerbsbeschränkung (ggf. + Unlauterkeit)
	Ungerechtfertigte Nutzung der Verhandlungsposition beim Handel mit einem Vertragspartner (Nr. 6)	Missbrauch der Verhandlungsposition	1. Kaufzwang	Unlauterkeit des Geschäftsinhaltes
			2. Zwang zur Gewährung der Vorzugsbedingung	
			3. Vorgabe von Umsatzziel	
			4. Angebot nachteilhafter Geschäftskondition	
			5. Betriebsbezogene Intervention	
	Handel zu einer Bedingung, die die Geschäftstätigkeit eines Vertragspartners in ungerechtfertigter Weise verbindlich einschränkt (Nr. 7)	Verbindliche Handelsvorgaben	1. Alleinbezugsverpflichtung	Wettbewerbsbeschränkung
			2. Gebiets- oder Vertragspartnerbeschränkung	
	Ungerechtfertigte Behinderung der Geschäftstätigkeit eines anderen Unternehmers (Nr. 8)	Gezielte Mitbewerberbehinderung	1. Ungerechtfertigte Nutzung fremder Technik	Unlauterkeit des Wettbewerbsmittels
			2. Ungerechtfertigte Abwerbung und Beschäftigung des Personals	
			3. Behinderung des Geschäftspartnerwechsels	
			4. Sonstige gezielte Mitbewerberbehinderung	
	Ungerechtfertigte Unterstützung einer verbundenen Partei oder eines anderen Unternehmens (Nr. 9)	Ungerechtfertigte Unterstützung der Gewährung wirtschaftlicher Vorteile	1. Ungerechtfertigte Gewährung wirtschaftlicher Vorteile	Wettbewerbsbeschränkung + Bündelung der Finanzkraft
			2. Ungerechtfertigte Unterstützung des Vermögens	
			3. Ungerechtfertigte Personalunterstützung (Gestellung von Personal an verbundenen Unternehmen)	
	Sonstige Handelspraktiken, welche den fairen Handel behindern können (Nr. 10)	–	–	–

Spezielle unfaire Handelspraktiken		In Bezug auf einen speziellen Bereich	1. Bekanntmachung der unfairen Handelspraktiken auf dem Zeitungsmarkt	Wettbewerbsbeschränkung + Unlauterkeit des Wettbewerbsmittels bzw. des Geschäftsinhaltes
			2. Bekanntmachung der unfairen Handelspraktiken bei Agenturgeschäften	Unlauterkeit des Geschäftsinhaltes
		In Bezug auf eine spezielle Handlung	1. Bekanntmachung der unfairen Handelspraktiken bei Parallelimporten	Wettbewerbsbeschränkung

b) Beziehung zwischen unfairen Handelspraktiken und der Behinderung des fairen Handels

Laut dem Wortlaut des § 45 Abs. 1 MRFTA ist eine unfaire Handelspraktik, welche wahrscheinlich den fairen Handel behindert, kartellrechtswidrig. Es stellt sich aber die Frage, in welcher Beziehung diese Handelspraktiken und die Behinderung des fairen Handels zueinanderstehen. Im Wesentlichen werden zwei Ansichten vertreten.

Nach herrschender Meinung kann eine Handelspraktik nur dann unfair sein, wenn sie den fairen Handel behindert. Die *unfairness* und die Behinderung des fairen Handels sind danach also inhaltlich nicht zu unterscheiden.[983] Nach der Rechtsprechung des Obersten Gerichtshofes sind bei der Beurteilung der *unfairness* einer Handlung die gesamten Umstände am Markt wie die Verhandlungsposition der Vertragsparteien, die Größe der Geschäfte, die Auswahlmöglichkeit des Vertragspartners und das Ziel bzw. die Auswirkung der betreffenden Handlung, etc. zu berücksichtigen, um zu prüfen, ob die betreffende Handlung den fairen und freien Handel behindern kann.[984] Darüber hinaus klärte das Verfassungsgericht auch, dass die *unfairness* einer Handlung nicht einfach nach objektiven Aspekten

983 *Kwon, Ohseung*, Wirtschaftsrecht 13. Aufl. 2019, S. 305; *Shin, Dongkwon*, Antitrust Law 3. Aufl., 2020, S. 680; *Jang, Seunghwa*, Beurteilungsmaßstab für die Rechtswidrigkeit von Kopplungsgeschäften im MRFTA, Seoul Law Journal Vol. 45 No. 4, pp. 491–517 (504); *Im, Young-Cheol/Jo, Sung-Gug*, Antitrust Law – Theorie und Praxis, 2018, S. 72; *Kim, Gi Yeong*, Beurteilungsmaßstab für die *unfairness* der unfairen Handelspraktiken im MRFTA, Journal of Korean Competition Law Vol. 8, 2002, S. 634.

984 Supreme Court of Korea, Decision of 08.09.1998, 96Nu9003 – Ssangyong.

wie Subjekt, Art oder Auswirkung der Handlung beurteilt werden kann, sondern auch subjektive Aspekte[985] wie Absicht bzw. Ziel der Handlung zur Beurteilung der Behinderung des fairen Handels berücksichtigt werden sollten.[986] Ferner macht die KFTC in der Richtlinie für unfaire Handelspraktiken deutlich, dass die Bedeutung der *unfairness* und der Behinderung des fairen Handels identisch ist.

Nach der Gegenansicht sind die *unfairness* und die Behinderung des fairen Handels nicht synonym, sondern unterschiedliche sachliche Tatbestandsmerkmale. Die Merkmale stehen also eigenständig nebeneinander, müssen getrennt voneinander geprüft werden und kumulativ vorliegen. Nach dieser Ansicht liegt keine *unfairness* vor, wenn eine Handelspraktik zwar den Tatbestanden § 45 MRFTA erfüllt, aber ein Rechtfertigungsgrund vorliegt.[987]

Die *unfairness* und die Behinderung des fairen Handels sollten nach hier vertretener Ansicht weiterhin als synonym verstanden werden, denn der faire Handel wird nicht behindert, wenn eine Handelspraktik fair ist. Des Weiteren sollten die o. g. unterschiedlichen Aspekte zur Beurteilung der Behinderung des fairen Handels in Betracht gezogen werden.

c) Bedeutungsunterschied zwischen „ohne Rechtfertigungsgrund" geführten Handelspraktiken und „ungerechtfertigten" Handelspraktiken

Während § 45 MRFTA wörtlich nur Handelspraktiken, die ungerechtfertigt sind, regelt, befinden sich detaillierte unterschiedliche Handelspraktiken in der gem. § 52 Enforcement Decree of MRFTA beigefügten Tabelle 2, welche teilweise nicht nur „ungerechtfertigt", sondern auch „ohne Rechtfertigungsgrund" sind. Beispielsweise lautet die Definition des Verkaufs unter Einstandspreis (engl. *Loss Leader*) in der Tabelle wie folgt: *Loss Leader* ist eine Handlung, in der Waren und Dienstleistungen „ohne Rechtfertigungsgrund" zu einem Preis verkauft werden, der deutlich unter seinen Markt-

985 Eine solche subjektive Perspektive ist als Indiz von Bedeutung: KFTC, Richtlinie für unfaire Handelspraktiken, III. 1. Na.

986 Constitutional Court of Korea, Decision of 30.10.2008, 2005Hun-Ma1005.

987 *Um, Kisup*, Die Behinderung des fairen Handels und die *unfairness* als Tatbestandsmerkmal zu unfairen Handelspraktiken i. S. v. § 23 MRFTA, Journal of Competition Vol. 100, 2003, pp. 14–20 (17 ff.).

kosten liegt oder sehr niedrig festgesetzt ist, um seine Wettbewerber oder die Wettbewerber seiner Schwesterfirma auszuschließen.

Es gibt drei Arten von unfairen Handelspraktiken, die als „ohne Rechtfertigungsgrund" geregelt sind, nämlich kollektive Geschäftsverweigerung, Vorteilsgewährung an Schwestergesellschaft und der Verkauf unter Einstandspreis.

Hierbei ist fraglich, ob ein Bedeutungsunterschied zwischen „ohne Rechtfertigungsgrund" und „ungerechtfertigt" besteht. Laut dem Obersten Gerichtshof[988] und der KFTC[989] sind die Handelspraktiken, die mit dem Wort „ungerechtfertigt" geregelt sind, nicht grundsätzlich verboten, wenn die Handelspraktiken nach der Interessenabwägung mehr wettbewerbsfördernd als wettbewerbsbeschränkend sind. Hierbei liegt die Beweislast bei der KFTC. Im Gegensatz dazu sind die Handelspraktiken, die mit dem Wort „ohne Rechtfertigungsgrund" geregelt sind, grundsätzlich verboten, es sei denn, dass sie einen Rechtfertigungsgrund haben. In dem Fall besteht eine Beweislastumkehr. Die Beweislast liegt also beim betreffenden Unternehmen. Nach einer Ansicht kann man die Beziehung zwischen „ohne Rechtfertigung" und „ungerechtfertigt" mit der US-amerikanischen Antitrust Doktrin verstehen. Hierbei können die Handelspraktiken mit dem Wort „ungerechtfertigt" als Rule of Reason und mit dem Wort „ohne Rechtfertigungsgrund" als per se illegal angesehen werden.[990] Dem wird aber entgegengehalten, dass die US-amerikanische Doktrin nicht auf die unfairen Handelspraktiken i. S. v. § 45 MRFTA anwendbar ist, da diese Doktrin in Bezug auf Kartelle aufgestellt wurde.[991]

Hierbei ist schwer zu sagen, ob es einen großen Bedeutungsunterschied zwischen „ohne Rechtfertigungsgrund" und „ungerechtfertigt" gibt.[992] Unabhängig davon, ob eine Handelspraktik „ungerechtfertigt" ist oder „ohne Rechtfertigungsgrund" durchgesetzt wurde, besteht die Möglichkeit, dass der faire und freie Handel durch die negativen Auswirkungen einer Handelspraktik beeinträchtigt wird. Bei beiden Handelspraktiken wird lediglich

---

988 Supreme Court of Korea, Decision of 11.12.2001, 2000Du833 – Korea National Housing Corporation.

989 KFTC, Richtlinie für unfaire Handelspraktiken, III. 1. Ga. (3).

990 *Kim, Doo Jin*, Regulierung über vertikale Beschränkungen im US-amerikanischen Antitrust Law, Journal of Competition Vol. 105, 2004, pp. 2–24 (22 ff.).

991 *Kwon, Ohseung*, Wirtschaftsrecht 13. Aufl. 2019, S. 321.

992 *Shin, Dongkwon*, Antitrust Law 3. Aufl., 2020, S. 685.

unterschieden, wie stark der Beeinträchtigungsgrad auf dem Markt ist und wer im jeweiligen Fall die Beweislast[993] trägt.

Weiterhin ist fraglich, ob § 52 Enforcement Decree of MRFTA als dem MRFTA untergeordnetes Gesetz die Möglichkeit bietet, mit dem Ausdruck „ohne Rechtfertigungsgrund" die Beweislast, welche eigentlich bei der KFTC liegt, auf die Unternehmen zu verlagern. Die Rechtsprechung ist in diesem Punkt uneinheitlich. Nach einem Urteil des Obergerichts Seoul ist eine solche Beweislastumkehr zulässig.[994] Dieses Urteil begründet das Obergericht Seoul wie folgt:

> „In § 45 Abs. 1 MRFTA hat der Gesetzgeber die Ungerechtigkeit als Kriterium für unfaire Handelspraktiken bereits klar gesetzt und gem. § 45 Abs. 3 MRFTA das untergeordnete Gesetz delegiert, dass die Handelspraktiken je nach Ungerechtigkeitsgrad und Art kategorisiert werden sollten. Diesbezüglich ist vorstellbar, dass manche Handelspraktiken (hierbei die ‚ohne Rechtfertigungsgrund' geführten Handelspraktiken) aufgrund der übermäßigen *unfairness* als kartellrechtlich sehr bedenklich angesehen werden können, wenn das betreffende Unternehmen keinen Rechtfertigungsgrund darlegt."[995]

Daraus folgt, dass trotz der verschiedenen Begrifflichkeiten und der unterschiedlichen Beweislast die *unfairness* der Handelspraktik generell als Beurteilungsmaßstab für die Rechtswidrigkeit fungiert. Aus diesem Grund könne gesagt werden, dass durch die Formulierungen „ohne Rechtfertigungsgrund" und „ungerechtfertigt" lediglich nach der Schwere der *unfairness* kategorisiert und dementsprechend geregelt werde. Eine Beweislastumkehr bei manchen Handelspraktiken sei deshalb keine Überschreitung des § 45 MRFTA durch die KFTC.

Allerdings vertrat der Oberste Gerichtshof in einem anderen Fall die gegensätzliche Meinung: Eine Beweislastumkehr durch § 52 Enforcement Decree of MRFTA sei offensichtlich eine Delegationsüberschreitung, da die Übertragung der Beweislast eine gravierende Benachteiligung für Unter-

---

993 Supreme Court of Korea, Decision of 11.12.2001, 2000Du833 – Korea National Housing Corporation; Constitutional Court of Korea, Decision of 24.06.2004, 2002Hun-Ma496; Constitutional Court of Korea, Decision of 30.03.2006, 2005Hun-Ma818.

994 Seoul High Court, Decision of 10.10.2002, 2001Nu16073 – SK Telecom. S. auch Seoul High Court, Decision of 19.06.1998, 97Gu40447 – Gyocharo.

995 Seoul High Court, Decision of 10.10.2002, 2001Nu16073 – SK Telecom; s. auch Seoul High Court, Decision of 19.06.1998, 97Gu40447 – Gyocharo.

nehmen darstelle. Weiterhin sei keine gesetzliche Berechtigung der KFTC ersichtlich durch ein untergeordnetes Gesetz, die Beweislast auf die Unternehmen zu verlagern.[996]

II. Handel mit einer verbindlichen Einschränkung nach § 45 Abs. 1 Nr. 7 MRFTA

Gem. § 45 Abs. 1 Nr. 7 MRFTA ist eine Handelspraktik zu Bedingungen, die die Geschäftstätigkeit eines Handelspartners in ungerechtfertigter Weise verbindlich einschränken, verboten. In der § 52 Enforcement Decree of MRFTA beigefügten Tabelle 2 sind die Unterarten dieser Handelspraktik näher definiert, nämlich Alleinbezugssysteme und Gebiets- oder Vertragspartnerbeschränkungen. Laut der KFTC sind solche Arten von Handelspraktiken aufgrund der Wettbewerbsbeschränkung und der Reduzierung der Verbraucherwohlfahrt verboten.[997]

1. Definition von Gebiets- oder Vertragspartnerbeschränkungen

Unter Gebiets- oder Vertragspartnerbeschränkungen versteht man, dass ein Unternehmen ein Gebiet oder einen Vertragspartner[998] seines Vertragspartners ungerechtfertigt beschränkt. Laut der KFTC werden Gebietsbeschränkungen abhängig vom Beschränkungsgrad in drei Arten eingeteilt:[999] Wenn das von einem Unternehmen einem Vertragspartner zugeteilte Gebiet zwar begrenzt ist, aber der Vertragspartner trotz der Beschränkung außerhalb seines Gebietes Waren oder Dienstleistungen verkaufen darf, bezeichnet man dies als Verkaufsstützpunkt-System. Wenn ein Unternehmen ein Gebiet für mehrere Verkäufer zuteilt, spricht man von einem offenen Territorium-System (engl. *open territory*). Unter dem strengen Territorium-System (engl. *closed territory*) versteht man, dass ein Unternehmen ein Gebiet einem Vertragspartner zuteilt und es sanktioniert, wenn der Vertragspartner außerhalb dieses Gebiets verkaufstätig ist. Bei Vertragspartnerbeschränkungen beschränkt ein Unternehmen den Unternehmensgegenstand oder die Vertragspartner seines Vertragspartners. Bspw. teilt

996 Supreme Court of Korea, Decision of 29.09.2000, 98Du12772 – Gyocharo.

997 KFTC, Richtlinie für unfaire Handelspraktiken, V. 7.

998 Endverbraucher werden hierbei nicht als Vertragspartner angesehen: KFTC, Richtlinie für unfaire Handelspraktiken, V. 7. Na. (1).

999 KFTC, Richtlinie für unfaire Handelspraktiken, V. 7. Na. (1).

ein Hersteller oder ein Importeur seine Agentur (oder seine Händler) für den gewerblichen und für den privaten Gebrauch ein und verbietet außerhalb der festgelegten Zielgruppe zu verkaufen. In einem weiteren Beispiel zur Vertragspartnerbeschränkung legt ein Hersteller seinem Vertragspartner bestimmte Groß- oder Einzelhändler als dessen Vertragspartner fest. Solche Beschränkungen müssen nicht unbedingt durch einen einseitigen Zwang einer Vertragspartei auferlegt werden, sondern es genügt, wenn sie durch eine Anforderung einer Vertragspartei oder eine Vereinbarung zwischen Vertragsparteien als Geschäftsbedingung festgelegt wird. Gebiets- und Vertragspartnerbeschränkungen unterscheiden sich von Preisbindungen der zweiten Hand, da es sich hierbei um nicht preisbezogene Geschäftsbedingungen handelt.

2. Beurteilungsmaßstäbe für die Rechtswidrigkeit von Gebiets- und Vertragspartnerbeschränkungen

Der Beurteilungsmaßstab der Kartellrechtswidrigkeit von Gebiets- und Vertragspartnerbeschränkung ist nach der Richtlinie der KFTC die Wettbewerbsbeschränkung auf dem relevanten Markt. Ob eine Wettbewerbsbeschränkung besteht oder nicht, wird in Anbetracht folgender Kriterien nach einer Interessenabwägung zwischen der wettbewerbsbeschränkenden und der wettbewerbsfördernden Auswirkung des Interbrand-Wettbewerbs überprüft:[1000]

(1) der Beschränkungsgrad der betreffenden Gebiets- und Vertragspartnerbeschränkung,[1001]
(2) ob ein aktiver Interbrand-Wettbewerbs auf dem betreffenden Markt stattfindet,[1002]

1000 KFTC, Richtlinie für unfaire Handelspraktiken, V. 7. Na. (2).

1001 Eine wenig restriktive Gebietsbeschränkung wie ein Verkaufsstützpunkt- oder offenes Territorium-System wird grundsätzlich erlaubt. Allerdings kann eine harte Gebietsbeschränkung aufgrund der Beschränkung des Intrabrand-Wettbewerbs wie ein strenges Territorium-System als kartellrechtlich bedenklich angesehen werden. Eine Vertragspartnerbeschränkung wird ähnlich wie eine Gebietsbeschränkung beurteilt.

1002 Ist der Inter-brand-Wettbewerb auf dem betreffenden Markt aktiv, können Gebiets- und Vertragspartnerbeschränkungen Trittbrettfahrer verhindern und die Servicequalität erhöhen.

(3) der Marktanteil des beteiligten Unternehmens und die Anzahl der Mitbewerber und deren Marktanteil auf dem betreffenden Markt,[1003]
(4) ob die Gebietsbeschränkung parallel mit einer anderen Handelspraktik auferlegt wird oder als Mittel für die Preisbindung beim Weiterverkauf benutzt wird,[1004] und
(5) die Verletzung der Entscheidungsfreiheit des Verbrauchers oder die Reduzierung der Servicequalität bzw. der Preissenkungsmöglichkeit.

Wenn bspw. die wettbewerbsfördernde oder konsummentenwohlfahrtsfördernde Auswirkung deutlich höher ist als die wettbewerbsbeschränkende Auswirkung oder es einen sonstigen sachlichen Grund für die Anwendung solcher Gebiets- und Vertragspartnerbeschränkung gibt, kann es nicht als kartellrechtswidrig angesehen werden, selbst wenn der Wettbewerb dadurch beschränkt wird. Kritiker bezweifeln allerdings, ob die KFTC, in der Praxis wirklich wettbewerbsbeschränkende Auswirkungen ausführlich prüft, da sie oft statt der wettbewerbsbeschränkenden Auswirkung die Verletzung bzw. Beschränkung der Entscheidungsfreiheit als Beurteilungsmaßstab heranziehe.[1005]

Allerdings hat der Oberste Gerichtshof sowohl die Wettbewerbsbeschränkung als auch andere Faktoren als Beurteilungsmaßstab der Rechtswidrigkeit von Gebiets- und Vertragspartnerbeschränkungen anerkannt. Im Callaway Golf Korea-Urteil[1006] urteilte der Oberste Gerichtshof wie folgt:

> „Eine Gebiets- bzw. Vertragspartnerbeschränkung kann den fairen Handel beeinträchtigen. Für die Beurteilung, ob der faire Handel hierbei beeinträchtigt werden kann, sollten der Vorsatz bzw. der Zweck der Handelspraktik, die Handelsform bzw. die konkreten Tatsachen wie die Aus-

1003 Wenn ein Unternehmen im Vergleich zu den Mitbewerbern einen hohen Marktanteil besitzt, kann dies mit hoher Wahrscheinlichkeit zu einer Beschränkung des Inter-brand-Wettbewerbs führen.

1004 Wenn solche Handelspraktiken in Kombination angewendet werden, kann die Wettbewerbsbeschränkung sehr groß sein.

1005 *Jeong, Jae-Hun*, Die Beurteilung der *unfairness* der Gebiets- bzw. Vertragspartnerbeschränkungen von verbindlichen Handelsvorgaben, Journal of Competition Vol. 192, 2017, pp. 46–59 (58).

1006 In diesem Fall hat Callaway Golf Korea, das Golfausrüstungen importiert und verkauft, seinen Verkaufsagenten einen Weiterverkauf an Händler verboten, wenn die Verkaufsagenten vor dem Weiterverkauf keine Genehmigung von Callaway Golf Korea dafür hatten: Supreme Court of Korea, Decision of 10.03.2011, 2010Du9976 – Callaway Golf Korea.

> wirkung oder der Einfluss auf dem betreffenden Markt, die Eigenschaften von Waren oder Dienstleistungen, die Marktsituation, die Marktposition des betreffenden Unternehmens und des Vertragspartners, der Wettbewerbsbeschränkungsgrad und die parallele Anwendung mit einer Preisbindung beim Weiterverkauf i. S. v. § 46 bzw. einer anderen unfairen Handelspraktik i. S. v. § 45 MRFTA berücksichtigt werden.“

In diesem Urteil wurde die Wettbewerbsbeschränkung allerdings nicht als Hauptbeurteilungsmaßstab herangezogen.

Davon abweichend hat der Oberste Gerichtshof im Philips-Urteil[1007] die Wettbewerbsbeschränkung als Hauptbeurteilungsmaßstab verwendet. Hierbei wurden die wettbewerbsbeschränkenden Auswirkungen beim Intrabrand-Wettbewerb und die wettbewerbsfördernden Auswirkungen beim Interbrand-Wettbewerb ebenfalls geprüft.

Die unterschiedlichen Aspekte, welche von der KFTC und dem Obersten Gerichtshof berücksichtigt werden, führen sowohl für die betroffenen Unternehmen als auch für sonstige Rechtsanwender zu Rechtsunsicherheit.

III. Verbot von Vergeltungsmaßnahmen gem. § 48 MRFTA

Gem. § 48 MRFTA darf kein Unternehmen mit einem anderen Unternehmen, das eine von den folgenden Handlungen unternommen hat, aus diesem Grund den Handel unterbrechen, das Handelsvolumen reduzieren oder ihm sonstige Nachteile auferlegen:

(1) Einreichung eines Antrags auf eine Mediation gem. § 76 Abs. 1 MRFTA,
(2) Meldung gem. § 80 Abs. 2 MRFTA,
(3) Kooperation bei einer von der KFTC durchgeführten Untersuchung gem. § 81 MRFTA. Solche Vergeltungsmaßnahmen darf ein Unternehmen auch nicht durch seine Schwestergesellschaft oder ein anderes Unternehmen ausführen lassen.

Die Person, die gegen § 48 MRFTA verstoßen hat, wird nach § 124 Abs. 1 Nr. 11 MRFTA mit einer Freiheitsstrafe von höchstens drei Jahren oder einer Geldstrafe von bis 200 Millionen Won bestraft. Die Freiheits- und Geldstrafe können gem. § 124 Abs. 2 MRFTA parallel verhängt werden. Zusätzlich kann ein Verstoß gem. § 50 MRFTA geahndet werden.

1007 Supreme Court of Korea, Decision of 19 June 2017, 2013Du17435 – Philips Korea.

IV. Maßnahmen gegen unfaire Handelspraktiken i. S. v. § 45 MRFTA

1. Abhilfemaßnahmen nach § 49 MRFTA

Verstößt ein Unternehmen i. S. d. § 45 Abs. 2, also ein Unternehmen, eine verbundene Person oder ein verbundenes Unternehmen gegen § 45 Abs. 1 oder 2 MRFTA oder § 48 MRFTA, kann die KFTC das Unternehmen anweisen, den Verstoß abzustellen, eine Maßnahme zur Wiederholungsprävention einzuführen, keine Vergeltungsmaßnahmen durchzuführen, kartellrechtlich problematische Vertragsklauseln zu streichen, die Tatsache zu veröffentlichen, dass ihm eine Abhilfemaßnahme auferlegt wurde, oder andere Maßnahmen ergreifen, die zur Beseitigung des Verstoßes erforderlich sind.

2. Bußgeld nach § 50 MRFTA

Wendet ein Unternehmen unfaire Handelspraktiken i. S. v. § 45 Abs. 1 (außer der ungerechtfertigten Unterstützung der Gewährung wirtschaftlicher Vorteile gem. § 45 Abs. 1 Nr. 9) oder Vergeltungsmaßnahmen gem. § 48 MRFTA an, kann die KFTC dem Unternehmen ein Bußgeld auferlegen, das vier Prozent des durch den Präsidialerlass vorgeschriebenen Umsatzes nicht überschreitet. Die KFTC kann jedoch ein Bußgeld in Höhe von höchstens einer Milliarde Won verhängen, wenn keine Verkäufe getätigt worden sind (§ 50 Abs. 1 MRFTA).

Wendet ein Unternehmen unfaire Handelspraktiken nach § 45 Abs. 1 Nr. 9 oder Abs. 2 MRFTA an, kann die KFTC der verbundenen Person oder dem verbundenen Unternehmen ein Bußgeld auferlegen, das zehn Prozent des durch den Präsidialerlass vorgeschriebenen Umsatzes nicht überschreitet. Die KFTC kann jedoch ein Bußgeld in Höhe von höchstens vier Milliarden Won verhängen, wenn keine Verkäufe getätigt worden sind (§ 50 Abs. 2 MRFTA).

3. Strafbestimmungen nach § 124 bzw. 125 MRFTA

Vor der Gesetzesänderung wurden Strafbestimmungen nach § 66 und § 67 MRFTA a. F. auf alle Arten von unfairen Handelspraktiken i. S. v. § 23 MRFTA a. F. angewendet. Im Gesetzesänderungsprozess wurden allerdings Bedenken gegenüber der Anwendung der Strafbestimmungen auf alle unfairen Handelspraktiken geäußert.[1008] Bei der aktuellen Fassung des MRFTA gelten daher Strafbestimmungen nicht für alle Arten von unfairen Handelspraktiken. Gem. § 124 Abs. 1 Nr. 10 MRFTA wird die Person, die gegen § 45 Abs. 1 Nr. 9 MRFTA verstoßen hat, mit einer Freiheitsstrafe von höchstens drei Jahren oder einer Geldstrafe von bis 200 Millionen Won bestraft. Nach § 124 Abs. 2 können die Freiheits- und Geldstrafe parallel verhängt werden.

Gem. § 125 Nr. 4 wird die Person, die gegen § 45 Abs. 1 MRFTA (ausgenommen Nr. 1, Nr. 2, Nr. 3, Nr. 7 bzw. Nr. 9)[1009] verstoßen hat, mit einer Freiheitsstrafe von höchstens zwei Jahren oder einer Geldstrafe von bis 150 Millionen Won bestraft. Das entspricht einer Summe von ca. 112,000 EUR.

4. Unterlassungsanspruch nach § 108 MRFTA

Seit der vollumfänglichen Gesetzesänderung, wodurch MRFTA sowohl inhaltlich als auch strukturell komplett geändert wurde, besteht ein Unterlassungsanspruch auch für Privatpersonen. Gemäß § 108 MRFTA kann die Person, der durch den Verstoß gegen § 45 Abs. 1 MRFTA (ausgenommen § 45 Abs. 1 Nr. 9) ein Schaden entsteht oder welcher wahrscheinlich ein Schaden entstehen wird, einen Anspruch auf Unterlassung oder Prävention gegenüber einem Unternehmen, welches einen solchen Verstoß begeht oder wahrscheinlich begehen wird, erheben. So können Privatpersonen direkt beim (zuständigen) Bezirksgericht die Unterlassung nach Abs. 1 beanspruchen, ohne dass der Weg über die KFTC gegangen wird.[1010]

1008 Ausgenommen sind die Arten von unfairen Handelspraktiken, die Wettbewerbsbeschränkung als Beurteilungsmaßstab der Rechtswidrigkeit haben: KFTC, Pressemitteilung v. 28.06.2018, abrufbar unter: https://ftc.go.kr/www/selectReportUserView.do?key=10&rpttype=1&report_data_no=7838 (Stand v. 23.11.2021).

1009 Auf die Arten von unfairen Handelspraktiken, die Unlauterkeit als Beurteilungsmaßstab der Rechtswidrigkeit haben, werden die Strafbestimmungen weiterhin angewendet: KFTC, Pressemitteilung v. 28.06.2018, abrufbar unter: https://ftc.go.kr/www/selectReportUserView.do?key=10&rpttype=1&report_data_no=7838 (Stand v. 23.11.2021).

1010 *Kwon, Ohseung*, Die vollumfängliche Gesetzesänderung des MRFTA, Journal of Competition Vol. 196, 2018, pp. 2–7 (3).

V. „Safety Zone“ für unfaire Handelspraktiken i. S. v. § 45 MRFTA

Die KFTC führt grundsätzlich ein Prüfungsverfahren unabhängig von der Größe bzw. dem Marktanteil gegenüber allen Unternehmen durch, die die unfairen Handelspraktiken i. S. v. § 45 Abs. 1 MRFTA praktiziert haben. Dies geschieht, obwohl die betreffenden Handelspraktiken, welche eine so geringfügige negative Auswirkung auf dem betreffenden Markt haben und den fairen Handel sehr wenig beeinträchtigen können, letztendlich als kartellrechtlich unbedenklich anzusehen sind.[1011] Dies kann für das betreffende Unternehmen sehr nachteilhaft sein, weil dieses Unternehmen trotz der geringfügigen wettbewerbsbeschränkenden Auswirkung eine Abhilfemaßnahme oder ein Bußgeld von der KFTC auferlegt bekommen kann und durch das Prüfungsverfahren ein finanzieller Aufwand für das Unternehmen entstehen kann bzw. der Vertrauensverlust von Kunden bzw. Vertragspartnern getragen werden muss.[1012]

Aus diesem Grund besteht eine „Safety Zone“, wonach die unfairen Handelspraktiken i. S. v. § 45 Abs. 1 MRFTA (außer der ungerechtfertigten Unterstützung der Gewährung wirtschaftlicher Vorteile gem. § 45 Abs. 1 Nr. 9), welche in Anbetracht des Marktanteils eines Unternehmens etc. zu so einer unbedeutenden Beeinträchtigung des fairen Handels führen, trotz der Erfüllung des formellen Tatbestandmerkmals als kartellrechtlich unbedenklich angesehen werden, weshalb die KFTC grds. kein Prüfungsverfahren gegen das betreffende Unternehmen einleiten muss.[1013] Solche Handelspraktiken werden also trotz der (geringfügigen) wettbewerbsbeschränkenden Auswirkung freigestellt. Allerdings kann ggf. ein Prüfungsverfahren der KFTC doch stattfinden, obwohl die betreffende Handelspraktik eigentlich freistellbar ist.

Die „Safety Zone“ kann auf die unfairen Handelspraktiken angewendet werden, die nur anhand der Wettbewerbsbeschränkung als Behinderung

---

1011 *Lee, Bong-Eui*, Das Verbot vertikaler nichtpreisbezogenen Beschränkungen nach MRFTA, Journal of Competition, Vol. 104, 2004, S. 18.

1012 Dies ist auch für die KFTC ungünstig, weil die KFTC trotz der hohen Wahrscheinlichkeit, dass die betreffende Handelspraktik nicht als kartellrechtswidrig beurteilt wird, ein Prüfungsverfahren durchführen soll, wodurch die KFTC sich nicht auf noch wichtigere Fälle konzentrieren kann: *Lee, Bong-Eui*, Das Verbot vertikaler nichtpreisbezogenen Beschränkungen nach MRFTA, Journal of Competition, Vol. 104, 2004, S. 18.

1013 KFTC, Richtlinie für unfaire Handelspraktiken, III. 2. Ga.

des fairen Handels beurteilt werden.[1014] Der Grund dafür ist, dass die durch die Handelspraktik verursachte negative Auswirkung auf dem betreffenden Markt unbedeutsam klein ist, wenn der Marktanteil oder der Umsatz des betreffenden Unternehmens niedrig ist. Auf die unfairen Handelspraktiken, die anhand der Unlauterkeit der Wettbewerbsmittel bzw. der Geschäftsinhalte als Behinderung des fairen Handels beurteilt werden, ist dahingegen die „Safety Zone" nicht anzuwenden. Sie gilt nur für Bagatellfälle.

Gebiets- bzw. Vertragspartnerbeschränkungen eines Unternehmens, das einen Marktanteil von unter 10 % besitzt, werden freigestellt, da die wettbewerbsbeschränkende Auswirkung hierbei als unbedeutend eingestuft wird. Wenn jedoch die Berechnung des Marktanteils unmöglich oder mit erheblichen Schwierigkeiten verbunden ist, wird der Jahresumsatz des Unternehmens als Bemessungsgrundlage herangezogen, wobei der Umsatz unter fünf Milliarden Won liegen muss.[1015] Die Kriterien für die Anwendung der „Safety Zone" sind je nach Handelspraktik ein wenig unterschiedlich.

VI. Fazit

Da die koreanische Regierung über einen langen Zeitraum in die Wirtschaft eingegriffen hat, werden unfaire Handelspraktiken in Korea traditionell durch die Exekutivgewalt zwangsweise reguliert.[1016] Im koreanischen Kartellrecht sind die konkreten Arten von unfairen Handelspraktiken, die

1014 Dazu gehören die folgenden Handelspraktiken: Geschäftsverweigerung, Diskriminierung einzelner Vertragspartner, Ausschluss von Wettbewerbern, verbindliche Handelsvorgaben.

1015 KFTC, Richtlinie für unfaire Handelspraktiken, V. 7. Na. (3).

1016 *Kwon, Ohseung*, Wirtschaftsrecht 13. Aufl. 2019, S. 390: „Anders als in Korea erfolgt die Regulierung von unfairen Handelspraktiken in Deutschland und in den USA durch ein zivilrechtliches Verfahren im Hinblick auf Schadensersatzansprüche oder Unterlassungsansprüche zwischen den betreffenden Parteien, da die Regierung der Länder, in denen die Marktwirtschaft und die Privatautonomie als wirtschaftliche Grundordnung stark ausgeprägt sind, dazu neigt, nicht in die Wirtschaft einzugreifen"; im koreanischen Kartellrecht gibt es eine Schadensersatzpflicht eines Unternehmens, welches eine kartellrechtswidrige Handelspraktik begangen hat. Dies wird als Sonderregel des zivilrechtlichen Schadensersatzanspruchs eingestuft: *Park, Yung-Jin*, Analysis on Regulation of Unfair Trade Practices, Advanced Commercial Law Review No. 68, 2014, pp. 145–179 (148).

den fairen Handel beeinträchtigen können, normiert und nur diese Arten sind verboten.[1017] Was im Gesetz nicht verboten wurde, ist also erlaubt.

Wie oben erwähnt, regelt § 45 Abs. 1 MRFTA anhand der ausführlichen Aufzählung die neun Arten von unfairen Handelspraktiken und deren 29 Unterarten.[1018] Hierbei ist zunächst fraglich, ob der Umfang von § 45 nicht zu groß ist.[1019] Im § 45 Abs. 1 MRFTA handelt es sich um die verschiedenen unfairen Handelspraktiken, wobei je nach Art unterschiedliche Beurteilungsmaßstäbe angewendet werden. Hierbei bestehen vier unterschiedliche Beurteilungsmaßstäbe, nämlich Wettbewerbsbeschränkung, Unlauterkeit des Wettbewerbsmittels, Unlauterkeit des Geschäftsinhaltes und Bündeldung der Finanzkraft. In Bezug auf Gebiets- bzw. Vertragspartnerbeschränkungen besteht auch dieses Problem. Die KFTC beschreibt zwar in seiner Richtlinie, dass die Wettbewerbsbeschränkung hierfür als einziger Beurteilungsmaßstab fungiert, aber es wirkt sich in der Praxis anders aus. Wie der Oberste Gerichtshof in unterschiedlichen Entscheidungen gezeigt hat, sind die Beurteilungsmaßstäbe der Rechtswidrigkeit von Gebiets- bzw. Vertragspartnerbeschränkungen von Fall zu Fall anders zu sehen. Außer den Gebiets- bzw. Vertragspartnerbeschränkungen existieren noch andere unfaire Handelspraktiken i. S. v. § 45 MRFTA, die nach mehr als einem Beurteilungsmaßstab auf Rechtswidrigkeit überprüft werden. Diese unterschiedliche Behandlung kann zu Verwirrung von Normadressaten bei der Rechtsanwendung führen.

Fraglich ist auch, ob die unfairen Handelspraktiken i. S. v. § 45 Abs. 1 MRFTA nicht übermäßig detailliert sind.[1020] Einerseits wird den Normad-

1017 Im deutschen und europäischen Kartellrecht werden wettbewerbsbeschränkende Vereinbarungen durch die Generalklausel, nämlich § 1 GWB bzw. Art. 101 Abs. 1 AEUV, umfassend reguliert. Aufgrund ihrer Abstraktheit besteht allerdings die Schwierigkeit bei der Beurteilung der Kartellrechtswidrigkeit von konkreten Handelspraktiken: *Kwon, Ohseung*, Wirtschaftsrecht 13. Aufl. 2019, S. 390.

1018 Nach e. A. können Normadressaten besser verstehen und beurteilen, inwiefern und welche Handelspraktik kartellrechtswidrig ist, da eine solche Enumeration möglichst präzise die Arten von rechtswidrigen unfairen Handelspraktiken darstellt: *Chung, Ho Yul*, Competition Law 4. Aufl., 2012, S. 388; *Park, Seung Nam/ Kang, Jong Man*, On the Criminalization of Unfair Trade Acts, Dankook Law Review Vol. 41 No. 3, 2017, pp. 205–236 (206). S. auch *Kwon, Ohseung*, Wirtschaftsrecht 13. Aufl. 2019, S. 390.

1019 Ähnliche Meinung dazu: *Jeong, Jae-Hun*, A Study on the Revision of Unfair Practice Based on the Korean Competition Law, Ewha Law Journal Vol. 23 No. 3, 2019, pp. 1–33 (3 f.).

1020 Mehr dazu siehe 2. Teil, § 7 B I 1 und 2 a).

ressaten der Eindruck vermittelt, dass ausschließlich die dem Wortlaut der Nr. 1 bis 9 entsprechenden Fallkonstellationen erfasst sein sollen. Andererseits werden von den Gerichten und der KFTC auch Konstellationen erfasst, die nicht genau dem Wortlaut entsprechen. Am Ende verbleiben die Normadressaten also in Unsicherheit darüber, ob eine Handelspraktik genau zu einer von den im § 45 Abs. 1 MRFTA geschriebenen unfairen Handelspraktiken zu subsumieren ist. Wollte der Gesetzgeber unfaire Handelspraktiken auch in Zukunft derart konkret normieren, dann müsste er konsequenterweise für jede neu auftauchende Handelspraktik eine Gesetzesänderung in Betracht ziehen.[1021] In Anbetracht der gesamten Komplexität des § 45 MRFTA wird die Rechtsunsicherheit zu Lasten der Normadressaten vergrößert.

Ein anderes Problem ist, dass sich die Inhalte zwischen dem § 45 (Verbot von unfairen Handelspraktiken) und dem § 5 (Missbrauchsverbot der marktbeherrschenden Stellung) ziemlich überschneiden, wodurch eine Verwirrung für Rechtsanwender entstehen kann. Nicht nur Wissenschaftler im Kartellrechtsbereich sondern auch die KFTC haben bereits diese Problematiken zur Kenntnis genommen und versucht, eine Neustrukturierung für § 45 MRFTA auf den Weg zu bringen.[1022] Obwohl dabei unterschiedliche Änderungsvorschläge kamen, ist die Neustrukturierung leider gescheitert, da die verschiedenen Vorschläge nicht auf einen gemeinsamen Nenner gebracht werden konnten.[1023] Obgleich die Strukturänderung für § 45 MRFTA noch nicht eingeführt ist, sollte eine Neustrukturierung so schnell wie möglich erfolgen, um die Rechtsunsicherheit, die durch die Komplexität und das Durcheinander der Rechtsstruktur verursacht wird, zu beseitigen oder zumindest zu reduzieren.

Fraglich ist außerdem, ob die „Safety Zone" mit der Freistellungsmöglichkeit der Vertikal-GVO vergleichbar ist. Die „Safety Zone" ähnelt den Regelungen der Vertikal-GVO zwar im Hinblick darauf, dass die beiden eine Freistellungsmöglichkeit anbieten. Jedoch unterscheiden sich die Regelungen in ihren Tatbestandsvoraussetzungen. Dies betrifft die

1021 *Kwon, Ohseung*, Wirtschaftsrecht 13. Aufl. 2019, S. 390.

1022 KFTC, Pressemitteilung v. 28.06.2018, abrufbar unter: https://ftc.go.kr/www/selectReportUserView.do?key=10&rpttype=1&report_data_no=7838 (Stand v. 23.11.2021).

1023 *Song, Sangmin*, Die Einführung des Finalberichts der Sonderkommission für die vollumfängliche Gesetzesänderung, Journal of Competition Vol. 196, 2018, pp. 26–34 (29).

Marktanteilsschwelle, die Berücksichtigung des Umsatzes des betreffenden Unternehmens und den Anwendungsbereich der Freistellungsmöglichkeit.

Zunächst unterscheidet sich der Anwendungsbereich im Hinblick auf die Handelspraktiken, die von einer Freistellungsmöglichkeit erfasst werden. Während in der Vertikal-GVO alle vertikalen Vereinbarungen zwischen Unternehmen erfasst werden, ist die „Safety Zone" wesentlich enger. Diese erfasst lediglich einige Kategorien unfairer Handelspraktiken, nämlich die Geschäftsverweigerung, die Diskriminierung einzelner Vertragspartner, den Ausschluss von Wettbewerbern und verbindliche Handelsvorgaben. Weiterhin unterscheidet sich der Anwendungsbereich der Regelungen in Bezug auf den Marktanteil der beteiligten Unternehmen. Nach Art. 3 Vertikal-GVO gilt die Freistellung nur, wenn der Marktanteil von dem Anbieter und dem Abnehmer jeweils nicht mehr als 30 % beträgt. Diese Marktanteilsschwelle wird unabhängig von der Art der Vertikalvereinbarungen angewendet, während bei der „Safety Zone" nach den unterschiedlichen Handelspraktiken differenziert wird. Bei einer kollektiven Geschäftsverweigerung muss der gesamte Marktanteil der betreffenden Unternehmen unter 10 % liegen.[1024] Bei sonstigen Geschäftsverweigerungen muss der Marktanteil des Unternehmens, das diese Handelspraktik beging, weniger als 10 % betragen,[1025] um in den Genuss einer Freistellung kommen zu können. Gewährt ein Unternehmen Vorteile an eine Schwestergesellschaft, muss der Marktanteil der Schwestergesellschaft, unter 10 % liegen.[1026] Ist die Berechnung des Marktanteils *de facto* unmöglich oder eindeutig schwierig, wird der Umsatz als Berechnungsgrundlage zugrunde gelegt.[1027]

Dies verdeutlicht, dass der Vertikal-GVO und der „Safety Zone" unterschiedliche Regelungsgedanken entspringen: Während die Vertikal-GVO das gemeinsame, wettbewerbswidrige Handeln mehrerer Unternehmen sanktionieren will und deshalb auf die gemeinsamen Marktanteile abstellt, betrachtet das koreanische Recht das Unternehmen, welches eine unfaire Handelspraktik ausübt, einseitig als Akteur. In der Folge kommt es deshalb nur auf den Marktanteil des Unternehmens an, welches einen Vorteil für sich oder ggf. sein Schwesterunternehmen generiert.

Im Ergebnis ist der Anwendungsbereich der „Safety Zone" deutlich kleiner als die Freistellungsmöglichkeit der Vertikal-GVO.

1024 KFTC, Richtlinie für unfaire Handelspraktiken, V. 1. Ga. (4).
1025 KFTC, Richtlinie für unfaire Handelspraktiken, V. 1. Na. (4).
1026 KFTC, Richtlinie für unfaire Handelspraktiken, V. 1. Da. (3).
1027 KFTC, Richtlinie für unfaire Handelspraktiken, V.

C. Vertikale Beschränkungen von Unternehmensvereinigungen nach § 51 MRFTA

§ 45 und § 46 MRFTA sind nicht direkt auf Unternehmensvereinigungen anwendbar. Das koreanische Kartellrecht hat eine Spezialnorm für Unternehmensvereinigungen, nämlich § 51 MRFTA. Gem. § 51 Abs. 1 Nr. 4 dürfen Unternehmensvereinigungen bei ihren Mitgliedsunternehmen unfaire Handelspraktiken gem. § 45 Abs. 1 MRFTA oder vertikale Preisbindungen beim Weiterverkauf gem. § 46 MRFTA nicht zulassen oder gar dazu auffordern.

I. Allgemeines über Unternehmensvereinigungen gem. § 51 MRFTA

Gem. § 2 Nr. 2 MRFTA bezeichnet eine Unternehmensvereinigung eine Vereinigung oder einen Verband, die unabhängig ihrer (rechtlichen) Form mindestens von zwei Unternehmen zur Förderung ihrer gemeinsamen Interessen gegründet wird.Unternehmensvereinigungen bestehen aus mehreren einzelnen Unternehmen. Gem. § 2 Nr. 1 MRFTA betreibt ein Unternehmen ein Produktions-, Dienstleistungs- oder ein anderes Geschäft. Außer diesem gewinnbezogenen Merkmal muss ein Unternehmen auch ein ungeschriebenes Tatbestandsmerkmal, nämlich die Unabhängigkeit, erfüllen. Dazu erklärte der Oberste Gerichtshof in einem Urteil folgendes:[1028]

> „Zunächst muss jedes Mitgliedsunternehmen ein unabhängiges Unternehmen sein. Wenn aber ein einzelnes Mitgliedsunternehmen nur von der Unternehmensvereinigung abhängig ist, ist die Unternehmensvereinigung keine Unternehmensvereinigung mehr i. S. v. § 51 MRFTA. Drüber hinaus muss die Unternehmensvereinigung einen kollektiven und organisatorischen Charakter haben."

Außerdem ist problematisch, inwieweit Unternehmensvereinigungen ihren Mitgliedsunternehmen Beschränkungen auferlegen dürfen. Obwohl Unternehmensvereinigungen zur Erreichung des gemeinsamen Ziels[1029] anhand

1028 Supreme Court of Korea, Decision of 14.02.2008, 2005Du1879.

1029 Das gemeinsame Ziel wird nicht darauf begrenzt, was in der Satzung oder Regelung festgelegt wurde. Auch ein tatsächliches Ziel wird dazu gezählt. Es muss kein Hauptziel der Vereinigung sein: *Kwon, Ohseung/Seo, Jeong*, Antitrustlaw: Theorie und Praxis 4. Aufl. 2020, S. 590.

der freiwilligen Entscheidung eine gewisse Einschränkung in Bezug auf die Geschäftstätigkeit des Mitglieds auferlegen können, wird es allerdings nicht erlaubt, wenn sie bzgl. des Geschäftsinhaltes bzw. der Geschäftstätigkeit übermäßig kontrollieren oder einschränken.[1030]

Um verbotenen Handelspraktiken von Unternehmensvereinigungen besser vorzubeugen, hat die KFTC gem. § 51 Abs. 3 MRFTA eine Richtlinie über Tätigkeiten von Unternehmensvereinigungen erlassen, womit Unternehmensvereinigungen besser unterscheiden können, welche Handelspraktiken erlaubt und welche verboten sind.

II. Verbotene Handelspraktiken von Unternehmensvereinigungen

In § 51 Abs. 1 MRFTA sind die verbotenen Handelspraktiken von Unternehmensvereinigungen geregelt.[1031] § 51 Abs. 1 Nr. 4 MRFTA enthält ein Verbot bzgl. vertikaler Beschränkungen. Gem. § 51 Abs. 1 Nr. 4 darf keine Unternehmensvereinigung ein Unternehmen[1032] zu unfairen Handelspraktiken i. S. v. § 45 Abs. 1 oder zu einer Preisbindung beim Weiterverkauf i. S. des § 46 MRFTA auffordern oder dies zulassen. Die hierbei stehende „Aufforderung" oder „Zulassung" kann entsprechend der Anstiftung im Strafrecht ausgelegt werden.[1033] Der Tatbestand ist bereits dann verwirk-

1030 Supreme Court of Korea, Decision of 15.06.2001, 2001Du175; Supreme Court of Korea, Decision of 28.10.2010, 2010Du14084.

1031 Article 51 (Prohibited Acts of Trade Associations)
1) No trade association shall do any of the following act:
1. Unfairly restricting competition by doing any of the acts provided for tin the subparagraphs of Article 40 (1);
2. Restricting the number of business entities that are currently operating or will operate in a particular business area;
3. Unfairly restricting the business or business activities of member business entities (referring to the business entities that are members of the trade association; hereinafter the same shall apply);
4. Requiring or assisting a business entity to engage in any of the unfair trade practices provided for in the subparagraphs of Article 45 (1), or the practice of resale price maintenance provided for in Article 46;

1032 Zu dem Begriff „Unternehmen" in dem Kontext gehört nicht nur ein Mitgliedsunternehmen der betreffenden Vereinigung, sondern auch ein Unternehmen, welches kein Mitglied ist: *Kwon, Ohseung/Seo, Jeong*, Antitrustlaw: Theorie und Praxis 4. Aufl. 2020, S. 606.

1033 *Lee, Ho Young*, Antitrust Law 5. Aufl. 2015, S. 437.

licht, wenn aus dem Verhalten der Unternehmensvereinigung ein tatsächlicher Zwang als Ergebnis resultiert.[1034]

Um die Voraussetzungen des § 51 Abs. 1 Nr. 4 zu erfüllen, müssen also die von der Unternehmensvereinigung auferlegten unfairen Handelspraktiken oder Preisbindungen beim Weiterverkauf von einem Unternehmen nicht tatsächlich ausgeübt werden. Es genügt schon die Verführung zu oder die Begünstigung von kartellrechtswidrigen Handelspraktiken.[1035]

III. (Straf-)Maßnahmen beim Verstoß gegen § 51 MRFTA

1. Abhilfemaßnahmen nach § 52 MRFTA

Verstößt eine Unternehmensvereinigung gegen § 51 MRFTA, kann die KFTC die Unternehmensvereinigung anweisen, den Verstoß abzustellen, die Tatsache zu veröffentlichen, dass ihr eine Abhilfemaßnahme auferlegt wurde, oder andere Maßnahmen zu ergreifen, die zur Beseitigung des Verstoßes erforderlich sind.

2. Bußgeld nach § 53 MRFTA

Wendet eine Unternehmensvereinigung eine der in § 51 Abs. 1 festgelegten Handelspraktiken an, kann die KFTC der Unternehmensvereinigung ein Bußgeld i. H. v. einer Milliarde Won verhängen (§ 53 Abs. 1). Das entspricht einer Summe von ca. 750,000 EUR.

Die KFTC kann dem Unternehmen, das an den in § 51 Abs. 1 Nr. 1 festgelegten Handelspraktiken teilgenommen hat, ein Bußgeld auferlegen, das 20 Prozent des durch den Präsidialerlass vorgeschriebenen Umsatzes nicht überschreitet. Die KFTC kann jedoch ein Bußgeld in Höhe von höchstens vier Milliarden Won verhängen, wenn keine Verkäufe getätigt worden sind (§ 53 Abs. 2). Das entspricht einem Betrag von ca. 3 Mio. EUR.

Die KFTC kann dem Unternehmen, das eine der in § 51 Abs. 1 Nr. 2 bis Nr. 4 festgelegten Handelspraktiken begangen hat, ein Bußgeld auferlegen, das zehn Prozent des durch den Präsidialerlass vorgeschriebenen Umsatzes

---

1034 Supreme Court of Korea, Decision of 13.06.1997, 96Nu5834; Supreme Court of Korea, Decision of 11.01.2003, 2002Du9346.

1035 *Lee, Ho Young*, Antitrust Law 5. Aufl. 2015, S. 438; *Lee, Namgi/Lee, Seungwoo*, Wirtschaftsrecht 3. Aufl. 2001, S. 308; Eine ähnliche Meinung dazu vertritt auch *Hong, Dae Sik*, in: Kwon, Ohseung *et al.*, Antitrust Law 7. Aufl. 2020, S. 307 f.

nicht überschreitet. Die KFTC kann jedoch ein Bußgeld i. H. v. höchstens zwei Milliarden Won verhängen, wenn keine Verkäufe getätigt worden sind (§ 53 Abs. 3). Das entspricht einer Summe von ca. 1,5 Mio. EUR.

3. Strafbestimmungen nach § 124 bzw. 125 MRFTA

Gem. § 124 Abs. 1 Nr. 12 MRFTA wird die Person, die gegen § 51 Abs. 1 Nr. 1 MRFTA verstoßen hat, mit einer Freiheitsstrafe von höchstens drei Jahren oder einer Geldstrafe von bis 200 Millionen Won bestraft. Nach § 124 Abs. 2 können die Freiheits- und Geldstrafe parallel verhängt werden. Gem. § 125 Nr. 5 wird die Person, die gegen § 51 Abs. 3 MRFTA verstoßen hat, mit einer Freiheitsstrafe von höchstens zwei Jahren oder einer Geldstrafe von bis 150 Millionen Won bestraft.

4. Unterlassungsanspruch nach § 108 MRFTA

Die Person, die sich durch den Verstoß gegen § 51 Abs. 1 Nr. 4 MRFTA (ausgenommen § 45 Abs. 1 Nr. 9) einen Schaden zuzieht oder wahrscheinlich zuziehen wird, kann einen Anspruch auf Unterlassung oder Prävention gegenüber einem Unternehmen, das einen solchen Verstoß begeht oder wahrscheinlich begehen kann, erheben.

IV. Fazit

Da das koreanische Kartellrecht teilweise vom japanischen Kartellrecht beeinflusst wurde, lassen sich viele Gemeinsamkeiten finden. Dass die Regelungen für unfaire Handelspraktiken von Unternehmen und Unternehmensvereinigungen im Gesetz ausdifferenziert werden und dass die Regelung über Tätigkeiten von Unternehmensvereinigungen als eine Ergänzung zur Regelung von Unternehmen fungiert,[1036] ist auch im japanischen Kartellrecht der Fall. Da Unternehmensvereinigungen in Japan und Korea aufgrund der von der Regierung geleiteten ökonomischen Entwicklung auf deren Anforderung üblicherweise unterschiedliche Kartelle bilden sollten, haben sich Unternehmensvereinigungen in beiden Ländern sehr ähnlich

1036 *Kwon, Ohseung/Seo, Jeong*, Antitrustlaw: Theorie und Praxis 4. Aufl. 2020, S. 591.

entwickelt.[1037] So ist verständlich, dass Korea diese Rechtsstruktur von Japan übernommen hat.

Fraglich ist allerdings, ob das Verbot der unfairen Handelspraktiken von Unternehmen und von Unternehmensvereinigungen separat geregelt werden sollte. Die Arten und die Beurteilungsmaßstäbe für Kartellrechtswidrigkeit von unfairen Handelspraktiken sind unabhängig davon weiterhin identisch, wer das Handlungssubjekt ist.[1038] Aus diesem Grund sollte das Verbot der unfairen Handelspraktiken von Unternehmen und von Unternehmensvereinigungen unter einem Artikel zusammengefasst werden, um das Gesetz zu vereinfachen.

1037 Japanische Unternehmensvereinigungen haben vor dem Zweiten Weltkrieg die Wirtschaftspolitik der Regierung ausgeführt, wobei die Autonomie von einzelnen Unternehmen ignoriert wurde und Kartelle zwecks des einheitlichen Betriebs bei der Industrie herbeigeführt wurden. Aufgrund dieses speziellen Charakters bzw. der Geschichte von Unternehmensvereinigungen wurde der Artikel, welcher unfaire Handelspraktiken von Unternehmensvereinigung regelt, separat festgesetzt: *Hong, Dae Sik*, in: Kwon, Ohseung *et al.*, Antitrust Law 7. Aufl. 2020, S. 304; S. auch *Kwon, Ohseung/Seo, Jeong*, Antitrustlaw: Theorie und Praxis 4. Aufl. 2020, S. 591.

1038 *Kwon, Ohseung/Seo, Jeong*, Antitrustlaw: Theorie und Praxis 4. Aufl. 2020, S. 591; *Seo, Jeong*, Die unfairen Handelspraktiken von Unternehmensvereinigungen und die Wettbewerbsbeschränkung, Competition Law Case Review, 2004, S. 332.

§ 8. Rechtslage bei selektiven Vertriebssystemen

A. *Märkte für Kosmetika und sonstige Luxusprodukte in Korea*

I. Einführung

Der Luxusmarkt in Korea hat trotz der Corona-Pandemie keinen schweren Schlag erlitten, sondern hat sich sogar noch lebhafter entwickelt. Während der weltweite Umsatz von Luxusprodukten zurückging, ist der Umsatz des koreanischen Luxusmarktes 2020 von ca. 1,43 Billionen auf ca. 1,6 Billionen Won gestiegen.[1039] Darüber hinaus hat der koreanische Luxusmarkt 2021 mit seinem hohen Umsatz den deutschen Luxusmarkt an die Seite gedrängt und steht auf dem 7. Platz der Luxusmärkte weltweit.[1040]

Der Hintergrund dieses Aufstiegs beim Luxuskonsum in Korea kann mit den neuen Konsumtrends „Flex" und „YOLO", denen die MZ-Generation folgt, erklärt werden. „Flex" ist ein englisches Wort und bedeutet eigentlich „biegen", aber im Rahmen der Hip Hop-Kultur haben US-Amerikanische Rapper das Wort angewendet, wenn sie den Reichtum oder den teuren Lebensstil mit teuren Waren zur Schau stellen.[1041] „YOLO" ist die Abkürzung von „You Only Live Once" und bedeutet, dass man sich auf das gegenwärtige Glücksgefühl konzentriert.[1042] Hierbei wird man das Geld nicht nur für die Zukunft sparen und auf Konsum verzichten, sondern für die aktuelle Lebensqualität und Selbstzufriedenheit konsumieren. In diesem Kontext konsumiert die MZ-Generation Luxusprodukte, womit sie einerseits ihre gesellschaftliche Position, ihren Erfolg oder ihren Lebensstil

---

1039 *Lee, Jiyoon,* Eine selbständige Garantie von Online-Luxusplattformen – Umsatzerhöhung von 54 % ohne Sorge, einem Betrug zum Opfer zu fallen, Dong-a Ilbo, abrufbar unter: https://www.donga.com/news/article/all/20211102/110047214/1 (Stand v. 03.11.2021).

1040 *Moon, Sujeong,* Luxusproduktliebe in Korea – der koreanische Luxusmarkt steht auf dem 7. Platz, Kukmin Ilbo, abrufbar unter: http://m.kmib.co.kr/view.asp?arcid=0924187870 (Stand v. 03.11.2021).

1041 *Park, Teaho/Jung, Chae Eun/Lim, Gangjin,* Flex-Konsumtrend, Excellence Marketing for Customer Vol. 54 Nr. 8, 2020, pp. 56–67 (56 f.).

1042 https://terms.naver.com/entry.naver?docId=3548848&cid=43667&categoryId=43667 (Stand v. 03.11.2021).

zeigen kann und sich andererseits für die harte Arbeit entschädigt oder der Selbstzufriedenheit frönt. Allerdings hat die MZ-Generation ein ambivalentes Konsumverhalten, so dass sie emotional oder auch rational eine Kaufentscheidung trifft.[1043] Der Grund, aus dem der Umsatz von Luxusprodukten trotz des ambivalenten Konsumverhalten weiter ansteigt, liegt an der Veränderung der Kriterien für die rationale Kaufentscheidung, welche früher Preis und Qualität waren, aber heutzutage durch den Wert der Marke und die Selbstzufriedenheit ersetzt wurden.[1044]

In Verbindung mit einem solchen Phänomen erlebt der Luxuskosmetikmarkt einen Aufschwung, da der Preis von Luxuskosmetika im Vergleich zu anderen Luxusprodukten relativ niedrig ist, weshalb Kunden bedenkenlos Luxuskosmetika erwerben. Dermatologische Kosmetika werden in Korea nicht als Luxusprodukte angesehen, da solche Kosmetika sowohl in unterschiedlichen Drogeriemärkten als auch bei unterschiedlichen Online-Händlern, welche Amazon ähneln, erhältlich sind. Während im Pierre Fabre Dermo-Cosmétique-Fall des EuGH debattiert wurde, dass dermatologische Kosmetika nur im physischen Laden durch diplomierte Pharmazeuten vertrieben werden sollten, war das kein Streitgegenstand in Korea.

Trotz des hohen Preises werden sonstige Luxusprodukte auch viel und gerne gekauft, da die MZ-Generation solche Produkte nicht nur als Besitz, sondern auch als Geldanlage ansieht. Um die nur offline erhältlichen Produkte zu bekommen, scheut diese Generation bspw. keine Mühe, so dass sie sich bereits ein paar Stunden vor der Öffnung des Luxusladens für solche Produkte anstellen. Da Luxusprodukte nach Ansicht der MZ-Generation eine gute Geldanlage sind, verdient diese Generation auch mit gebrauchten Luxusprodukten Geld, wodurch der Markt für gebrauchte Luxusprodukte ebenfalls weiterwächst.

1043 *Song, Seon-Min/Jang, Seong-Ho*, An Identification of Determinants to Ambivalent Purchase Intention of Fashion Luxury Brand Expanded Cosmetic for MZ Generation, The Korea Contents Society Vol. 21 Nr. 3, 2021, pp. 47–67 (51 f.).

1044 *Park, Teaho/Jung, Chae Eun/Lim, Gangjin*, Flex-Konsumtrend, Excellence Marketing for Customer Vol. 54 Nr. 8, 2020, pp. 56–67 (57 ff.).

II. Die Lage des Online-Handels auf dem koreanischen Luxusproduktmarkt

Da die Kunden aus der MZ-Generation zu den wichtigsten Konsumenten auf dem Luxusmarkt zählen,[1045] die neusten Technik-Trends verfolgen und gerne Luxuskosmetika oder sonstige Luxusprodukte online konsumieren, gewinnen die Online-Vertriebskanäle immer mehr an Bedeutung. Die Corona-Pandemie hat sich auf die Online-Käufe von Luxusprodukten verstärkend ausgewirkt. Sowohl Hersteller von Luxusartikeln als auch Einzelhändler versuchen daher, möglichst viele Online-Vertriebskanäle zu nutzen. In Korea vertreiben solche Luxushersteller und Händler Waren bspw. nicht nur über die eigene Website, über Drittplattformen, über Luxusplattformen, die ausschließlich mit Luxusprodukten handeln, sondern auch über das Webportal „Naver“[1046] und die Messenger-App „Kakao-Talk“.

Um die Angst vor gefälschten Luxuswaren zu adressieren, führten manche Online-Händler selbständig einen Garantieservice ein und stellen digitale Garantiescheine aus.[1047] Durch solche Anstrengungen von Online-Händlern hat sich die Einstellung von Verbrauchern dahingehend verändert, dass man Luxusprodukte nicht unbedingt offline wie in einem Kaufhaus kaufen muss. Diese Veränderung der Einstellung hat letztendlich die Umsatzerhöhung der Luxusprodukte im Online-Handel zur Folge.

1045 Laut der Prognose werden 2025 Millennials für 50 % des Umsatzes im gesamten Luxusmarkt verantwortlich sein und die Z-Generation wird auch eine immer größere Rolle beim Luxuskonsum spielen: *Danziger*, 3 Ways Millennials And Gen-Z Consumers Are Radically Transforming The Luxury Market, 29.05.2019, Forbes, abrufbar unter: https://www.forbes.com/sites/pamdanziger/2019/05/29/3-ways-millennials-and-gen-z-consumers-are-radically-transforming-the-luxury-market/?sh=30b0ce3479fd (Stand v. 03.11.2021).

1046 „Naver“ ist ein Google ähnelndes Webportal. In Korea steht Naver an der Spitze auf dem Suchmaschine-Markt: *Jang, Woojung/Kim, Yanghyuk/Kim, Yoonsu*, [Naver Republik] ① Anfang als Suchmaschine Ende als Shoppingportal – Der 200-Fach vergrößerte Webportal hat die Republik Korea eingenommen, Chosun Biz, abrufbar unter: https://biz.chosun.com/it-science/ict/2021/08/25/BMAQP34QQBD2TDFJNEUADU6SHQ/?utm_source=naver&utm_medium=original&utm_campaign=biz (Stand v. 05.11.2021).

1047 *Lee, Jiyoon*, Eine selbständige Garantie von Online-Luxusplattformen – Umsatzerhöhung von 54 % ohne Sorge um die Verfälschung, Dong-a Ilbo, abrufbar unter: https://www.donga.com/news/article/all/20211102/110047214/1 (Stand v. 03.11.2021).

III. Luxusprodukthandel auf dem SNS-Markt

Soziale Netzwerke fungieren heutzutage als neue Agora für junge Generationen. Soziale Netzwerke[1048] sind eigentlich als Kommunikationsmedien gedacht, aber sie spielen mittlerweile eine immer größere Rolle als Marketing- und Handelsplattform im Online-Bereich. Hersteller und Händler haben zunächst die sozialen Netzwerke wie Facebook bzw. Instagram als Reklametafeln benutzt, da sie dort junge Konsumenten am effektivsten ihre Waren vorstellen können. Das war für Luxushersteller und -händler nicht anders. Sie haben schnell wahrgenommen, dass ein Versäumen von digitalen Trends direkt zu einer Reduzierung des Umsatzes führen kann. Auf die Fokussierung von Herstellern und Händlern auf den Online-Bereich haben unterschiedliche Anbieter von sozialen Netzwerken unmittelbar reagiert. Bspw. hat Instagram eine Funktion hinzugefügt, womit Hersteller oder Händler ein Kästchen, in dem sie den Namen und den Preis von Waren eingeben können, auf dem Produktfoto einstellen können. Klicken Kunden auf das Kästchen, werden sie auf die Website des betreffenden Herstellers oder Händlers direkt weitergeleitet.

Außerdem bietet der Messenger-Anbieter „Kakao Talk“ auch einen Shopping Service, wodurch Kunden die verschiedensten Produkte kaufen können und sogar ein Hotelzimmer oder eine Reise buchen können. Seit der Corona-Pandemie hat Kakao Talk auch mit dem Verkauf von Luxuskosmetika und sonstigen Luxusprodukten angefangen. Obwohl Kakao Shopping nicht anders als die große Drittplattform „Amazon“ funktioniert, vertreiben Hersteller und Händler von Luxusprodukten bedenkenlos ihre Luxuswaren, während sie es in Europa ablehnen, über solche Drittplattformen ihre Waren zu verkaufen. Durch die schnelle Internet-Entwicklung haben koreanische Konsumenten langjährige Erfahrungen mit dem Online-Handel gesammelt und so ist auch der Kauf von Luxuswaren über die Kakao Talk App für Koreaner nichts Außergewöhnliches. Vor allem hat die MZ-Generation von klein auf Waren über Online-Plattformen gekauft, so dass sie dem Online-Kauf von Luxusprodukten nicht abgeneigt sind. Zweitens hat die Einführung der kundenfreundlichen einfachen, aber auch sicheren Bestellungs- und Bezahlungssysteme dazu beigetragen, dass immer mehr Kunden ihre Käufe online abwickeln. Bei Kakao Talk können

1048 In dieser Arbeit wird SNS sehr umfangreich verstanden. Hierzu gehören nicht nur Facebook, Instagram, sondern auch Messenger Apps wie WhatsApp oder Kakao-Talk.

Kunden verschiedene Luxuswaren von unterschiedlichen Marken durch einen Klick kaufen oder sogar Freunden, die auch Kakao Talk-Nutzer sind, einen Gutschein einer Ware als Geschenk übersenden. Darüber hinaus hat Kakao Talk sogar ein eigenes Zahlungssystem, Kakao Pay, so dass Kunden einfach innerhalb dieser App die Waren anschauen, bestellen und bezahlen können. Daneben hat auch das Webportal „Naver“ die Shoppingplattform „N Shopping“, die aus vielen Unterkategorien besteht, erstellt und dazu eine Unterkategorie für Luxuskosmetika entwickelt. Wie bei Kakao Talk können Kunden bei Naver mit dem „N Pay“-System direkt bezahlen.

IV. Eine Luxusmarke als eigener sachlich relevanter Markt

Eine Luxusmarke kann aufgrund der unvergleichbaren Werte und des eigenen Images nicht durch andere Marken ersetzt werden. In Korea gab es Urteile in Bezug auf (Luxus-)Automarken, wodurch bestätigt wurde, dass eine Marke anhand der Unersetzlichkeit einen eigenen sachlich relevanten Markt bilden kann.

1. Lexus-Fall

Neun Lexus-Autohändler, die in Korea tätig sind, haben sich aufgrund der Umsatzverschlechterung gemeinsam abgesprochen, dass sie ihren Kunden keine Preisnachlässe mehr gewähren. Bei der Marktabgrenzung zur Prüfung der Kartellrechtswidrigkeit hat die KFTC mithilfe der „Critical Loss-Analyse“ entschieden, dass Lexus einen eigenen sachlich relevanten Markt bildet.[1049] Im Gegensatz dazu entschied das Obergericht Seoul, dass Lexus keinen eigenen relevanten Markt bilde, sondern zu einem importierten Wagenmarkt bzw. einheimischen Luxuswagenmarkt gehört.[1050] Laut dieser Aussagen vom Obergericht Seoul werden Kunden von Lexus auf eine andere Automarke wechseln, wenn der Autopreis von Lexus über einen längeren Zeitraum auf ein Preisniveau steigt, das die Lexus-Kunden abwandern lässt. Allerdings hat der Oberste Gerichtshof aufgrund der falschen Marktabgrenzung das Urteil vom Obergericht Seoul aufgehoben.[1051] In der Folge gab es noch ein weiteres Urteil vom Obergericht Seoul über

1049 KFTC, Entsch. v. 15.12.2008 – Az. 2008GiGan2005, S. 4 ff.
1050 Seoul High Court, Decision of 19 May 2010, 2009Nu1930 – Lexus-Händler.
1051 Supreme Court of Korea, Decision of 26 April 2012, 2010Du11757 – Lexus-Händler.

die gleiche Rechtssache, in dem das Obergericht Seoul den Markt von importierten Luxuswagen als sachlich relevanten Markt abgegrenzt hat.[1052] Dieser sachlich relevante Markt wurde schließlich vom Obersten Gerichtshof bestätigt.[1053]

2. BMW-Fall

Zur selben Zeit hat die KFTC eine Entscheidung für einen Fall, in dem sieben BMW-Händler, die in Korea tätig sind, sich gemeinsam über Preisnachlässe bzw. Verkaufsbedingungen abgesprochen haben, getroffen.[1054] In dieser Entscheidung hat die KFTC den Markt von BMW-Neuwagen als sachlich relevanten Markt abgegrenzt. Wegen dieser Entscheidung der KFTC sind die BMW-Händler beim Obergericht Seoul in Berufung gegangen. Das Obergericht Seoul hat die Marktabgrenzung der KFTC anhand der folgenden Gründe bestätigt:

> „1. Inländische Konsumenten achten zunächst auf die Automarke beim Kauf von importierten Wagen und danach auf den Preis und die Größe, etc. 2. Die Kunden, die einen BMW-Händler besuchen, haben i. d. R. bereits ein BMW-Modell ausgesucht oder werden sich höchstwahrscheinlich für ein Fahrzeug von BMW entscheiden, obwohl unterschiedliche importierte Automarken wie Mercedes Benz, Audi, etc. als Mitbewerber bestehen. Von dieser Loyalität der BMW-Kunden wussten die Händler, so dass sie die Absprachen getroffen haben, um den Intrabrand-Wettbewerb zu behindern. 3. Die Händler verkaufen nur Neuwagen von BMW und es gibt einen separaten Vertriebskanal für Gebrauchtwagen von BMW."[1055]

Aus diesen Gründen konnte in dem Fall der Markt von BMW-Neuwagen als sachlich relevanter Markt und der koreanische Binnenmarkt als räumlich relevanter Markt angesehen werden. Allerdings hat der Oberste Gerichtshof das Urteil vom Obergericht Seoul aufgrund einer fehlhaften

1052 Seoul High Court, Decision of 7 May 2015, 2012Nu11241 – Lexus-Händler.
1053 Supreme Court of Korea, Decision of 12 January 2017, 2015Du2352 – Lexus-Händler.
1054 KFTC, Entsch. v. 15.12.2008 – Az. 2008GiGan2006.
1055 Seoul High Court, Decision of 22 July 2010, 2009Nu9873 – BMW-Händler.

Marktabgrenzung zurückverwiesen.[1056] Wegen der Aufhebung des Urteils hat das Obergericht Seoul nochmal über die gleiche Rechtssache entschieden, in der das Gericht wieder grünes Licht für die Marktabgrenzung der KFTC gegeben hat.[1057] Dass BMW aufgrund seiner Unersetzlichkeit und Loyalität der Kunden einen eigenen sachlich relevanten Markt bildet, wurde vom Obersten Gerichtshof bestätigt.[1058]

3. Fazit

Obwohl die o. g. Fälle aufgrund der ähnlichen kartellrechtswidrigen Tatsachen fast gleichzeitig vor Gericht gebracht wurden, haben sich unterschiedliche Folgen ergeben. Der BMW-Fall zeigte, dass Wagen von BMW durch die anderen importierten Premium- oder Luxusautomarken wie Audi, Lexus, Mercedes Benz, etc. nicht ersetzbar sind, so dass BMW als einzigartige Luxusmarke einen eigenen sachlich relevanten Markt bildet. Demgegenüber wurde ein eigener sachlich relevanter Markt von Lexus verneint, da Kunden von Lexus bei der Preiserhöhung höchstwahrscheinlich auf eine andere Luxusautomarke wechseln werden, während BMW-Kunden treu bleiben und mit geringer Wahrscheinlichkeit auf eine andere Marke wechseln.

Dies zeigt, dass eine Marke einen eigenen sachlich relevanten Markt bilden kann, wenn sie aus der Sicht von Kunden unersetzlich einzigartig wirkt. Obwohl es sich in beiden Fällen um (Luxus-)Autos handelt, kann dieses Konzept auch auf Luxuskosmetika und sonstige Luxusprodukte angewendet werden. Bildet eine Marke aufgrund ihrer Einzigartigkeit, Qualität, Unersetzlichkeit und ihres (luxuriösen) Images einen eigenen relevanten Markt, kann diese Marke trotz der Herstellung in etwas größerer Stückzahl als echte Luxusmarke angesehen werden.

1056 Supreme Court of Korea, Decision of 26 April 2012, 2010Du18703 – BMW-Händler.

1057 Seoul High Court, Decision of 18 April 2014, 2012Nu15380 – BMW-Händler.

1058 Supreme Court of Korea, Decision of 26 August 2014, 2014Du7237 – BMW-Händler.

B. Rechtslage selektiver Vertriebssysteme im koreanischen Kartellrecht

I. Selektive Vertriebssysteme nach dem koreanischen Kartellrecht

In Korea gab und gibt es eine umfangreiche Rechtsprechung und Literatur über vertikale preisbezogene bzw. nichtpreisbezogene Beschränkungen. Dass solche vertikalen Beschränkungen wie in Deutschland und anderen EU-Ländern in Bezug auf selektive Vertriebssysteme gewertet werden, kommt im koreanischen Kartellrecht fast überhaupt nicht vor.[1059] Solche Beschränkungen werden also eher als separate einzelne Handelspraktiken behandelt und nicht als Handelspraktiken unter einem selektiven Vertriebssystem. Erst im Juli 2017[1060] kam es zu einem Urteil vom Obersten Gerichtshof über ein selektives Vertriebssystem. In dem Fall wurden die vertikalen Beschränkungen wie Preisbindungen beim Weiterverkauf und Gebiets- bzw. Vertragspartnerbeschränkungen als Selektionskriterien der Firma Philips, welche ein Hersteller von Gesundheitsprodukten und Haushaltsgeräten ist, verstanden. Diese Beschränkungen wurden vermutlich auferlegt, weil Philips dadurch das Trittbrettfahrer-Problem auf dem offenen Marktplatz verhindern, den Marktzutritt von neuen Produkten vereinfachen und sein Markenimage schützen konnte.[1061]

Allerdings hat weder Philips noch die KFTC, das Obergericht Seoul bzw. der Oberste Gerichtshof explizit erwähnt, dass es sich in diesem Fall um ein selektives Vertriebssystem handelt. Es wurde nur kurz im Urteil vom Obersten Gerichtshof wie folgt erwähnt:[1062]

> „Die Handelspraktik von Philips kann nicht als selektive Strategie für den Vertriebskanal, womit das Trittbrettfahrer-Problem verhindert wird

---

1059 Es gibt sehr wenig Literatur über Selektivvertriebssysteme und sie war nur auf Selektivvertriebssysteme in der EU fokussiert.: *Sim, Jae Han*, Selektivvertrieb in der EG, Journal of Korean Competition Law Vol. 30, 2014, pp. 47–70; *Jung, Yoeunhee*, A Study about Restraints of Internet Sale in EU – Main Case of Pierre Fabre Dermo-Cosmétique in ECJ –, Commercial Law Review Vol. 28 No.4, 2015, pp. 395–428.

1060 Eigentlich wurde die Entscheidung von der KFTC über den Philips-Fall erst im August 2012 gefällt. Infolgedessen hat Philips gegen diese Entscheidung Berufung eingelegt. Im Juni 2013 erging das Urteil vom Obergericht Seoul. Allerdings hat dieses Urteil über Selektivvertriebssysteme im Nachhinein viel Aufmerksamkeit bei koreanischen Kartellrechtlern erregt.

1061 Seoul High Court, Decision of 17.07.2013, 2012Nu29228 – Philips Korea.

1062 Supreme Court of Korea, Decision of 19 June 2017, 2013Du17435 – Philips Korea.

> und die neuen Produkte besser auf den Markt gebracht werden können, angesehen werden."

Mit dieser Erwähnung und mit der Begründung von Philips kann nur stark vermutet werden, dass es sich hierbei um ein selektives Vertriebssystem handeln soll. Die o. g. Begründungen von Philips, warum die Firma eine Preisbindung beim Weiterverkauf und eine Gebiets- bzw. Vertragspartnerbeschränkung auferlegt hat, ähneln den Begründungen für die Auferlegung von Selektionskriterien, welche in Deutschland und in den anderen EU-Ländern entwickelt wurden.[1063]

Obwohl Selektivvertriebssysteme wegen dieses Urteils in den letzten Jahren in der kartellrechtlichen Literatur erwähnt wurden,[1064] ist nicht klar, ob Selektivvertriebssysteme im koreanischen Kartellrecht so eine wichtige Rolle spielen werden wie in Deutschland und in anderen EU-Ländern.

1063 *Sim, Jae Han*, Application of Competition Law to the Internet Distribution Restrictions, Distribution Law Review Vol. 5 No. 1, 2018, pp. 63–92 (83 f.).

1064 *Jung, Shindong*, Selektivvertrieb und Verbot des Vertriebs über Drittplattformen – das Coty-Urteil des EuGH zum Plattformverbot, HUFS Law Review Vol. 42 No. 3, 2018, pp. 63–82; *Chang, Boeun*, Restrictions on Online Sales in Distribution Agreements, HUFS Law Review Vol. 42 No. 4, 2018, pp. 23–51; *Sim, Jae Han*, Application of Competition Law to the Internet Distribution Restrictions, Distribution Law Review Vol. 5 No. 1, 2018, pp. 63–92; *An, Byeongkyu/Doh, Hyunseok*, Coty Urteil: Selektivvertriebssysteme und Verkaufsverbote über Internet-Plattformen im EU-Kartellrecht, Journal of Competition Vol. 194, 2018, pp. 40–52; *Kwon, Youngkwan*, Selektivvertriebssysteme im Online-Handel, 2018; *Lee, Byung Jun*, Selektives Vertriebssystem und Herstellerschutz – Im Zusammenhang mit den Fällen der Entfernung der Herstellungsnummer in Deutschland –, Distribution Law Review Vol. 5 No. 2, 2018, pp. 35–79; *Kwon, Youngkwan*, A Study On Selective Distribution System and Regulatory Problems of Vertical Distributive Restriction Through Third-Party Internet Platform Under Korean Fair Trade Law, Ordo Economics Journal Vol. 22 No. 2, 2019, pp. 79–100; *Park, Sung Gene*, Vertical Restraints under Online Sales – focused on justification for the minimum RPM and the criteria for judging the illegality of third-party platform bans –, Distribution Law Review Vol. 7 No. 1, 2020, pp. 165–217; *Jung, WooSik*, A study on the competition limitation of online platform sales ban through selective distribution system – Focusing on comparative analysis of Coty judgement of the European Court of Justice –, Chonnam Law Review Vol. 40 No. 3, 2020, pp. 213–235.

II. Philips-Urteil als einzige Rechtsprechung zu selektiven Vertriebssystemen

1. Rechtssache[1065]

Philips Korea ist die Tochterfirma von Royal Philips Electronics, die in den Niederlanden ansässig ist. Die Firma importiert und vertreibt Kleinhaushalts-, Gesundheits- bzw. Beleuchtungsgeräte auf dem koreanischen Binnenmarkt. Im Jahr 2011 steht sie an der Spitze des Kleinhaushaltsgerätemarktes in Korea mit folgendem Anteil: 61.5 % für Elektrorasierer, 57.1 % für Schallzahnbürsten, 28.4 % für Küchengeräte wie Mixer, Entsafter, etc., 45.2 % für elektrische Bügeleisen, 31.3 % für Kaffeemaschinen, 83.9 % für elektrische Damenrasierer.

Die Vertriebsstruktur des inländischen Kleinhaushaltsgerätemarktes kann je nach Vertriebskanal grob wie folgt kategorisiert werden: Offline-Markt (Kaufhäuser, große Supermärkte), Online-Markt (Internetshopping-Plattformen[1066], Teleshopping) und sonstige Märkte wie Netzwerk-Marketing oder Sonderverkauf. Mit Ausnahme von offenen Marktplätzen haben die Betreiber von anderen Vertriebskanälen die Waren direkt von Philips Korea oder von deren Verkaufsagenten erhalten. Auf den offenen Marktplätzen agieren die Verkaufsagenten von Philips oder die Händler, die von Verkaufsagenten die Waren bekommen haben.

Beim Verkauf von Kleinhaushaltsgeräten von Philips besteht ein starker Wettbewerb zwischen Offline- und Online-Vertriebskanälen, da solche Geräte i. d. R. relativ wenig gefälscht werden, aufgrund der kleinen Größe kostengünstig versandt werden können und den Offline-Service wie eine Vorführung von Produkten nicht unbedingt benötigen. Der Verkaufspreis wird je nach Vertriebskanal unterschiedlich festgelegt. In Kaufhäusern ist der Verkaufspreis am teuersten und auf offenen Marktplätzen ist er am günstigsten. Aus diesem Grund beeinflusst der Preiswettbewerb auf den offenen Marktplätzen nicht nur andere Online-Vertriebskanäle, sondern auch Offline-Vertriebskanäle.

1065 KFTC, Entsch. v. 27.08.2012 – Az. 2012ShiGam1097, S. 2 ff.

1066 Zum Internethandel gehören sowohl geschlossene als auch offene Marktplätze.

a) Resale Price Maintenance[1067]

Aufgrund des starken Preiswettbewerbs zwischen Händlern wurde der Umsatz von Philips Korea beeinträchtigt. Als Gegenmaßnahme hat Philips eine sog. „Online Task Force" gebildet, wodurch Resale Price Maintenance (RPM) als Preispolitik eingeführt wurde. Laut dieser Preispolitik durfte kein Verkaufsagent die Waren mit einem Preis, der weniger als 50 % der UVP beträgt, auf offenen Marktplätzen vertreiben. Wenn ein Verkaufsagent der Preispolitik nicht Folge leistete, musste der betreffende Verkaufsagent Benachteiligungen wie Lieferverweigerung oder Erhöhung des Händlerpreises, etc. als Konsequenz hinnehmen. Darüber hinaus hatte Philips eine Markierung mit Löchern auf unterschiedliche Seiten von Verpackungskartons von Waren gestanzt, so dass ein Verkaufsagent, der die Waren günstiger als den oben bestimmten Preis verkaufte, ermittelt werden konnte. Falls ein Einzelhändler, der die Waren von einem Verkaufsagenten geliefert bekam, weiterhin zu günstigeren Konditionen als 50 % der UVP auf einem offenen Marktplatz verkaufte und von Philips dabei ertappt wurde, sollte der betreffende Verkaufsagent die Gesamtmenge der betreffenden Waren erzwungenermaßen zurückkaufen.

b) Drittplattformverbote[1068]

Im Zeitraum vom 18. März 2011 bis zum 18. Mai 2012 hatte Philips den Verkaufsagenten verboten, bestimmte Produkte (B Elektrorasierer, C Schallzahnbürste, D Kaffeemaschine, E Lautsprecher und F Luftfritteuse) über offene Marktplätze zu vertreiben. Zusätzlich hat Philips den Verkaufsagenten zusätzlich verboten, die Waren weiter an Händler, die auf offenen Marktplätzen verkaufstätig sind, zu verkaufen. Ein Verkaufsagent, der trotzdem weiterhin die Waren über offene Marktplätze verkauft hatte, wurde durch die Lieferverweigerung oder die Erhöhung des Händlerpreises benachteiligt. Dadurch wollte Philips der Senkung des Verkaufspreises entgegenwirken.

1067 KFTC, Entsch. v. 27.08.2012 – Az. 2012ShiGam1097, S. 18 ff.
1068 KFTC, Entsch. v. 27.08.2012 – Az. 2012ShiGam1097, S. 49 ff.

2. Verteidigung von Philips in dieser Rechtssache[1069]

a) Aussage über Resale Price Maintenance

Philips Korea behauptete, dass keine RPM eingeführt worden sei. Laut der Aussage von Philips hatten die Verkaufsagenten die Waren, welche sie zu einem günstigen Vorzugspreis geliefert bekommen und als Sonderangebote an Kunden vertreiben sollten, zweckentfremdet über offene Marktplätze günstig vertrieben. Aus diesem Grund habe Philips nur darum gebeten, dass die Händler die Waren nicht mehr über offene Marktplätze verkaufen sollten und den Preis normalisieren sollten, wenn sie doch über offene Marktplätze vertreiben wollten. Darüber hinaus äußerte Philips Korea, dass die o. g. Preispolitik nur auf die Händler, die als Sonderangebot vermarktete Waren über offene Marktplätze vertrieben haben, angewendet wurde, so dass der Preiswettbewerb zwischen den Händlern, die die Waren auf dem normalen Preisniveau verkauft haben, nicht beeinträchtigt worden sei. Laut Philips wurde hierdurch sogar der Interbrand-Wettbewerb verstärkt und dadurch die Verbraucherwohlfahrt gefördert.

b) Aussage über Drittplattformverbote

Im Hinblick auf Drittplattformverbote machte Philips die folgenden Aussagen: „1. Die vom Vertrieb über Drittplattformen ausgenommenen fünf Produkte waren neu, weshalb die Kunden durch eine persönliche Beratung bzw. Gebrauchsvorführung vom Personal an das Produkt herangeführt werden sollten. Darüber hinaus ist das Drittplattformverbot eine rationale Verkaufsstrategie von Philips, da Kunden i. d. R. neue bzw. teure Produkte lieber offline einkaufen, während sie günstige bzw. bekannte Produkte eher online bestellen. 2. Die in dieser Handelspraktik involvierten Produkte waren lediglich fünf Produktsorten und 29 Produkte, so dass nur 16 % der gesamten Produktsorten und 6 % aller Produkte betroffen sind. Aus diesem Grund kann behauptet werden, dass der Wettbewerb nur sehr geringfügig bzw. überhaupt nicht beschränkt ist. 3. Diese Handelspraktik verhindert das Trittbrettfahrer-Problem und vereinfacht den Marktzutritt von neuen Produkten, wodurch sich das Image von Philips verbessert. Dies wird den

1069 KFTC, Entsch. v. 27.08.2012 – Az. 2012ShiGam1097; Seoul High Court, Decision of 17 July 2013, 2012Nu29228 – Philips Korea.

Interbrand-Wettbewerb und auch die Konsumentenwohlfahrt bzw. -zufriedenheit im Endeffekt fördern."

3. Entscheidung der KFTC über die Rechtssache

a) Entscheidung über Resale Price Maintenance[1070]

Jeder Händler von Philips sei ein von Philips unabhängiges Unternehmen und sollte nach seiner eigenen Marketingstrategie bzw. Geschäftsfähigkeit selbständig den Verkaufspreis festsetzen können. Allerdings habe Philips anhand seiner prädominanten Verhandlungsposition seine Händler gezwungen, gegen ihren Willen den von Philips festgestellten Preis einzuhalten, um die Benachteiligungsmaßnahmen von Philips wie Lieferverweigerung oder Erhöhung des Händlerpreises zu verhindern. Obwohl Philips diese Handelspraktik zur Aufrechterhaltung von bestimmten Preisniveaus auf offenen Marktplätzen angewendet habe, habe dies nicht nur online, sondern auch offline Folgen für den gesamten Intrabrand-Wettbewerb, da der niedrige Preis auf offenen Marktplätzen den Preiswettbewerb sowohl in anderen Online- als auch in Offline-Vertriebskanälen gefördert habe.

Diese Handelspraktik von Philips habe daher den Preiswettbewerb auf Händlerebene behindert und die gewerbliche Freiheit von Händlern verletzt, weshalb diese als Resale Price Maintenance unter § 46 MRFTA (§ 29 Abs. 1 MRFTA a. F.) falle.

b) Entscheidung über Drittplattformverbote[1071]

Die Vertragspartnerbeschränkung von Philips beschränke den Intrabrand-Wettbewerb erheblich, während die wettbewerbsfördernde Auswirkung beim Interbrand-Wettbewerb geringfügig sei. Darüber hinaus werde die Auswahlmöglichkeit von Kunden, die offene Marktplätze nutzen, durch diese Beschränkung direkt verletzt, so dass der Verbrauchervorteil wesentlich beeinträchtigt werde. In Bezug auf die Verbraucherwohlfahrt bzw. -zufriedenheit nütze diese Maßnahme von Philips auch nichts, da Philips selbst auf geschlossenen Marktplätzen verkaufstätig sei und dort ebenfalls

1070 KFTC, Entsch. v. 27.08.2012 – Az. 2012ShiGam1097, S. 42 ff.
1071 KFTC, Entsch. v. 27.08.2012 – Az. 2012ShiGam1097, S. 61 ff.

keine persönliche Vorführung der Produkte oder Beratung gegeben werden könnten.

Da hierbei beim Handel zwischen Philips und seinen Verkaufsagenten eine Bedingung aufgestellt wurde, die die Geschäftstätigkeit des Handelspartners in ungerechtfertigter Weise eingeschränkt habe, falle diese Handelspraktik unter § 45 Abs. 1 Nr. 7 MRFTA (§ 23 Abs. 1 Nr. 5 MRFTA a. F.).

4. Berufungsinstanz vom Obergericht Seoul[1072]

a) Urteil über Resale Price Maintenance

Die Aussage von Philips, dass die Preisbindung nur in der Absicht der Verhinderung zweckentfremdeter Verkäufe von eigentlich nur zum Sonderverkauf gelieferten Waren über offene Marktplätze, notwendigerweise auferlegt worden sei, wurde vom Obergericht Seoul nicht akzeptiert. Philips wollte dadurch lediglich bewirken, dass Waren nicht unter einem bestimmten Preisniveau verkauft werden. Eine solche Maßnahme sei als Mindestpreisbindung unzulässig. Daher sei es richtig, dass die KFTC die Handelspraktik von Philips gem. § 46 MRFTA (§ 29 Abs. 1 MRFTA a. F.) als kartellrechtswidrig angesehen habe. Darüber hinaus sei die Verhängung bzw. die Festsetzung der Höhe des Bußgeldes durch die KFTC angemessen.

b) Urteil über Drittplattformverbote

Philips verfüge über die bessere Verhandlungsposition im Vergleich zu seinen Verkaufsagenten und besitze einen ziemlich hohen Marktanteil auf den Märkten der Produkte, über die von Philips ein Vertriebsverbot über Drittplattformen verhängt wurde. Aus diesen Gründen haben die Handelspraktiken, welche Philips mittels Benachteiligungsmaßnahmen seinen Verkaufsagenten erzwungenermaßen auferlegt habe, die freie Geschäftstätigkeit der Verkaufsagenten verletzt und den Intrabrand-Wettbewerb von Händlern, die auf offenen Marktplätzen vertreiben, zu großen Teilen eingeschränkt. Darüber hinaus fördere der Preiswettbewerb auf offenen Marktplätzen den Preiswettbewerb in anderen Vertriebskanälen. Infolgedessen könne die Preiswettbewerbsbeschränkung auf offenen Marktplätzen zu einer Wettbewerbsbeschränkung auf dem gesamten Markt führen. Des

1072 Seoul High Court, Decision of 17 July 2013, 2012Nu29228 – Philips Korea.

Weiteren könnten Drittplattformverbote nicht als rationale Marketingstrategie für einen einfachen Marktzutritt von neuen Waren oder zur Verbesserung der Servicequalität verstanden werden, wie Philips behauptet habe. Erstens müsse eine Einweisung bei Kleinhaushaltsgeräten nicht unbedingt vom Personal persönlich geleistet werden. Ein Einweisungsvideo reiche aus, auch dann, wenn es sich um neue Waren handele. Zweitens habe Philips auch selbst die Waren auf geschlossenen Marktplätzen vertrieben. Diesbezüglich könne die Behauptung von Philips, dass Drittplattformverbote zu dem Trittbrettfahrer-Problem etwas beitragen könnten, auch nicht als Rechtfertigungsgrund akzeptiert werden, da das Trittbrettfahrer-Problem immer auftreten könne, wenn ein gleiches Produkt gleichzeitig über Online- und Offline-Vertriebskanäle vertrieben werde. Zusammengefasst seien die Drittplattformverbote von Philips nicht als konventionelle Verkehrssitte anzusehen und könnten den fairen Handel beeinträchtigen, weshalb die *unfairness* dieser Maßnahme festgestellt werden müsse. Daher sei die Entscheidung der KFTC richtig, dass die Handelspraktik gegen § 45 Abs. 1 Nr. 7 (§ 23 Abs. 1 Nr. 5 MRFTA a. F.) verstoßen hat. Ferner wurde ein Bußgeld in angemessener Höhe verhängt.

5. Revisionsinstanz vom Obersten Gerichtshof[1073]

Das Urteil des Obergerichts Seoul über die Mindestpreisbindung (Minimum RPM) und das Drittplattformverbot (Vertragspartnerbeschränkung) wurde in der Revisionsinstanz vom Obersten Gerichtshof bestätigt. In Bezug auf das Drittplattformverbot hat der Oberste Gerichtshof zusätzlich die Erklärung hinzugefügt, dass Philips angesichts der Tatsache, dass zwei Handelspraktiken fast gleichzeitig angewendet wurden, eigentlich das Verkaufsverbot über Drittplattformen mit dem Vorsatz bzw. dem Zweck zur Verhinderung der Preissenkung, die durch den Preiswettbewerb auf offenen Marktplätzen verursacht werden kann, auferlegt habe. Das Drittplattformverbot wurde also als Hilfsmittel für die Verstärkung der Mindestpreisbindung auferlegt.

1073 Supreme Court of Korea, Decision of 19 June 2017, 2013Du17435 – Philips Korea.

6. Fazit

Anders als im deutschen und europäischen Kartellrecht gibt es keinen Begriff für Selektivvertriebssysteme im koreanischen Kartellrecht, weshalb vor dem Philips-Urteil keine kartellrechtliche Beurteilung von Selektivvertriebssystemen in Korea existierte. Obwohl es im Philips-Urteil nicht explizit um ein Selektivvertriebssystem ging, wurde es in der Wissenschaft trotzdem vielfach mit dem Coty-Urteil des EuGH verglichen, da das Philips-Urteil in Bezug auf die Auferlegung eines Drittplattformverbots des Anbieters (Herstellers) und der Begründung, dass eine solche Maßnahme aufgrund der Produkteigenschaft notwendig sei, dem Coty-Urteil sehr ähnelt. Indes bestehen aber einige Unterschiede zwischen den beiden Urteilen. Ein großer Unterschied ist zunächst, dass keine kartellrechtliche Beurteilung selektiver Vertriebssysteme beim Philips-Urteil getroffen wurde. Es wurde zwar kurz darauf eingegangen, dass die Begründung für das Verkaufsverbot über Drittplattformen nicht gerechtfertigt sei, weil die betreffenden Kleinhaushaltsgeräte keine ausführliche persönliche Einweisung bzw. Beratung benötigen. Die kartellrechtliche Beurteilung erfolgte im Schwerpunkt aber in Bezug auf die Behinderung des Preiswettbewerbs.[1074]

Problematisch ist, wie das Philips-Urteil im Vergleich zum Coty-Urteil einzuordnen ist. Es wird vertreten, dass es sich beim Philips-Urteil um das Verkaufsverbot auf allen offenen Marktplätzen im Sinne eines totalen Drittplattformverbots handelt. Im Gegensatz dazu waren die Drittplattformverbote beim Coty-Urteil an bestimmte Bedingungen geknüpft. In diesem Punkt unterscheiden sich also beide Urteile.[1075] Allerdings handelt es sich in beiden Fällen um totale Verkaufsverbote für offene Marktplätze. Es gibt unterschiedliche Arten von Drittplattformen und offene Marktplätze sind lediglich eine Art davon. Bei den Drittplattformverboten des Coty-Urteils handelt es sich genau genommen auch um ein Verkaufsverbot über offene Marktplätze wie Amazon. Da es kaum offene Marktplätze gibt, die nicht nach außen hin erkennbar sind, können aus den Drittplattformverboten beim Coty-Urteil nach hier vertretener Ansicht auch totale Drittplattformverbote werden.

1074 S. auch *Kwon, Youngkwan*, A Study on Selective Distribution System and Regulatory Problems of Vertical Distributive Restriction Through Third-Party Internet Platform Under Korean Fair Trade Law, Ordo Economics Journal Vol. 22 No. 2, 2019, pp. 79–100 (95).

1075 *Kwon, Youngkwan*, a. a. O., S. 94.

Außerdem wird vertreten, dass solche Kleinhaushaltsgeräte von Philips nicht durch ein Selektivvertriebssystem verkauft werden können, da diese Waren die Kriterien, welche in Deutschland und in anderen EU-Ländern für die Anwendung von Selektivvertriebssystemen diskutiert wurden, nicht erfüllen.[1076] In der deutschen und europäischen Rechtsprechung wurde allerdings bereits entschieden, dass ein Selektivvertriebssystem je nach der Eigenschaft von Produkten auch auf Produkte ohne die Aura des Luxus anwendbar sei.[1077] Daher darf die Anwendungsmöglichkeit eines Selektivvertriebssystems von solchen Produkten grds. nicht komplett ausgeschlossen werden und muss im Einzelfall geprüft werden. Außerdem gibt es über die Anwendung eines Selektivvertriebssystems auf ein Produkt keinen großen Diskussionsbedarf. Wenn eine Notwendigkeit für die Anwendung eines solchen Vertriebssystems besteht, sollte dies ohne große Umstände anwendbar sein. Fraglich ist dann, in welchem Umfang Beschränkungen in Bezug auf ein Selektivvertriebssystem auferlegt werden dürfen.

Das Philips-Urteil ist im Hinblick darauf von Bedeutung, dass es zum ersten Mal eine Diskussion über Selektivvertriebssysteme im koreanischen Kartellrecht angefacht hat. Allerdings gibt es nach dem Philips-Urteil weder ein Folgeurteil noch ist das Thema für die weitere wissenschaftliche Entwicklung über Selektivvertriebssysteme aufgegriffen worden. Direkt nach dem Urteil wurden zwar einige wissenschaftliche Aufsätze verfasst, aber mittlerweile ist das Thema aus dem wissenschaftlichen Diskurs verschwunden. Ob Selektivvertriebssysteme wie in Deutschland oder in anderen EU-Ländern auch in Korea eine so wichtige Rolle spielen werden, ist unter den derzeitigen Umständen unklar.

1076 *Jung, WooSik*, a. a. O., pp. 213–235 (225).

1077 EuGH, Urt. v. 25.10.1977 – Rs. 26/76, Slg. 1977, 1875 (1905) Rn. 20 – Metro/Kommission; EuGH, Urt. v. 25.10.1983 – Rs. 107/82, Slg. 1983, 3151 (3194) Rn. 33 – AEG/Kommission; OLG Frankfurt, Urt. v. 22.12.2015 – 11 U 84/14 (Kart), NZKart 2016, 84 – Funktionsrucksäcke; OLG Karlsruhe, Urt. v. 25.11.2009 – 6 U 47/08 Kart, GRUR-RR 2010, 109 – Schulranzen und Schulrucksäcke; OLG Schleswig-Holstein, Urt. v. 05.06.2014 – 16 U Kart 154/13, NZKart 2014, 364 (366) – Digitalkameras; OLG Düsseldorf, Urt. v. 06.03.2018 – I-20 U 113/17, WRP 2018, 1102 – Kanebo; BGH, Urt. v. 12.12.2017 – KVZ 41/17, NZKart 2018, 96 – ASICS-Gruppe; OLG Hamburg, Urt. v. 22.03.2018 – 3 U 250/16, WRP 2018, 724 – Forever Living; CAT, Urt. v. 07.09.2018 – 1279/1/12/17, Rn. 39 – Ping; Autorité, Entsch. v. 24.10.2018 – Nr. 18-D-23 – STIHL.

§ 9. Zusammenfassung

A. *Zusammenfassung zum ersten Teil*

- Grundlage von Selektivvertriebssystemen

Selektivvertriebssysteme haben eine sehr wichtige Bedeutung auf Märkten der begehrten Markenartikel sowohl mit als auch ohne Luxusimage. In einem solchen Vertriebssystem dürfen lediglich Händler, welche die von ihrem Hersteller auferlegten Selektionskriterien erfüllen, die Vertragswaren oder -dienstleistungen als Vertragshändler bzw. Fachhändler im eigenen Namen, auf eigene Rechnung sowie auf eigenes Risiko in ihrem Vertragsgebiet vertreiben. Da ein Selektivvertriebssystem eine Partizipation nicht zugelassener Händler weitgehend verhindert, können materielle sowie immaterielle Wertfaktoren der betreffenden Produkte besser geschützt und die Zufriedenheit der Verbraucher solcher Markenartikel erhöht werden. Darüber hinaus wird auch der Leistungswettbewerb (engl. *competition on the merits*), welcher neben dem Preiswettbewerb als wichtiger Wettbewerbsparameter fungiert, gefördert, da ein Hersteller hierbei viele Leistungen zur Umsatzerhöhung, zum Schutz der Qualität bzw. des Images der Produkte oder zur Optimierung des Kundendienstes im Rahmen der Selektionskriterien festlegen kann. Solche Leistungsanforderungen können wiederum den markeninternen Wettbewerb (sog. Intrabrand-Wettbewerb) fördern.

Der markeninterne Wettbewerb kann allerdings durch ein Selektivvertriebssystem auch gefährdet werden. Denn dieses Vertriebssystem ermöglicht es, bestimmte Gruppen von Händlern auszuschließen oder wettbewerbsschädliche Kollusionen zwischen einem Hersteller und seinem Händler zu erleichtern.[1078] Des Weiteren kann ein Selektivvertriebssystem sogar den Preiswettbewerb verhindern, da es aufgrund der begrenzten Händleranzahl bzw. der als Selektionskriterien auferlegten Leistungen seitens der autorisierten Händler keinen Spielraum für einen offensiven Preiswettbewerb gibt.[1079] Aufgrund solcher negativer Auswirkungen kann ein Selektivvertriebssystem den Wettbewerb erheblich einschränken. Daher sollte

1078 Kommission, Leitlinien für vertikale Beschränkung, ABl. 2010 C 130/1, Rn. 175, 178.

1079 Vgl. *Lubberger*, in: Gloy/Loschelder/Danckwerts, Wettbewerbsrecht 5. Aufl. 2019, § 71 Rn. 8, Fn. 24 m. w. N.

überprüft werden, ob die Errichtung eines Selektivvertriebssystems für die betreffenden Vertragswaren oder -dienstleistungen erforderlich ist oder nicht.

- Erforderlichkeit der Anwendung selektiver Vertriebssysteme auf (Luxus-)Markengüter

Die Erforderlichkeit der Anwendung eines Selektivvertriebs auf Luxusgüter ist – im Gegensatz zur inhaltlichen Ausgestaltung desselben – unumstritten. Ein Selektivvertriebssystem wird sogar als wesentlicher Bestandteil der Luxusgüter angesehen, da dieses System normalerweise ein Teil der Marketingstrategien für Markenartikel mit der Aura des Luxus ist und eng mit den Eigenschaften solcher Artikel zusammenhängt.[1080] Auf die Frage, ob die Anwendung eines solchen Vertriebssystems auch auf Markenartikel ohne die Aura des Luxus erforderlich sein wird, antwortet diese Arbeit mittels der bisherigen Rechtsprechung und Entscheidungen der Kartellbehörden klar. Nach hier vertretener Ansicht ist die Anwendung selektiver Vertriebssysteme auf solche Produkte erforderlich, welche hochwertige, hochtechnische, personalisierte bzw. gefährliche Eigenschaften besitzen. Für diese Produkte eignet sich ein Selektivvertriebssystem hervorragend u. a. zur Wahrung der materiellen bzw. immateriellen Qualität und zur Gewährleistung des richtigen Gebrauchs der Waren. Die Anwendung eines Selektivvertriebssystems sollte ohne große Hürden erfolgen, wenn die Einrichtung dieses Vertriebssystems aufgrund der Produkteigenschaften als notwendig angesehen wird.

Die noch wichtigere Frage ist, ob und wann wettbewerbsbeschränkende Selektionskriterien mit Art. 101 Abs. 1 AEUV bzw. § 1 GWB vereinbar sein können. Diese Frage hat der EuGH durch die grundlegende Metro-Rechtsprechung dahingehend beantwortet, dass die auferlegten wettbewerbsbeschränkenden Maßnahmen die sog. Metro-Kriterien erfüllen müssen und sonst unter das Kartellverbot des Art. 101 Abs. 1 AEUV bzw. § 1 GWB fallen.[1081]

Die Metro-Kriterien gelten seit der Entscheidung des EuGH 1977 als Standardkriterien. Dieser Status wurde in der neuen Vertikal-GVO durch die Kommission bestätigt. Daran ist aber zu kritisieren, dass die Metro-

1080 *Fezer*, GRUR 1990, 551 (552). S. auch Monopolkommission, Hauptgutachten 22: Wettbewerb 2018, 03.07.2018, Rn. 834.

1081 Kommission, Entsch. v. 11.1.1991, IV/31.624, ABl. EG 1991, 91/153/EWG, Rn. 18 – Vichy.

Kriterien im jetzigen Digitalzeitalter nicht mehr passend sind und daher modernisiert bzw. modifiziert werden sollten. Dabei sollte die Konsumentenwohlfahrt als ein neues eigenständiges Kriterium sowohl für den stationären Handel als auch für den Online-Handel zu den klassischen Metro-Kriterien hinzugefügt werden. Dieses kann als Indiz dafür fungieren, ob eine Beschränkung in Bezug auf den Online-Handel über das Erforderliche hinausgeht. Z.B. kann ein Verkaufsverbot über einen bestimmten Vertriebskanal, der anhand des Umsatzes oder des hohen Nutzeranteils als wichtiger Vertriebskanal fungiert, nach diesem Kriterium als kartellrechtlich bedenklich beurteilt werden, wenn die Mehrzahl der Internetkunden dadurch beim Online-Einkauf sehr benachteiligt werden können, sodass die Konsumentenwohlfahrt beeinträchtigt wird.

- Das Totalverbot des Internetverkaufs

Weiter wurde untersucht, in welchem Umfang Wettbewerbsbeschränkungen im Rahmen eines Selektivvertriebssystems von einem Hersteller der Markenartikel auferlegt werden dürfen. Diese Frage konnte durch die Arbeit nicht endgültig beantwortet werden, da dies je nach Einzelfall unterschiedlich beurteilt werden muss. Nichtsdestoweniger klärt die Arbeit einige Punkte deutlich. Es wurde durch die zwei unterschiedlichen Entscheidungen, nämlich das Pierre Fabre Dermo-Cosmétique-Urteil des EuGH und Bang&Olufsen-Urteil des Cour d'appel de Paris, klargestellt, dass ein absolutes Internetverkaufsverbot unabhängig davon, ob es mittelbar oder unmittelbar erfolgt, offensichtlich das kartellrechtlich erlaubte, erforderliche Maß im Internetzeitalter überschreitet und somit kartellrechtswidrig ist.

- Das Teilverbot des Internetverkaufs

Ein Teilverbot des Online-Handels, welches in unterschiedlichen Arten und Weisen erscheint, gilt im Vergleich zu einem Totalverbot als relativ mildere Beschränkung. Trotz des milderen Charakters kann ein Teilverbot auch eine spürbare Wettbewerbsbeschränkung darstellen und unter das Kartellverbot des Art. 101 Abs. 1 AEUV bzw. § 1 GWB fallen. Die von einem Hersteller im Rahmen eines Selektivvertriebs häufig auferlegten Beschränkungen sind z.B. preis-, absatzkanal- und gebietsbezogene Beschränkungen,[1082] welche u. a. den Zweck der Behinderung des Online-Handels im

1082 Vgl. Kommission, Abschlussbericht über die Sektoruntersuchung zum elektronischen Handel, COM (2017) 229 final, Rn. 15, 28ff.

Selektivvertrieb verfolgen. Die Kommission klärte zwar in den Vertikal-Leitlinien, dass ein Hersteller im Selektivvertriebssystem einen reinen Online-Handel verweigern kann.[1083] Jedoch heißt das nicht, dass in die Rechte der Händler beim Online-Handel unbegrenzt eingegriffen werden darf. Die Beschränkungen in Bezug auf Preise, Absatzkanäle und das Gebiet wurden in dieser Arbeit auch aus dieser Perspektive untersucht.

- Doppelpreissysteme

In Bezug auf preisbezogenen Beschränkungen im Online-Handel werden Doppelpreissysteme anhand von drei Fallgruppen, nämlich Dornbracht-, GARDENA- bzw. BSH-Fall, ausführlich analysiert. Nach hier vertretener Ansicht stellt ein Doppelpreissystem nicht per se eine Kernbeschränkung dar, solange die Anwendung dieser Beschränkung erforderlich ist, um Bedingungsunterschiede zwischen dem Offline- und Online-Handel auszugleichen oder um dem Trittbrettfahrerproblem vorzubeugen. Trotzdem ist kritisch zu betrachten, dass die Kommission Doppelpreissysteme in den neuen Vertikal-Leitlinien nicht mehr als Kernbeschränkung, sondern offensichtlich als erlaubte Maßnahme eingestuft hat.[1084] Das gilt vor allem vor dem Hintergrund, dass die Kommission Doppelpreissysteme sogar als eine Kernbeschränkung im Sinne des Art. 4 lit. b bis d Vertikal-GVO einstuft, wenn die tatsächliche Internetnutzung verhindert wird.[1085] Die geänderte Regelung über Doppelpreissysteme kann Herstellern im Selektivvertrieb jedoch den Eindruck vermitteln, dass sie grds. den Online-Handel zugunsten des stationären Handels diskriminieren dürften. Da ein Doppelpreissystem zu ähnlichen Auswirkungen führen kann wie ein Totalverbot des Online-Handels,[1086] sollte ein Doppelpreissystem stattdessen auch de lege ferenda eine Kernbeschränkung darstellen und nur in Ausnahmefällen zulässig sein.

- Drittplattformverbote und Nutzungsverbote der Suchmaschinen

In der Arbeit wurden Verkaufsverbote über Drittplattformen und Nutzungsverbote von Suchmaschinen (Preisvergleichsmaschinen) mithilfe der unterschiedlichen Entscheidungen wie dem Coty-Urteil des EuGH bzw.

1083 Kommission, Leitlinien für vertikale Beschränkung, ABl. 2010 C 130/1, Rn. 54.

1084 Kommission, Vertikal-Leitlinien-E, Rn. 195.

1085 Kommission, Vertikal-Leitlinien-E, Rn. 195.

1086 BKartA, Vertikale Beschränkungen in der Internetökonomie, 10.10.2013, S. 21; *Mäger/von Schreitter*, NZKart 2015, 62 (64).

ASICS-Urteil des BGH untersucht. Im Coty-Urteil hatte der EuGH ein Verkaufsverbot über Drittplattformen zur Sicherstellung des Luxusimages als gerechtfertigt angesehen.[1087] Obwohl dies sowohl von der Kommission als auch in Wissenschaft und Praxis Zuspruch erfuhr, ist das Urteil aus verschiedenen Gründen zu kritisieren.

Zum einen bestehen mildere Mittel als ein Verkaufsverbot über Drittplattformen: Denkbar wäre unter anderem eine Nutzungspflicht von Premium-Unterplattformen für das Luxussegment.[1088] Zweitens wurden positive Auswirkungen der Nutzung von Drittplattformen nicht berücksichtigt. Zu den positiven Auswirkungen zählen bspw. Preistransparenz und die Förderung kleiner und mittlerer Unternehmen. Drittens enthält das Urteil keine ausführliche Begründung zu der Frage, ob ein Logo einer Plattform die durch ein Selektivvertriebssystem angestrebte Zielerreichung der Markenanbieter verhindert.[1089] Viertens wurde es im Urteil nicht diskutiert, ob die nach außen erkennbaren Drittplattformen wirklich dem Luxusimage bzw. dem Prestigecharakter per se abträglich sind.

Darüber hinaus stellt ein Drittplattformverbot meiner Auffassung nach aufgrund der spürbar wettbewerbsbeschränkenden Auswirkungen eine Kernbeschränkung der bestimmten Kundengruppe i. S. v. Art. 4 lit. b und des passiven Verkaufs an Endverbraucher i. S. des Art. 4 lit. c Vertikal-GVO dar. Sie kann eine faktische Abschottung des Zugangs bestimmter Internetkundengruppe zum Online-Handel darstellen, während der Vertrieb über Drittplattformen in Abhängigkeit von der Wichtigkeit der genutzten Drittplattform ggf. auch als passiver Verkauf eingestuft werden kann und ein Verbot damit auch die Händler beschränkt. Deshalb ist die Auferlegung eines generellen Vertriebsverbotes über nach außen hin erkennbare Drittplattformen nicht verhältnismäßig.[1090] Die Ansicht des EuGH wird in dieser Arbeit im Ergebnis deshalb nicht geteilt.

Im Gegensatz dazu wird der Entscheidung des BGH über die Nutzungsuntersagung von Suchmaschinen zugestimmt. Dieser hatte festgestellt, dass Suchmaschinen (Preisvergleichsmaschinen) als wesentliche Instrumente nicht nur für Händler, sondern auch für Endverbraucher im Online-Handel fungieren und daher eine solche Beschränkung als Kernbeschränkung i.

1087 EuGH, Urt. v. 06.12.2017 – Rs. C-230/16, ECLI:EU:C:2017:941 – Coty Germany.
1088 *Janal*, EuZW 2017, 844 (848).
1089 *Janal*, EuZW 2017, 844 (847).
1090 *Brömmelmeyer*, NZKart 2018, 62.

S. v. Art. 4 lit. c Vertikal-GVO anzusehen ist.[1091] Darüber hinaus wird die Erscheinung der Markenartikel mittels solcher Such- bzw. Preisvergleichsmaschinen nicht per se zu einer imageschädlichen Verschleuderung führen.[1092] Da Drittplattformverbote und Nutzungsverbote der Suchmaschinen eine Kernbeschränkung des Art. 4 lit. b und/oder lit. c darstellen, sollten sie auch nicht die Vorteile der Vertikal-GVO genießen. Unter Berücksichtigung aller Einzelheiten sollte eine solche absatzkanalbezogene Teilbeschränkung aufgrund der spürbar wettbewerbsbeschränkenden Auswirkungen nur sehr eingeschränkt zur Anwendung kommen.

- Unterscheidung zwischen Marken, Masstige-Marken und Luxusmarken

Außerdem ist in der bisherigen Rechtsprechung noch nicht geklärt, was eine (Luxus-)Marke oder ein dazugehöriges Image ist, obwohl der Schutz des Luxusimages als Rechtfertigungsgrund der absatzkanalbezogenen Teilbeschränkungen angesehen wurde. Die Unterscheidung zwischen Marken, Masstige-Marken und Luxusmarken ist für die Beurteilung kartellrechtlicher Zulässigkeit selektiver Vertriebssysteme erforderlich, um den Umfang der von einem Markenhersteller im Rahmen eines Selektivvertriebssystems auferlegten Wettbewerbsbeschränkungen zu begrenzen. Diese Arbeit wirft einen interdisziplinären Blick auf den Markenbegriff. Danach umfasst eine Marke alle Zeichen, Waren oder Dienstleistungen eines Unternehmens, die als Identitätszeiger des Unternehmens subjektiv bzw. objektiv von anderen Unternehmen unterschieden werden können. Darüber hinaus ist eine Marke ein Rechtsschutzgegenstand und ein Erfolgsfaktor, der sich als Absatzleistung durch Rückkopplungsprozesse zwischen Unternehmen und Konsumenten auf den Erfolg am Markt orientiert. Eine Marke kann als Luxusmarke qualifiziert werden, wenn die Faktoren Begehrlichkeit, Exklusivität, Extravaganz, Rarität, Beliebtheit, Perfektion, Einzigartigkeit und höchste Qualität bzw. das Preisniveau dafürsprechen. Eine „Masstige"-Marke ist eine Marke, deren Produkte durch Massenfertigung hergestellt werden, aber dennoch ein Prestigeimage verleihen.[1093]

- Der Schutz des (Luxus-)Markenimages als legitimes Ziel unter Berücksichtigung der Verhältnismäßigkeit

---

1091 BGH, Urt. v. 12.12.2017 – KVZ 41/17, NZKart 2018, 96 – ASICS-Gruppe.

1092 BKartA, Entsch. v. 26.08.2015 – B2-98/11, Rn. 454 – ASICS.

1093 S. *Okonkwo*, Luxury Fashion Branding, Trends, Tactics, Techniques, 2007, S. 254.

Obwohl das Markenimage eine große Rolle als subjektiver immaterieller Wert der Markenartikel spielt und das Wort in der bisherigen Rechtsprechung ständig verwendet wurde, existiert keine rechtliche Definition des Begriffs „Markenimage". Auch diesem Begriff wurde sich aus interdisziplinärer Perspektive angenähert. Ein Markenimage ist ein die Unternehmensreputation repräsentierendes Image, welches mit der Unternehmensidentität in Einklang steht und durch die Zusammenstellung aus individuellen, sozialen und kulturellen Assoziationen von Konsumenten definiert wird.[1094] Das Vorliegen dieser Faktoren kann ein zusätzliches Indiz für die Beurteilung einer Marke als Luxusmarke sein. Auf die Frage, ob der Schutz des (Luxus-)Markenimages als legitimes Ziel bzw. Rechtfertigungsgrund für die Auferlegung der Wettbewerbsbeschränkungen gelten kann, gibt es keine einheitliche Antwort; weder vom EuGH, dem BGH, der Kommission noch vom Bundeskartellamt. Im Gegenteil: Der EuGH widerspricht sich in dieser Frage sogar selbst. Im Pierre Fabre Dermo-Cosmétique-Urteil äußerte der EuGH, dass der Schutz des Prestigecharakters kein legitimes Ziel bzw. kein Rechtfertigungsgrund für eine Wettbewerbsbeschränkung sei.[1095] Demgegenüber urteilte er in seinem jüngsten Urteil in Bezug auf Luxuskosmetika, dass ein Hersteller zum Zweck der Sicherstellung des Luxusimages seinen Händlern im Rahmen eines Selektivvertriebssystems ein pauschales Verkaufsverbot über Drittplattformen auferlegen kann. Demnach sei die Auferlegung wettbewerbsbeschränkender Selektionskriterien aufgrund des Schutzes des Luxus- und Prestigeimages gerechtfertigt.[1096] Die Rechtsprechung ist im Ergebnis jedoch nicht bloß aufgrund ihrer Widersprüchlichkeit zu kritisieren. Vielmehr stufen die Gerichte Produkte mangels einer einheitlichen Definition unreflektiert als Luxusmarken ein, ohne den Streitgegenstand sorgfältig zu bestimmen.

Die Antwort dieser Arbeit auf die Frage, ob der Schutz des (Luxus-)Markenimages als legitimes Ziel bzw. Rechtfertigungsgrund für die Auferlegung der Wettbewerbsbeschränkungen gelten kann, lautet deshalb wie folgt: Sollte im Einzelfall tatsächlich eine Luxusmarke vorliegen, kann ein Drittplattformverbot verhältnismäßig sein. Der Wert des Markenimages und der

1094 Vgl. *Adjouri*, a. a. O., S. 109, 238; *Dichtl*, in: Andreae, a. a. O., S. 22; *Lüppens*, der Markendiamant, 2006, S. 15; *Wiswede*, in: Dichtl, a. a. O., S. 73; *Schmidt*, a. a. O., 2015, S. 46; *Franck*, WuW 2010, 772.

1095 EuGH, Urt. v. 13.10.2011 – Rs. C-439/09, Slg. 2011, I-9419 Rn. 46 – Pierre Fabre Dermo-Cosmétique.

1096 EuGH, Urt. v. 06.12.2017 – Rs. C-230/16, ECLI:EU:C:2017:941 Rn. 37 ff. – Coty Germany.

Grad der auferlegten Wettbewerbsbeschränkungen müssen dabei jedoch sorgfältig gegeneinander abgewogen werden, um die Verhältnismäßigkeit der wettbewerbsbeschränkenden Anforderungen zu überprüfen.

- Restriktive Regelung für selektive Vertriebssysteme unter der VO 330/2010 und ein Ausblick auf die Zukunft selektiver Vertriebssysteme unter der neuen Vertikal-GVO

Die Vertikal-GVO (VO 330/2010) hat ihre Grenzen in Hinsicht auf Regelung für den Online-Handel. Es kann unter anderem kritisiert werden, dass die Regelungen für selektive Vertriebssysteme im Online-Bereich zu restriktiv und nicht mehr zeitgemäß sind, weshalb die VO 330/2010 auf den jetzigen Vertriebstrend nicht optimal angewendet werden kann. Es wurde erläutert, dass mehr Klarheit und mildere Regelungen für Selektivvertriebssysteme im Online-Handel geschaffen werden sollten. Bedauerlicherweise wurde das diesbezügliche Desiderat in der neuen Vertikal-GVO und den dazugehörigen Vertikal-Leitlinien nicht erfüllt, obwohl die neue Vertikal-GVO und die Vertikal-Leitlinien die Plattformwirtschaft und die diesbezüglichen Beschränkungen ausführlicher als die VO 330/2010 behandeln. Die neuen Regelungen für Selektivvertriebssysteme im Online-Bereich sind leider noch restriktiver geworden. Dass die Kommission das Äquivalenzprinzip durch die Erlaubnis von Doppelpreissystemen zugunsten des stationären Handels abgeschafft hat, ist nur ein Beispiel dafür. Ob die neue Vertikal-GVO diesbezügliche Fälle wirklich lückenlos regeln kann, ist zweifelhaft.

B. Zusammenfassung zum zweiten Teil

- Selektivvertriebssysteme nach dem koreanischen Kartellrecht

Anders als in Europa wird in Korea keine große Debatte über Selektivvertriebssysteme für Luxuskosmetika und sonstige Luxusprodukte geführt. Obwohl es in Korea eine umfangreiche Rechtsprechung und Literatur über vertikale preisbezogene bzw. nichtpreisbezogene Beschränkungen gab und gibt, werden solche Beschränkungen eher als separate einzelne Handelspraktiken behandelt und nicht als Handelspraktiken im Rahmen eines Selektivvertriebssystems. Zu Selektivvertriebssystemen existiert nur sehr wenig Literatur, welche sich auch eher auf Selektivvertriebssysteme in der EU fokussiert. Darüber hinaus kam es erst im Juli 2017 zu einem Urteil vom

Obersten Gerichtshof Koreas über ein selektives Vertriebssystem, in dem die vertikalen Beschränkungen wie Preisbindungen beim Weiterverkauf und Gebiets- bzw. Vertragspartnerbeschränkungen (u.a. Drittplattformverbote) als Selektionskriterien durch die Firma Philips auferlegt wurden. Diese Beschränkungen wurden vermutlich auferlegt, da Philips dadurch das Trittbrettfahrerproblem auf dem offenen Marktplatz verhindern, den Marktzutritt von neuen Produkten vereinfachen und sein Markenimage schützen wollte.[1097]

- Verbot von Preisbindungen beim Weiterverkauf

Preisbindungen beim Weiterverkauf (engl. *Resale Price Maintenance*), die nach § 46 MRFTA verboten sind, werden im koreanischen Kartellrecht als einseitige Handlungen angesehen und unterscheiden sich von anderen nichtpreisbezogenen Handelspraktiken. In der alten Fassung des MRFTA wurden vertikale Preisbindungen in Mindest- und Höchstpreisbindung unterteilt, weshalb die Beurteilungsmaßstäbe, nämlich die Entscheidungsfreiheitverletzung und die Wettbewerbsbeschränkung, auch in Mindest- und Höchstpreisbindung eingeteilt wurden. Früher wurde eine Mindestpreisbindung als per se unzulässig angesehen, da sie auf Händlerebene den Preiswettbewerb beschränkt und die gewerbliche Freiheit des Unternehmens verletzt. Jedoch galt sie im Verlauf der Zeit nicht mehr als per se verboten. Dies bestätigte der Oberste Gerichtshof (Supreme Court of Korea) mit dem Hanmi Pharmaceutical-Urteil. Darin wurde eine Mindestpreisbindung trotz wettbewerbsbeschränkender Auswirkungen ausnahmsweise als zulässig angesehen. Seit der Änderung des Gesetzes, welches ab dem 30. Dezember 2021 in Kraft getreten ist, sind das grundsätzliche Verbot der Mindestpreisbindung und die Ausnahme der Höchstpreisbindung weggefallen. In der aktuellen Fassung des MRFTA sind Preisbindungen beim Weiterverkauf nicht mehr in Mindest- und Höchstpreisbindung unterteilt.

- Verbot von Gebiets- oder Vertragspartnerbeschränkungen und die Freistellungsmöglichkeit

Eine Gebiets- oder Vertragspartnerbeschränkung ist eine Unterart der unfairen Handelspraktiken i. S. d. § 45 MRFTA, welche in neun Arten und diese wiederum in 29 Unterarten aufgeteilt sind. Die koreanische Regierung hat über einen langen Zeitraum in die Wirtschaft eingegriffen. Unfai-

1097 Seoul High Court, Decision of 17.07.2013, 2012Nu29228 – Philips Korea.

re Handelspraktiken werden nach wie vor durch die Exekutive zwangsweise reguliert.[1098]

Gebiets- oder Vertragspartnerbeschränkungen sind aufgrund der Wettbewerbsbeschränkung und der Reduzierung der Verbraucherwohlfahrt nach § 45 Abs. 1 Nr. 7 MRFTA verboten. Hierbei ist allerdings unklar, welcher Beurteilungsmaßstab für die Rechtswidrigkeit der Gebiets- und Vertragspartnerbeschränkungen angewendet werden sollte. Der Oberste Gerichtshof hat in seiner bisherigen Rechtsentscheidung keine einheitliche Meinung gezeigt. Während er im Callaway Golf Korea-Urteil[1099] außer der Wettbewerbsbeschränkung viele andere unterschiedlichen Faktoren als Beurteilungsmaßstäbe herangezogen hat, hat er davon abweichend im Philips-Urteil[1100] die Wettbewerbsbeschränkung als Hauptbeurteilungsmaßstab verwendet.

Die Gebiets- bzw. Vertragspartnerbeschränkung eines Unternehmens, das einen Marktanteil von unter 10 % besitzt, wird freigestellt, da die wettbewerbsbeschränkende Auswirkung hierbei als unbedeutend eingestuft wird. Wenn jedoch die Berechnung des Marktanteils unmöglich oder mit erheblichen Schwierigkeiten verbunden ist, wird der Jahresumsatz des Unternehmens in Betracht gezogen, wobei der Umsatz unter fünf Milliarden Won liegen muss.[1101] Die Kriterien für die Anwendung der „Safety Zone“ sind je nach Handelspraktik ein wenig unterschiedlich.

- Spezialnorm für Unternehmensvereinigungen

§ 45 und § 46 MRFTA sind nicht direkt auf Unternehmensvereinigungen anwendbar. Das koreanische Kartellrecht verfügt über eine Spezialnorm für Unternehmensvereinigungen, nämlich § 51 MRFTA. Der Grund für die Ausdifferenzierung zwischen Unternehmen und Unternehmensvereinigung ist, dass Unternehmensvereinigungen in Korea aufgrund der von der Regierung geleiteten ökonomischen Entwicklung auf deren Anforde-

1098 *Kwon, Ohseung*, Wirtschaftsrecht 13. Aufl. 2019, S. 390; *Park, Yung-Jin*, Analysis on Regulation of Unfair Trade Practices, Advanced Commercial Law Review No. 68, 2014, pp. 145–179 (148).

1099 Supreme Court of Korea, Decision of 10.03.2011, 2010Du9976 – Callaway Golf Korea.

1100 Supreme Court of Korea, Decision of 19 June 2017, 2013Du17435 – Philips Korea.

1101 KFTC, Richtlinie für unfaire Handelspraktiken, V. 7. Na. (3).

rung üblicherweise unterschiedliche Kartelle bilden sollten[1102] und eine spezielle Position in der Wirtschaft hatten. Gem. § 51 Abs. 1 Nr. 4 dürfen Unternehmensvereinigungen bei ihren Mitgliedsunternehmen unfaire Handelspraktiken gem. § 45 Abs. 1 MRFTA oder vertikale Preisbindungen beim Weiterverkauf gem. § 46 MRFTA nicht zulassen oder gar dazu auffordern.

- Rechtslage selektiver Vertriebssysteme in Korea und Desiderate

Das Philips-Urteil gilt als einziger Fall in Bezug auf Selektivvertriebssysteme im Online-Handel, in dem die Preisbindung beim Weiterverkauf und das Drittplattformverbot quasi als Selektionskriterien auferlegt wurden, obwohl weder Philips noch der Gerichtshof explizit in dem Urteil erwähnt haben, dass es sich in dem Fall um ein Selektivvertriebssystem handelt. Trotz der mangelhaften Beurteilung über ein Selektivvertriebssystem ist das Philips-Urteil bemerkenswert, weil dies u.a. einen Blick auf ein Drittplattformverbot, über das in Europa viel diskutiert wurde, geworfen hat. Des Weiteren beinhaltet ein solches Verbot auch ein schwer lösbares Problem, denn es ist nicht leicht zu definieren, in welchem Umfang dieses Verbot auferlegt werden darf. Ein Drittplattformverbot kann immer wieder als Streitgegenstand deklariert werden, da der Online-Handel auf dem (Luxus-)Markengütermarkt weiterhin zunimmt.

Allerdings gibt es nach dem Philips-Urteil weder ein Folgeurteil noch ist das Thema für die weitere wissenschaftliche Entwicklung über Selektivvertriebssysteme aufgegriffen worden. In zeitlicher Nähe des Urteils wurden zwar einige wissenschaftliche Aufsätze verfasst, jedoch ist das Thema inzwischen aus dem wissenschaftlichen Diskurs verschwunden. Aufgrund der möglichen Zunahme der Fälle bzgl. des Selektivvertriebs und der Komplexität der Beurteilung sollte diese Thematik in Korea Teil des wissenschaftlichen Diskurses werden, auch wenn ein Selektivvertriebssystem auf dem koreanischen Binnenmarkt aktuell noch keine große Relevanz besitzt.

1102 *Hong, Dae Sik*, in: Kwon, Ohseung *et al.*, Antitrust Law 7. Aufl. 2020, S. 304; S. auch *Kwon, Ohseung/Seo, Jeong*, Antitrustlaw: Theorie und Praxis 4. Aufl. 2020, S. 591.

C. Rechtsvergleichende Zusammenfassung

I. Unterschiedlicher Umgang mit dem Online-Handel für Luxusgüter in Deutschland bzw. der EU und Korea

Laut einer Statistik lag der Online-Umsatzanteil der Luxusgüter in Korea bei 40.8 % im Jahr 2021, während er in Deutschland bei 24.4 % lag.[1103] Im Vergleich zum Jahr 2019 ist der Online-Umsatzanteil in Korea und in Deutschland um jeweils ca. 7 % und 9 % gestiegen.[1104] Obwohl der Online-Handel von Luxusgütern sowohl in Korea als auch in Deutschland stetig zunimmt, besteht ein großer Unterschied beim Online-Umsatzanteil.

Dieser Unterschied kann an der Einstellung der Beteiligten auf dem Luxusgütermarkt liegen. Zunächst geraten Hersteller von Luxusgütern in ein Dilemma beim Online-Handel. Zur Umsatzerhöhung sollen Hersteller zum einen die beliebten neuen Absatzkanäle im Internet ausnutzen. Zum anderen wollen sie die materielle und immaterielle Qualität vor den durch unterqualifizierte Absatzkanäle verursachten Schäden schützen. Infolgedessen haben 18 % der Einzelhändler in der EU und sogar 32 % der Einzelhändler in Deutschland Vereinbarungen mit ihren Anbietern abgeschlossen, welche ein absolutes Verkaufsverbot oder ein Teilverbot des Verkaufs über Marktplätze enthalten.[1105] Dies bestätigt auch ein Blick in die Rechtsprechung.[1106]

Der Internetverkauf von Luxusgütern erfolgt in Korea nicht nur auf der eigenen Website von Herstellern und Händlern solcher Artikel, sondern

1103 Statista, Luxusgüter – Online-Umsatzanteil (2020) Südkorea-Deutschland, abrufbar unter: https://de.statista.com/outlook/cmo/luxusgueter/suedkorea?comparison[]=deutschland#umsatz (Stand v. 10.02.2022).

1104 Im Jahr 2019 lag der Online-Umsatzanteil der Luxusgüter bei 33.4 % in Korea und bei 15.1 % in Deutschland: Statista, Luxusgüter – Online-Umsatzanteil (2020) Südkorea-Deutschland, abrufbar unter: https://de.statista.com/outlook/cmo/luxusgueter/suedkorea?comparison[]=deutschland#umsatz (Stand v.10.02.2022).

1105 Kommission, Abschlussbericht über die Sektoruntersuchung zum elektronischen Handel, COM (2017) 229 final, Rn. 40.

1106 EuG, Urt. v. 12.12.1996 – Rs. T-19/92, Slg. 1996, II-1851, GRUR Int. 1998, 149 – Leclerc/Kommission (Yves Saint Laurent); EuG, Urt. v. 12.12.1996 -Rs. T-88/92, Slg. 1996, II-1961 – Leclerc/Kommission (Givenchy); EuGH, Urt. v. 04.11.1997 – Rs. C-337/95, Slg. 1997, I-6013 Rn. 45 – Parfums Christian Dior; EuG, Urt. v. 23.04.2009 – Rs. C-59/08, Slg. 2009, I-3421, Rn. 24 – Copad; EuGH, Urt. v. 06.12.2017 – Rs. C-230/16, ECLI:EU:C:2017:941 – Coty Germany.

auch über Drittplattformen wie geschlossene oder offene Marktplätze oder auch den SNS-Marktplatz. Trotz des zunehmenden Internetvertriebs von Luxusgütern taucht ein Selektivvertriebssystem noch nicht als großes rechtliches Problem im koreanischen Kartellrecht auf.

Außerdem könnte dieser unterschiedliche Umgang auch in den Reaktionen von Herstellern der Luxusgüter auf das Verhalten von deutschen und koreanischen Konsumenten begründet sein. Wie oben erwähnt, kaufen koreanische Konsumenten Luxusgüter häufiger online als deutsche Konsumenten. Es kann an der langen Erfahrung koreanischer Konsumenten mit Online-Einkäufen liegen, so dass sie nicht gegen den Online-Handel von Luxusgütern eingestellt sind. Daher achten auch Luxushersteller auf dem koreanischen Binnenmarkt tendenziell darauf, dass ihre Luxuswaren über möglichst viele Online-Vertriebskanäle vertrieben werden.

II. Unterschiedliche kartellrechtliche Beurteilung selektiver Vertriebssysteme für Kosmetika und sonstige Luxusprodukte

Während kontroverse Debatten über selektive Vertriebssysteme für Luxuskosmetika und sonstige Luxusprodukte im Online-Handel in Deutschland und den anderen EU-Ländern geführt wurden, gibt es in Korea keine große Diskussion und bisher nur ein Urteil zu diesem Thema. Der Grund, aus dem selektive Vertriebssysteme im koreanischen Kartellrecht nicht so intensiv diskutiert werden wie in Europa, liegt auch zum Teil im Rechtssystem.

- Unterschiedliches Rechtssystem bzgl. des Selektivvertriebs zwischen dem deutschen bzw. europäischen und koreanischen Kartellrecht

Art. 101 AEUV und § 1 GWB fungieren im europäischen und deutschen Kartellrecht als Generalklauseln und sind auf unterschiedliche kartellrechtswidrige Handelspraktiken anwendbar. Beschränkungen, welche im Rahmen eines Selektivvertriebssystems auferlegt werden und wettbewerbsbeschränkende Auswirkungen haben, können also unter das Kartellverbot des Art. 101 Abs. 1 AEUV bzw. § 1 GWB fallen.

Dagegen existiert keine solche Generalklausel im koreanischen Kartellrecht. Stattdessen werden einzelne kartellrechtswidrige Handelspraktiken detailliert in einzelnen Klauseln festgelegt. Ein selektives Vertriebssystem wird beispielsweise abhängig von den angeforderten Selektionskriterien nach unterschiedlichen Vorschriften geregelt. Werden preisbezogene Beschränkungen als Selektionskriterien verlangt, wird dies gem. § 46 Monopoly Regulation and Fair Trade Act (MRFTA) geregelt. Wenn ein Hersteller seinen Händlern bspw. ein Drittplattformverbot auferlegt, wird dies nach § 45 Abs. 1 Nr. 7 MRFTA geregelt. Darüber hinaus regelt § 45 MRFTA unterschiedliche unfaire Handelspraktiken sowohl im vertikalen als auch im horizontalen Verhältnis der Vertragsparteien. Daher besteht kein Grund, eine Vereinbarung über unterschiedliche Handelspraktiken wie vertikale Preisbindungen oder Drittplattformverbote als Vereinbarung über ein selektives Vertriebssystem anzusehen, weil man für die Anwendung des MRFTA eher einzelne Handelspraktiken ausführlich analysieren muss.

Ein weiterer Unterschied besteht darin, dass wettbewerbsbeschränkende Vertikalvereinbarungen von Unternehmen im koreanischen Kartellrecht meistens nicht als Kartelle, sondern als einseitige Handelspraktiken angesehen werden. Aus diesem Grund ist es sehr selten, dass eine wettbewerbsbeschränkende Vertikalvereinbarung gem. § 40 MRFTA, welche eine Klausel über das Verbot rechtswidriger Kartellpraktiken ist, in den Anwendungsbereich der Vorschrift fällt. Stattdessen hat die KFTC (Korea Fair Trade Commission) die überwiegende Anzahl der Fälle von nichtpreisbezogenen Handelspraktiken als Missbrauch relativer Marktmacht angesehen.[1107]

- Unterschiedliche Beurteilungsmaßstäbe für die Kartellrechtswidrigkeit selektiver Vertriebssysteme

Während die Wettbewerbsbeschränkung nach dem deutschen und europäischen Kartellrecht allgemein anerkannt als Beurteilungsmaßstab für die Rechtswidrigkeit selektiver Vertriebssysteme fungiert, ist dies nach dem koreanischen Kartellrecht umstritten. Da unfaire Handelspraktiken i. S. v. § 45 Abs. 1 MRFTA unterschiedliche Beurteilungsmaßstäbe für die Rechtswidrigkeit haben, wird die Diskussion hierbei auf die Preisbindung beim Weiterverkauf und die Gebiets- und Vertragspartnerbeschränkung eingegrenzt, die in Bezug auf ein Selektivvertriebssystem im deutschen und europäischen Kartellrecht auch als kartellrechtlich bedenklich angesehen werden.

Die KFTC erklärt zwar in der Richtlinie für die Preisbindung beim Weiterverkauf und für unfaire Handelspraktiken, dass die Wettbewerbsbeschränkung als Beurteilungsmaßstab für die Rechtswidrigkeit beider Han-

1107 *Lee, Bong-Eui*, Das Verbot vertikaler nichtpreisbezogener Beschränkungen nach MRFTA, Journal of Competition, Vol. 104, 2004, S. 6.

delspraktiken, nämlich Preisbindung beim Weiterverkauf und Gebiets- und Vertragspartnerbeschränkung, fungiert. Aber dies entspricht nicht immer dem Beurteilungsmaßstab, welcher von der Rechtsprechung oder Literatur angewendet wird. Zum Beispiel äußerte sich der Oberste Gerichtshof in einem Urteil über eine Gebiets- und Vertragspartnerbeschränkung dahingehend, dass neben der Wettbewerbsbeschränkung auch der Vorsatz bzw. der Zweck der Handelspraktik, die Handelsform bzw. die konkreten Tatsachen wie die Auswirkung oder der Einfluss auf dem betreffenden Markt, die Eigenschaften von Waren oder Dienstleistungen, die Marktsituation, die Marktposition von dem Unternehmen und dessen Vertragspartner, die parallele Anwendung einer Preisbindung beim Weiterverkauf oder einer anderen unfairen Handelspraktik allumfassend berücksichtigt werden sollten.[1108]

- Gruppenfreistellungsmöglichkeiten für vertikale Beschränkungen im deutschen bzw. europäischen und koreanischen Kartellrecht

Sowohl in Deutschland bzw. in anderen EU-Ländern als auch in Korea besteht eine Gruppenfreistellungsmöglichkeit jeweils nach der Vertikal-GVO und der „Safety Zone". Die „Safety Zone" ähnelt den Regelungen der Vertikal-GVO zwar im Hinblick darauf, dass beide eine Freistellungsmöglichkeit anbieten. Jedoch unterscheiden sich die Regelungen in ihren Tatbestandsvoraussetzungen. Dies betrifft die Marktanteilsschwelle, die Berücksichtigung des Umsatzes des betreffenden Unternehmens und den Anwendungsbereich der Freistellungsmöglichkeit.

Während die Vertikal-GVO als allgemeine Schirm-GVO alle vertikalen Vereinbarungen zwischen Unternehmen erfasst, ist die „Safety Zone" wesentlich enger gefasst. Diese erfasst lediglich einige Kategorien unfairer Handelspraktiken, nämlich die Geschäftsverweigerung, die Diskriminierung einzelner Vertragspartner, den Ausschluss von Wettbewerbern und verbindliche Handelsvorgaben.

Weiterhin unterscheidet sich der Anwendungsbereich der Regelungen in Bezug auf den Marktanteil der beteiligten Unternehmen. Nach Art. 3 Vertikal-GVO gilt die Freistellung nur, wenn der Marktanteil von dem Anbieter und dem Abnehmer jeweils nicht mehr als 30 % beträgt. Diese Marktanteilsschwelle wird unabhängig von der Art der Vertikalvereinbarungen angewendet, während diese bei der „Safety Zone" nach den unterschiedli-

1108 Supreme Court of Korea, Decision of 10.03.2011, 2010Du9976 – Callaway Golf Korea.

chen Handelspraktiken differenziert wird. Ist die Berechnung des Marktanteils hierbei *de facto* unmöglich oder eindeutig schwierig, wird der Umsatz als Berechnungsgrundlage zugrunde gelegt.[1109]

Während die Vertikal-GVO das gemeinsame, wettbewerbswidrige Handeln mehrerer Unternehmen sanktionieren will und deshalb auf die gemeinsamen Marktanteile abstellt, betrachtet das koreanische Recht das Unternehmen, welches eine unfaire Handelspraktik einseitig als Akteur ausübt.

III. Prognosestellung über selektive Vertriebssysteme im Online-Bereich für Kosmetika und sonstige Luxusprodukte in Deutschland bzw. der EU und Korea

Da Selektivvertriebssysteme aufgrund des zunehmenden Wachstums des Online-Handels in Deutschland und anderen EU-Mitgliedstaaten immer mehr verwendet werden[1110] und diese Tendenz durch die Covid-19-Pandemie nochmals verstärkt wurde, wird es künftig mit höchster Wahrscheinlichkeit zu mehr Rechtsstreitigkeiten bzgl. selektiver Vertriebssysteme im Online-Bereich kommen. Darüber hinaus werden die nicht zum jetzigen Internetzeitalter passenden restriktiven Regelungen der neuen Vertikal-GVO über Selektivvertriebssysteme zu Streitigkeiten beitragen. Um dies zu vermeiden, sollte die Kommission die diesbezüglichen Regelungen des Entwurfes noch anpassen, bevor die VO 330/2010 außer Kraft tritt.

Auf dem koreanischen Binnenmarkt werden Luxusgüter sogar nicht nur über Drittplattformen, sondern auch über SNS-Plattformen (SNS-Markt) wie die Messenger-App „Kakao Talk“ vertrieben. In Anbetracht dieser Tendenz im Online-Handel kann vermutet werden, dass Selektivvertriebssysteme in Bezug auf den Online-Handel evtl. auch in Korea von Belang sein werden. Allerdings ist unter den derzeitigen Umständen unklar, ob selektive Vertriebssysteme auch in Korea eine so wichtige Rolle wie in Deutschland und in anderen EU-Ländern spielen werden.

1109 KFTC, Richtlinie für unfaire Handelspraktiken, V.

1110 Kommission, Abschlussbericht über die Sektoruntersuchung zum elektronischen Handel, COM (2017) 229 final, Rn. 15.

Literaturverzeichnis

Adjouri, Nicholas, Alles was Sie über Marken wissen müssen, 2. Aufl. Wiesbaden 2014

Ahlert, Dieter, Die Bedeutung des vertraglichen Selektivvertriebs für den freien Wettbewerb und die Funktionsfähigkeit von Märkten, WRP 1987, 215 ff.

Ders. (Hrsg.), Vertragliche Vertriebssysteme zwischen Industrie und Handel, Wiesbaden 1981

An, Byeongkyu/Doh, Hyunseok, Coty Urteil: Selektivvertriebssysteme und Verkaufsverbote über Internet-Plattformen im EU-Kartellrecht, Journal of Competition Vol. 194, 2018, 40 ff.

Andreae, Clemens-August (Hrsg.), Markenartikel Heute. Marke, Markt und Marketing, Wiesbaden 1978

Astheimer, Ludwig, Der Markenartikel und seine wirtschaftliche Bedeutung, Gießen 1932

Augenhofer, Susanne/Schwarzkopf, Benedikt, Bestpreisklauseln im Spannungsfeld europäischen Kartellrechts und mitgliedstaatlicher Lösungen, NZKart 2017, 446 ff.

Baek, Byeongsung, A Study of a Price Stabilization by Improving the Distribution Structure, Korean Consumer Agency, 2011

Bardong, Andreas/Bien, Florian/Kirchhoff, Wolfgang/Montag, Frank/Säcker, Franz Jürgen, Münchener Kommentar zum Wettbewerbsrecht, 3. Aufl. München 2020

Baumbach, Adolf/Hopt, Klaus J., Handelsgesetzbuch, 37. Aufl. München 2016

Baumgarth, Carsten, Markenpolitik: Markentheorien, Markenwirkungen, Markenführung, Markencontrolling, Markenkontexte, 4. Aufl. Wiesbaden 2014

Bayreuther, Frank, Absoluter Gebietsschutz und quantitativ-selektiver Vertrieb im Kfz-Handel, WuW 1998, 820 ff.

Bechtold, Rainer/Bosch, Wolfgang, GWB, 9. Aufl. München 2018

Bechtold, Rainer/Bosch, Wolfgang/Brinker, Ingo, EU-Kartellrecht, 3. Aufl. München 2014

Bernhard, Jochen, Die Geoblocking-Verordnung in der Praxis, NJW 2019, 472 ff.

Berthon, Pierre/Pitt, Leyland/Parent, Michael/Berthon, Jean-Paul, Aesthetics and Ephemerality: Observing and Preserving the Luxury Brand, California Management Review Vol. 52 No. 1, 2009, 45 ff.

Beutelmann, Martin, Selektive Vertriebssysteme im europäischen Kartellrecht, Konstanz 2003

Brömmelmeyer, Christoph, Selektive Vertriebssysteme und Marktplatzverbote für Luxusartikel – Anmerkung zur EuGH-Entscheidung in Sachen *Coty* –, NZKart 2018, 62 ff.

Bruhn, Manfred (Hrsg.), Handbuch Markenartikel. Anforderungen an die Markenpolitik aus Sicht von Wissenschaft und Praxis, Stuttgart 1994

Bunz, Mercedes, Vom Speicher zum Verteiler. Die Geschichte des Internet, Berlin 2008

Burmann, Christoph/Halaszovich, Tilo F./Schade, Michael/Piehler, Rico, Identitätsbasierte Markenführung. Grundlagen – Strategie – Umsetzung – Controlling, 3. Aufl. Wiesbaden 2018

Busch, Christoph, Mehr Fairness und Transparenz in der Plattformökonomie?, GRUR 2019, 788 ff.

Busche, Jan/Röhling, Andreas (Hrsg.), Kölner Kommentar zum Kartellrecht, Bd. 3, Europäisches Kartellrecht, Köln 2016

Caillaud, Bernard/Jullien, Bruno, Chicken & egg, competition among intermediation service providers, RAND Journal of Economics, Vol. 34, No. 2, 2003, 309 ff.

Calliess, Christian/Ruffert, Matthias, EUV/AEUV, 5. Aufl. München 2016

Canaris, Claus-Wilhelm, Handelsrecht, 24. Aufl. München 2006

Cavallo, Alberto, More Amazon Effects: Online Competition and Pricing Behaviors, NBER Working Paper No. 25138, 2018

Chang, Boeun, Restrictions on Online Sales in Distribution Agreements, HUFS Law Review Vol. 42 No. 4, 2018, 23 ff.

Cho, Jung-Wook, Regulation of Resale Price Maintenance (Minimum-RPM), Journal of Competition Vol. 152, 2010, 50 ff.

Christmann, Sabine, Rechtliche Rahmenbedingungen für Plattformbetreiber – Regulatorische Aspekte beim Plattformbetrieb, ZUM 2009, 7 ff.

Chung, Ho Yul, Competition Law, 4. Aufl. Seoul 2012

Dauses, Manfred/Ludwigs, Markus (Hrsg.), Handbuch des EU-Wirtschaftsrechts, Stand: 49. Ergänzungslieferung, München 2019

Deichsel, Alexander/Errichiello, Oliver/Zschiesche, Arnd, Grundlagen der Markensoziologie: Die sozialen Prinzipien von Markenbildung und -führung in Theorie und Praxis, Wiesbaden 2017

Deringer, Arved, Stellungnahme zum Weißbuch der Europäischen Kommission über die Modernisierung der Vorschriften zur Anwendung der Art. 85 und 86 EG-Vertrag (Art. 81 und 82 EG), EuZW 2000, 5 ff.

Dichtl, Erwin (Hrsg.), Marke und Markenartikel als Instrumente des Wettbewerbs, München 1992

Dieselhorst, Jochen/Luhn, Christopher, Kartellrechtliche Zulässigkeit der Untersagung des Vertriebs über eBay, WRP 2008, 1306 ff.

Dotzler, Bernhard J./Roesler-Keilholz, Silke, Mediengeschichte als Historische Techno-Logie, Baden-Baden 2017

Dreher, Meinrad/Kulka, Michael, Wettbewerbs- und Kartellrecht, 10. Aufl. Heidelberg 2018

Dreyer, Joachim/Ahlenstiel, Enno, Plattformverbote außerhalb selektiver Vertriebssysteme, NZKart 2019, 130 ff.

Emde, Raimond, Vertriebsrecht, 3. Aufl. Berlin/Boston 2014

Errichiello, Oliver, Einsamkeit und die psychologische Kraft der Marke, Berlin/Heidelberg 2019

Esch, Franz-Rudolf, Strategie und Technik der Markenführung, 8. Aufl. München 2014

Ders. (Hrsg.), Moderne Markenführung. Grundlagen Innovative Ansätze Praktische Umsetzungen, 3. Aufl. Wiesbaden 2001

Evans, David S., The Antitrust Economics of Multi-Sided Platform Markets, Yale Journal on Regulation, Vol. 20 No. 2, 2003, 325 ff.

Ezrachi, Ariel, Online Marketplace Bans and Consumer Welfare – A Table of Quality and Long Term Investment, or a Story of Limited Choice and Higher Price?, SSRN Electronic Journal, 09.06.2017, abrufbar unter: <https://ssrn.com/abstract=2983670> (Stand v. 28.11.2020)

Fezer, Karl-Heinz, Vertriebsbindungssysteme als Unternehmensleistung – Zum Wettbewerbsschutz des selektiven Vertriebs im Grauen Markt, GRUR 1990, 551 ff.

Fezer, Karl-Heinz/Büscher, Wolfgang/Obergfell, Eva Inés (Hrsg.), Lauterkeitsrecht: Kommentar zum Gesetz gegen den unlauteren Wettbewerb (UWG) 3. Aufl. München 2016

Filistrucchi, Lapo/Geradin, Damien/van Damme, Eric/Affeldt, Pauline, Market Definition in Two-Sided Markets: Theory and Practice, Journal of Competition Law and Economics, Vol. 10 No. 2, 2014, 293 ff.

Flohr, Eckhard/Wauschkuhn, Ulf (Hrsg.), Vertriebsrecht, München 2014

Franck, Jens-Uwe, Zum Schutz des Produktimages im selektiven Vertrieb, WuW 2010, 772 ff.

Geiger, Andreas, Das Weißbuch der EG-Kommission zu Art. 81, 82 EG – eine Reform, besser als ihr Ruf, EuZW 2000, 165 ff.

Genzow, Christian, Vertragshändlervertrag, Köln 1996

Gillies, James/Cailliau, Robert, Die Wiege des Web. Die spannende Geschichte des WWW, Heidelberg 2002

Gloy, Wolfgang/Loschelder, Michael/Danckwerts, Rolf (Hrsg.), Wettbewerbsrecht, 5. Aufl. München 2019

Goßler, Janik/Wentzel, Cathrin, Der Entwurf der neuen Vertikal-GVO im Lichte des Entwurfs der neuen Vertikal-Leitlinien, ZVertriebsR 2021, 341 ff.

Grabitz, Eberhard/Hilf, Meinhard/Nettesheim, Martin (Hrsg.), Das Recht der Europäischen Union, Stand: 68. Ergänzungslieferung, München Oktober 2019

Große, Julian, Möglichkeiten und Grenzen einer Beschränkung des Internetvertriebs im Rahmen von Selektivvertriebsvereinbarungen, Newsdienst Compliance 2014, 72020

Haberer, Anno/Fries, Hannah, Entwurf der neuen Vertikal-GVO – Abschied vom „sicheren Hafen“?, NZKart 2021, 444 ff.

Hafner, Katie/Lyon, Matthew, ARPA Kadabra oder die Anfänge des Internet, 2. Aufl. Heidelberg 2000

Haslinger, Stephanie, Wie weit ist der Ausschluss moderner Vertriebsformen beim selektiven Vertrieb möglich?, WRP 2009, 279 ff.

Haucap, Justus/Hamelmann, Lisa, Kartellrecht und Wettbewerbspolitik Für Online-Plattformen, DICE Ordnungspolitische Perspektiven, No. 78, Düsseldorf 2015

Haucap, Justus/Kehder, Christiane, Suchmaschinen zwischen Wettbewerb und Monopol: Der Fall Google, DICE Ordnungspolitische Perspektiven No. 44, Düsseldorf 2013

Heinemann, Gerrit, Der neue Online-Handel, 11. Aufl. Wiesbaden 2020

Hellmann, Kai-Uwe, Fetische des Konsums: Studien zur Soziologie der Marke, Wiesbaden 2011

Herrlinger, Justus, Zur Auslegung der „Beschränkung der Kundengruppe" in Art. 4 lit. b Vertikal-GVO, NZKart 2014, 92 ff.

Heyers, Johannes, Wettbewerbsrechtliche Bewertung sog. Preisparitätsklauseln – ein juristisch-ökonomischer Ansatz, GRUR Int 2013, 409 ff.

Hülsen, Philipp von, Ausgewählte praktische Probleme des selektiven Vertriebs aus kartellrechtlicher Sicht, ZVertriebsR 2012, 299 ff.

Im, Young-Cheol, Antitrust Law, Paju 2007

Im, Young-Cheol/Jo, Sung-Gug, Antitrust Law – Theorie und Praxis, Seoul 2018

Immenga, Ulrich/Mestmäcker, Ernst-Joachim (Hrsg.), Wettbewerbsrecht EG/Teil 1, 4. Aufl. München 2007

Immenga, Ulrich/Mestmäcker, Ernst-Joachim (Hrsg.), Wettbewerbsrecht, Bd. 1 EU/Teil 1, 5. Aufl. München 2012; 6. Aufl. München 2019

Immenga, Ulrich/Mestmäcker, Ernst-Joachim (Hrsg.), Wettbewerbsrecht, Bd. 2 GWB/Teil 1, 6. Aufl. München 2020

Ingerl, Reinhard/Rohnke, Christian (Hrsg.), Markengesetz, 3. Aufl. München 2010

Introna, Lucas D./Nissenbaum Helen, Shaping the Web: Why the Politics of Search Engines Matters, The Information Society Vol. 16, 2000, 169 ff, abrufbar unter: <https://doi.org/10.1080/01972240050133634> (Stand v. 15.12.2020)

Jaeger, Wolfgang/Pohlmann, Petra/Rieger, Harald/Schroeder, Dirk (Hrsg.), Frankfurter Kommentar zum Kartellrecht, Stand: 83. Ergänzungslieferung, Köln April 2015

Janal, Ruth, Die Plattform-Ökonomie vor dem EuGH, EuZW 2017, 844 ff.

Jang, Seunghwa, Beurteilungsmaßstab für die Rechtswidrigkeit von Kopplungsgeschäften im MRFTA, Seoul Law Journal Vol. 45 No. 4, 2004, 491 ff.

Ders., Unterlassungsanspruch im MRFTA, Journal of Private Case Law Studies Vol. 24, 2002, 666 ff.

Jeong, Jae-Hun, A Study on the Revision of Unfair Practice Based on the Korean Competition Law, Ewha Law Journal Vol. 23 No. 3, 2019, 1 ff.

Ders., Die Beurteilung der unfairness der Gebiets- bzw. Vertragspartnerbeschränkungen von verbindlichen Handelsvorgaben, Journal of Competition Vol. 192, 2017, 46 ff.

Jung, Shindong, Selektivvertrieb und Verbot des Vertriebs über Drittplattformen – das Coty-Urteil des EuGH zum Plattformverbot, HUFS Law Review Vol. 42 No. 3, 2018, 63 ff.

Jung, WooSik, A study on the competition limitation of online platform sales ban through selective distribution system – Focusing on comparative analysis of Coty judgement of the European Court of Justice –, Chonnam Law Review Vol. 40 No. 3, 2020, 213 ff.

Jung, Yoeunhee, A Study about Restraints of Internet Sale in EU – Main Case of Pierre Fabre Dermo-Cosmétique in ECJ –, Commercial Law Review Vol. 28 No.4, 2015, 395 ff.

Kaeding, Nadja, Ungeschriebene Ausnahmen vom Verbot wettbewerbsbeschränkender Verhaltenskoordinierungen? – Ein rechtsdogmatisches Plädoyer zur Beachtung des Regel-Ausnahme-Verhältnisses in Art. 101 AEUV, Baden-Baden 2017

Kahn, Lina M., Amazon´s Antitrust Paradox, Yale Law Journal Vol. 126, No. 3, 2017, 564 ff.

Kellerman, Aharon, The Internet City. People, Companies, Systems and Vehicles, Cheltenham/Northampton 2019

Kim, Doo Jin, On Illegality of Minimum Resale Price Maintenance: In the Wake of Leegin, Journal of Korean Competition Law Vol. 30, 2014, 311 ff.

Ders., Regulierung über vertikale Beschränkungen im US-amerikanischen Antitrust Law, Journal of Competition Vol. 105, 2004, 2 ff.

Kim, Gi Yeong, Beurteilungsmaßstab für die unfairness der unfairen Handelspraktiken im MRFTA, Journal of Korean Competition Law Vol. 8, 2002, 629 ff.

Kim, Minji/Kim, Bongju, Status Quo des Open Price Systems und die Verbesserungsmaßnahmen, National Assembly Research Service Vol. 97, Seoul 26.10.2010

Kim, Tae Jin, A Study on Prohibition of Resale Price Maintenance under the Korean Monopoly Regulation and Fair Trade Law – Review of Current Minimum Resale Price Maintenance Prohibition System in light of Dr. Miles Rule and Leegin Creative Leather Products, Inc. v. PSKS, Inc. Case –, Commercial Law Review Vol. 27, No. 1, 2008, 311 ff.

Kirchhoff, Wolfgang, Die kartellrechtliche Beurteilung vertikaler Vertriebsverträge, Köln 1990

Kling, Michael/Thomas, Stefan, Kartellrecht, 2. Aufl. München 2016

Knieps, Günter, Wettbewerbsökonomie, 3. Aufl. Berlin/Heidelberg 2008

Koh, Dong-Hee/Moon, Junyean, An Empirical Investigation on the Effects of the Open Price Practice on Consumers, Manufacturers, and Intermediaries in Cosmetic Industry, Korean Management Review Vol. 28 No. 4, 1999, 941 ff.

Kur, Annette/von Bomhard, Verena/Albrecht, Friedrich (Hrsg.), BeckOK Markenrecht, Stand: 29. Edition, München April 2022

Kwak, Hyang-Ki, A Study on the Problem Analysis and Improvement of the Introduction of Open-Price System, International Law Review Vol. 6 No. 2, 2014, 61 ff.

Kwon, Jae Yeol, Some Thoughts on the Reform of Regulation on the Maximum Resale Price Maintenance, Journal of Regulation Studies Vol. 14, No. 2, 2005, 163 ff.

Kwon, Ohseung (Hrsg.), Freier Wettbewerb und Fairer Handel, Paju 2003

Ders. et al. (Hrsg.), Antitrust Law, 7. Aufl. Paju 2020

Ders., Die vollumfängliche Gesetzänderung des MRFTA, Journal of Competition Vol. 196, 2018, 2 ff.

Ders., Wirtschaftsrecht, 13. Aufl. Paju 2019

Kwon, Ohseung/Seo, Jeong, Antitrust Law: Theorie und Praxis, 4. Aufl. Paju 2020

Kwon, Youngkwan, A Study On Selective Distribution System and Regulatory Problems of Vertical Distributive Restriction Through Third-Party Internet Platform Under Korean Fair Trade Law, Ordo Economics Journal Vol. 22 No. 2, 2019, 79 ff.

Ders., Selektivvertriebssysteme im Online-Handel, 2018

Lammenett, Erwin, Praxiswissen Online-Marketing, 5. Aufl. Wiesbaden 2015

Langen, Eugen/Bunte, Hermann-Josef (Hrsg.), Kommentar zum deutschen und europäischen Kartellrecht, 12. Aufl. München 2014

Laumer, Helmut, Der Markenartikelvertrieb in den Ländern der Europäischen Wirtschaftsgemeinschaft und seine Auswirkung auf den Wettbewerb, Berlin 1970

Lee, Bong-Eui, Das Verbot vertikaler nichtpreisbezogenen Beschränkungen nach MRFTA, Journal of Competition, Vol. 104, 2004, 2 ff.

Ders., Interpretative Issues of RPM in Case of Callaway Golf Korea, Korean Journal of Law and Economics Vol. 8, No. 2, 2011, 263 ff.

Ders., Legal Status and Regulatory Issues of RPM in Korean Anti-Monopoly Act, Seoul Law Journal Vol. 48, No. 4, 2007, 237 ff.

Lee, Byung Jun, Selektives Vertriebssystem und Herstellerschutz – Im Zusammenhang mit den Fällen der Entfernung der Herstellungsnummer in Deutschland –, Distribution Law Review Vol. 5 No. 2, 2018, 35 ff.

Lee, Ho Young, A Study on Regulating Intrabrand Restraints on Distribution, Seoul 2003

Ders., Antitrust Law, 5. Aufl. Seoul 2015

Ders., Legislative Improvements on Prohibition of Resale Price Maintenance under the Korea Monopoly Regulation Act, The Journal of Comparative Private Law Vol. 19, No. 1, 2012, 255 ff.

Lee, Namgi/Lee, Seungwoo, Wirtschaftsrecht, 3. Aufl. Seoul 2001

Lettl, Tobias, Art. 101 Abs. 1 AEUV (sowie § 1 GWB) und Verkaufsverbote auf (digitalen) Drittplattformen, WuW 2018, 114 ff.

Leupold, Bettina, Onlinebeschränkungen und die anstehende Reform der Vertikal-GVO – Klarstellung dringend erforderlich!, NZKart 2019, 520 ff.

Liebscher, Christoph/Flohr, Eckhard/Petsche, Alexander (Hrsg.), Handbuch der EU-Gruppenfreistellungsverordnungen, 2. Aufl. München/Wien 2012

Linsmeier, Petra/Haag, Kathrin, Selektive Vertriebssysteme: Mehr Klarheit dank des Coty-Urteils, WuW 2018, 54 ff.

Loewenheim, Ulrich/Meessen, Karl M./Riesenkampff, Alexander/Kersting, Christian (Hrsg.), Kartellrecht. Kommentar zum Deutschen und Europäischen Recht, 4. Aufl. München 2020

Lohse, Andrea, Drittplattformverbote: Kernbeschränkungen des Internetvertriebs?, WuW 2014, 120 ff.

Dies., Paritätsklauseln im Internetvertrieb: Verbotene vertikale Wettbewerbsbeschränkungen, FIW Jahrbuch 2014/2015, 2016, 31 ff.

Lubberger, Andreas, Plattformverbote verboten?, WRP 2015, 14 ff.

Lüppens, Marcus, Der Markendiamant, Wiesbaden 2006

Mäger, Thorsten/von Schreitter, Florian, Vertikale Wettbewerbsbeschränkungen und das Internet: Schutz des Verbrauchers oder Behinderung effizienter Vertriebsstrukturen?, NZKart 2015, 62 ff.

Martinek, Michael/Semler, Franz-Jörg/Flohr, Eckhard (Hrsg.), Handbuch des Vertriebsrechts, 4. Aufl. München 2016

Mathé, Marie-Claude, Der selektive Vertrieb nach europäischem Wettbewerbsrecht am Beispiel der Automobilbranche, RabelsZ 48, 721 ff.

Meffert, Heribert/Burmann, Christoph/Kirchgeorg, Manfred/Eisenbeiß, Maik, Marketing. Grundlagen marktorientierter Unternehmensführung Konzepte – Instrumente – Praxisbeispiele, 13. Aufl. Wiesbaden 2019

Meier, Christian J., Der selektive Vertrieb im EWG-Kartellrecht, Bd. 1, Diessenhofen 1979

Mellerowicz, Konrad, Markenartikel, die ökonomischen Gesetze ihrer Preisbildung und Preisbindung, 2. Aufl. München 1963

Mestmäcker, Ernst-Joachim/Schweitzer, Heike, Europäisches Wettbewerbsrecht, 3. Aufl. München 2014

Müller, Ulf/Meyer, Lena, Wettbewerb und Regulierung in der globalen Internetökonomie – Ein rechtsvergleichende Studie zwischen europäischem und US-amerikanischem Recht, Internetökonomie und Hybridität No. 45, Münster 2007

Na, Youngsoog, Regulation of Minimum Resale Price Maintenance, Korean Journal of Law and Economics Vol. 8, No. 2, 2011, 287 ff.

Naumann, Stefan/Rodenhausen, Anselm, Die P2B-Verordnung aus Unternehmenssicht: Herausforderungen für europäische Plattformen am Beispiel einer Hybrid-Online-Plattform, ZEuP 2020, 768 ff.

Nicolas-Vullierme, Laurence, Bang & Olufsen (Frankreich) – Absolutes Verbot des Online-Handels, WuW 2014, 705 ff.

Niemeyer, Hans-Jörg/Fritz, Conrad, Problemkreise bei der Novellierung der Vertikal-GVO – Ein Überblick, NZKart 2020, 158 ff.

Okonkwo, Uche, Luxury Fashion Branding: Trends, Tactics, Techniques, London 2007

Ott, Stephan, Urheber- und Wettbewerbsrechtliche Probleme von Linking und Framing, Stuttgart 2004

Paal, Boris P., Internet-Suchmaschinen im Kartellrecht, GRUR Int. 2015, 997 ff.

Park, Seung Nam/Kang, Jong Man, On the Criminalization of Unfair Trade Acts, Dankook Law Review Vol. 41 No. 3, 2017, 205 ff.

Park, Sung Gene, Vertical Restraints under Online Sales – focused on justification for the minimum RPM and the criteria for judging the illegality of third-party platform bans –, Distribution Law Review Vol. 7 No. 1, 2020, 165 ff.

Park, Teaho/Jung, Chae Eun/Lim, Gangjin, Flex-Konsumtrend, Excellence Marketing for Customer Vol. 54 Nr. 8, 2020, 56 ff.

Park, Yung-Jin, Analysis on Regulation of Unfair Trade Practices, Advanced Commercial Law Review No. 68, 2014, 145 ff.

Pautke, Stephanie/Schultze, Jörg-Martin, Wettbewerbsbeschränkungen im Kontext digitaler Plattformen, WuW 2019, 2 ff.

Pechstein, Matthias/Nowak, Carsten/Häde, Ulrich (Hrsg.), Frankfurter Kommentar zu EUV, GRC und AEUV, Tübingen 2017

Picht, Peter Georg/Leitz, Anna-Katharina, Vertikal-dual-digital: Der Entwurf der neuen Vertikal-GVO und -Leitlinien, NZKart 2021, 480 ff.

Pietzcker, Dominik/Vaih-Baur, Christina, Luxus als Distinktionsstrategie, Kommunikation in der internationalen Luxus- und Fashionindustrie, Wiesbaden 2018

Rahlmeyer, Dietmar, Welche Vorgaben eines Herstellers für den Onlinevertrieb seiner Produkte sind kartellrechtlich zulässig?, ZVertriebsR 2015, 144 ff.

Riehm, Ulrich, E-Commerce-Begriff, Geschichte, aktueller Stand und Ausblick, Bonn 2004, abrufbar unter: <http://www.itas.kit.edu/pub/v/2004/rieh04b.pdf> (Stand v. 21.11.2019)

Rinne, Alexander/Kolb, Katharina, Beschränkung des Internet-Vertriebs durch Funktionsrabatte?, NZKart 2015, 377 ff.

Rittner, Fritz, Vertragsfreiheit und Wettbewerbspolitik, in: FS Sölter, Köln 1982

Rochet, Jean-Charles/Tirole, Jean, Two-Sided Markets: A Progress Report, RAND Journal of Economics, Vol. 37, No. 3, 2006, 645 ff.

Rohrßen, Benedikt, Internetvertrieb 2019/20 – Vertriebsvorgaben, (Best-)Preise & Platform-to-Business-Verordnung, ZVertriebsR 2019, 341 ff.

Ders., Online-Vertrieb in der EU – Vertriebskartellrecht: Die neue Vertikal-GVO 2022, ZVertriebsR 2021, 293 ff.

Ders., Vertriebsvorgaben im E-Commerce 2018: Praxisüberblick und Folgen des „Coty"-Urteils des EuGH, GRUR-Prax 2018, 39 ff.

Rösner, Fabian, Aktuelle Probleme der Zulässigkeit von Selektivvertriebssystemen vor dem Hintergrund der Vertikal-GVO, WRP 2010, 1114 ff.

Schlimpert, Denis, STIHL: Autorité de la concurrence zu Internetvertriebs- und Drittplattformverbot außerhalb des Luxussegments – Das Coty-Urteil zieht weitere Kreise, NZKart 2018, 566 ff.

Ders., STIHL: Cour d'appel bestätigt Kartellrechtswidrigkeit des Erfordernisses einer „personalisierten Lieferung", NZKart 2020, 20 ff.

Schmidt, Holger J., Markenführung, Wiesbaden 2015

Schmidt, Karsten, Handelsrecht, 6. Aufl. Köln 2014

Schricker, Gerhard, Bemerkungen zum Rechtsschutz selektiver Vertriebsbindungen, GRUR 1976, 528 ff.

Schröter, Helmuth/Jakob, Thinam/Klotz, Robert/Mederer, Wolfgang (Hrsg.), Europäisches Wettbewerbsrecht, 2. Aufl. Baden-Baden 2014

Schultze, Jörg-Martin/Pautke-Stephanie/Wagener, Domonique S., Vertikal-GVO: Gruppenfreistellungsverordnung für vertikale Vereinbarungen: Praxiskommentar, 4. Aufl. Frankfurt am Main 2019

Schultze, Jörg-Martin/Pautke-Stephanie/Wagener, Domonique S., Vertikal-GVO: Die Reformentwürfe aus Praxissicht, BB 2021, 2627 ff.

Schweda, Marc/Rudowicz, Jan-Christoph, Verkaufsverbote über Online-Handelsplattformen und Kartellrecht, WRP 2013, 590 ff.

Seo, Jeong, Die unfairen Handelspraktiken von Unternehmensvereinigungen und die Wettbewerbsbeschränkung, Competition Law Case Review, 2004, 332 ff.

Shin, Dongkwon, Antitrust Law, 3. Aufl. Seoul 2020

Siegert, Reinhard, Selektivvertrieb – ein Luxusphänomen?, BB 2018, 131 ff.

Sim, Jae Han, Application of Competition Law to the Internet Distribution Restrictions, Distribution Law Review Vol. 5 No. 1, 2018, 63 ff.

Ders., Selektivvertrieb in der EG, Journal of Korean Competition Law Vol. 30, 2014, 47 ff.

Sitte, Gerald, Technology Branding, Strategische Markenpolitik für Investitionsgüter, Wiesbaden 2001

Sombart, Werner, Luxus und Kapitalismus, 2. Aufl. München 1922

Son, Tae-Jin, Criteria for Assessing Illegality on Resale Price Maintenance, Journal of Competition Vol. 163, 2012, 62 ff.

Song, Sangmin, Die Einführung des Finalberichts der Sonderkommission für die vollumfängliche Gesetzänderung, Journal of Competition Vol. 196, 2018, 26 ff.

Song, Seon-Min/Jang, Seong-Ho, An Identification of Determinants to Ambivalent Purchase Intention of Fashion Luxury Brand Expanded Cosmetic for MZ Generation, The Korea Contents Society Vol. 21 Nr. 3, 2021, 47 ff.

Soscia, Isabella, Emotions and Consumption Behaviour, Cheltenham 2013

Spenner, Katharina/Kiani, Sarwenaz, Selektive Vertriebssysteme und Internetvertrieb, NZKart 2016, 208 ff.

Spindler, Gerald/Schuster, Fabian (Hrsg.), Recht der elektronischen Medien, 4. Aufl. München 2019

Stummeyer, Christian/Köber, Benno (Hrsg.), Amazon für Entscheider: Strategieentwicklung, Implementierung und Fallstudien für Hersteller und Händler, Wiesbaden 2020

Tamke, Maren, Kartellrechtliche Beurteilung der Bestpreisklauseln von Internetplattformen, WuW 2015, 594 ff.

Thieme, Werner M., Luxusmarkenmanagement – Grundlagen, Strategien und praktische Umsetzung, Wiesbaden 2017

Thyri, Peter, Zum unbestimmten Qualitätsbegriff bei der Bewertung von Marktplatzverboten im Binnenmarkt, EuZW 2017, 424 ff.

Ulmer, Peter, Der Vertragshändler, München 1969

Um, Kisup, Die Behinderung des fairen Handels und die unfairness als Tatbestandsmerkmal zu unfairen Handelspraktiken i.S.v. § 23 MRFTA, Journal of Competition Vol. 100, 2003, 20 ff.

Weichhaus, Bernd, Übersicht zu den Entwürfen der neuen Vertikal-GVO und der neuen Vertikal-Leitlinien, GRUR-Prax 2021, 550 ff.

Wiedemann, Gerhard (Hrsg.), Handbuch des Kartellrechts, 3. Aufl. München 2016; 4. Aufl. München 2020

Wissing, Christian, Konsumentenwohlfahrt als Ziel der Wettbewerbspolitik, WuW 2020, 593 ff.

Wolf-Posch, Anna/Samek, Patrick, Aktuelle kartellrechtliche Fragen beim Internetvertrieb von Franchise-Produkten, ZVertriebsR 2018, 302 ff.